法制新闻研究

· 2015年卷 ·

慕明春　孙　江◎主编

中国政法大学出版社

2016·北京

图书在版编目（ＣＩＰ）数据

法制新闻研究.2015年卷/慕明春，孙江主编.—北京：中国政法大学出版社，2016.4
ISBN 978-7-5620-6704-7

Ⅰ.①法… Ⅱ.①慕… ②孙… Ⅲ.①法制－新闻工作－文集 Ⅳ.①G21-53

中国版本图书馆CIP数据核字(2016)第058393号

出 版 者	中国政法大学出版社
地　　址	北京市海淀区西土城路 25 号
邮寄地址	北京 100088 信箱 8034 分箱　邮编 100088
网　　址	http://www.cuplpress.com（网络实名：中国政法大学出版社）
电　　话	010-58908524(编辑部)　58908334(邮购部)
承　　印	固安华明印业有限公司
开　　本	720mm×960mm　　1/16
印　　张	25.125
字　　数	390 千字
版　　次	2016 年 4 月第 1 版
印　　次	2016 年 4 月第 1 次印刷
定　　价	69.00 元

前　言

2015 年 11 月 21 日至 22 日，我们西北政法大学新闻传播学院在古都西安承办了全国新媒体信息传播与法制建设高峰论坛。来自清华大学、中国人民大学、中国政法大学、中国传媒大学、香港树人大学等校的一批著名学者与来自传媒实务界的一批精英应邀作了 11 场内容丰富、主题鲜明、见解独到、形式活泼的学术报告。会议围绕新媒体法律制度、新媒体新闻侵权、政府信息安全与公民隐私权保护、新媒体传播发展趋势研究、社交媒体媒介规范及媒介自律等主题和议题进行了热烈讨论。会议的主要成果最终结集成为这一本分量颇有些厚重的《法制新闻研究 2015 年卷》。

作为传播思想和信息的载体，媒介变革永远是时代变革的先行者。从始兴于 20 世纪末的互联网到勃兴于近五年的移动互联网，新媒体革命本质上首先是一场新技术革命，正是一波波技术创新的浪潮才不断把媒介变革引向纵深，推向风口浪尖，使得媒介格局发生"城头变幻大王旗"的巨变，而媒体革命引发的连锁式反应形成对中国社会从思想观念到行为方式的巨大冲击波，我曾经把它概括为"三个没想到"：

第一，没想到传播的威力会有这么大。以新媒体为杠杆，撬动整个社会从思维方式到生活方式、消费方式、工作方式、学习方式、休闲方式、娱乐方式等产生一系列颠覆性的变化。

第二，没想到传媒格局的变化会有这么快。移动互联网引发的多米诺骨牌效应使得纸媒遭遇了寒冬，广电迎来了深秋，甚至使得原本春光无限的一些门户网站也感到了春寒料峭。

第三，没想到新媒体对社会舆论场的生成与变局影响力有这么深。一方面，新媒体促进了公众的言论通道变得更为通畅，多元化意见的表达变得更为充分，对推进民主与法治社会的建设发挥了不可替代的作用；但是，在另一方面，一些在往昔极为寻常普通的事件，在新媒体环境下有可能迅速发酵为公共事件，引发公共舆论的持续关注，这使得政府危机管理的成本陡然提升，社会治理的难度进一步加大。

新媒体令人震撼的强大威力源于其与生俱来的一系列"颠覆性"特征。新媒体集大众传播、组织传播、人际传播于一体，引起了人类传播方式实质性的革命。它突破了时间和空间的限制，淡化了传播者与受众之间的差异，消解了媒介"把关人"的作用，形成了多元文化并存、多种思想观念交集、多种信息形态融合的"海量信息世界"。在提供了几乎"让一切皆有可能"信息传播环境的同时，也为言论自由权利的滥用提供了一定的条件，使得人们在充分享受网络信息大餐带来的种种美味体验的同时，有时又不得不吞咽下一些霉烂变质的苦果。

从媒介法律规制的角度看，新媒体的以下特征是值得关注的：

第一，新媒体是一种全民、全地域、全渠道传播，无论是互联网还是移动互联网，都缺乏如同传统媒体那样严格意义上的把关人。借助于电脑或移动终端，任何人都可以在任何时间、任何地点采用任意的方式发布任何有可能导致产生不良后果的信息，且其信息发布环节几乎是"一路绿灯、无人拦截"，并且可以通过大规模转发复制瞬间覆盖全网。这种基本不设防的传播环境对正常的信息快速扩散当然是锦上添花，但对防范和阻遏有害新闻信息的传播却无疑是雪上加霜。

第二，在新媒体环境下，由博客、论坛、播客、微博、微信等组成的以"自发性"为基本特征的自媒体形成了传统大众传媒之外新的信息中心和舆论生发基地。点对点、点对面交错混合的多元传播形态导致信息发送的"节点"和网络舆论的参与人甚多，信息的病毒式传播和舆论的核裂变效应又往往可能造成网络有害信息的弥漫及舆论的偏执，各种虚假信息、侵权信息、垃圾信息、淫秽色情信息很容易在"几乎一堆乱麻"的信息发布格局和舆论生成机制的空间中找到栖息、繁衍、迁移、聚集的场所而又很难查找其源头和追寻其脉络。各种信息，鱼龙混杂，真假难辨，对其进行鉴别真伪，剔除糟粕和谬误，无形中加大了社会治理的成本。

第三，网络空间的无限性、传播手段的多样化及海量信息使得对任何有毒有害信息的法律治理的难度增加。"由于网络传播容量的无限性，物质载体的无形性，仅从技术上来看，要想控制网络传播都是比较困难的。每天，互联网上都会有成百成千的新网站出现，要想控制住每一个网站对信息的传播完全是空想。国家无法对所有网站都进行审批登记，也无法用经济力量对其进行控制，甚至想要限制或禁止某些信息的传播，都不可能完全做到。……所有这一切都将使社会控制趋向弱化。"① 据统计，仅淫秽色情网站全世界每天就新增两万多个，这种如野草蔓延般的增长态势足可以反映对网络法律治理的难度之大。

第四，网络的虚拟性极易引发传播主体自律意识的消减，网络群体的集体无意识行为使得社会规范在虚拟世界里容易被搁置，发布有害信息有可能变得更加无所顾忌。社会规范在虚拟世界里被淡化，人性的弱点逃避了现实道德规范的牵制和社会关系的羁绊而得以张扬和放大，信息传播主体可以利用网络虚拟空间来为自己制造匿名的面具。"网络彰显的是一种极端个人主义的价值观，个人的自由被推崇到无以复加的高度，现实世界的伦理道德能够发挥的作用，有时显得微乎其微。"② 社会心理学研究表明，人在匿名状态下容易摆脱角色关系的束缚，降低社会控制力，从而容易诱发产生与现实角色行为不符的社会行为。美国社会学家戈夫曼的拟剧理论认为，社会就是一个大舞台，人人都在以游戏的态度在剧场中扮演着自己的角色，从而戏剧化的生存着。"网络是一个巨型的化装舞会，在这里人们隐去了真实的身份特征，其行为也可能变得无所顾忌。"③ 从一定程度上说，匿名是默许恶意传播的通行证，是遮蔽网民道德感、消解道德压力的屏障。诸如网上充满人格侮辱内容的语言暴力，各种未经核实的传言、流言的随意扩散，一些仇恨社会、仇视他人的负面情绪的刻意宣泄等，均暴露了我国互联网文化的某些畸误与偏差。

第五，互联网催发了"大数据"时代的到来，大数据对公民个人隐私的潜在威胁已经越来越为人们所关注，以致有人发出"大数据时代，我们还有隐私吗？"这样的疑问。所谓的大数据的信息构成中，公民在网上留下的各种

---

① 谢新洲：《网络传播理论与实践》，北京大学出版社 2004 年版，第 45 页。
② 樊葵：《媒介崇拜论》，中国传媒大学出版社 2008 年版，第 122 页。
③ 李伦：《网络传播伦理》，湖南师范大学出版社 2007 年版，第 49 页。

信息是其主要来源之一。通过网络这个窗口，每个人的活动无时无刻不在被不同组织的数据库"记录"和"监视"着，当看起来是碎片的数据汇总起来，"每个人就变成了透明人，每个人在干什么、想什么，云端全部都知道"。① 这些数据如果被别有用心的机构利用和整合，公民的个人隐私和尊严将不可避免地受到侵害。美国"棱镜门"事件成为全球热点，引发了对美国政府是否正在使用大数据对公民隐私权进行侵犯的质疑。毫无疑问，新媒体已经成为获取公民隐私的主渠道，引发侵犯隐私权的比例在不断攀升。有人甚至断言，在大数据年代，网民没有隐私可言，尤其是经常上网的人，基本上属于裸奔。

第六，网络安全存在隐患。新媒体的防泄密功能并非固若金汤，黑客可能进入系统窃取使得用户的私密信息。如苹果手机就被曝存在后门，用户在不知情的情况下，其个人信息被以"后台确诊"的名义泄漏出去。有人辛辣地讽刺，"苹果"品牌标志上那被咬的一口，似乎在暗示其之后将会不断爆发的隐私泄密缺口。2014 年 9 月 1 日有外国黑客疑利用苹果公司的 iCloud 云盘系统的漏洞，非法盗取了众多全球当红女星的裸照，继而在网络论坛发布。美国联邦调查局（FBI）证实好莱坞包括詹妮弗·劳伦斯、詹尼佛·洛佩兹、克里斯汀·邓斯特、超模凯特·阿普顿、歌手蕾哈娜等在内数十位当红女星的大量不雅照在网上曝光是由于黑客入侵电脑系统所致。近些年发生了许多互联网泄密事件，表明互联网在用户隐私维护方面并不完善。美国政府的"棱镜"秘密项目就是通过进入微软、谷歌、苹果、雅虎等九大网络巨头的服务器，监控用户的电子邮件、聊天记录，针对其他国家及公民实施网络攻击和数据监测，这一事件引发国际舆论震动。

第七，新媒体的工具属性。移动互联网时代的移动终端几乎是"万能工具"，自带照相机、摄像机、录音机以及计算、照明、地图等多种工具。用户可以便捷地利用这些工具进行信息采集、拍摄、制作，发布各种文字、图片及视频，"个人媒体和社会化媒体所采用的特殊的舆论监督手段，如暗访、偷拍、人肉搜索、起底曝光等，使私人领域公共化，容易对公民的隐私权和名誉权造成伤害"。② 同样，一些公共监测设施也存在这样的问题，如高速公路

① 白雪："大数据时代的个人隐私如何保护"，载《中国青年报》2014 年 9 月 25 日。
② 冯若谷："从媒介素养到媒介伦理"，载《新闻战线》2014 年第 12 期。

交通违章监测系统拍下的视频的外传就发生了所谓"高速袭胸门"之类事件。而且这种超隐蔽状态下对他人的隐私权和肖像权的侵犯,几乎都是在"了无痕迹"的状态下进行的,相对人在浑然不觉的状态下其个人权利就已经受到侵害。

正是基于网络开放式结构在保障言论自由和阻遏有害信息传播方面时常进退失据的困境,我们才承办了这样一次高规格的学术会议,期望各位专家能为破解新媒体法律治理的难题探寻对策,为国家加快新媒体法治建设的步伐提供建议,同时也能为我们学校的法制新闻与传媒法学科的发展指明方向。

应该说,本次会议的效果出奇得好,其议题之多元,观点之新锐,讨论之热烈,成果之丰硕,已经超出了我们的预期。谓予不信,有本书为证。时间关系,各位学界大咖、业界大腕洞中肯綮的笃论高言我们在此就不再一一引证讨论了,相信读者诸君,在认真阅读本书后自然会有公允的评价。

在此,谨致谢!

慕明春
2015 年 12 月 10 日于西北政法大学

目 录

新媒体传播趋势展望

特　稿

在"新媒体信息传播与法制建设
高峰论坛"上的欢迎辞

宋　觉[*]

尊敬的各位领导，各位专家学者，老师们，同学们：

大家上午好！

今天，由我校新闻传播学院承办的新媒体信息传播与法制建设高峰论坛在古都西安隆重举行。在此，我代表学校向莅临论坛的领导、专家学者和朋友们表示热烈的欢迎！

借此机会，我首先向各位来宾简要介绍我们学校的基本情况。大家知道，西北政法大学具有悠久的办学历史和光荣的革命传统。其前身是 1937 年中国共产党在延安创办的陕北公学。1941 年陕北公学与中国女子大学、泽东青年干部学校合并，组建了延安大学。此后，历经西北人民革命大学、西北政法干部学校、中央政法干部学校西北分校、西安政法学院、西北政法学院等历史发展阶段。2006 年，学校更名为西北政法大学，从此揭开了事业发展的新篇章。

就学科特点来讲，我们学校是一所法学特色鲜明，哲学、经济学、管理学、文学等多学科相互支撑、协调发展的多科性大学，是国家法律人才和人文社科人才培养的重要基地，是西北地区法学教育和法学研究的中心，是陕西省重点支持建设的高水平大学。学校现设 18 个学院，29 个本科专业，5 个一级学科，35 个硕士学位授权点，4 个硕士专业学位授权点，1 个"服务西北地区稳定发展与国家安全"法学专业博士授权点和法学博士后科研流动站，10 个省部级重点学科，2 个省级人文社会科学重点研究基地，1 个省级

---

* 宋觉，西北政法大学党委书记、研究员，硕士研究生导师。

"2011"计划协同创新中心及 6 个实体性科研机构。

我校的新闻教育历史悠久，可以说是中国共产党在延安时期新闻教育的延续和发展。1946 年，为了适应中国共产党在延安时期局部执政条件下新闻传播事业的发展需要，爱国报人、时任延安大学校长、后任西北人民革命大学校长的李敷仁先生创办了新闻班。在当时严酷而复杂的战争环境下，延安时期的新闻教育历时 3 年，在新闻人才培养方面进行了卓有成效的探索。在 10 年以后的 1959 年，由延安大学几经更名而成立的西北政法学院，设立了本科层次的新闻专业，在当时是西北、西南地区创办最早的新闻专业。虽然办学只有 1 年，招生人数不到百人，但其中有一批新闻专业学子成为名副其实的优秀新闻工作者。后来受"文革"影响学校停办；再后来，由于受行业办学影响，新闻专业在 1979 年学校恢复招生时未能同步开设，直至 1999 年，学校按照多学科协调发展的办学思路，恢复新闻专业。在以慕明春教授为代表的几任院长的不懈努力下，我校新闻教育事业得到了快速发展。现设新闻学（法制新闻）、广播电视学、编辑出版学、广播电视编导、戏剧影视文学五个本科专业，新闻学专业（法制新闻方向）是国家级特色专业，入选国家专业综合改革试点名单。另外，我校还获批新闻传播学一级学科硕士授予权，拥有新闻传播学硕士专业学位授权点，形成了法律与新闻相结合的人才培养与学科研究特色。现为全国三大法制新闻人才培养基地之一、陕西省新闻传播教育学会会长单位、陕西省新闻工作者协会（记协）高校理事单位。

当今，网络与新媒体的崛起，颠覆了媒介格局，改变了传媒生态，也给新闻传播学和传媒法领域带来了诸多值得探索和研究的课题，特别是给适应新媒体环境的媒介法规与制度的调整与制定带来了颇多难题。今天在座的都是全国新闻学界和法学界的著名专家、学者，大家共聚一堂，就传媒法律制度、新媒体侵权、政府信息安全与公民隐私权保护、社交媒体媒介规范及媒介自律等问题进行深入研讨，必将对未来的新媒体信息传播和法制建设产生积极的促进作用，也必将为我校新闻传播学院新型传媒人才的培养和未来的发展带来新的理念、打开新的思路、注入新的动力。

最后，我要衷心感谢各位领导、各位嘉宾和广大学界同仁长期以来对西北政法大学的支持和帮助，也预祝本次论坛取得圆满成功！

谢谢大家！

"新媒体信息传播与法制建设高峰论坛"致辞

鲍 静*

尊敬的各位领导，各位来宾，各位老师同学：

大家上午好！

"新媒体信息传播与法制建设高峰论坛"在美丽的西北政法大学隆重地召开了，作为主办方之一，首先感谢西北政法大学对中国行政管理杂志社的邀请，感谢西北政法大学新闻传播学院的老师和同学们为此次会议所付出的辛勤劳动，感谢前来参会的各位专家学者。

面对以数字技术为基础的信息时代，新的生产力冲击和改变着人类的生活方式和管理方式。诞生于 20 世纪 90 年代的全球治理理论，为越来越多的国家、地区和公共组织所重视。2015 年 10 月 12 日中共中央政治局第二十七次集体学习的主要内容是全球治理格局和全球治理体制。习近平总书记说，随着全球性挑战增多，加强全球治理、推进全球治理体制变革已是大势所趋。中国也首次在公开场合明确提出了"共商共建共享"的全球治理理念。

我们可以清楚地看到，中国提出的"共商共建共享"三位一体的理念，构成了加强全球治理、推进全球治理体系与治理能力现代化的系统链条，缺一不可。在我们构建面向地球村的治理体系和能力的时候，中国自身的治理体系和治理能力的现代化，应该如何构建？如何与全球治理融合？换句话说，当我们在研究国内问题、解决国内问题的时候，我们必须要把地球村作为我们的时代背景，把互联网、大数据等作为我们政府管理的构成要素。这是前

所未有的挑战！

我们在研究、建构新媒体信息传播新秩序的时候，挑战不仅来自境内，还来自境外，来自整个互联网世界；不仅来自人类创造的文明世界，还来自人类正在创造的虚拟世界。新媒体信息传播的这种特点，不可避免地涉及法制建设，涉及政府管理和公共政策等诸多学科和领域，使我们深刻感受到跨学科、跨组织、跨地域等相互融合、相互合作的重要性，这也是我们中国行政管理杂志社作为这次论坛的主办方之一的自然选择。这是我们首次跨界合作办会，但实际上，论坛主题已经在我刊发表多篇文章，其中 2007 年我们请有新闻传播学科背景的专家连续刊发 12 篇文章，内容涉及政府如何面对公共关系、面对新媒体信息传播的特点等诸多方面。

中国行政管理杂志社由国务院办公厅主管，中国行政管理学会主办，1985 年创刊，作为新中国创办的第一本有关行政管理（公共管理）研究的刊物，诞生于改革开放后，为行政管理学科发展服务，为行政管理改革实践服务。党的十八届三中全会提出了"推进国家治理体系和治理能力现代化"，国务院领导要求学会"以建设一流政府智库为目标"，为中央决策提供高质量的智力支持。杂志社作为智库载体的重要平台，我们调整和改革的办刊、办会的理念是：注重学术理论和改革实践及相互间发展的系统性、整体性、协同性，以问题为导向，打破各种壁垒和障碍，奉献智库式的学术研究。今年是我刊创刊 30 周年，我们提出的口号是：而今迈步从头越！今天我们越到了新闻传播界，就是一次尝试，一个飞跃。

面对新媒体信息传播与法制建设这样一个主题，政府如何有效地治理新媒介环境下出现的新问题，解决好与社会、市场的关系，将是我们思考的侧重点，我相信通过此次研讨，会大有收获。同时也有来自我们行政管理学界的年轻学者将作大会交流发言，期待这样的开始，能推动未来跨学科的继续交流合作，为全球治理理念下的国家治理体系和治理能力现代化，贡献我们的力量。

再次感谢西北政法大学及新闻传播学院给我们提供的学习机会。

预祝论坛圆满成功！谢谢大家！

在"新媒体信息传播与法制建设高峰论坛"上的致辞

万仕同[*]

尊敬的宋觉书记，尊敬的鲍静社长，尊敬的各位学者朋友：

很高兴我们《新闻战线》杂志能与西北政法大学和《中国行政管理》杂志合作，一起举办"新媒体信息传播与法制建设高峰论坛"。也感谢各位嘉宾、朋友莅临我们的论坛，感谢西北政法大学及其新闻传播学院对此次论坛的精心筹备和周到安排。

2014年，发生了两件有历史意义的大事：一件是2014年8月18日，习近平总书记主持召开中央全面深化改革领导小组第四次会议，审议通过《关于推动传统媒体和新兴媒体融合发展的指导意见》，并发表了重要讲话。因而，对中国新闻媒体而言，2014年是名副其实的融合元年。另一件事是2014年10月23日，党的十八届四中全会通过了《中共中央关于全面推进依法治国若干重大问题的决定》，全会提出的新观点、新举措，必将提升国家治理体系和治理能力现代化水平，为中国特色社会主义事业提供制度框架，为中华民族伟大复兴提供法治保障。一年后的今天，我们在这里研讨"新媒体信息传播与法制建设"，其现实意义是毋庸置疑的。

我想有三个方面的问题是非常值得和需要探讨的，第一个问题是全面依法治国背景下的新闻法制建设。现在，依法治国在党和国家工作全局中的地位更加突出，作用更加重大。在此背景下，如何加快新闻法制建设？又该如何厘清过去一直困扰着我们的问题？比如处理好党的领导和依法管理新闻事

---

* 万仕同，人民日报社《新闻战线》杂志总编辑。

业的关系，真正按新闻传播规律办事。四中全会决定中提到，党的领导是中国特色社会主义最本质的特征，是社会主义法治最根本的保证。把党的领导贯彻到依法治国全过程和各方面，是我国社会主义法治建设的一条基本经验。坚持党的领导，是社会主义法治的根本要求，是党和国家的根本所在、命脉所在，是全国各族人民的利益所系、幸福所系，是全面推进依法治国的题中应有之义。党的领导和社会主义法治是一致的，社会主义法治必须坚持党的领导，党的领导必须依靠社会主义法治。但是，在实际工作的具体执行过程中，党如何依据宪法法律治国理政、管理新闻事业，有很多问题仍然需要认真深入探讨。我们必须从我国基本国情出发，同新闻事业改革发展不断深化相适应，围绕新闻法制建设的理论和实践问题，推进新闻法制理论创新，同时借鉴国外新闻传播法制建设的有益经验。

第二个问题是新媒介格局和新传媒生态下的媒体权益保护问题。新媒体发展是当前热点，针对近年来出现的新特点，如何把握新媒体内在的发展规律，关乎着媒体的发展方向，今年，在"互联网＋"行动计划的推动下，新媒体加速向全行业渗透，新媒体经济占 GDP 的比重进一步加大。而为了顺应互联网传播移动化、社交化和视频化的趋势，传统媒体积极运用大数据、云计算等新技术，发展移动客户端、手机网站等新应用新业态，以新技术引领媒体融合发展。媒介融合明显提速。但同时也出现了很多问题，比如数字版权尤其是文字类版权保护问题，从目前形势来看，不容乐观。新闻作品被大量非法转载，维权索赔却难有成功的案例，可以说，数字版权保护是现在传统报业共同面临的难题。但加强新闻作品的数字版权保护，又是传统报业在移动互联时代提高竞争力的必然选择，在与新媒体的竞争和融合发展过程中，报纸有什么优势？其实主要是两点：品牌公信力优势和专业内容生产优势。与品牌公信力优势相比，报纸的专业内容生产优势正在以越来越快的速度被侵蚀，而导致报纸专业内容生产优势削弱的一个原因，是报纸的内容被大量非法转载。加强版权保护工作，实则就是保护报业的核心资产和竞争优势。但是，关于版权保护工作，各个媒体的诉求是不一样的，各个媒体在不同发展阶段的诉求也是不一样的。而现行版权相关的法律规定还不完善。对这样一个困扰传统媒体多年的问题，当中包括其他很多问题需要我们去研究。

第三个问题是传媒经济效益下滑态势下媒体和媒体人如何依法经营发展。

在新媒体的冲击和挤压下，传统媒体的舆论引导能力面临严峻挑战，舆论主导地位受到很大削弱。用刘奇葆同志的话讲，传统媒体已经到了"救亡图存"的重要关口。传统媒体的经济效益也大幅度下滑，特别是晚报都市报，今年的广告额更是断崖式下降。与此同时，由传统媒体所办的一些新媒体也没有找到很好的盈利路径。从 2014 年南方报业传媒集团的 21 世纪报系主要领导被捕，到 2015 年人民网总裁、副总裁被采取强制措施，在利益和压力面前，并非只剩一声叹息，经济效益和社会效益的关系问题，经济效益和依法经营的问题等，有许多值得我们思考和探讨的话题。期待着各位专家学者的高见。

　　谢谢大家！

新媒体法律问题透视

打击网络造谣犯罪点评

魏永征[*]

本文回顾我国《刑法》有关"造谣"的各种罪名以及在互联网兴起后通过对原有罪名作出解释和制定新的罪名打击网络造谣的过程，通过分析法条文本和案例，论述了这些罪名的构成和实施中的不足，强调必须区分罪与非罪，严格执行法律规定。同时指出，《刑法》并没有也不可能设立一个"造谣罪"，用惩罚手段不可能禁绝谣言的产生和传播。

2015年11月1日，《刑法修正案（九）》正式生效。这次修正案确立的新罪名有20项，其中若干罪名与网络有关。2015年10月31日有媒体以显著标题报导"网上造谣将入罪"①，流传甚广。但是这个说法是不正确的，是有违"刑九"有关法条规定的。我国法律并不存在网络造谣罪或者造谣罪。

谣言是一种古老的社会现象，前贤已经作了多方面的深入研究。但是他们通常认为谣言主要是通过口语传播，这确实是前互联网时代谣言传播的特点。互联网极大拓展了人类言论发布和传播的空间和速度，谣言的产生、传播以及其中虚假信息对于社会和他人产生的危害也是口语传播无法比拟的②。

---

* 魏永征，本名魏庸徵。原上海社会科学院新闻研究所研究员、教授，1987–1998年任《新闻记者》杂志社法人代表、主编，2001–2010年任香港树仁大学专任教授，2003年起任中国传媒大学传媒法和政策专业博士生导师、媒介法和政策研究中心总顾问，2010年起任汕头大学长江新闻与传播学院教授、讲座教授。

① 新华网，2015年10月31日。

② 法律上"造谣"之"谣"，与学术中的"谣言"，概念存在差异。法律把造谣界定为编造虚假信息进行传播而对社会和他人造成损害的行为，而学术上对谣言有不同定义，一般并不把谣言简单等同于虚假信息，有的认为只是指未经证实的信息，有的界定为未经官方证实或者官方否认为真实的信息。可参见［美］奥尔波特：《谣言心理学》，辽宁教育出版社2003年版；［法］卡尔普雷：《谣言：世界最古老的传媒》，上海人民出版社2008年版等。本文中的"造谣"属于法律词语，但鉴于法律禁止的"造谣"与学术上论述的谣言存在着实际联系，所以会涉及论述法律上禁止"造谣"不可能禁绝一切谣言和虚假信息。

为此，国家通过对原有《刑法》条文做出新的解释和制订新的《刑法》条文，加大了打击对社会产生严重危害的网络造谣行为的力度，这是必要的。但是，法律并没有也不可能而且没有必要规定一项造谣罪。

一、前互联网时代的"造谣罪"

我们不妨回顾一下我国刑法有关编造、传播虚假信息犯罪的罪名发展过程。

1997 年《刑法》中直接提到"造谣"的就是煽动颠覆国家政权罪（第105 条第 2 款）。按这一法条，这种犯罪行为采取"以造谣、诽谤"等方式，但并不等于就是规定了"造谣罪"。这条罪名属于危害国家安全罪，其侵害客体是我国人民民主专政的国家政权和社会主义制度，造谣的目的是要颠覆国家政权、危害国家安全，其内容也与此目的相适应，是一项严重的罪行，不适用于一般的造谣行为。而且"造谣"只是煽动颠覆的一种方式，采取其它言论方式意图达到颠覆目的也可以构成本罪。

1997 年《刑法》对于涉及虚假信息犯罪行为的罪名，多数集中于"破坏社会主义市场经济秩序"的类罪名下，即编造并传播证券、期货虚假信息罪（第 181 条），损害商业信誉、商品声誉罪（第 221 条），虚假广告罪（第 222 条）。这些罪名有一个共同的侵犯客体，就是市场秩序。损害商誉罪同时还有一个侵害客体就是特定企业的商誉权，商誉是特定企业的无形资产，也关系到正常市场秩序的稳定。

1997 年《刑法》中还有一条与虚假信息有关就是诽谤罪（第 246 条），它属于侵犯公民人身权利罪，侵犯的客体是特定人的名誉权。由于诽谤的主要危害是造成个别人的精神损害，所以不但对诽谤行为入罪规定了"情节严重"的要件，而且规定属于"告诉的才处理"的自诉罪。受害人主要可以通过民事诉讼获得救济，只有情节严重且根据受害人意思自治，必需提起刑事诉讼的，才可能考虑刑事制裁。本条还有第 2 款，就是规定"严重危害社会秩序和国家利益的除外"，具备这种情况才可以采取公诉形式。公诉诽谤罪的侵犯客体不只是个别人的名誉权，还有正常的社会秩序和国家利益。

诽谤罪在 1979 年《刑法》就有规定。但是在 20 世纪自诉诽谤罪案并不多，有时法院还要劝说提起刑事诽谤指控的自诉人撤诉改走民事诉讼的途径。

公诉诽谤罪案件更是十分罕见，这体现了刑事制裁的谦抑精神。

对于造谣行为造成社会秩序损害的，当时主要采取行政处罚手段。《中华人民共和国治安管理处罚条例》（1994）规定"捏造或者歪曲事实、故意散布谣言或者以其他方法煽动扰乱社会秩序"要予以行政拘留或罚款的处罚。

这样的立法布局表明，当时对于造谣行为的刑事制裁，除了危害国家安全的造谣之外，主要限于市场经济秩序领域，此类虚假信息往往借助媒体传播，造成的危害具体而实在可见，需要以刑法予以防范和打击。至于对于社会秩序造成损害的虚假信息，主要是口语传播，造成危害相对有限，所以采取行政处罚就可以了。

二、强化对扰乱社会秩序"造谣"行为的惩罚

进入 21 世纪后，情况发生了变化。首先是 2001 年 "9·11 事件"后恐怖主义的威胁引起了各国重视。当年年底，我国人大常委会通过并颁布了《刑法修正案（三）》，其中规定了编造、故意传播虚假恐怖信息罪（第 291 条之一）："编造爆炸威胁、生化威胁、放射威胁等恐怖信息，或者明知是编造的恐怖信息而故意传播，严重扰乱社会秩序的，处 5 年以下有期徒刑、拘役或者管制；造成严重后果的，处 5 年以上有期徒刑。"其类罪名为妨害社会管理秩序罪。这条罪名的确立，不仅是反恐需要，也表明对于谣言造成社会秩序的危害日益引起了重视。

在 2005 年《治安管理处罚法》里规定了"散布谣言，谎报险情、疫情、警情或者以其他方法故意扰乱公共秩序的"和"扬言实施放火、爆炸、投放危险物质扰乱公共秩序的"要受到行政处罚，也比 1986 年"条例"的规定更为具体。

对于网络谣言，2000 年《互联网信息管理服务办法》将"散布谣言，扰乱社会秩序，破坏社会稳定"的内容列为"不得制作、复制、发布、传播"的内容之一。但这个"办法"后面的罚则只是针对网络服务商的，反映在Web1.0 时代①，用户言论还没有引起足够的注意。

---

① 从内容生产者角度看，Web1.0 是商业公司为主体，把内容往网上搬，用户阅读网站提供的内容，是网站到用户的单向行为。

三、解释原有法条和制定新法双管齐下

集中体现打击网络谣言意图和功能的是 2013 年最高人民法院和最高人民检察院《关于办理利用信息网络实施诽谤等刑事案件适用法律若干问题的解释》（本文简称"两高司法解释"）。这件司法解释涉及《刑法》6 项罪名：诽谤罪（第 246 条）、寻衅滋事罪（第 293 条）、损害商业信誉、商品声誉罪（第 221 条）、煽动暴力抗拒法律实施罪（第 278 条）、敲诈勒索罪（第 274 条）、非法经营罪（第 225 条）。其中前四项直接涉及造谣，后两项犯罪也可能借助造谣来进行敲诈勒索和非法牟利，而"两高"发言人在介绍这个文件时多次提及打击网络造谣，人们说这一司法解释是为打击网络造谣而设立也不为过。不久后，最高人民法院又发布《关于审理编造、故意传播虚假恐怖信息刑事案件适用法律若干问题的解释》（本文简称"最高法院司法解释"），对 291 条之一规定的概念作出具体解释。

2015 年"刑九"在第 291 条又增列了第二款："编造虚假的险情、疫情、灾情、警情，在信息网络或者其他媒体上传播，或者明知是上述虚假信息，故意在信息网络或者其他媒体上传播，严重扰乱社会秩序的，处 3 年以下有期徒刑、拘役或者管制；造成严重后果的，处 3 年以上 7 年以下有期徒刑。"

既然已经有了编造并故意传播虚假恐怖信息罪，为什么又要增加这一款呢？我们可以看到前述"最高法院司法解释"对于虚假恐怖信息是这样解释的："虚假恐怖信息，是指以发生爆炸威胁、生化威胁、放射威胁、劫持航空器威胁、重大灾情、重大疫情等严重威胁公共安全的事件为内容，可能引起社会恐慌或者公共安全危机的不真实信息。"这条解释比起 291 条之一的原文"编造爆炸威胁、生化威胁、放射威胁等恐怖信息"，增添了"劫持航空器威胁、重大灾情、重大疫情"3 项，再加上"可能引起社会恐慌……的不真实信息"的描述。我们知道，恐怖信息当然会引起社会恐慌，但是引起社会恐慌的信息并不都是恐怖信息。恐怖信息的一个重要特征是暴力威胁。"最高法院司法解释"增列的 3 项信息中，重大灾情、重大疫情虽然也会引起社会恐慌，但是其中没有暴力成分，不属于恐怖信息。从立法和司法权限分工来说，司法解释只是司法机关在适用法律过程中对具体应用法律问题所作的解释，不是制定新的法律，按照我国《宪法》，司法机关并无立法权，所以在司法解

释中不应扩展法律内涵，增添法律原文中不存在的内容。好比在恐怖信息中添入劫持航空器威胁是可以的，因为这公认是一种恐怖信息，而添入重大灾情、疫情，非但不合恐怖信息概念，而且扩展了法律原有含义，有越权之嫌。从这个意义上说，"刑九"增订这第2款，纠正了"最高法院司法解释"的不当扩展，可说是贯彻依宪治国的一个范例。

但在"刑九"生效前，"两高"发布"刑九"的罪名，将这291条之一第2款的罪名定为"编造、故意传播虚假信息罪"，又犯了扩大概念的错误。该款原文为"编造虚假的险情、疫情、灾情、警情"，并无"等"字，是穷尽列举。按此款惩处的犯罪行为限于编造、传播这"四情"而造成严重扰乱社会秩序的行为，不应扩展到"四情"之外的其它信息。也就是说，虚假的"四情"是谣言，而谣言显然并不只限于"四情"。虽然法院判案是根据法条，不是根据罪名，但这样的罪名有可能引起误解。媒体宣传"网上造谣将入罪"，让人误以为似乎真的设立了网络造谣罪，凡是网上造谣都是犯罪行为，其根源正是来自这个不准确的任意扩展的罪名。如果按照媒体报道的理解，是不是要把凡在网上造谣的行为人都抓起来呢？这有违刑事制裁的谦抑精神，会造成寒蝉效应，削减公民的基本权利。

我以为，这条291条之一第2款的罪名应该正名为"编造、传播虚假的险情、疫情、灾情、警情罪"，措辞虽然长了一些，但是准确。在我国刑法中，超过20字的罪名有得是。

四、涉及"造谣"各项罪名的共同特点

在"刑九"之后，我国刑事罪名增加到470条左右，涉及造谣或编造传播虚假信息的罪名仅限于以上十来项罪名。这些罪名有共同的特点：

第一，必须出于故意，即故意编造、传播或明知是假而予以传播，这是直接故意；有的则有"放任"的规定，是间接故意。过失不能构成此类犯罪。

第二，必须有"严重"的损害后果，或者"严重扰乱社会秩序"，或者"造成严重损失"，或者"情节严重"，除了煽动颠覆国家政权罪由于罪行本身就很严重故而属于行为犯以外，其他都是结果犯，就是必须要有危害社会的严重后果才能定罪。一般损害也不能构成此类犯罪。同时，各条对于客观

行为又各有具体的规范，行为不具备法律规定的全部条件，都不能定罪。

以下我们讨论其中的 3 项罪名。

五、编造并故意传播虚假恐怖信息罪和编造、故意传播虚假信息罪

对于前一罪名，2013 年的"最高法院司法解释"已经作出相当完整的解释。其主观要件包括故意编造传播和放任传播，或者明知编造而故意传播，即直接故意和间接故意。对法律规定的"严重扰乱社会秩序"，规定了"致使机场、车站、码头、商场、影剧院、运动场馆等人员密集场所秩序混乱，或者采取紧急疏散措施的"6 种情况，对"造成严重后果"，规定了"造成 3 人以上轻伤或者 1 人以上重伤的"、"造成直接经济损失 50 万元以上的"等 5 种情况。对于后一罪名，虽然还没有司法解释，但上一司法解释似可参照。

2008 年陈智峰，入侵广西官方防震减灾网站，将一幅"悼念四川汶川大地震遇难同胞"图片篡改为"广西近期将发生 9 级以上重大地震"的消息贴在网站上，被网站发现删除后，陈再次贴上，还在别处网页贴出"大家去看广西地震局的网，上面发布了地震预报，广西要地震了"。广西警方调动江苏、广西等 7 个省市网监及刑侦部门警力 245 人次予以侦破。法院经审理，认定陈的行为构成编造、故意传播虚假恐怖信息罪与破坏计算机信息系统罪，数罪并罚，判处执行有期徒刑 4 年。①

本案审理时，"最高法院司法解释"尚未颁布，虚假地震预报信息显然不属于虚假恐怖信息，这个判决具有"类推"性质，而"类推"在 1997 年《刑法》即已废除。所以陈的行为虽然恶劣，但是此判严格说来在法律上是有瑕疵的。如果发生在如今"刑九"生效之后，则可按编造、故意传播虚假信息罪定罪处罚。

作为结果犯，本罪必须产生"严重扰乱社会秩序"的后果，否则不能定罪处罚。2013 年 7 月 21 日，歌手吴虹飞发微博称"我想炸的地方有北京人才交流中心的居委会，还有妈逼的建委……"随后又发了一条："我想炸——北京人才交流中心的居委会旁边的麦当劳——的鸡翅，薯条，馒头……"警方即以涉嫌编造、故意传播虚假恐怖信息罪予以刑拘。吴扬言"想炸"，虽然可

---

① 南宁市青秀区人民法院刑事判决书，（2008）青刑初字第 375 号。

以说是一种"爆炸威胁",但是并没有造成社会惊恐、秩序混乱等后果,故而不能构成犯罪。2013 年 7 月底,警方将刑拘改为行政拘留 10 天,并处罚款 500 元。[①]

六、诽谤罪（公诉）

诽谤罪从 1979 年《刑法》直至现行《刑法》第 246 条一直只有"捏造事实诽谤他人,情节严重"12 个字规定;在其第二款规定"严重危害社会秩序和国家利益"的不属自诉,这类可以公诉的诽谤罪行侵害客体不只是个人人身权利,还侵害了社会秩序和国家利益。

21 世纪随着互联网的发展,公安机关直接介入查处诽谤罪案（即作为公诉案件处理）时有发生。雷丽莉博士曾对 2006 年至 2010 年发生的 20 起被警方查处的所谓"诽谤"和"损害商誉"案件作了统计分析,发现被"诽谤"的对象有 18 起案件是政府或政府官员,其中 13 件是县或县以下干部;1 件是中学校长,1 件是企业。涉案人都是普通人,其中记者 2 人。予以行政处罚 4 件,其余 16 件作为刑事案件追究的,有 12 件后来明确撤案。[②] 这种现象表明对于公诉类诽谤罪案件确实有待明确界定,以免行政司法理解不一,各行其是。

所以 2013 年"两高司法解释"对于诽谤罪的界定有其积极意义。这个司法解释对利用网络进行诽谤犯罪活动的主观要件规定为"捏造"和"篡改"损害他人名誉的事实加以散布或指使他人散布,以及"明知"是捏造的损害他人名誉的事实而散布,其中没有"放任"一说,表明构成诽谤罪限于直接故意。对于"情节严重","两高司法解释"规定了点击、浏览 5000 次以上或转发 500 次以上,造成被害人或者其近亲属精神失常、自残、自杀等 4 种情况。对于"严重危害社会秩序和国家利益","两高司法解释"规定了引发群体性事件的,引发公共秩序混乱的,诽谤多人、造成恶劣社会影响的等 7 种情况。不管怎么说,三十多年简单的法条概念有了细则界定,是有积极意义的。但是,媒体在初期片面宣传"谣言点击 5000 次、转发 500 次"即入罪,

---

① 《新京报》,2013 年 8 月 2 日。
② 雷丽莉:"从 20 起诽谤案看公权力追究公民言论责任的路径",载《法治新闻传播》2010 年第 5 期。

影响不好，有个别地方警方就仅仅以此为理由对行为人采取措施。其实，这"5000 次、500 次"只是对第一款"情节严重"的界定之一，就是说，在捏造事实损害他人名誉的前提下，被害人可以以"5000 次、500 次"为由提起刑事自诉。"5000 次、500 次"既不是对任何造谣行为入罪的界定，也不是警方可以直接介入查处的底线。警方可以介入的只限于公诉诽谤罪案，除了具备上述条件外，还必须属于"严重危害社会秩序和国家利益"的情况，否则不能传人抓人。

以按"两高司法解释"判罪处罚的傅学胜案为例，傅于 2010 年至 2013 年期间，屡次捏造事实并在网上散布损害多人名誉，还雇用水军进行恶意炒作，引发网民累计达数十万次的点击及大量跟帖、负面评论，造成极为恶劣的社会影响。其中包括捏造中石化女处长在非洲接受"性贿赂"的所谓"牛郎门"的丑闻。警方经侦查，以涉嫌诽谤罪对傅进行刑拘经检察批准后逮捕，经公诉，法院判处有期徒刑 2 年 9 个月。①

据判决书查明傅的诽谤对象有 9 人，而且傅所捏造的情节十分卑劣下流，符合公诉类诽谤罪"诽谤多人，造成恶劣社会影响"的条件。

但是把握公诉类诽谤罪的标准还是不容易的。原记者刘虎，通过微博公开实名举报 4 名部厅级高官，警方以涉嫌诽谤罪、寻衅滋事罪等予以刑拘，检察院以涉嫌诽谤罪予以逮捕。刘的律师提出，刘的举报内容有的属于疑点，有的来自他人提供，并非捏造事实。后来因其中一名高官被查处。刘被羁押将近一年后取保候审，2015 年 9 月，检察院以不符合提起公诉的条件作出不起诉决定。②

目前法律关于诽谤罪的界定，在司法中应该严格执行。基本要件还是那12 个字，主观上必须故意捏造，客观上必须有传播有损特定人名誉的虚假事实的行为；但这还可能只是故意侵害名誉权行为，还必须具有"两高司法解释"关于"情节严重"的四种情况之一，才可能构成诽谤罪；但这只还是刑事自诉条件，还必须具有关于"严重危害社会秩序和国家利益"七种情况之一，才可能构成公诉诽谤罪。并且按照《刑事诉讼法》规定，上述事实的举证责任，包括行为人发布的信息为虚假的证明责任和具有直接故意的证明责

---

① 参见上海市闸北区人民法院刑事判决书，(2014) 闸刑初字第 906 号。
② 参见《中国青年报》，2015 年 9 月 10 日。

任，都在控方。警方必须坚守公诉类诽谤罪的定罪标准，避免再发生刘虎这样的事件。

七、寻衅滋事罪

这是 1979 年《刑法》中的流氓罪被废除后分出来的一条罪名。按照 1997 年《刑法》第 293 条，寻衅滋事罪共有四项犯罪行为。① 按照传统理解，这四种行为与造谣或传播虚假信息并无关系。但是由于其中有"辱骂"以及"起哄"等属于言论性行为，就有可能引申到网络环境中来。

"两高司法解释"列出两种情况适用寻衅滋事罪：一是"利用信息网络辱骂、恐吓他人，情节恶劣，破坏社会秩序的，依照《刑法》第 293 条第 1 款第 2 项的规定，以寻衅滋事罪定罪处罚"。二是"编造虚假信息，或者明知是编造的虚假信息，在信息网络上散布，或者组织、指使人员在信息网络上散布，起哄闹事，造成公共秩序严重混乱的，依照《刑法》第 293 条第 1 款第 4 项的规定，以寻衅滋事罪定罪处罚"。后一条，就同"造谣"有关。查这条法律原文为："在公共场所起哄闹事。造成公共场所秩序严重混乱的。"

比较法条原文和司法解释条文，可以明确发现一处不同，就是把"造成公共场所秩序严重混乱"改为"造成公共秩序严重混乱"。"公共场所秩序"和"公共秩序"究竟是同义还是不同义？如果后者含义有所扩展，那么司法解释是否有权对法律作这样的修改？互联网确属"公共"，但是不是属于"场所"？所谓"公共场所秩序"或"公共秩序"，究竟只是指现实的三维物理空间的秩序，还是包括了互联网虚拟空间的秩序？如果要说互联网秩序，那么什么是互联网的正常秩序？是不是大量网民纷纷点击、转发、评论、争论、围观就可以说"秩序混乱"？

法学界对此有不同意见，司法实践上做法也不尽相同。这里还是举案例来说明问题：

2014 年的秦志晖（网名秦火火）诽谤、寻衅滋事罪案，秦被认定寻衅滋

---

① 条文为："有下列寻衅滋事行为之一，破坏社会秩序的，处 5 年以下有期徒刑、拘役或者管制：（一）随意殴打他人，情节恶劣的；（二）追逐、拦截、辱骂他人，情节恶劣的；（三）强拿硬要或者任意损毁、占用公私财物，情节严重的；（四）在公共场所起哄闹事，造成公共场所秩序严重混乱的。

事的犯罪事实为：在 2011 年温州动车事故中，秦利用微博编造并散布虚假信息，称原铁道部向外籍遇难旅客支付 3000 万欧元高额赔偿金，引发大量网民对国家机关公信力的质疑，原铁道部被迫于当夜辟谣，对事故善后工作的开展造成了不良影响①。

本案犯罪人通过网络编造散布虚假信息，在事故发生期间传播，形同在那里起哄闹事，对灾祸救援现实秩序造成了破坏后果，所以被认为寻衅滋事。

而另一起董如彬（网名边民）非法经营、寻衅滋事罪案，其犯罪事实为：董在 2011－2013 年期间，收取他人钱款，虚构其对立方的负面信息，虚构某发电厂污染致癌企图使该厂关闭，在"湄公河中国船员遇害案"的处理过程中，编造、散布大量虚假信息和煽动性言论，引发网民围观等。判决对董收取钱款的行为，认定为非法经营罪；对董散布虚假信息，严重混淆视听，扰乱公共秩序的行为，认定为寻衅滋事罪。②

判决书并未说明董的虚假信息是否造成实际损害后果，如影响发电厂生产秩序、影响湄公河案的处理进程等，而仅仅以严重混淆视听、引发网民围观就认定扰乱公共秩序，表明将网络空间确定为公共场所，而无需再考查是否破坏现实社会秩序。

被告人杨秀宇（网名立二拆四）创办一家公司，2008 年至 2013 年间，多次有偿提供删除信息和发布虚假信息服务，起初以涉嫌寻衅滋事罪被刑拘，后来则以非法经营罪被逮捕、起诉、定罪。杨的犯罪事实也有收取钱款，编造和散布虚假信息进行炒作等，但只以其有偿删帖等行为认定为非法经营罪，而未将其其他行为认定寻衅滋事罪③。上述刘虎案，警方最初也是以涉嫌寻衅滋事罪将其拘留，后来检方以涉嫌诽谤罪批捕。两案都反映了警方和司法对于寻衅滋事侵害对象的不同理解，在检方和法院看来，如果没有虚假信息扰乱现实公共秩序的后果，就不足以涉及此罪。

由此可见，对于在网上编造并散布虚假信息等"造谣"行为是否能认定构成寻衅滋事，尚待在司法实践中进一步明确。

---

① 参见北京市朝阳区人民法院刑事判决书，（2013）朝刑初字第 2584 号。
② 参见昆明市五华区人民法院刑事判决书，（2014）五法刑二初字第 91 号；云南省昆明市中级人民法院刑事裁定书，（2014）昆刑一终字第 53 号。
③ 参见北京市朝阳区人民法院刑事判决书，（2014）朝刑初字第 1300 号。

　　因此，依法对于那些特定的故意编造并散布虚假信息对社会或他人造成严重危害的行为予以刑事制裁是必要的，但是应该严格按照法律规定的构成要件，严格区分罪与非罪，严格遵守刑诉法规定的程序和证据原则；有些则可以通过民事的、行政的手段予以适当制裁，刑事手段应该保持一定的谦抑性。

　　法律不可能设立一个"造谣罪"。研究已经证明，谣言的形成有着社会的、心理的和认识论等多种复杂因素，有的谣言根本没有造谣者，有的谣言含有真实的成分，有的谣言还有待于未来的事实检验，所以希图以惩罚手段来禁绝谣言是做不到的。

　　人们的共识是：消除谣言最有效的手段是及时、准确地公开真相。

加强对新闻立法的研究

——在西北政法大学新闻与传播学院的发言

孙旭培*

感谢西北政法大学新闻与传播学院的邀请，让我来参加这次会议，并作发言。我发言的题目是：加强对新闻立法的研究。

我国新闻立法工作已经进行了三十多年。整个过程我是很熟悉的。我带来的传记记述了这个过程中的许多事，通过这本书，你可以知道，为什么新闻法三十多年不能出台。新闻立法是为了保障和正确行使新闻自由，所以我也花了不少精力研究新闻自由。今天我也带来了我的关于新闻自由的著作《新闻自由在中国》，看了这本书，你会知道从马克思到我国宪法都倡导、保护新闻出版自由，可为什么至今新闻出版自由仍是很敏感的名词？

新闻立法至今没有实现，原因是多方面的。我有一些论文直率地剖析了诸多原因。但在这里我要说，研究不够也是原因之一，所以今天我就想谈谈如何加强对新闻立法的研究。我在《新闻传播法学》一书中，把新闻法的主要内容概括为对四种关系的调整，这四种关系是：新闻与国家权力、新闻与社会、新闻与公民、新闻与司法。在我国新闻法学界，研究最多的是后两种，即新闻与公民、新闻与司法，可谓人才济济，成果丰硕。魏永征教授、徐迅先生就是其中的领军人物。但是对前面两个领域的研究就弱一些，特别是新闻与国家权力，联系我国实际研究这一问题的成果并不多见。因为研究这一问题，就要涉及新闻自由问题，特别是属于新闻自由题中应有之义的批评政

---

* 孙旭培，华中科技大学新闻与信息传播学院特聘教授、博士生导师，中国新闻法制研究中心研究员，曾获新闻研究所优秀成果奖和一、二等奖。

府官员问题、媒体创办问题等。近几年我写了四篇有关新闻立法、新闻自由的文章，其中有些文章比较开放地谈到这些所谓"敏感"的问题，不过都是在《炎黄春秋》上发表的，算不上学术研究文章。

作为新闻立法的学术研究，我认为，以下几个方面的研究是需要加强的。

一、加强对新闻自由的研究

新闻自由的研究就是研究新闻法保护什么样的新闻自由，以及怎样保护。当然，这方面的研究困难很多，比如很难作为课题，获得国家经费。但是思辨性研究，需要的是坐冷板凳的精神和广泛的阅读与资料搜集，没有多少经费支持也能进行。我的研究成果基本上都发表、出版了，只有新闻自由著作的出版不但要自己掏腰包，还要自己花钱寄。不过，人生在世要想做点事，就应该不怕付出成本。

不过，也有不冒风险、不掏腰包，还可能申请到课题经费的新闻自由研究，就是新闻自由度的研究。新闻自由度这个词，可能算是我发明的。因为我觉得一提实行新闻自由就很敏感，但说提高新闻自由度就安全得多了。可是我一直没有时间对新闻自由度进行深入的研究。

在这里，我列举三个可以研究的题目，代表三种类型：

1. 1976－1986年《人民日报》新闻自由度逐步提高之研究（以拨乱反正时期为重点）；

2. 我国近二十年社会新闻自由度变化之研究（类似的题目还有：我国近二十年新闻评论自由度变化之研究）；

3. 报纸自由度与网络自由度之比较研究（以近一年某报和某门户网站为例）。

以上三个题目都没有风险。可以作为博士论文题目，也可以作申报基金的课题。第一个题目选择了党报一个既得党心又得民心的好时期进行研究；第二个题目主要是谈成功的一面，其次才是谈教训；第三个题目是谈的一个有目共睹的现象，目的之一是从读者承受力的角度探讨纸媒的出路。以上三个题目都会推导出一些重要的创新观点，其主要的研究方法是内容分析。以上题目既无风险，又能创新，我想不愁申报不到课题经费。

当然新闻自由度的研究，从学术上看，选定维度、确定变量的标准是这些研究的难点。有些国际组织给世界各国新闻自由排名的做法，只能参考，基本不符合中国当前的国情。

二、对各国新闻法比较研究，特别是发展中国家新闻法的比较研究，为我国新闻立法提供参考和借鉴

过去我们总是研究一些自由度较高的国家，如美国、西欧国家。虽然这样的研究是必要的，但这些国家与我国在国情上有太大的差别。实际上，我们更需要研究自由度低一些的第三世界国家。我们已有对印度、埃及新闻法的初步研究，还可以扩充到更多的发展中国家。也很需要对经历社会转型不久的原社会主义国家的新闻立法进行研究（如俄罗斯、蒙古、越南、匈牙利、波兰、白俄罗斯等）。比较研究可以是研究这些国家的法律条文，也可以从法律条文到法治实践去研究某个专项，如损害公民和官员的名誉权，或媒体的创办。

因为这两类研究会对我们有更多的启示。我看了一些国家新闻法后，对于我国新闻立法就得到一个重要的启示：新闻法不能过于简单（俄罗斯《大众传媒法》近三万字，而我国《新闻法草案》只有五千多字），应该有媒体和媒体工作者的权利清单；有禁止登载的负面清单；对新闻进行行政干预（在我国的特殊国情下肯定不可没有行政干预），但必须在新闻法中规定干预的条件、内容和途径。否则，新闻法就没有可操作性，导致有新闻法几乎和没有新闻法差不多。规定不具体，有关权利的条文就与宪法规定的言论、出版自由一样，由于没有具体内涵（中国宪法关于言论出版自由规定是世界各国宪法中最简单的），至今不知道怎么落实。而干预的条文，就可能被滥用到无边无沿。

不过，各国新闻法比较研究，必须申请到经费才可能进行，起码要申请到法律和资料的翻译费。我相信，这种研究经费的申请不会太难。顺便说到，谁需要俄罗斯（2007 年修改过的）、蒙古、越南、新加坡（刚好从南到北一条线上的几个国家）的新闻法的中文本，请与我联系，我可以提供。

三、对我国新闻法草案的修改，乃至新的设计，也是一项重要的研究

我国新闻立法何时再上马，还没有确定的计划。但草案的修改总是要进行。我国已有的草案一是不全面，不少应有的内容缺失；二是许多规定不细，缺乏可操作性。草案修改不但要有官方的，也要有学界的。作为学者，你可以对全部草案进行修改乃至重写，也可以修改草案的某一部分，以供全国人大教科文卫委员会参考。牛静的博士论文《论新闻自由权的具体化——对〈中华人民共和国新闻法草案（送审稿）〉的研究与建议》（已由华中科技大学出版社出版，书名改为《媒体权利的保障与约束研究》），从分析立法内容到试拟条文，都很详细、具体，很有参考价值。此做法很值得借鉴。要说敏感，这篇博士论文算是一篇。但去年照样出版了，只是把标题改了，其它几乎都没有改。可见，你只要深入、细致地研究，逻辑严密，说理充分，成果面世是完全可能的。

最后，我想说一点，新闻立法的研究一定要考虑国情，我的主张是，理论要彻底，实践要渐进。理论彻底，才能明确目标和前进方向；实践渐进，才能解决切实可行的途径问题。所以，我三十多年来一直坚持渐进的、适度的新闻自由。如果你不这样，也不能解决成果面世的问题。所以我的研究成果基本上都发表了。

网络视频传播法律底线的若干问题

——兼议《电影产业促进法》（草案）中的电影审查标准

徐　迅[*]

今天我要讲的主题和周勇老师的话题有些衔接，都是视觉传播的问题，当然周老师更多谈论的是伦理问题，而我谈论的标准可能要低一些，是法律问题，底线问题。所以我说是网络视频传播法律底线的若干问题。那么大家会说：今天我们的主题是"新媒体信息传播与法制建设"，你怎么跑去谈电影？那我就先说说为什么，也就是网络的视频传播和《电影产业促进法》有什么关系？这里会涉及几个基本的法治原理。

首先是法治对表达自由持最小限制的原则，也就是法律能管的事情不多，法律不能什么都管。那么法律管不了，不能管的地方应该是伦理，是专业规范，是职业道德，是社会舆论，等等，这是原则之一。所以我说是底线问题。

第二个原则是法律面前人人平等，这个原则大家都很熟悉，是我们宪法的原则，也是世界各国通行的法治原则。那么在网络表达的领域里，是否有涉及内容传播的独特的法律标准？我认为在网络传播内容上是没有第二套法律标准的，法律作为底线标准，法律面前人人平等。前不久参加中国人民大学新闻学院六十周年的纪念活动，我在那里也有一个发言，里面谈到网络法治研究要避免就网论网。我看到很多现象，一谈到网络传播内容方面的问题，好像什么都是网络时代的新问题，是网络传播的独特现象，其实不然，很多

*　徐迅，中央人民广播电台法律顾问，中国政法大学兼职教授，传播法研究中心执行主任。本文是 2015 年 11 月 21 日在西安参加西北政法大学新闻传播学院举办的"新媒体信息传播与法制建设高峰论坛"上的会议发言。

问题其实法律早有结论和答案，不是什么新问题，在传统媒体上是法律底线，在互联网上也同样是法律底线。

第三个原则就是政府要依法行政，政府当然对传播履行行政管理的职责，但政府的管理一定要遵循法制化的原则，政府的管理不可能无处不在。所以不是说所有的问题政府都能够解决或有权解决。因为法无授权不可为，这是现代法治政府建设的一个基本原则。那么这种不可为，不仅包括执法，也包括立法，因为国务院有行政法规、规章的立法权。

在谈过这几个原则之后我们发现，法制能管的事情其实很少，因为必须依法办事。大家都是平等的，在这样的法律底线之外，行规、伦理、社会责任、社会舆论的作用就有了。按照《立法法》的规定，人大立法的等级当然是比较高的，《电影产业促进法》其实是我们国家文化领域的第一个人大立法。我们一直都在讨论某某法，如《出版法》、《新闻法》等。这些都尚未进入到立法程序，现在真正在立法程序当中运作的就是《电影产业促进法》，它现在已经通过全国人大常委会的初审。我们所熟悉的在文化传播领域中的其他法律的等级相对都比人大立法要低，名称是"条例"，是国务院立法，比如《出版管理条例》、《音像管理条例》、《广播电视管理条例》、《网络信息服务管理办法》等，这些都是国务院制定的行政法规。如果按照视觉传播的规律来看，除了绘画之外，电影的历史比较长，资历也最老，相当于视觉传播中的"老大"，所以电影内容传播的标准特别是法律标准，深刻影响着电视传播和网络传播。

本着法律面前人人平等的原则，大家的底线标准是没有实质的区别，因此我认为要研究网络视频传播内容的法律底线问题，应该从电影的制度开始。而现在，我们国家法制建设的现实就提供了这样的机会和可能——《电影产业促进法》正在人大审议，而且向社会公布了法律草案并公开征求意见，到2015年12月5号截止。所以现在是公开讨论法律标准并且向立法机关提出意见的最佳时期。在这样的情况下，西北政法大学给了我这样的机会来谈谈这个问题。作为一个职业的媒体人或者法律人，对于国家立法活动的关注和投入是我们研究的最终目的。如果现实给我们机会的话，那我们应该抓住。

我要讨论一下《电影产业促进法》草案中电影审查标准的问题，即"禁载规范"，也就是内容传播的底线标准问题。

　　首先要肯定的是这部法律在原则部分不仅提到了电影为人民服务、为社会主义服务，这都是宪法的有关规定，同时第 4 条第 2 款还提到了创作自由的宪法依据，它全文的表述是"电影创作自由应当受到尊重，国家保障电影创作自由"。这些强调了创作自由的问题，是一个很好的安排。

　　目前在国务院的相关立法里，也就是我们刚提到的那些条例里，只有《出版管理条例》中提出了保障公民出版自由的问题，其他的都没有提到相关宪法依据，比如说出版自由、言论自由、艺术创作自由等。这当然体现了国务院立法的一种特色，就是便于政府的管理，但是人大立法则不能只考虑政府的管理。政府的管理其实是为了更好的实现人民的权利。

　　关于禁载规范在法条当中的用语基本上分两类：一类是"禁止说"，如"禁止制作播放……"、"电影内容中禁止出现……"。像《广播电视管理条例》、《电影管理条例》、《音像制品管理条例》中都采用这种提法。当然还有一种是"不得说"，如《出版管理条例》、《网络信息服务管理办法》等中出现的是"出版物不得含有"、"网络信息传播服务内容中不得出现……"。这两者之间在本质上到底有什么差别，我也没琢磨出来。但是实际上都是法律禁止传播的意思，所以在学术研究中称为"禁载"。

　　正在征求意见的《电影产业促进法》草案用的是"电影不得含有……"的表述。禁载的规范一共 8 条，2011 年《电影产业促进法》草案制定过程中国务院有过一次公开征求意见，当时禁载的内容一共是 13 条。当时我们在政法大学开了一天的研讨会就草案提出意见，其中意见之一就是禁载规范过多，为什么这么说？因为此前的条例和办法加在一起最多的是 10 条，但是在这里成了 13 条，当时正在征求意见的还有《电信法》草案是 16 条，如果这样的一个趋势下去，是否会越来越多呢？现在我们看人大常委会讨论的草案里禁载变成了 8 条，从条数上看，比现在的《出版管理条例》、《网络信息服务管理办法》都少，但文字总数还是增加了。

　　那么再看这 8 条里，我认为其中前 4 条没有太多讨论的空间，因为这些禁载内容其实在《宪法》和《刑法》当中都有明确的禁止性规范，我重点关注的是第五、六两项。虽然"危害社会公德，扰乱社会秩序，破坏社会稳定"等表述似乎都比较虚，但接下来的却比较实："宣扬淫秽、赌博、吸毒，渲染暴力、恐怖，教唆犯罪或者传授犯罪方法。"这每一种在视觉上都有特定的表现。此外第六项是"侵害未成年人合法权益或者损害未成年人身心健康"。那么第五项其实是一项普遍的禁止，而第六项专门讨论的是未成年人的保护问题。我之所以重点关注第五、六两项，是因为这个规定和现行的人大立法不衔接。

为什么这样说？我们一个个来分析：淫秽、教唆犯罪、传授犯罪方法等在《刑法》里都有明确的罪名，这是刑法普遍的禁止性规范。像涉及淫秽的犯罪，《刑法》当中光是涉及淫秽的犯罪就有大概四五个罪名。这些内容即使不写入，法律或公权直接干预也没有问题。但是吸毒、赌博、暴力、恐怖是在目前任何的人大立法里我们没有见到普遍禁止传播的规范。《禁毒法》对吸毒问题是要求文化传播领域对禁毒事业做正面宣传，对贩毒等则是进行打击。对于吸毒信息没有明确说禁止传播，对此也没有设法律责任，但我觉得这不排除《电影法》可以设定对吸毒信息的禁止传播。人大立法当然是可以设定新的禁止，关键问题是能否执行。

重要的问题是，此前只有两个涉及未成年人保护的法律里涉及了较多的相关规定，《未成年人保护法》1991年颁布，《预防未成年人犯罪法》1999年颁布。经过两次或者一次的修改，现在都是2012年的版本。那么2012年版本的这两部法律里都涉及了禁止任何单位和个人向未成年人传播淫秽、暴力、凶杀、恐怖、赌博、色情等。这两部法律对于这类可能对未成年人身心健康造成不利影响的信息的表述不完全一致，但是共同都有的是暴力、恐怖和赌博。至于淫秽的问题说不说都可以，因为《刑法》对淫秽是普遍禁止，未成年人当然包括在内，所以并没有讨论空间。那么凶杀总体上可以纳入暴力的范畴。这两个法律的共同特点是都有赌博、暴力和恐怖。关于电影如何表现性的问题，《电影产业促进法》草案只提到了不得传播淫秽，对色情问题却只字未提，这也是个特色。此外《电影产业促进法》草案中的用语是"不得宣扬淫秽、赌博和吸毒，不得渲染暴力和恐怖"。那么"宣扬"和"渲染"到底有什么差别？如果要查汉语词典，"宣扬"包含广泛传播的意思，"渲染"包含夸大传播的意思。那么要问：淫秽是不得广泛传播的内容吗？"不是"，是刑法的禁止性表达，是"不得传播"而不是"不得广泛传播"。所以这里关于淫秽的表达是不准确的。此外，"渲染"也不是不可以传播，其实是"限制传播"，是可以表现，但是不可以夸大传播。所以我觉得"不得宣扬淫秽"

是一句废话，应该是"禁止传播"。其实这话不说也没有问题，因为《刑法》有规定。和传播有关的禁止性罪名还有其他，是不是《刑法》有规定的都要写进来呢？这是一个问题。其实"不得宣扬"和"不得渲染"这两者共同意思就是可以传播但只能有限传播，而且不准夸大。就是说现在《电影产业促进法》草案禁载的第五项规定实际上是这个意思。

但是需要指出的是，它和现有的人大立法是不衔接的，此前的人大立法在有关规定上，特别是关于色情、暴力等有关问题上，只针对未成年人适用，并不是《刑法》上所规定的普遍禁止，只是对未成年人不得渲染，也就是说它是对特定对象限制传播的内容。现在《电影产业促进法》草案把它变成了对所有人的"不得"，这不仅是和已有的人大立法如《未成年人保护法》、《预防未成年人犯罪法》的规定不一致，又使人大立法新设了传播的普遍禁止或限制的规范。这就成了一个问题。

我为什么说法律里新设传播的禁止性规范成了一个问题？是因为《立法法》里规定涉及剥夺人民言论自由是一定要制定法律，法律当然是可以设定禁止的。此前的《电影管理条例》里是有相关规定的，其表述为"禁止宣扬淫秽、赌博、暴力或者教唆犯罪"。那么现在把这个说法上升为人大立法好像顺理成章。但如果我们再细致追究这之间逻辑关系的话会发现一些问题：《电影管理条例》颁布在 2001 年，当时人大制定的《未成年人保护法》、《预防未成年人犯罪法》都已经在 1991 年和 1999 年先行颁布了。也就是说《电影管理条例》出台的时候，人大立法对相关内容已有规定，而且《立法法》也在 2000 年先于《电影管理条例》颁布了，《电影管理条例》颁布的时候是有上位法依据的。首先是《立法法》有依据，叫做"下位法不得违反上位法"，就是国务院立法不得违反人大立法，而人大立法是：《未成年人保护法》和《预防未成年人犯罪法》。那个时候已规定了有些内容是对未成年人这个特定对象禁止或限制传播的，那么在之后颁布的《电影管理条例》里并没有关照到这个问题，而是把赌博、暴力、色情等只对特定对象限制传播的内容安排为"普遍禁止"。也就是说国务院立法的《电影管理条例》根本没有考虑到上位法只是特定对象限制传播的问题。原来的法律底盘不区别成年人和未成年人，并没有上位法作为依据。如果这本来就对上位法有所违反的话，现在是否还要继续呢？这也是一个问题。

此外，我们还要讨论一下禁载规定第五项能否执行，特别是关于暴力的问题。虽然人大立法可以设置新的禁止性规范，但是法律是为了适用，这些规定能不能执行得了呢？另外暴力是指什么？是指人对人、人对动物、人对物的物理性攻击，可能会引起观者过度的焦虑、惊恐和不安。暴力以视觉的传播效果最为强烈和刺激。比如说某些电影，像《金陵十三钗》，其实我只偶然在电视上看到了一个镜头，看到了一位正在受虐的女性，那个画面实在惨不忍睹，后来我就再也不看这部电影了。像《南京！南京！》，据说有这样的故事，某地对小学生进行爱国主义教育，组织学生去看这部电影，结果把小孩吓得钻到椅子底下去了，因为战争的残酷场面实在太吓人，对一般成年人可能问题不大，比如我觉得观影不适，我就走了，但小孩还不具备这样的判断力，这样的画面没有考虑到不同年龄小孩的承受力。再比如说家庭暴力，一个有关家庭暴力的知名电视剧作品叫《不要和陌生人说话》，某明星因为饰演了一位打妻子的丈夫，据说很长时间个人形象都受损，以至于大家怀疑他在剧外家庭生活中也是这样的人，但其实他们夫妻关系非常好，这就是这种视觉给人的强烈印象。再比如说犯罪暴力，大家都知道一部电视剧叫《红问号》，它反映的是女性犯罪或者女性成为犯罪受害人的各种故事，结果就出现有未成年人模仿的情况。彭水县一名 16 岁未成年人连续看了 4 集《红问号》，由于里面强奸现场的表现特别逼真，他看了之后印象十分深刻，结果当天下午碰上两个小女孩，他自己就开始照着做了，这个未成年人后来被判了三年有期徒刑。《红问号》这部电视剧是由广西电影制片厂在 2002 年拍摄完成，曾经在包括央视八套在内的多家电视台反复播放，直到 2007 年广电总局以"集中展示和渲染女性犯罪过程，格调庸俗，制造粗劣"为由封杀这部电视剧。但是请各位留意，现在在互联网视频上可以看到这个电视剧的完整版，这就是犯罪暴力。当然还包括国家暴力，比如执行死刑，这是国家依法剥夺犯罪嫌疑人生命。我们的新闻传播里头，就有死刑直播节目。这是一个错误的、违反法律的传播。为什么呢？因为《刑事诉讼法》有明文规定，"执行死刑应当公布，不得示众"。什么是示众？就是给大家看嘛！央视新闻频道曾经播出特别直播节目《诛枭——糯康集团主犯被执行死刑》。直播节目给人的收视预期是什么？是这个事件正在进行，是现场的一个过程，收视预期就是看国家怎么杀人。但是法律规定执行死刑是禁止给大家看的。当时我的一个反应就是：他们的胆子真够大的，死刑也敢直播。因为法律有禁止性规定，但最后播的时候我们能看到的仅仅是执行中的第一个法定环节，即公安机关把死刑犯从看守所移交给执行机关，即法院和监督机关检察院，整个节目里头没有出现作为死刑执行者的法官，也没有出现作为死刑执行监督者的检察官，满眼都是警察。即便是这样一个节目，仍然是一个错误的传播。暴力的表现形态还包括打斗。像我们中国的影视节目里头，武打动作片是典型的打斗，"武打片"或称"功夫片"成为一个片种，在全世界各地播放，甚至有一个故事说某些非洲观众认为所有的中国人都会功夫。另外，还有暴力如酷刑，像电影《风声》当中对于酷刑的展现，被一些评论者提炼了一下，说这个片子有九大酷刑，有狗刑、针刑、淹刑、电刑、棒刑、坐刑、锁刑、绳刑、尺刑，还包括自杀，其残酷程度在国产主流电影当中"空前绝后，展示了浓烈的血腥气，大胆的性暗示"。这样的内容可能成年人还可以接受，但小孩行吗？小孩看到人折磨人这么惨烈的画面会有问题的。另外还有人与人之间的虐待、凶杀，甚至包括对动物的虐杀，比如说视频里有直接虐杀动物的画面，这给人的视觉观感非常的不好。我们注意到，一方面，在华人电影领域有挺独特的现象，出现了"东方暴力美学"的概念与学说；另一方面，家长和执法机关都出面质疑影视节目当中那些不区别年龄的暴力信息传播。比如说像儿童在动画片里看到的暴力场景，儿童会模仿。有家长指出《喜羊羊与灰太狼》中有许多暴力画面，如拿平底锅拍人脑袋，有一些家长还记着账呢，说这一段节目里有多少次平底锅拍脑袋的画面，小孩就跟着学；还有爆粗口，某年暑期《熊出没》被家长投诉，说这个节目一集当中爆了多少次粗口。广电总局对这样的动画片要求整改。现实中已经出现了案件，小孩模仿灰太狼烤羊的情节，导致两个被捆住的小孩严重烧伤，家长起诉了节目的制片方和对方家长，依据的是《未成年人保护法》中不得向未成年人传播暴力、凶杀、恐怖这样的信息，应该说家长起诉制片方是有法律依据的。其实，执法机关对于这样不区别年龄的暴力传播或者色情传播也有意见，刚才我们提到的电视剧《红问号》，其实它被停播也和执法机关的直接过问有关。刚才我们说到16 岁的未成年人因为模仿强奸幼女而被判 3 年有期徒刑，这个案子审判完后，检察官向广电总局直接提交了建议函，提出了三点建议：一是建议总局在审查每一部电视剧的时候严格审查其健康性，特别是加强对涉案剧的检查；二是严格控制涉案剧的时段和数量；三是多放积极向上的节目。如果大家还有印象的话可以注意到，广电总局曾一度要求涉案剧必须放到晚上九点后播放，当然整体控制涉案剧是不是一个好的办法？我有质疑。其实涉案剧也是可以拍的非常干净的，核心问题不是涉案剧，是法言法语里规定的暴力、色情、赌博和凶杀等，这不是涉案剧一个剧种的问题。所以我们注意到，家长和执法机关都质疑电影电视不区别年龄的暴力传播，而且从政府的角度先后透露出一些信息，表示电视、动画片、游戏等对暴力等信息的传播要分级，大家现在仍可以很容易地查到相关消息，但全部都没有什么实质结果。为什么？其实视觉传播有它的普遍规律，不是哪一种媒介的问题，也就是说这不是电影独有的问题。再比如说色情，《电影产业促进法》草案里只表达不得宣扬淫秽。我知道在座不少是刑法学专家、传播法专家，大家都会明白真正的难点不是淫秽而是色情。《刑法》当中表示的是：露骨的宣扬色情属于淫秽物品。也就是说不是所有色情都是淫秽物品，同时《刑法》里还规定什么不是淫秽：有色情内容而有艺术价值的、有色情内容而有科学价值的不是淫秽。所以《刑法》的表述其实是比较清楚的，真正难点在于把握淫秽和色情的区别，区分什么叫"露骨的表示色情"是个难题，比较难识别。如果色情普遍的都被禁止掉，那么我们就不用欣赏《红楼梦》了。所以我们在研究中会发现，其实性、裸露、色情和淫秽之间有着一种非常细腻的联系，又有着一定的区别。在淫秽、色情、裸露、性的问题上，视觉传播是重点。有的表达者不知法定的标准何在，会出现一些比较滑稽与尴尬的事情，比如说关于大卫像的新闻：意大利雕塑展在北京举行，大卫像被拍了正面，这个新闻在播出时大卫像在下体位置被打了马赛克。但之后的重播里观众又发现马赛克没有了。可见是我们新闻节目的编辑们在这个问题上十分的吃不准，如果不打马，这叫正面裸露下体。如果打马，为什么全世界的人看了几百年都没有问题，唯独中国人不行？到底是怎么回事？所以在这个事件出现之后有一些网友做了很多图片来调侃大卫马赛克事件。一方面，这当然是电视节目制作者方面不清楚标准问题所致。另一方面，观众对于电影把成年人当小孩来监管也表示了不满。比如一个很著名案件，中国政法大学的博士看了删减版的《色戒》后非常不满，认为故事结构不完整，情节缺失，然后向两家法院分别提起诉讼，告影院和广电总局。告影院是因为其损害消费者权益，告广电总局是因为其不分级，审查标准过严，违反了社会公共利益。法院最后给这个原告出了道两难的题，就是要求博士既然对删减版不满意，就应当提供电影《色戒》的完整版，当然就算提供了完整版也是违法渠道。这个案子最后是以这样的理由驳回了博士的诉讼请求，这个案子并没有进入实体审查。但是这个事情并没有结束，他与北大的一位法学教师合作，向国务院提请审查广电总局有关电影的一个文件的合法性问题。博士认为，电影审查细节不透明，比如说网上流传着裸露的标准，是否确有其事？他认为中国的成年人和其他国家和地区能够看到完整版《色戒》的成年人一样并不缺少判断力和欣赏水平，在欣赏电影艺术作品上并不需要监护，也就是说不需要国家相关部门的严格的审查。这个案例说明了成年人的不满。

那么分级又怎么样呢？为什么现在《电影产业促进法》草案的亮点很多，而分级又再次成为热点呢？有许多人在讨论这个问题。草案中对分级只字不提，却在禁载规范中设计了一项"侵害未成年人合法权益和损害未成年人身心健康"，这是虚设的一条。到底怎么解决刚才我们谈到的相关问题呢？《电影产业促进法》草案的禁载规范里并没有提出任何方案，可能最后还是要政府决定。

20 世纪 90 年代起电影界的政协委员就开始建议电影分级制，甚至电影导演谢飞还发出公开信，呼吁以分级制代替审查制。今年春天电影导演协会发出公开信，海峡两岸及香港百名导演联名呼吁分级。

我认为，处理这个问题需要考虑的法益包括：首先是未成年人的身心健康，他们不成熟，难以理解，容易模仿；还要考虑成年人正当的文化权益；再有艺术创作的自由不应受到不合理的限制；最后还有产业的考虑，其实从产业的角度上考虑，分众是所有传媒把自己蛋糕做大的共同选择，即给合适的人做合适的内容，既然各类传播都分众，为什么电影就得八岁小孩和八十岁老人都看一样的内容呢？

最后归纳我的意见：互联网视频内容的标准不是孤立的，是所有公开的视觉传播所共有的问题。电影作为视觉传播的龙头老大，《电影产业促进法》作为我国文化领域首部人大立法，将深刻影响其他传播媒介内容的法定标准。分级制度既不是为了对抗审查制，也不是为了给不健康的内容打开方便之门，而是为了保护未成年人。目前草案禁载规范第五项和现行人大立法，也就是

《刑法》、《未成年人保护法》等的相关规定不衔接、不一致，既不科学，也不合理，应该修改。具体的修改建议，是将第五项和第六项合并，表述为"为了保护未成年人，对有关色情、暴力、恐怖、赌博的电影内容实行按照观众年龄分级的制度，具体的标准由行业协会制定，接受公众的投诉，政府实施监管与处罚"。

我的话说完了，谢谢大家。

新闻图片使用中的十个法律问题

刘　斌[*]

最近几年来，我一直关心新闻图片中的法律问题，陆陆续续搜集了三百多幅涉嫌侵权的图片。我对这些图片进行了分类，这里只就其中所涉及的法律问题做一些探讨。侵权是一个较大的法律概念，这里提到的侵权，主要涉及侵犯名誉权（包括隐私权）、肖像权和著作权。[①]

一、使用新闻图片不以营利为目的是否就不构成侵权

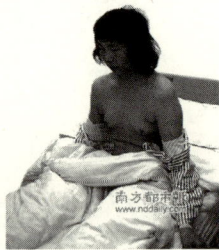

案例1：北京市延庆县男性农民张荣有精神残疾，喜欢梳辫子、穿女装。几年前，他的这一形象被人在街头拍下并传到网络上。随后，以张荣为原型

* 刘斌，中国政法大学光明新闻传播学院常务副院长，教授，博士生导师。本文是2015年11月21日作者在西安参加西北政法大学新闻传播学院举办的"新媒体信息传播与法制建设高峰论坛"上的会议发言。

① 近年来，网上恶搞已经成为普遍现象。从早年的"猥琐男"，到后来的"小胖"，一些人被恶搞后，成了所谓的"名人"。有人在百度上搜索关键词"搞笑图片"，一下子搜出八千多个相关网页，其中的大部分图片是在街头偷拍的。在一些专门的搞笑图片网站上，这种图片更是数不胜数。

的帖子"村里有个姑娘叫小芳"在网上广为流传，好事者还在张荣照片旁边附上"辫子细又长"之类的词句。为此，张荣从 2007 年 4 月份开始，以肖像权、名誉权受损为由，将载有此照片的"淘游网"、"百度"等 9 家网站诉至法院，索赔精神损失费 70 万元。

案例 2：2008 年 1 月 9 日，《南方都市报》刊发了一则《男子为爱变性 今日接受变性手术》的报道，报道称："在与妻子结束 14 年无性婚姻后"，"昨日，为爱变性的刘昌福正式接受性别再确认手术。深圳鹏爱医院表示将分 4 期手术，使刘成为真正的女人。""他最希望陪在自己身边的还是男友蔡先生。医生说，这两天由于老家的人通过网络知道了两人的故事，蔡先生受到很大压力，加上两人这两天产生了一些小矛盾，蔡先生昨日未能如约赶来陪伴刘昌福。"图片的说明文字为"术前，刘昌福的胸部被拍照"。

分析：我国《民法通则》第 100 条规定，"公民享有肖像权，未经本人同意，不得以营利为目的使用公民的肖像。"这条规定明确了构成侵犯公民肖像权的两个基本要件：一是未经本人同意；二是以营利为目的。这里的问题是，不以营利为目的是否就不构成侵犯肖像权？应当说，媒体刊发上列照片并非以营利为目的，但如果未经肖像权人刘昌福同意，是否构成了侵犯肖像权或隐私权呢？从目前的法律规定看，我国对于肖像权和隐私权的保护并不完善。《民法通则》第 100 条的规定，实际上只强调了公民肖像权专用权方面的保护问题，而缺乏对公民肖像权独占权保护的规定。公民的肖像权是一种人格权，法律保护公民的肖像权，最主要的是保护公民肖像权所体现的精神利益，同时也保护由精神利益转化、派生的财产利益。① 因此，只强调以营利为目的，

---

① 1998 年 1 月，摄影家吕广臣在陕北进行摄影艺术创作时，为绥德老人常国义拍摄了一张具有陕北人特点的人物照片。照片中的常国义老人头戴白羊肚手巾，手里拿着烟袋，布满皱纹的脸上挂着喜悦的笑容。这张照片被某杂志社刊登在该杂志的 2001 年第 12 期封面位置上，标题为《喜悦》。77 岁的常国义老人见到照片发表后，即以某杂志社未经自己同意而使用自己的肖像，导致被村民误解为自己在做广告，因而产生精神痛苦，给自己造成巨大的精神压力和经济损失为由，向法院起诉，要求某杂志社赔偿自己各种经济损失及肖像权使用费 12 万元。北京市一中院经审理后认为，杂志社在自己发行的杂志封面以显要位置刊登一名非公众人物的肖像，明显不属合理使用。判决对肖像权人进行书面道歉并支付使用费 2000 元，同时赔偿肖像权人经济损失共计 1052 元。

这显然与宪法及民法通则保护公民人格尊严不受侵犯的立法宗旨相悖。①

结语：根据肖像权独占、专有的性质，未经本人同意，是侵犯肖像权的本质特征，以营利为目的只是侵犯肖像权的表现形式之一。是否"以营利为目的"，并不是决定是否侵犯公民肖像权的前提和必不可少的要件，只是确定侵权责任大小的重要情节。在不是以营利为目的而使用他人肖像的行为中，我认为下列几种情况虽然未经本人同意，也是可以使用的：①公共人物在公开场合的活动；②出席或参加公开场合特定活动（仪式、庆典、集会、游行、示威、公开演讲等活动）的人物；③正在实施严重违法或犯罪活动的人物；④处于突发事件、重大事件或公益活动中的当事人或者在场人物，等等。

二、刊载"偷拍"的不道德、不文明或轻微违法行为照片是否也会侵权

案例： 2008 年 2 月 15 日上午，洛阳市网民"techuen333666"和老婆抱着孩子乘坐洛阳市区 2 路公交车去车站。由于他抱着孩子，上车不久就有人主动给他们让座，当他向让座的同志道完谢准备向座位挪去时，一红衣女子迅速抢占了该座位。虽经其他乘客严厉谴责，该女子仍不动声色，假装听不见。这位网民就用手机拍了该女子照片，以《看看洛阳素质最差的美女》为题发布到当地影响力最大的时政论坛，引起网友强烈关注，仅两天时间，点击量高达八千余次。

分析： 上例中，虽然那名红衣女子的行为不道德、不文明，应当予以批评教育，但这种行为是否必须以肖像曝光的方式进行广泛的传播和谴责，并

---

① 1988 年 3 月最高人民法院召开的"华北五省（市、区）审理侵害著作权、名誉权、肖像权、姓名权工作座谈会"认为："擅自使用他人肖像，无论是否营利均认定侵害他人肖像权，不能认为侵害肖像权必须以营利为目的。"但是此种解释仅限于理论探讨，还未在立法上予以确认。在司法实践中，存在许多不以营利为目的，但污损、丑化、歪曲公民肖像的案例。

且这种传播和谴责是否有损于该女子的名誉，恐怕也是一个值得讨论的问题。① 此外，行人乱闯红灯是顽症陋习之一，同时也是一种违法行为，有的媒体为了公共利益，通过抓拍曝光的方式来治理行人闯红灯现象。诸如此类的现象还很多。实事求是地讲，媒体通过"偷拍"来曝光不道德、不文明行为和揭露违法行为，客观上对于弘扬精神文明、遏制违法行为起到了有效的作用。但是媒体在通过"偷拍"发挥其新闻监督作用时，经常面临着尴尬。首先，"偷拍"这种手段是否为媒体合法权利的正当运用？其次，曝光是否会侵犯公民的隐私权、肖像权、名誉权等人格权益？应当承认，媒体对闯红灯者给予曝光，有助于遏制交通违法、提高社会整体道德层次，具有警示作用和积极意义。但是，闯红灯属于非常轻微的违法行为，而公开曝光会影响其名誉，降低一个人在社会上的评价，有严重侵犯名誉权之嫌。按照《道路交通安全法》第 89 条的规定，对于行人闯红灯的可以警告或者罚款，但并未规定可以公开曝光。公开曝光涉及一个人的肖像权和名誉权，这在许多群体的人士看来，要比口头警告或者罚款严重许多倍。更何况这对被曝光者也不公平，因为媒体并非对所有的闯红灯者或轻微的违法行为都给予曝光，而且还有一些引起社会上广泛关注、甚至是公愤的其他严重违法现象也未进行公开曝光。②

---

① 2007 年 5 月 19 日，青岛一位孕妇因为在公交车上没有人给她让座，愤而把不让座的三位男子的照片发布到网上，予以谴责。此事迅速传播全国，孕妇的做法引起了众多争议，有人支持她，有人说她违法，还有人说她泄愤也是自私的表现。对于被曝光的男子，网友纷纷予以强烈批评。曝光行为，一方面对他人任意拍照，随意使用他人的肖像，侵犯的是肖像权；另一方面，由于在网络发布或公布于众，则可能又侵犯了他人的名誉权。

② 2006 年 4 月 24 日，在央视傍晚的"新闻社区"中有一则女硕士在上海违章过马路、妨碍民警执行公务而被行政拘留 10 天并且向公众道歉的新闻。这则长度近两分钟的新闻，前一部分是新闻回放：刘女士拒交罚款欲离开，受到交警的阻拦，她和交警争执、争吵，直到最后被女协管员和交警带离现场；后一部分是刘女士就此事面对镜头和记者的采访向大家道歉，称"在电视上看到自己的形象，对自己是个深刻的打击也好，震动也好，觉得自己这样在社会上对年轻人的影响很不好，在这里向公众道歉，觉得自己非常对不起大家"。无论是新闻回放，还是道歉部分，刘女士的面部和相貌清晰可辨。电视台对刘女士肖像的使用行为，并未经肖像权人刘女士的同意，并且媒体的报道对刘女士有损害结果，而且损害结果与报道行为之间有因果关系。据报道称，从刘女士所在公司总部公关部有关人士处获悉："很多同事都在电视中看到了这件事情，可能她也意识到自己的失态，考虑到自己行为带来的负面影响，所以主动提出辞职。"媒体以曝光其肖像的方法批评某一个人，他所承受的舆论压力可想而知。而据媒体称，刘女士还处于工作的试用期。所以，以曝光个人肖像为形式的新闻批评，媒体实应谨慎从事。参见余艳青："媒体可否曝光乱穿马路者刘女士的肖像"，载《新闻记者》2006 年第 7 期。

结语：刊载"偷拍"的不道德、不文明或轻微违法行为照片可能会构成侵权。媒体在新闻实践中要把握一个度，不能一概认为只要社会公共利益需要，就可以无所顾忌地公开曝光涉嫌不道德、不文明或轻微违法行为人物的肖像。即使目的正当，手段也不能不正当，不能以目的的正当性掩盖手段的非正当性。

三、集体照片中是否存在个人肖像侵权的问题

案例 1：第一幅图是一本杂志的整页配图，图片无文字说明，人群都提着大箱小包，好像是在等候乘车。整个图像中被凸显的主体是一位身着皮夹克、用一种惊讶、疑虑、担忧、恐慌的复杂眼神瞪着镜头的中年男人，焦点对准他布有皱纹和脱发严重的脑门。在整幅照片中，他似乎被作为特定对象来表现，而不是作为陪衬体。

案例 2：2008 年 1 月 17 日《南方周末》"写真"版刊发的一篇题为《地铁里的中国人》摄影报道，其中有两幅是抓拍的一男一女乘客在地铁列车上因犯困而使劲张着嘴巴打哈欠的照片，形象极为不雅。

分析：集体照片是各肖像权利人独立肖像的集合体，具有不可分的特性。在集体照片中，一般来说，个人不能主张肖像权，他人有权合理使用集体肖像。但是如果在使用集体照片的过程中突出了其中某个成员的肖像，问题就

不是这么简单了。① 上图中，打哈欠本来是一个人偶尔发生的生理现象，即使在公共场所也是自然的行为，并不存在破坏公共秩序或违法犯罪的问题，报纸把抓拍到的不雅肖像公开刊载传播，有侵犯公民肖像权之嫌。

结语： 媒体刊登集体照片存在侵犯个人肖像权的可能。肖像反映的是肖像权人的外在形象，体现的却是肖像权人的精神状态和人格尊严，媒体在再现和使用他人肖像时，应当注意肖像权人的精神状态，尊重肖像权人的人格尊严，任何歪曲和丑化他人肖像的行为都会构成对肖像权的侵害。判断使用集体照片的行为是否侵害了特定个人的肖像权，我觉得应注意四点：一是媒体具有使用集体肖像的行为，二是媒体在刊登该集体照片时对特定个人有故意的指向，三是对特定个人的肖像有损毁、玷污或丑化等行为，四是传播后给该照片中的特定个人带来不良的社会影响，而且这种影响与报道行为有因果关系。

四、照片注上"图文无关"是否就与侵权无关

案例：②我们来分析《爱情婚姻家庭》杂志的两个页面：第一幅是该杂志

---

① 朱文杰在《论集体肖像中的个人肖像权的合理使用和法律保护》一文中进一步认为：集体肖像中如果突出了其中的个人肖像，则可以认定行为人主观上已经具备侵犯其个人肖像权的故意，再加上客观上已经具备使用其肖像的行为，因而可以认定已经侵犯了该成员的肖像权，应当依法承担侵权责任。

② 以 2008 年的几期《爱情婚姻家庭》杂志为例，据杂志网站首页介绍，该杂志的期发行量一直保持在一百万份左右，历年来被评为湖北省优秀期刊、湖北双十佳期刊，并荣获中国期刊方阵"双效期刊"称号。应当说，该杂志的编辑还具有一定的法律意识，在 2008 年第 1 期 30 页、第 6 期 22 页等配图中、在 2008 年第 1 期第 27 页《加州博士归来，今生不再做爱情的"闪"兵》、第 32 页《"泡良男"，你离良家女孩远一些》、第 6 期第 20 页《一个孩子，两个家庭，三份父爱》、第 28 页《今生我疼你》等压题图片中，都标注上"图文无关"的字样。但问题在于，照片注上"图文无关"是否真的就与侵权无关？

2008 年第 2 期 29 页《大学生引领"生子"时尚》的页面，文章内容是"一起闻所未闻的因大学生生子而导致的悲剧"，配图是一青年男子抚摸着一青年女子怀孕的大肚，没有说明文字，也没有著作权人署名；第二幅是该杂志 2008 年第 6 期 31 页《祸起"一妻二夫"非常家庭》的页面，内容是写瘫痪多年的丈夫不忍心拖累妻子，以死相逼劝她另嫁，妻子带着病夫和孩子与另一个男人组成新的家庭，然而结局却是"痛惊一座城"，配图是一中年男子托腮作沉思状，背景是一男一女接吻的影子，同样没有说明文字，也没有著作权人署名。这两个页面的图文都涉及当事人的肖像权和隐私权，虽然两幅压题照片均注有"图文无关"的字样，但"生子"的文字内容和临产的大肚图片、一个清晰的沉思男人加上另一对模糊的接吻影子与"一妻二夫"的文字内容，无论如何让读者看了都会产生"有关"的感觉。试问：如果未经肖像权人同意，你凭什么把"无关"的图文，非要拼到一起使它们"有关"了呢？

结语：不是说媒体说了"图文无关"就真的与侵权无关了，我们姑且不论媒体是否以营利为目的的问题，除此之外，刊发图片至少还与两个法律问题有关：一是肖像权人是否同意你使用肖像？同时是否同意你配合这方面的内容而使用肖像？二是如果是摄影作品，还涉及著作权人的问题，即是否征得著作权人的同意？是否在刊发的摄影作品上署上著作权人的姓名？是否支付了著作权人的稿酬？（如果是从某个图片库购买的图片另当别论）否则，即使媒体在图片上标注"图文无关"的字样，依然不能排除与侵犯他人肖像权和著作权"有关"的嫌疑。

五、正面摄影报道是否也会发生侵权

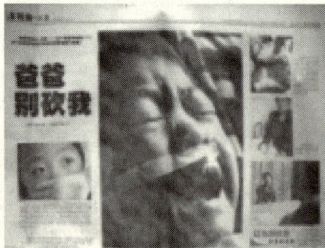

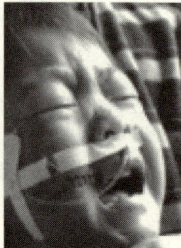

案例1： 2002 年 1 月 27 日《检察日报》第 4 版刊发了一组摄影报道，题为《狱内外人情在》。讲的是发生在河北省望都县周庄村的周国田因拐卖妇女和盗窃罪被判处有期徒刑 10 年，他的妻子离家出走，只剩下残疾的母亲和重病缠身的父亲带着年仅 7 岁的女儿周侠艰难度日。一家三口只能靠残疾的母亲捡破烂维持生计，周侠辍学了。驻地武警某部二连的官兵们得知这一情况后，主动向小周侠伸出援助的手，使这个被爱遗忘的贫寒之家又充满了往日的幸福和温馨。周国田 34 岁生日的那天，他被宣布减刑一年零六个月。所配的五幅图片中，第一幅是小周侠和铁窗内服刑的爸爸相见；第二幅是小周侠在铁窗外将折叠的纸鹤送给爸爸，企盼纸鹤及早送爸爸回家；第三幅是小周侠在家干活的图片；第四幅是小周侠与干警照顾患病的爷爷；还有一幅图片的内容是驻地武警某部二连排长李光东辅导小周侠学习。这应当是一篇正面报道，图文无损害小周侠之意，但问题在于，刊发这篇报道时周侠年仅 13 岁，尚未成年，正面展示她在铁窗外的照片是否妥当？

案例2： 2002 年 6 月 6 日《南方周末》第 956 期刊发了一篇题为《爸爸别砍我》的图文报道也涉嫌侵权。①

分析： 上述两例均涉及未成年人的肖像。未成年人无完全民事行为能力，即使他们本人同意，也不能简单认定已经肖像权人同意。前例中详细披露了未成年人周侠的姓名、住址、家庭状况等资料，后例报道中也披露了未成年人"雯雯"的住址、家庭状况等资料，尤其是"雯雯"被砍伤后痛哭的特写镜头，让人过目难忘。这是否会在无意之间有侵犯未成年人的肖像权和隐私

---

① 据报道，图片中的女性名叫邵新存，是河南省郏县冢头镇天地庙村人。1993 年，她到广州打工期间，认识了当地一个青年，就与这个青年结了婚。1997 年 2 月在广州生下了雯雯。雯雯还没满月，邵新存就抱着女儿回到娘家。她告诉家人，孩子的父亲出车祸死了。雯雯自然就随母亲姓邵，取名邵雯。一年多后，经人介绍，邵新存与同乡李铁锤相识，随后同居并同往广州打工。李铁锤就成了雯雯的"后爹"，同居期间两人又生有一女。后因李铁锤出外赌博输钱，两人经常发生争吵，李多次毒打邵，邵离开广州回到了娘家。2002 年春节后，邵新存向当地法院起诉与李铁锤"离婚"，法院判决解除非法同居关系，邵新存带着雯雯在娘家住。2002 年 5 月 20 日傍晚时分，李铁锤翻墙入院，邵新存忙让母亲领着雯雯外出躲避，又将父亲支出家门，她自己也跑出院子想去报警。李铁锤追了出来，看到雯雯和邵新存的母亲从隔壁人家出来，即抽出身上一尺来长的砍刀，上前一把将雯雯拽过来，拎着雯雯的一只胳膊跑到村北麦地里。5 岁的雯雯被摁在地上，幼小的她一边挣扎一边哭喊着："爸爸，你别砍我，你别砍我！"然而，那个被她喊作爸爸的男子李铁锤，却手持一尺来长的砍刀，朝着她的一双小脚狠狠地砍了下去。

权之嫌，确实是一个值得探讨的问题。

结语：我认为刊载传播这种类型的未成年人照片不大妥当，可能被因看报道而知情的人说三道四，可能在他们未来的成长过程中会产生负面影响。上述事例或案件并非不可以报道，关键是怎样进行报道，要把握住一个度。比如，是否可以不使用直白的图片形式报道，而只使用文字的方式，同时不披露未成年当事人的真实姓名、住址、家庭状况等资料，等等。我们国家法律对未成年人本人犯罪的个人相关资料尚且予以保护，更何况是对服刑人员的未成年人子女或未成年受害人呢！

六、犯罪嫌疑人的肖像是否可以随便刊发

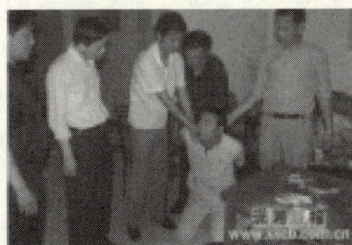

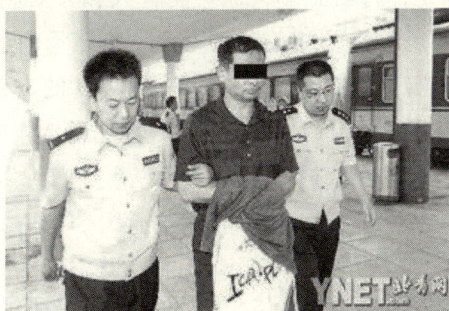

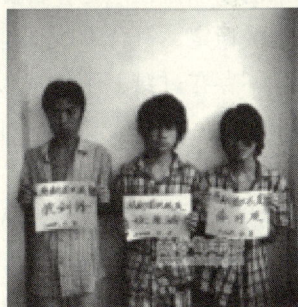

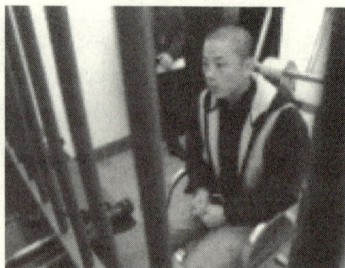

案例：2008 年 4 月，重庆涪陵区反扒民警在网上发帖，把涉嫌盗窃数十起、涉案十多万元的几个嫌疑人的图片挂在"涪风论坛"上。此举立竿见影，警方很快获得线索，并在两天内抓获两个团伙。4 月 7 日，4 名嫌疑人被刑事拘留。但个别网友却对这种发帖方式提出质疑，认为此举涉嫌侵犯嫌疑人的肖像权。①

分析：有人认为，公共安全高于个体肖像保护，警方把涉嫌盗窃的犯罪嫌疑人的图片挂在网上，旨在通缉逃犯，打击犯罪，保护受害人和公共利益，维护社会稳定，符合《民法通则》、《刑法》及相关法理要义，属于合理合法使用，不存在过错，不构成侵犯肖像权。但是问题在于，依据法律的有关规定，未经法院判决有罪，犯罪嫌疑人享有法律赋予他们的一切权利，他们的肖像权、名誉权（包括隐私权）不可侵犯。依据《刑事诉讼法》第 123 条的规定，应当逮捕的犯罪嫌疑人如果在逃，警方可以采取发布通缉令的方式追捕归案。也就是说，警方为了侦破案件，只能在内部或者通过发布通缉令的方式才可以使用犯罪嫌疑人的肖像。（通缉令一般应当写明被通缉人的姓名、性别、年龄、籍贯及衣着、语音、体貌等特征和所犯罪名等，并且附照片，加盖发布机关的公章。）而在该事件中，涪陵区反扒民警在网上发帖采取的并非通缉令的手段，也没有其他法律依据。犯罪嫌疑人只是有犯罪的嫌疑，并不确定一定就是罪犯，即使是被法院判定为有罪，他们也只是丧失部分人身

---

① 第一张图片对圈点人物的说明是："1 号嫌疑人、30 岁左右、女性、白色西服、披肩卷发、脖子上戴装饰物。"第二张图的说明是："2 号嫌疑人、男、25 岁左右、170 厘米、平头、黑色长袖体恤、右侧有英文字母 MERR。"参见"重庆民警发帖公布 26 张扒手照片引发质疑"，载《重庆晚报》2008 年 4 月 8 日。

权利，其肖像权并未丧失。因此，在网络上把犯罪嫌疑人的图片公开曝光，有侵犯嫌疑人肖像权之嫌，犯罪嫌疑人的肖像权应得到保护。① 类似情形也常见于报刊等平面媒体，下面一些图片可能均涉及犯罪嫌疑人的肖像权，类似的图片不胜枚举。

结语： 媒体如何做涉及犯罪嫌疑人肖像的报道，是一个悬而未决的问题，也是一个很值得探讨的问题。媒体现在涉及犯罪嫌疑人肖像的报道很混乱，从案发到批捕，从起诉到判决，从服刑到释放，即从犯罪嫌疑人到被告人，从服刑人员到刑满释放人员，都可以在媒体上看到他们毫无遮拦的正面肖像。我的观点是：司法人员或媒体记者为取得司法证据、记录审讯过程而对犯罪嫌疑人拍照是不存在问题的，但如果是出于传播的目的，就必须慎而又慎。尤其是不要刊发抓捕时犯罪嫌疑人被摁倒在地、双手背后被捆绑的图片。作为新闻报道，如果必须使用图片的话，最好是将犯罪嫌疑人的形象作技术处理，既使之模糊不易辨认，又不至于歪曲丑化，或径直采用背影的方式。

---

① 2005 年 3 月 20 日，安徽省霍邱县叶集镇发生一起强奸（未遂）案，叶集公安分局立案后，于同年 4 月 13 日下午将犯罪嫌疑人朱某某抓获。当晚，叶集公安分局欲安排被害人对犯罪嫌疑人进行混合指认，要求叶集实验学校予以协助，提出需要数名与犯罪嫌疑人朱某某年龄相仿的初中男生配合指认。当晚 9 时下自习时，叶集实验学校张爱国老师带领原告李海峰（化名）等 6 名学生前往叶集公安分局。该局民警向张爱国及六原告说明了混合指认的相关内容，张爱国在谈话笔录上签名后，六原告按民警要求手举号牌与犯罪嫌疑人朱某某一起列队接受指认，这一过程被民警摄像和拍照。次日，被告安徽电视台记者前往叶集公安分局采集新闻，叶集公安分局遂将本案指认过程的相关摄像资料等交给安徽电视台记者，未作任何交代。2005 年 4 月 16 日，安徽电视台"第一时间"栏目播报的新闻中，出现六原告手持号牌参与辨认的图像，面部无任何技术遮盖，时间约 2 秒。安徽电视台播报此新闻前未通知叶集公安分局和叶集实验学校。六原告先后看到该条新闻，随后即向学校及叶集公安分局提出异议，未果，后被同学和其他人以"嫌疑犯"和"几号强奸犯"等字眼称呼。六原告因与叶集公安分局、安徽电视台、叶集实验学校三被告未能就赔偿事宜达成一致意见，遂诉至法院。合肥市包河区人民法院认为：被告叶集实验学校应被告叶集公安分局的要求，指派老师带领李海峰等六原告到该局配合进行相关刑事案件的侦破，行为并无不当。遂于 2005 年 10 月 17 日判决被告安徽电视台和被告叶集公安分局向六原告公开赔礼道歉，以消除影响、恢复名誉；判决被告安徽电视台与被告叶集公安分局共同向六原告各支付精神抚慰金人民币 6000 元，合计 36000 元。叶集公安分局不服一审判决，向合肥市中级人民法院提起上诉，合肥市中级人民法院经审理于 2006 年 3 月 15 日判决驳回上诉，维持原判。

七、新闻图片使用了马赛克是否就不构成侵权

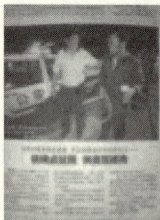

案例： 2006 年 6 月 21 日，《南方都市报》刊发了一条题为《18000 元送孕妇香港生仔》的报道，同时刊登了特派香港记者摄制的一幅照片。照片中的说明文字是"在香港一家私人诊所，几名通过地下渠道赴港的内地孕妇正在等待检查。左边的孕妇预计一两天内就要生产，而中间一名从福建赴港的女人只有三个月身孕，她正在等待检测胎儿是男是女。她表示，如果胎儿是女的，她就回家打掉，怀孕后再来"。

分析： 在人物照片的眼部或某些敏感部位使用马赛克是最近几年一些媒体为了避免肖像或名誉侵权一种常见的方法，打马赛克的目的是使人物形象不可辨认，以免侵犯肖像权或名誉权（包括隐私权），这种方法简单易行，但问题在于，使用了马赛克是否就不构成侵权？上例图文报道中，内地孕妇赴港检测胎儿是男是女，然后决定是否打胎，虽然这是违反我们国家人口与计划生育法的行为，[1] 但是，我们姑且不论对这些轻微的违法行为是否必须要采取图片报道的方式，也不论打上马赛克后通过文字说明仍可辨认的问题，仅从报道时人物照片打马赛克本身而言，[2] 细长的那么一条马赛克打上后反倒使人物的肖像受到损害，有玷污之嫌，别说是肖像权本人了，就是普通受众看了也会憋得

---

[1] 《中华人民共和国人口与计划生育法》第 36 条：违反本法规定，有下列行为之一的，由计划生育行政部门或者卫生行政部门依据职权责令改正，给予警告，没收违法所得；违法所得一万元以上的，处违法所得二倍以上六倍以下的罚款；没有违法所得或者违法所得不足一万元的，处一万元以上三万元以下的罚款；情节严重的，由原发证机关吊销执业证书；构成犯罪的，依法追究刑事责任：（1）非法为他人施行计划生育手术的；（2）利用超声技术和其他技术手段为他人进行非医学需要的胎儿性别鉴定或者选择性别的人工终止妊娠的；（3）实施假节育手术、进行假医学鉴定、出具假计划生育证明的。

[2] 在报刊使用照片中，经常有这样四种情况使用马赛克：一是未成年人，二是犯罪嫌疑人，三是一些负面报道中的人物肖像配图，四是一些可能惹来麻烦的人物肖像图片。

慌，感觉很不舒服。马赛克究竟"马"去了什么？我以为"马"去的可能是肖像权人的眼睛或敏感部位，"马"上的却是我们的不负责任，而"马"不去的则是受众的质疑和媒体的侵权之嫌，"让媒体看上去就像一个掩耳盗铃的贼"。①

结语：既然打马赛克的目的是使人物形象不可辨认，避免侵犯肖像权或名誉权（包括隐私权），那么，媒体就干脆不要使用这种方式。新闻报道并不是必须要有当事人的配图（电视类媒体可采取有关人物背影或肖像模糊化等方式），完全可以运用文字报道说明。你既然想使人物形象不可辨认，既然担心侵犯人家的肖像权或名誉权（包括隐私权），就莫如不用人物的肖像图片。既要用照片，又还要使人物形象不可辨认，还害怕侵权，这种做法纯粹是掩耳盗铃，自欺欺人，欲盖弥彰！

八、新闻作品中的插图配图照片是否会构成侵权

案例：太原某报社摄影记者吴晓庆有一张艺术照曾在摄影比赛中获奖，后被《青年博览》杂志刊登在的 2003 年 10 月号上。吴的同学将此事告知吴，并问吴出卖谁了、还是被谁出卖了？原告很是不解这究竟是怎么回事，找来杂志一看，原来是这张获奖照片刊登在该杂志的一篇题为《是谁出卖了我》的文章旁边。吴看后倍感委屈，认为自己的照片被这样利用实在令人恼怒，于是以侵害肖像权和名誉权为由提起诉讼。原告的诉讼代理人认为：这样的照片和文题很容易使人产生联想、好奇，甚至有暧昧的意味，一个姑娘躲在一个男子的画面之后，脸上还有那么一只蝴蝶，再加上精心设计的硕大的题目《是谁出卖了我》，尤其是"出卖"二字还用黑色框住！等你耐心读完更会感觉这样排版之无聊！完全是哗众取宠，读者尤其是熟人对吴晓庆因此产生看法，对她的人品或者遭遇产生种种贬损的猜测。法院最后判决吴晓庆胜诉。类似《青年博览》杂

---

① 《法制晚报》2008 年 6 月 7 日 A08 版、《北京青年报》2008 年 7 月 1 日 A9 版刊发的图片等也存在类似的问题。

志做法的媒体并不少见，例如《法治人生》2007 年第 10 期《父母 3 次复婚 4 次离婚，女儿疯了》,《二奶女儿长大了，路在脚下不哭泣》，再如 2008 年 1 月 26 日《北京青年报》刊发的《婚姻可以这样"自由"吗》，等等。

分析： 有人说，现在是一个读图的时代，许多报刊也竭力强调编辑的图文并茂意识，在版面允许的情况下，遵循能配就配的原则，最大限度地运用图片提高报刊的可读性和美化版面。因此，国内诸多媒体在大量地使用插图、配图照片。我认为，插图、配图照片并非不可使用，问题在于必须要合法使用。依据我国《宪法》和《民法》等法律法规的有关规定，公民对自己的形象拥有专有权，即有同意或者不同意在媒体上再现自己形象的权利，公民有权使用自己的肖像，有权允许他人使用自己的肖像，有权禁止他人使用自己的肖像。此外，在有关人物肖像的摄影作品中，摄影作品因其独特的取景角度、用光方法、拍摄时机等技巧具有独创性，因而摄制人拥有著作权。媒体在使用肖像摄影作品时，有时就会面对被摄制人的肖像权和摄制人的著作权两种权利。这两种权利在行使中有时是统一的，有时也会出现分歧。比如，著作权人因其具有发表权和作品使用方式的决定权，要在某媒体上发表该作品，但肖像权人因其具有肖像权和名誉权（包括隐私权）不同意发表该作品，在这种情况下，根据人身权的保护要优于著作权的法理精神，肖像权人的意思表示应当处于优先考虑的地位，即非经肖像权人同意，著作权人不得擅自将肖像作品公开刊发传播。同时，考虑到著作权人的创造性劳动，肖像权人也不能未经著作权人同意而以营利为目的向公众自由传播、发行该摄影作品。此外，还要考虑到著作权人的署名权和获取报酬的权利。①

---

① 原告黄志斌系一位高级摄影师。1999 年 12 月 19 日，应南通市唐闸工人文化宫主任高旗的邀请和委托，在现场对"胡明德个人独唱音乐会"进行了摄影，但高旗未与黄志斌就摄影作品的著作权归属作出明确约定。12 月 31 日，《南通日报》第 8 版对胡明德进行了报道，同时还配发了原片。2000 年 1 月上旬，被告江苏省南通百乐鱼都经营管理有限公司决定在其开业两周年之际也准备举办胡明德个人演唱会，策划人员要求胡明德提供一些反映其艺术生涯的照片，胡遂从南通日报社退给其作留念之用的照片中，挑选了几张交被告，其中一幅就是原告所拍摄的本案涉及的照片，当时，胡明德未告知被告照片的作者是谁，被告对此也未加询问。此后，被告委托江海晚报社制作并发布了报刊广告，刊登在 2000 年 1 月 13 日的江海晚报头版上。原告发现被告上述行为后，即以被告侵犯其摄影作品著作权为由，于 2000 年 2 月 25 日诉至南通市中级人民法院。法院经审理，判决被告在江海晚报头版相同位置以同样篇幅刊登赔礼道歉的声明，赔偿原告人民币 5000 元整。参见江苏省南通市中级人民法院（2000）通中民初字第 21 号民事判决书。

结语：媒体在给新闻作品插图、配图时，不仅要征得肖像权人的同意，如果是摄影作品，还要征得著作权人的同意，同时不能忽略著作权人的署名权和获取报酬的权利。现在有不少媒体的插图、配图都用烂了，随便从网上下载图片，既不征得肖像权人的同意，也不署著作权人的名字，简单地以为新闻报道可以随意使用他人肖像作品，这是一种缺乏法律意识的想法，其行为极容易构成侵权。同时，有些文字内容极具挑逗性，很容易让读者将文字内容与图片上的人物联系到一起；有些文字的内容商业化，有的就是形象广告，很容易让读者误认为图片上的人物在为企业或产品做商业宣传，这些行为有损插图和配图中肖像权人的声誉，极容易构成侵权。①

九、明星（公众人物）的照片是否可以随意使用

案例：汤加丽是中国大陆出人体写真集的第一人。2003 年 2 月 9 日，拍摄《汤加丽人体艺术写真集》的摄影师张旭龙，在大众影廊召开的"起诉新浪网侵权案"新闻发布会上说，该写真集是他历时两年拍摄，从上千张照片中精选了一百四十余张，并由人民美术出版社出版发行的优秀写真集。但新浪网站在未征求他本人同意的情况下，公开了《汤加丽人体艺术写真集》的一些照片，还用马赛克挡住了其中某些部位，影响了原作品的艺术性。新浪网站这么做无疑是对他以及整个行业的侮辱。2003 年 1 月 15 日，张旭龙正式向海淀法院提起诉讼，要求新浪网站立即停止侵权，向原告公开赔礼道歉并承担一定的精神赔偿。

---

① 例如：《夜北京》杂志 2007 年 9 月（总第 36 期）的三个页面：其一的标题为：《鸳鸯浴，鸳鸯欲》，非常煽情；其二的标题为：《最懂情调的明星们——他们都爱鸳鸯浴》。《法制晚报》2008 年 6 月 19 日 04 版《热裤背带，清新装备夏季衣橱》，《法制人生》2007 年第 9 期第 65 页《亡命歹徒忽悠两个美少妇以身试法》，等等。

2004 年 11 月，奥运会冠军刘翔认为精品报社未经同意将其肖像用作 2004 年 10 月 21 日第 80 期《精品购物指南》的封面，并为中友公司第 6 届购物节作封面广告，其行为侵犯了原告的肖像权。因此，刘翔将精品报社、卓越公司、中友公司起诉至一审法院，请求法院判令被告停止对其肖像的侵权行为，向原告公开赔礼道歉；同时，赔偿经济损失共计 125 万元。①

分析：肖像权也具备一种财产利益，这种财产利益是通过肖像权人的人格利益所派生和产生的，它允许肖像权人在一定的范围内有限度地转让肖像权，允许他人制作和使用自己的肖像，并从中获得应有的使用价值。本案中，刘翔肖像与购物节广告之间是否具有广告性质的关联性既是刘翔提出的最主要的诉求理由，也是双方当事人争议的焦点。北京市第一中级人民法院在审理中正是从关联性的角度出发，根据《精品购物指南》在使用刘翔肖像时对原新闻图片进行了修改，使之不属于单纯的新闻报道。因此，刘翔的肖像与购物节广告之间，虽然不具有直接的广告关系，但具有一定的广告性质的关联性。也正是由于法院在审理中认定这种关联性，才作出了《精品购物指南》报社在使用刘翔肖像过程中，因过错造成刘翔人格受商业化侵害，构成侵犯肖像权的终审判决。② 下面两幅图片分别见于《北京青年周刊》2008 年第 19 期（总第 658 期）C22 和《爱情婚姻家庭》2008 年第 5 期第 68 页，文字内容实际上是两家医院的"形象广告"，也具有明显的商业化特征。

---

① 一审法院经审理认为：被告《精品购物指南》报社、卓越公司、中友公司的行为不构成侵犯刘翔的肖像权，遂于 2005 年 5 月 25 日判决驳回了刘翔的所有诉讼请求。刘翔不服，上诉至北京市第一中级人民法院。一中院经审理认定：卓越公司与中友公司均不构成侵权。精品报社在使用刘翔肖像过程中，因过错造成刘翔人格受商业化侵害，构成侵犯肖像权，应公开赔礼道歉理并赔偿适当的精神损害抚慰金，判令《精品购物指南》报社于判决生效后 30 日内，在《精品购物指南》上向刘翔公开赔礼道歉，在判决生效后 10 日内，赔偿刘翔精神损害抚慰金 2 万元。刘翔的其他诉讼请求被驳回。

② 江苏省人民艺术剧院演员陈洪芹曾在江苏有线台《非常周末》客串拍卖师，因扮演"马大嫂"而迅速走红。1999 年 5 月 22 日，"马大嫂"与相恋多年的男友举行婚礼，婚宴办在南京的金丝利喜来登酒店。为了达到别出心裁的效果，特意把酒席安置在酒店 6 楼天台上占地约八百平方米的大型室内游泳池边进行。6 月 1 日，《服饰导报》在 12 版刊出了以《婚礼办在泳池边》为题的报道，并附有反映婚礼全过程的 5 幅照片。随后，陈洪芹以侵犯其名誉权和肖像权为由向白下区法院提交诉状，要求被告刊文赔礼道歉，并赔偿原告经济及精神损失费 10 万元。白下区法院一审判决被告《服饰导报》社不构成对原告名誉权的侵犯，但侵犯了原告的肖像权，依法赔偿原告精神抚慰金 2000 元。

结语：明星（公众人物）的照片并非不可以使用，但不能随意使用。新闻报道明星（公众人物）在公开场合举行活动时的肖像是不存在问题的，但如果将明星（公众人物）的肖像用于商业宣传，如果将明星（公众人物）的肖像用于插图配图，就必须取得明星（公众人物）本人的同意。如果刊播的明星（公众人物）肖像是属于摄影作品，那么，还需要征得著作权人的同意。因此，媒体在使用明星（公众人物）的肖像时需要注意：不使其人格受商业化侵害，不使其肖像受所配文字内容侵害，不使其著作权人的相关权益受到侵害。

十、使用著名景物摄影作品是否会构成侵权

案例：据《北京青年报》报道，"鸟巢"业主——国家体育场有限公司认为企业在刊登户外广告和做影视广告中使用"鸟巢"建筑形象作为广告宣传背景构成侵权，将包括北京现代汽车有限公司在内的十余家大企业告上法院，索赔总计超过四千万元的经济损失。国家体育场有限公司

在起诉中称，近来，国家体育场有限公司发现，被告公司未经允许，擅自将国家体育场特有的"鸟巢"设计形象，作为广告背景吸引消费者注意力，进行商业使用，该行为严重侵犯了原告的著作权。

分析：我们姑且不论国家体育场有限公司起诉北京现代的结果如何，这里所要提出的问题是报纸或杂志刊发著名景物照片在何种情况下会发生侵权？现在我们经常可以看到这样一种现象：许多报纸或杂志刊发的著名景物照片是从网上图片库下载的，既无文字说明，又无著作权人的署名。这种情况具

有明显的侵权嫌疑。①

　　结语：著名景物照片如果是摄影作品的话，不仅涉及著作权人是否同意刊发，同时还有一个署名权和支付稿酬的问题。即使刊发的图片是从图片库购买的，也还存在一个署名权的问题。所以，如果使用著名景物图片，一定要注意是否征得著作权人的同意、是否在刊发时署上了著作权人的姓名、是否支付了著作权人的稿酬，否则，就有可能构成侵权。

---

① 在北京美好景象图片有限公司诉家庭周末报社侵犯摄影作品著作权案中，家庭周末报社未经美好景象公司许可，在其出版发行的报纸上使用了原告享有著作权、专有使用权的摄影作品 80 幅，同时《家庭周末报》在使用中未对使用的作品进行署名，其行为侵犯了美好景象公司的署名权。因此，家庭周末报社对上述侵权行为应承担包括停止侵权、赔偿损失、赔礼道歉等在内的侵权责任。2004 年 11 月 3 日，北京市高级人民法院作出（2004）高民终字第 1086 号民事判决书，维持一审判决，判决被告赔偿原告经济损失（含合理诉讼支出）35 000 元。

当言论自由穿越权利冲突的沼泽地

——基于《查理周刊》事件成因的解析

慕明春[*]

　　《查理周刊》事件，对西方社会的言论自由是全方位的挑战和考量，凸显事件深层次结构中所体现的言论自由同公民其他权利的内在矛盾。事件本质上不是一般的宗教纷争，而是带有宗教禁忌与文化差异背景的权利冲突，有关人格尊严的内容是权利冲突的核心因素。权利冲突的协调与平衡在现实中遇到了重重障碍，建立沟通对话机制受阻，法律按照价值/利益衡量原则对言论自由做了最大化保护，但并没有从根本上消解矛盾，恐怖主义势力的介入，使得问题更为错综复杂，最终酿成恐怖事件。

　　不管从哪个角度观察，2015 年 1 月 7 日发生在法国巴黎讽刺漫画杂志《查理周刊》（Charlie Hebdo）总部的枪击事件，都是国际传媒界近百年来最为惨烈与悲壮的事件之一。事件导致包括四位知名漫画家（含周刊主编）在内的 12 人死亡和 11 人受伤。法国总统奥朗德把这起事件定性为恐怖袭击，法国内政部宣布这是法国本土 40 年来遭遇死亡人数最多的恐怖袭击。

　　事件的发生早有先兆甚至是蓄谋已久。《查理周刊》主编、漫画家沙博尼耶之前曾多次遭受恐怖分子的死亡威胁，受到警方长期保护，事件死亡人员中就包括 2 名专门派来保护杂志安全的警察。但是事件的发生似乎还是无法避免，诱因自然是杂志刊登涉及伊斯兰教先知穆罕默德的漫画，而焦点则是言论自由，枪击案被舆论视为恐怖主义对言论自由的侵犯。法国国家记者工

　　*　慕明春，西北政法大学新闻传播学院教授。本文为国家社科基金重点项目"新媒体新闻侵权研究"（14AXW007）成果。

会发表声明：这起案件谋杀的是言论自由，施暴者谋杀记者等同恐吓传媒业，试图让媒体噤声。

恐怖分子令人发指的屠杀行径引发国际社会同仇敌忾。为了宣示对恐怖主义的严厉谴责和对言论自由的强力支持，法国及国际社会采取了一系列行动，有一系列数据和事实为证：法国内政部 2015 年 1 月 11 日公布统计数据，全法当天共有多达 370 万人走上街头悼念恐怖袭击的死难者，创下法国史无前例的记录。仅巴黎游行人数就在 120 万至 160 万之间；此次游行不仅是法国民众的总动员，也相当于一次国际峰会，六十余位外国元首、政府首脑或国际组织领导人赶到巴黎，与法国总统奥朗德并肩参加游行；从事件发生当日起，为了声援言论自由，"我是查理"逐渐成为一句流行口号。追悼集会和游行中人们举起写有"Je suis Charlie"（我是查理）的宣传纸，用手机画面显示"Je suis Charlie"并用蜡烛摆出"Je suis Charlie"的造型，全世界各个新闻网站也在网页显示上"我是查理"，坚定地表达捍卫言论自由的勇气，同时向施暴者表达"杀死一个查理，还有千千万万个查理"的决心；事件发生前平均期发行量只有四五万份的《查理周刊》在事件发生后恢复发行，突破 700 万份，创下了法国新闻出版史上最高发行纪录，购买者在报亭前甚至排起了长龙而且持续数日。这些数据都从不同层面最大化地诠释了言论自由的巨大价值及排山倒海的力量。

同样值得关注的是，当众声喧哗，群情激奋，言论自由的立场不容侵犯，"我是查理"口号响彻欧洲大地，已成为"言论自由"的代名词时，另外一种"我不是查理"的声音也通过大众传媒和社交媒体发出。"对于我们大多数人来说，说'我们是查理'是不准确的。我们中的大多数人事实上并不从事那家周刊所做的有意的'冒犯式幽默'工作。"《纽约时报》专栏作家布鲁克斯这样表达他的观点。尽管声音相对微弱，但仍然给人以警醒，启发人们深入思考：在一个民主、开放、多元的社会，光有言论自由就够了吗？为什么几幅讽刺漫画就会招致恐怖分子处心积虑地仇杀作者，是什么因素导致恐怖分子铤而走险大开杀戒？在人们所津津乐道的言论自由的后边还隐含着什么样的矛盾冲突，存在哪些滥用权利的可能性？当言论自由同其他公民权利发生冲突时又该怎样去划定各种权利的界限，谋求其相互之间的平衡？

本文无意对以上复杂问题作出全面解析，仅试图从权利冲突的角度解读事件深层次矛盾中所体现的言论自由同公民其他权利诸如人格尊严、宗教信仰自由及公民隐私权的对立与冲突，并就权利冲突协调机制方面的诸多问题进行探讨。

一、言论自由背后的权利冲突

在现代社会，言论自由作为最重要的一项公民基本权利，对于民主法治社会的奠基作用怎么评价都不过分。但是言论自由再重要，也不能涵盖乃至代替其他公民权利。言论自由毕竟只是公民权利之树上的一个枝丫，长得再粗壮也不能取代权利体系的大树本身。言论自由之所以至关重要，在于它同时也是一项不可或缺的政治性权利，行使这项权利可以确保公民有监督批评公权力的自由。它是公民知情权、监督权、选举权等政治权利行使的前提，是新闻自由的法律基础。借助于言论自由和新闻自由，社会就可以有效形成避免公权力滥用的政府信息透明、公开机制和舆论监督、批评机制。而对于一些毋须政府和社会过多介入的私人领域，言论自由的价值就会明显降低。因为这些领域基本属于"私人王国"，公民自身就是这个王国的主宰，对自己的事务依据意思自治的原则自己做主，毋须政府干涉及社会大众说三道四。社会大众对于当事人私人事务的批评和建议在大多数情况下纯属多余，甚至明显构成对当事人自主权的过度干涉。因此，作为一种权利，言论自由在公共事务方面基本不应设防，法律鼓励公民在宪法框架内以自负其责的态度积极参与公共事务的讨论并且畅所欲言；而在私人事务领域，法律则审慎地提醒公民，不要用言论自由的名义干涉他人的正当权利（如暴露他人隐私、评价他人人格），过度参与或干涉有可能构成言论自由权利的滥用。

言论自由不必过多介入的公民个人权利范围通常称为"私权利"领域，包括公民人格尊严和名誉权、信仰自由及公民隐私权等多项权利。

《查理周刊》引发争议的传播内容，几乎都与以上私权利相关。根据媒体梳理的事件基本脉络①，其基本争议情况如下：①2005－2006年期间，丹麦的《日德兰邮报》选登了12幅被认为是侮辱伊斯兰教及其先知穆罕默德的漫画，结果引起伊斯兰世界激烈的反应。《查理周刊》在已知存在明显争议的情

---

① 参见林丰民："《查理周刊》事件及其诱因"，载《学习时报》2012年1月12日；符遥、王思婧、陈君："《查理周刊》冒犯了谁？"，载《中国新闻周刊》2015年1月15日，总第693期。

况下，在 2006 年 2 月，转载了那一组漫画，激起伊斯兰世界震怒。周刊同期还刊发一张关于穆罕默德的漫画封面，画面中穆罕默德正在哭泣，标题是"穆罕默德被伊斯兰原教旨主义打倒了"，引发争议，一些穆斯林认为穆罕默德是不能以任何方式被描绘的。法国温和派穆斯林的代表"法国信仰穆斯林理事会"（法国官方所承认和支持的组织）将周刊告上法庭，要求禁止该期杂志的发行，法庭宣布漫画符合法国法律对言论自由的保护，且其讽刺对象并不是伊斯兰教，而是原教旨主义。②2007 年，《查理周刊》发表两幅被穆斯林视为有羞辱内容的漫画。这次，"法国大清真寺"、"法国伊斯兰组织联合会"和"世界伊斯兰团体"等组织联合将其告上法庭。最终被法庭驳回，理由是言论自由不容挑战。③2011 年 11 月，《查理周刊》发布了一期名为《伊斯兰教义周刊》的特刊，并在封面注明"特约编辑穆罕默德"。漫画中，长胡子白袍子的"卡通"版穆罕穆德竖起一根手指，瞪着圆圆的眼睛厉声说："如果你没有笑死就抽 100 鞭子。"刊发第二天，杂志社在巴黎的办公室遭到燃烧弹袭击，罪犯迄今未被抓获。燃烧弹袭击之后，杂志在接下来一期的封面刊登了标题为《爱比恨的力量大》的漫画，画面上，一个男性穆斯林和一黑衣男子激情拥吻，口水四溅。黑衣男子 T 恤衫上写着"查理周刊"。从西方人的角度看漫画表达的似乎是博爱思想，意谓即便你用燃烧弹袭击了我，我还是依然"爱"你，爱比仇恨的力量大。然而，对非常厌恶同性恋的穆斯林来说，这种令人恶心的幽默只会招惹更多的反感和怨恨。周刊又一次被伊斯兰团体告上了法庭，仍未获法庭支持。④2012 年，一部名为《穆斯林的无知》的电影在 youtube 上流传而激怒穆斯林。《查理周刊》在这一时期刊发了一系列漫画，其中一幅显示，穆罕默德光着身子跪在地上，屁股上画着一颗五角星，漫画的标语是"一个新星诞生了"。另放在封面的一幅漫画叫《不可触碰 2》，画面上穿着黑色长袍的犹太人乐颠颠地推着轮椅一路小跑，上面坐着穿白袍的穆斯林。二人同声说"不许笑话我们"！还有一幅漫画更被指责为亵渎伊斯兰教先知：一个全身赤裸的大胡子者趴在地上，故作媚态地翘着双腿，问身后目瞪口呆的摄影师："喜欢我的屁股吗？"漫画的上方写着"那部席卷伊斯兰世界的电影"，暗指美国拍摄的《穆斯林的无知》这部电影。这幅漫画将双方争议推向顶点，引发恐怖分子的复仇威胁，直接助燃引爆了恐暴事件。据一名事件目击者的证言，袭击者大喊"我们已经替先知穆罕默德报了仇"，就是恐怖分子对这种"亵渎"的回应。盘点这些争议，有两点值得特别关注，一是争议的焦点都指向"侮辱"，涉及"人格尊严"、"隐私权"和"信仰自由"等公民权利；二是争议所提起的诉讼都未获法庭支持，即《查理周刊》从未败诉。

尽管有法律支持，《查理周刊》的宗教漫画，还是摆脱不了悲怆的宿命结局。本来极具喜剧美感的漫画，却演变成为引爆人间惨剧的引信。可以说，在近九年时间里，《查理周刊》一直以言论自由为凭借，不断地发表那些在宗教界看来非常敏感的作品，而且从转载到原创，从讽刺伊斯兰习俗、法典到先知，有逐渐"升级"之势。之间由于文化差异、宗教禁忌和价值分歧的鸿沟，使得传受双方在信息编码与解码，沟通与反馈过程中不断出现误解、误读现象，各种基于政治的、文化的、宗教的"刻板印象"所形成的对对方传播动机或接受心理的成见、偏见积重难返。《查理周刊》漫画家笔下对社会及人生"荒诞"的辛辣讽刺与充满艺术张力的幽默，在伊斯兰受众群中，非但没有出现所预期的产生共鸣的传播效果，反倒在受众眼中解读为亵渎先知、侮辱信仰的恶意传播，并且多次引发侵权诉讼。正如纽约时报的时评所言："它一向为自己嘲讽一切的幽默感而自豪，但也许并不是所有的文化都能欣赏这种幽默和讽刺。"更糟糕的是恐怖分子趁火打劫，唯恐天下不乱，杂志员工的人身安全受到威胁，办公场所遭到汽油弹袭击。这让周刊很恼火，《查理周刊》主编沙博尼耶曾经说："在法国我们什么事情都可以开玩笑，唯独伊斯兰教和伊斯兰主义不行，这真是个很恼人的事情。"这种不和谐的传播状态使得双方之间愈来愈呈现严重的心理对抗态势而缺乏和解的契机，撕裂的心灵伤口难以愈合，却给恐怖主义分子留下了乘机作乱的时间和空间，最终酿成惨案。

显然，《查理周刊》植根于法国反宗教的、世俗的和建构理性主义的土壤，高扬言论自由的大旗，秉持"什么事情都可以开玩笑"的办刊原则，在西方主流文化多元、宽松、包容的意识形态环境中一路高歌猛进，但却在遭遇伊斯兰文化强烈维护宗教神圣、信仰至高无上和人格不容侮辱的"私权"意识的顽强阻抗中，陷进了泥沼。这里固然有穆斯林的宗教信仰、生活方式、思维习惯与法国传统基督教社会的明显差异，体现了不同特质文化之间的冲撞，但从法律层面看，问题的症结主要还是言论自由同各种公民权利之间的

冲突。周刊的言论自由立场（被支持者概括为"有权挑衅、有权过分、有权
不负责任"）在实际运行中，同诸多的公民权利产生了矛盾和对立，其矛盾又
被恐怖分子所利用，成为引爆惊天惨案的导火索。

二、权利冲突的结构分析及焦点透视

关于权利冲突，民法学者杨立新认为，"权利冲突是指民事主体在行使民
事权利时，与其他主体享有的民事权利所发生的冲撞和矛盾，因而使两个权
利的实现不能并存的民法现象。"①从上述引发争议的内容来看，同《查理周
刊》所依据的言论自由直接产生矛盾冲突的权利主要是公民人格权，大致有
以下几项：

第一，宗教信仰自由。所谓宗教信仰，一般认为是指信奉某种特定宗教
的人群对其所信仰的神圣对象（包括特定的偶像、教理、教义、教规等）由
崇拜认同而产生的坚定不移的信念及全身心的皈依。各国宪法和法律都规定
公民享有宗教信仰自由，即公民依据内心的信念，自愿地信仰宗教的自由。
作为一种消极权利，国家公权力对公民个人宗教信仰自由权利的维护主要是
不作为原则，概括来说就是"三不"，即不介入、不评价、不干预。对社会及
一般公民而言，则需要尊重他人的宗教信仰，包括不干涉宗教徒在信仰上的
自主选择，对宗教教义、教规一般无须刻意评价，对于宗教习俗可以讨论，
但一定要审慎，绝不能肆意贬低。按照这样的标准来衡量，《查理周刊》刊登
的漫画多次涉及宗教领袖及教义、教规，拿宗教徒心目中崇高、庄严、神圣
的宗教内容开玩笑，是容易引发干预宗教信仰自由权利争议的。

第二，人格尊严。人格尊严"是指作为一个'人'所应有的最起码的社
会地位及应受到社会和他人最起码的尊重"。② 人格尊严是人基于自己所处的
社会环境、职业环境、人际关系、家庭关系等各种客观要素，对自己人格价
值和社会价值的认识和尊重，是人的社会地位的组成部分。民法中，人格尊
严是人格权的基石和核心。现代人格权法的构建就是以人格尊严的保护为中
心而展开的。③ 关于人格尊严，康德有一句名言："不论是谁，在任何时候都

---

① 杨立新："论人格权的冲突与协调"，载《河北法学》2011 年第 8 期。
② 梁慧星：《民法总论》（第二版），法律出版社 2004 年版，第 119 页。
③ 王利明："人格权法中的人格尊严价值及其实现"，载《清华法学》2013 年第 5 期。

不应把自己和他人仅仅当作工具，而应该永远视为自身就是目的。"① 1948 年《世界人权宣言》第一次确认了人格尊严作为一项基本人权的法律地位，《世界人权宣言》的序言中阐明：对个人固有尊严的承认是世界自由、正义与和平的基础。该宣言第 1 条明确规定："人人生而自由，在尊严和权利上一律平等。"该条内容直接促使了许多国家将人格尊严的条款写入本国宪法当中。1949 年第二次世界大战后的德国《基本法》第 1 条就开宗明义地规定"人格尊严不可侵犯，尊重和保障人格尊严是一切国家公权力的义务"，开启了在法律中规定人格尊严，将人格尊严这一伦理价值实证化的立法先河，对世界人格权法的发展产生了深刻影响。此后，国际公约同各国宪法多次确认了人格尊严在人权体系中的核心地位。1982 年我国《宪法》即确认了对人格尊严的严格保护。宪法第 38 条规定："中华人民共和国公民的人格尊严不受侵犯。禁止用任何方法对公民进行侮辱、诽谤和诬告陷害。"人格尊严从法律保护来说有两大特征，一是它的权利无边界，属于法律"凡权利必有界限"的例外；二是它的普遍性与恒久性，所有的人与生俱来均有人格尊严，无论活着还是死亡，无论是高高在上的权贵还是一文不名的乞丐抑或恶贯满盈的死囚，都不可剥夺或限制。基于这种特点，言论自由止步于妨害人格尊严，一切公开出版物都不能有侵害人格尊严包括各种形式侮辱、诽谤的内容。对照这些特征，《查理周刊》相关传播内容就有可商榷之处，到底属于讽刺艺术中的"幽默"还是属于用肆意"侮辱"的方式侵害宗教形象的人格尊严，其间的争议就非常值得探讨。

第三，隐私权保护。公民隐私权也是同维护人格尊严目的息息相关的人格权之一。所谓个人隐私，是指公民个人不愿向社会公众公开的私密信息以及不愿受到他人干涉的个人私生活空间及行为。公民个人隐私受法律保护，法律称之为隐私权。个人隐私不需要公众舆论的介入，言论自由止步于个人隐私是世界各国立法的共同条款。对公民的个人隐私，传媒不得随意披露，如需披露，通常只有在两种情况下是合法的：一是如果公民的个人隐私同社会公共利益密切相关，保护隐私可能危及公共利益；二是公民个人拥有其个人隐私的支配处置权，隐私权主体可以依据意思自治的原则自愿放弃隐私，

---

① ［德］康德：《道德形而上学原理》，苗力田译，上海人民出版社 2005 年版，第 53 页。

通过自我披露或允许媒介报道的方式将其个人隐私向社会公开。除此之外，媒介或他人不经隐私权主体同意随意刺探并公开他人隐私都是违法的。① 隐私权侵权的最基本形态之一是通过大众传媒暴露相对人身体特别是其隐秘部位，这种形式通常最令当事人尴尬和愤懑，毕竟，无论东方还是西方，人类隐私意识的萌发最早都是从用树叶和兽皮遮蔽身体开始的。无疑，从隐私权的角度来看，《查理周刊》刊登伊斯兰先知穆罕默德的裸体漫画就有侵犯其个人隐私之嫌疑。对他的众多崇拜者来说，让代表崇高和威严宗教形象的先知赤身露体，并且还忸怩作态，不啻如小丑一般，是一种直接冒犯先知的不可容忍的状况。

言论自由同多种公民权利的相互冲突使得围绕《查理周刊》宗教漫画的利益纷争呈现出极为复杂和难解的局面，但这并不意味着各种权利对事件的引爆作用是等量齐观的。在我们看来，在激化矛盾的过程中，起核心作用的不是宗教信仰自由受到干预，而是人格尊严在传媒语境中屡受贬抑，最终以非常极端的暴力形式反弹释放出来。期间矛盾累积呈现量的增长和质的转化递进状态：由"不满"到"愤怒"最后到"仇恨"。由此而言，《查理周刊》事件，本质上不是一般的宗教族群纷争，而是带有宗教禁忌与文化差异背景的权利冲突，其中言论自由同以人格尊严为核心的人格权的冲突是其矛盾焦点。西方社会有论者预设偏见，提出事件本质是"穆斯林群体对西方社会的挑战以及伊斯兰文明与西方文明的对抗"，这种把矛盾性质拔高夸大的判断是不符合实际的，实乃圆凿方枘之见。

之所以提出这样的论断，是基于以下原因：

首先，在法国多元文化环境下，伊斯兰教并不是《查理周刊》唯一的讽刺对象。除了伊斯兰教，周刊还多次嘲笑天主教和梵蒂冈教皇，嘲弄欧洲各国政治人物和王室。美国《纽约时报》安德鲁·赫西在事件之后撰写的《法式幽默之死》一文指出："巴黎人以他们称作'gouaille'的放肆玩笑为傲，这种玩笑植根于思想自由和对挑衅的热爱，永远站在权威的对立面。"在反宗教倾向方面，《查理周刊》对伊斯兰教和基督教的态度其实难分伯仲，其讽刺的辛辣尖刻程度几乎如出一辙。如一幅名为"婴儿耶稣的真实故事"的漫画，

---

① 慕明春："从自我炫耀性传播到媒介侵权性传播"，载《当代传播》2014 年第 6 期。

其说明词是："你们的牧师没敢告诉你们的事就在这本《新福音书》里。你们还不知道吧！婴儿耶稣是'罪恶之子'，是给人带来苦难的撒旦，是虚伪的信仰治疗者，是儿童杀手，是极度活跃的孩子王，他折磨他的老师们，是先知的学徒，这些你们知道吗？"还有一幅漫画将所有宗教都列为嘲讽对象，漫画里显示一卷卷的卫生纸，上面写着基督教与伊斯兰教、犹太教经卷的名字，下面写着：所有的宗教都在粪坑里。教皇的形象也曾多次登上周刊的封面，最著名的一幅刊发于 2010 年，画面上教皇本笃十六世举着一个避孕套说，这是我的身体。现任总统奥朗德也曾是《查理周刊》的焦点人物，西装革履的总统露出生殖器的封面漫画，就是周刊特意对总统绯闻表达的"不敬"。可以说，在言论自由原则已经深入人心的法国，对周刊思想高度自由、蔑视一切权威的倾向，各教派人士包括穆斯林一般都会持平和的心态理解包容，单纯宗教信仰纷争不是大家关注的焦点，但是如果宗教内容中存在有损人格尊严的传播内容却会引来很多争议。据报道，仅罗马教廷就先后 14 次以损害人格权利为由起诉《查理周刊》。曾经在周刊工作过的记者伊莲娜·康斯坦蒂在事件之后坦陈："一直以来，我们都在收到大量的信件和电话，都是来自各种宗教、抱有各种不同政治立场的人们对我们的抱怨和仇恨。"[①]法国《世界报》记者派特指出，周刊"嘲笑各种宗教信仰，以挑衅性的漫画为武器，观点激烈，笔锋尖锐，有时甚至不避讳伤风败俗、污蔑宗教"。上述布鲁克斯对周刊内容也用"有意的'冒犯式幽默'"来概括。这说明，涉及人格权利的传播内容各界人士都会特别在意的。

其次，是穆斯林对事件争议的现身说法。事件发生后，伊斯兰教法国委员会（CFCM）称："这起极端野蛮的事件是对民主和新闻自由的打击。"英国网站 BuzzFeed Hussein Kesvani 对 14 名英国穆斯林，其中包括英国保守派穆斯林论坛主席、英国穆斯林协会主管、英国穆斯林委员会秘书长等人进行了采访，他们除了众口一词谴责恐暴事件外，最介意的就是《查理周刊》的"侮辱"和"冒犯"："言论自由是极其重要的，必须得到强有力的保护。但是，我们也不能让言论自由变成了侮辱自由。从某些场合上来说，查理周刊

---

① 符遥、王思婧、陈君："《查理周刊》冒犯了谁?"，载《中国新闻周刊》2015 年 1 月 15 日，总第 693 期。

确实跨过了那条穆斯林心中心照不宣的底线，举个例子，他们将古兰经，摩西五经和圣经比作是厕纸"，"在英国穆斯林协会，我们与查理周刊的争论就一直没有停过。我们常常会对其发表的大多数带有强烈冒犯性的并带有煽动性的图片发出质问"，"不幸的是，关于是否有权利去有意地发表带有伤害性的并诋毁宗教人物和传统的言论的讨论将会在不久之后展开。但尽管其对我们会有冒犯，也比不上从根本上而言的，这些无情夺取他人生命的凶手对我们信仰的冒犯"。从这些言论中看出，对周刊宗教漫画中明显带有人格贬抑的内容，多数穆斯林还是心存芥蒂的。

最后，恐暴事件之前的相关争议基本都是通过法律诉讼程序解决的，而诉讼的焦点都是围绕人格权侵权行为的"侮辱"和"仇恨"进行的。从 2006 年开始，有关穆斯林宗教组织曾经多次以《查理周刊》传播内容涉嫌侮辱伊斯兰宗教领袖，有损先知及广大教徒的人格尊严，违反法国仇恨言论法为由提起诉讼，但都被法庭以言论自由保护为依据驳回起诉。通过法律程序虽然平息了纠纷，但是心理阴影短时间内难以消除，一些穆斯林受侮辱的心结无法很快平复，客观上助长了恐怖分子的复仇心理，为他们发动恐暴事件埋下了伏笔。

三、权利冲突协调过程中的障碍

"冤家宜解不宜结"，矛盾尖锐了，就得想方设法化解，冲突激化了，就要千方百计平衡。围绕《查理周刊》宗教漫画的权利冲突却在消解矛盾的过程中遇到了重重障碍，导致积重难返。

权利冲突的协调是一个高度复杂的难题，解决这道难题的首选对策是通过公共关系渠道建立沟通对话机制，让双方能够平等对话，坦陈自己的诉求，批评对方的失误，提出合理建议，营造相互理解包容气氛，达到与人为善，以和为贵，互谅互信的目的。最基本的就是冲突双方各自做些妥协和克制，退一步海阔天空，让三分心平气和。但这一条在协调《查理周刊》权利冲突过程中却阻力重重，其中一个突出干扰因素是伊斯兰极端组织。这种极端势力在冲突产生后以咄咄逼人的姿态介入，以使用暴力手段相要挟，使得矛盾不但没有缓解，反而雪上加霜。"周刊时常会受到来自伊斯兰极端组织的威胁。而作为回应，他们则开始刊登更多关于穆斯林世界、伊斯兰教、先知穆罕默德的讽刺漫画。"① 燃烧弹袭击之后，杂志刊登了标题为《爱比恨的力量大》的漫画，其本意大概是表达不计前嫌的"博爱"之心，结果却因为文化差异的"误读"导致积怨更深。面对极端势力的威胁，像《查理周刊》这样曾经被英国《独立报》定义为"犀利"和"倔强"的媒体，是很难让步的。"我不害怕报复。我无妻无子，没车，没贷款。这也许听起来有点自大，但我宁愿站着死，也不跪着生。"周刊主编、漫画家沙博尼耶在被列入基地组织的通缉名单后曾向法国《世界报》这样表示他强硬的态度。这种态度决定了周刊义无反顾地坚持"蔑视一切"的讽刺传统，但另一方面也刺激了冥顽不化的恐怖分子，他们孤注一掷地启动了复仇计划，双方矛盾陷入恶性循环的僵局。

通过司法程序寻求法律救济，是法治社会最直接、最有效的权利冲突协调方式。应该说，在长达九年时间里，官司缠身的《查理周刊》能够顶住来自于各方的诉讼压力，坚持刊物"反对强权，热爱挑衅，挑战权威"的风格，是同法律的保驾护航直接相关的。法庭之所以始终站在周刊一边，没有支持各原告方的诉讼请求，这与法国法律制度及全社会高度重视对言论自由的保护程度及司法机关对因言论自由引发的民事纠纷持特别谨慎的态度有关，也是法律通过对相互冲突着的权利背后体现的利益和价值综合考量取舍的结果。一般而言，司法层面协调权利冲突问题的基本思路主要有两种，即权利位阶原则和价值/利益衡量原则。权利位阶原则是对相互冲突的权利就其重要性进行比较判断，并且排列位次，以决定优先保护哪种权利。美国学者布兰特认为，"因为权利常常冲突，而当冲突之时，我们便希望指出由于某种原因一种权利优先于另一种权利"。② 例如我国有学者通过对某些典型案例的分析，指出在此类案例中，言论自由应该比名誉权和肖像权更为重要，应优先得到保护。③ 价值/利益衡量原则就是法律选择保护那些在不同的利益之间，体现了决策者最大的利益追求和价值追求，体现了决策者最大的价值观念的利益进行保护。拉伦茨认为："权利一旦冲突发生（发生冲突），为重建法律和平状

---

① 符遥、王思婧、陈君："《查理周刊》冒犯了谁?"，载《中国新闻周刊》2015 年 1 月 15 日，总第 693 期。
② ［美］布兰特："道德权利概念及其功能"，载《哲学译丛》1991 年第 5 期。
③ 参见苏力："'秋菊打官司'案、邱氏鼠药案和言论自由"，载《法学研究》1996 年第 3 期。

态，或者一种权利必须向另一种权利（或有关的利益）让步，或者两者在某一程度上必须各自让步。于此，司法裁判根据它在具体情况下赋予各该法益的'重要性'，来从事权利或法益的'衡量'……法益衡量需考虑下述原则：其一，一种法益较他种法益是否有明显的价值优越性。如相较于其他法益（尤其是财产性的利益），人的生命或人性尊严有较高的位阶。因为言论自由权及资讯自由权对于民主社会具有'结构性的意义'。其二，涉及位阶相同的权利间的冲突，或者正因涉及的权利如此歧异，因此根本无从作抽象的比较时，一方面取决于应受保护法益被影响的程度（例如，公众知悉此事务以及国家对此事务保密的利益程度如何），另一方面取决于：假使某种利益须让步时，其受害程度如何。其三，尚须适用比例原则、最轻微侵害手段或尽可能微小限制的原则。即为保护某种较为优越的法价值须侵及一种法益时，不得逾达此目的所必要的程度。"① 拉伦茨在这里提出保护"言论自由权及资讯自由权对于民主社会具有'结构性的意义'"的论断也正是法国司法在围绕《查理周刊》诉讼中对于价值利益最大化选择的考量基础及重要的选择依据。

法国社会普遍对言论自由的期望度很高，法律对言论的管制又相对宽松，使得《查理周刊》凭借言论自由的保护而直言无忌。《查理周刊》前任记者伊莲娜·康斯坦蒂就认为，《查理周刊》意味着挑衅，意味着"绝对的言论自由"，"我们可以没有阻碍地写任何事情，不需要敬畏任何机构"。② 巴黎警方在《查理周刊》遭到恐怖分子威胁后又一直把周刊编辑部视为重点保护目标，处在警方保护下的周刊有法律的"撑腰"，类似有了中国古代的丹书铁券的支持，在言论上更加无所禁忌，讽刺风格愈加大胆。

但是，采用这种"两利相权取其重，两害相权取其轻"的权利冲突协调原则只是法律做出了一种抉择，肯定了相互冲突中的一种利益其价值要高于相对应的另外一种利益，但并不一定从根本上消解了利益之争背后的深层矛盾。特别对于其间纠缠着的有关政治、文化、宗教等千丝万缕的复杂因素，法律也时常面临"剪不断理还乱"的无奈。再加上双方权利冲突自始至终都笼罩在恐怖主义势力的巨大阴霾之中，其中隐藏着的重重危机更不会因法律

---

① ［德］卡尔·拉伦茨：《法学方法论》，陈爱娥译，商务印书馆 2003 年版，第 279－286 页。
② 符遥、王思婧、陈君："《查理周刊》冒犯了谁?"，载《中国新闻周刊》2015 年 1 月 15 日，总第 693 期。

一纸判决而化为乌有。结果一场嗜血残杀将法律多年维护的安定局面毁于一旦。

四、结语："查理"——是矣，非矣

对《查理周刊》权利冲突的分析，只为客观探讨冲突缘何而起，丝毫无贬低周刊之意。从传播的角度看，周刊能够把言论自由的空间开掘到极致，最后以生命祭礼完成了对言论自由意义的诠释，使"我是查理"成为现今最流行的言论自由代名词，其志可嘉，其行可佩。

对于言论自由，《查理周刊》始终有自己的理解和追求，即"绝对的言论自由"。这无疑是文人心态对言论自由的理想化，事件的发生警示世人：没有绝对，只有相对。但他们这种"将言论自由进行到底"的追求又绝对不是没有价值的，它启迪世人，原来言论自由也可以这样"任性"：面对强暴，依然有个性，有骨气，有血性。

《查理周刊》最明显的缺失在我们看来，莫过于其受众策略简单粗放，"一刀切"，忽视了"到什么山唱什么歌"这最起码的传播受众观。出于对法国社会世俗文化的过度自信乃至于自恋，加之依托法律支持的无所顾忌，周刊不加区分地对所有受众采用原本只适用于基督教文化圈的单一传播策略，基本漠视了穆斯林受众在文化差异和宗教禁忌方面的特殊性，使得浸润在伊斯兰文化环境下的部分受众在周刊"蔑视一切"的传播基调中感受到神圣信仰的被轻侮及人格尊严的受贬抑，媒介言论自由同受众人格权的权利冲突由此产生，恐怖暴力藉此萌发。其间教训，令人扼腕。

对《电影产业促进法》（草案）的
意见与建议

徐 迅[*]

　　笔者作为传播法的长期研究者，重点就"草案"规定的"电影不得含有"的内容，即"草案"第二十条及第三十二条第三款的规定提出意见与修改建议。

　　主要意见是："草案"中第二十条规定的内容，特别是其中（五）（六）两项规定与现行人大立法不统一、不衔接，既不科学，也不合理，不仅不能解决目前电影审查中的实际问题，反而令相关法制徒增矛盾与隐患。"草案"第三十二条第三款将本应由立法明确的责任丢给影院，将令影院处于不应有的矛盾纠纷之中。上述两条应当修改。具体理由如下。

一、第二十条（五）（六）与现行法律不衔接

　　主要与《刑法》、《未成年人保护法》、《预防未成年人犯罪法》的相关规定不一致、不衔接。

　　首先指出：第（五）项中要求电影不得含有的"淫秽"、"教唆犯罪"及"传授犯罪方法"，与以上（一）至（四）项的性质一样，基本都有《刑法》上的禁止条款做依据，因此将其列入，其实是重申了法律禁止的意思，即使未列入也不会出现法律不统一、不衔接的问题。但是"赌博"、"暴力"、"恐怖"却是人大立法中首次出现的对公民的普遍禁止或限制。此前，只有《未

---

　　[*]　徐迅，中央人民广播电台法律顾问，中国政法大学兼职教授，传播法研究中心执行主任。本文主要内容已经由作者本人在立法机关规定期限内通过全国人大网的"全国人大法律草案征求意见管理系统"正式提交。

成年人保护法》、《预防未成年人犯罪法》中有相关规定，属于对特定对象（即未成年人）限制传播，并不是针对所有人禁止传播或限制传播的内容。如果本法"草案"上述内容得以通过，将表明如下意义：其一，中国人大立法中新增法律普遍禁止（法条用语为"不得含有"）表达的内容，这是对包括创作自由在内的公民权利的新限制。其二，由于本法已规定"暴力"、"恐怖"、"赌博"、"吸毒"信息是对所有公民（包括未成年人）的普遍禁止或限制传播的，则现行《未成年人保护法》、《预防未成年人犯罪法》的相关规定将成为废条，家长、未成年人保护组织等也没有条件以保护未成年人的理由批评、投诉甚至起诉公映电影。我国于1992年即已批准的《联合国儿童权利公约》所确认的"儿童权利最大保护原则"在文化传播领域将难以体现。

反驳笔者上述意见的理由之一可能是"暴力"、"赌博"在原《电影管理条例》中就是禁止传播的内容，现在由政府立法上升为人大立法顺理成章。但必须指出的是，《电影管理条例》于2001年生效时，《未成年人保护法》（1991）和《预防未成年人犯罪法》（1999）均已先行生效，将暴力、凶杀、色情、赌博、恐怖信息规定为对未成年人"禁止传播"或"不得渲染"。也就是说当2001年颁布《电影管理条例》时，对相关信息实行按年龄分级的制度已经有充分的上位法依据。但《电影管理条例》不仅没有执行区别对待成年人与未成年人的人大立法，反而在行政立法中自行扩大了行政权力，将法律只对特定对象限制传播的赌博、暴力信息规定为对所有人的禁止传播。当时《立法法》已经于2000年生效，《电影管理条例》的相关规定不仅违反了上位法《预防未成年人犯罪法》的规定，也不符合《立法法》第二条关于剥夺公民的政治权利必须制定法律的规定。既然《电影管理条例》的原有相关规定本不符合上位法，那么在本次人大立法中是否还应当继续下去呢？

二、第二十条（五）项的规定不符合我国电影产业的实际情况，难以执行

现实中，我国电影由于未采用分级制度，因此经常出现色情、暴力尺度相当于甚至大于国外、境外三级（如《大决战》、《南京！南京！》）、二级（如《风声》）的情况。不同年龄的未成年人能否理解或无害接受呢？目前，相关诉讼已经陆续出现：有家长代表未成年人针对大众传播中的恐怖（1999

年针对央视广告）、暴力（2013 年针对《喜羊羊和灰太狼》）起诉制片方的案件。现实中为了保护未成年人，政府对进口电影的某些情节进行删节，结果也出现了成年人针对因删节导致电影情节缺失表示不满的诉讼（2007 年针对《色戒》）。但事实是，即便政府已经对色情情节做了删节并引起成年人不满，又有哪个家长愿意带着自己十岁的孩子去看电影《色戒》呢？

现实中，华语电影的武打、打斗情节丰富，甚至出现了独特的"东方暴力美学"理论，并因此在世界电影中获得了相应地位与影响力。但此类电影难免充斥血腥与凶杀画面，成年人懂得欣赏，未成年人难免误解与模仿，这已经为许多事实所证实。再此外，惊悚片是一个片种，在电影产业中理应占有一席，但由于其与"恐怖"的联系与区别之复杂，当属典型的成人电影。如果电影就暴力、恐怖等传播不区别成年人与未成年人，将难免令相关题材的电影创作与生产的合法与非法界限模糊，造成不必要的浪费。

再退一步说，暴力的范畴实在太广，战争、刑罚、格斗等均是暴力，出于保护未成年人的目的，不得对未成年人"渲染暴力"自有道理，如果笼统把暴力作为对所有人都"不得渲染"的内容，那么许多反映革命历史题材及战争题材的电影均将面临困境，这是根本行不通的规则。

需要指出的是，本法名称为"产业促进法"，推动产业发展，拉动 GDP 的立法意图十分明显。但发展文化产业的规律之一就是分众——为不同的受众制作不同的产品并精准投放，才有可能将产业的蛋糕做大。但为什么在中国，8 岁小孩与 80 岁老人就应当看一样的电影呢？这既不利于保护未成年人，也不利于发展经济，何以实现"产业促进"的立法目的？

三、"草案"二十条回避矛盾，潜伏隐患

在二十条第（五）项列举的各项"电影不得含有"的内容中出现了"淫秽"，没有出现"色情"字眼，回避了电影审查标准中的最难点，且与现行《预防未成年人犯罪法》、《刑法》的规定不一致、不衔接。《刑法》367 条规定的"淫秽物品"定义中有"露骨宣扬色情的"一语并与"诲淫性的"并举。这一用语表明两个意思：其一，刑法并非一律禁止色情；其二，必须禁止露骨的、具有诲淫性效果的宣扬。在这里，何为"露骨宣扬色情"成为识别的难点。《预防未成年人犯罪法》中规定为"不得向未成年人渲染色情"，

意为可以传播，但不得夸大传播。在法律中，有关色情的规定从成年人到未成年人，从刑法的普遍禁止传播到对特定对象的限制传播，跨度之大，问题之复杂，用语之谨慎，是全世界的普遍现象。大多数发达国家的解决之道是对电影色情、暴力内容实行按观众年龄分级的制度，这个制度并不包含是非判断，只是向家长提醒，可以避免带着孩子进入影院，观看了孩子不适宜的电影。这一制度凝聚了人类的智慧。目前我国已有几家影院自行分级，年龄划在十三岁。这表明分级已从基层开始，成为业内的主动行为。

之所以说"草案"的相关规定"潜伏隐患"，是因为电影作为当代视觉传播的老大，《电影产业促进法》作为我国文化领域首个人大立法，其禁止传播或限制传播的制度设计将对其他媒介形态（包括广播、电视、网络、电子游戏等）的禁载规范产生深刻影响。法律面前人人平等，电影不分级，电视也不会分时段，互联网传播中保护未成年人的考虑也会是一团混战。在色情领域，为了保护未成年人，把成年人也当成了小孩来管；在暴力领域，因为没有年龄的考虑，小孩也不得不接受与理解力、承受力不适当的暴力信息。家长和成年人的不满必将延续，管理成本必将越来越大，而规则含糊也必将助长权力寻租的腐败现象。

四、"草案"二十条第（六）项实为废条

根据与此项关系最密切的《未成年人保护法》、《预防未成年人犯罪法》的规定，不得向未成年人传播或渲染的内容包括淫秽、色情、暴力、凶杀、恐怖、赌博。对比中可以发现，除了凶杀之外，淫秽、暴力、恐怖、赌博均已被纳入第（五）项，且凶杀本身就是暴力。那么第二十条第（六）项又将规定什么内容呢？如果超出第（五）项的内容再单独制定规范，上位法依据何在？难道政府可以撇开保护未成年人的两部上位法另搞一套吗？不可能，也不必要。因此从立法技术上看，"草案"第二十条第（六）项实为废条。

五、"草案"第三十二条将设计与适用电影审查标准的责任转嫁给影院，加剧制度设计的不合理

"草案"第三十二条第三款规定："放映的电影可能引起观众身体或者心理不适的，应当予以提示。"看起来这似乎是对没有分级制度的一个补救，但

判断什么内容可能会令"观众身体或者心理不适"是一个本应由电影审查者、进而由电影审查制度设计者解决的问题。现在统统甩给影院,公权力是不负责任的。从逻辑上说,在没有分级制度的条件下,凡获得《电影公映许可证》的电影,都是适合所有观众观看的。而"草案"这一条款却给影院增加了一条义务,用词为"应当",表明影院需要自行判断要不要"提示"观众。如此安排必将导致影院处于不断的纠纷当中:家长会因为影院没有做出"提示"而投诉甚至起诉影院;而制片方会因为影院做出了"提示",影响上座率而投诉甚至起诉影院。此外,因为这种"提示"是各家影院各自执行,必然造成判断尺度不统一,引来业内的混乱。而这种混乱是由制度设计不合理造成的。

综上所述,目前"草案"第二十条(五)(六)两项及第三十二条第三款的规定存在着多种无法自圆其说的矛盾与问题,完全没有体现法律应有的科学性与内在逻辑。"草案"中现有的这些缺陷将对我国传播法制体系产生长远的不利影响,应当修改。

我们认为,在与本建议有关的立法中,需要认真考虑的法益包括:其一,保护未成年人不在不适当的年龄被迫接受不适宜的信息;其二,尊重成年人的文化权益;其三,艺术创作自由不应受不合理与不必要的限制;其四,发展文化产业的需要。忽略任何一个方面都不妥当。此外,如果本次立法不能解决相关问题,也要尽力避免徒增矛盾冲突,破坏现有的法律体系。

据上述考虑,我们提出的修改建议是:删除"草案"第三十二条第三款中"放映的电影可能引起观众身体或者心理不适的,应当予以提示"的规定;将"草案"二十条(五)(六)两项合并或单设一条,内容为:

为保护未成年人,对含有色情、暴力、赌博、恐怖内容的电影实行按照观众年龄分级的制度。具体标准由行业协会制定,接受公众投诉,政府实施监管与行政处罚。

谨供立法机关参考。

虚假新闻图片报道的危害及防范

师亚丽[*]

师亚丽[*]

新闻摄影是以影像为手段，并与文字说明相结合来进行新闻报道的一种形式。传媒和新闻从业者所承担的社会责任，就是对所报道事件的真实性以及报道所产生的效果负责，亦即对新闻的真实性负责。不管是哪种形式的虚假失实新闻照片，其本质都是非新闻的东西，都不是对客观存在的新闻事实的真实报道和反映。

一、虚假新闻图片的含义

虚假新闻图片是指图片所展现的画面违背了新闻的客观性原则，图片与事实场景不一致。

前期的虚假新闻照片有重现新闻和伪造新闻两种情况。有时候当摄影记者赶往新闻现场时，事件已经结束，于是就有人重新导演之前发生的一幕。后期的虚假照片主要是通过暗房加工和利用电脑软件制作产生的。暗房加工随着技术的进步已逐渐被取代，现在的新闻照片多数为数码相机拍摄，通过Photoshop 等电脑软件进行后期处理。而许多高手 PS 过的图片，我们仅用肉眼很难判别是否动过手脚。

不管是前期的摆拍、"导演"，还是后期对照片的加工制作，都属于虚假新闻照片。重新导演曾经发生的一幕（重现新闻），还是将根本没有的事情"导演"成"真"的（伪造新闻），都是从源头上的造假。凡以虚构出来的新闻事实为本源的"新闻"，是"虚假报道"；而虽有新闻事实依据，却没有全

* 师亚丽，西北政法大学新闻传播学院编辑出版系主任、副教授，硕士研究生导师。

面、准确、恰当地报道新闻事实的新闻，是"失实新闻"或"失实报道"。有时受社会整体环境和政策影响，人们对新闻真实的理解和对传播活动规律的把握会有偏失。在 20 世纪六七十年代，"摆拍"曾大行其道，许多摄影记者都曾中过"摆拍"的蛊，也曾痴迷于拼贴、挖补、"换头术"。在大量的文革政治活动照片中，构图往往是这样：一群人围着一个中心人物，周围的人一律取相同的表情与姿势，以示服从他们围绕的那个人，这样通过对形体动作的强调，表示在精神上的某种高度一致与服从。在那个特殊的年代，编辑记者把摆布导演、重现事实（事件）、主观加工看作是很正常的工作。

近年来，随着数码技术的普及和各种制图软件的普遍运用，由对新闻照片进行技术加工导致的问题新闻图片大量出现，各类盗图侵权现象也呈愈演愈烈之势。

受众普遍认同这样一种观点：如果新闻摄影作品在其拍摄和制作过程中有造假行为，就会给人们带来假新闻或假信息，误导人们的认知行为；而如果是一幅完全采自新闻现场、未经任何修饰的"真"照片，它所反映的新闻信息就应该是真实的。这种理解有一定片面性，不能说是正确的。一些新闻媒体和采编人员由于对正面报道的精神内涵理解不够深刻，追求所谓正面的报道效果，报道时会极力突出某些事件局部，或刻意塑造群体的光辉形象，或者把部分当整体，把特殊当一般，这样都会造成新闻本质的失真。这种本质上的失实失真，使得真正的社会问题被掩盖，社会矛盾被消解。这种新闻本质的失真会给社会的健康发展埋下隐患，危害更大。

虚假新闻照片所产生的新闻失实现象较易为人们所认识，可称之为显性失实；而真实新闻照片带来的新闻失实现象，由于表现形式相对隐晦而不易为人们所察觉，对受众而言更具迷惑性。新闻摄影的隐性失实会误导受众，或使受众解读了错误的新闻信息，同样具有危害性。利用真照片而传播了并非真实的新闻信息，使受众在依据这类照片解读新闻信息时存在信息并不能对应全部事实的现象，且不易察觉。如山西黑砖窑事件报道中，那张发布在国内多家媒体和网站上引发了争议的新闻照片，图片上的窑工拿着被拖欠许久的工资眉开眼笑。[①] 有网友怒斥："罪行还未被完全公开，罪恶也还没受到

---

① "这张图：新闻真实还是新闻粉饰"，载《南方周末》2007 年 6 月 21 日，第 32 版。

应有的审判……这给人的感觉更像是在表功，但在黑砖窑事件上，没有人有资格去表功。"

正因为虚假、失实新闻照片呈现样貌复杂，危害程度深，我们对这个问题的探讨才更有现实意义。

二、虚假新闻图片出现的原因

虚假新闻照片的产生不仅与新闻从业者素质相关，与新闻照片的生产过程相关，还与当时的社会政治、经济、文化力量制约有关。因此，要揭示虚假新闻照片的产生机制，就不能脱离生产过程及其社会语境。

（一）重奖之下的"勇夫"

近年来，随着电脑制图技术的成熟和广泛使用，出现了一个值得警惕的现象，许多国际国内摄影大赛获奖作品，频频爆出造假丑闻。如获"第八届中国摄影金像奖"金奖的《雾锁天池》，获 2006 年华赛经济与科技类金奖的《广场鸽》，获"影响 2006 年度 CCTV 图片新闻年度评选"铜奖的《青藏铁路为野生动物开辟生命通道》，获 2010 年国际摄影大赛特等奖的《千里寻水》等作品，均属此类。参赛者受大奖诱惑参赛，其作品也因获奖的高关注度而被细心的专业人士和网民质疑进而证实造假。

在一个浮躁的时代，真实性这个新闻的铁律在利益的诱惑面前不堪一击！利令智昏，一些急功近利之徒开始寻找捷径，左冲右突。追名逐利的心态以及各种大赛的丰厚回报，使新闻图片造假有了充分的利益驱动，越来越多的人铤而走险。

（二）道德水准的下滑

真实是新闻的第一生命，新闻工作者不管出于什么目的向社会传播虚假信息，都是一种严重违反职业道德的行为。近年来，新闻从业者职业道德的滑坡大大影响了我国新闻事业的发展。

面对当代信息传播新需求，一些媒体及从业人员缺失了对新闻理想的追求，放弃了底线原则。现在的新闻照片多数是数码相机拍摄，照片本身无所谓真假，关键是通过照片传递出来的信息以及该照片的用途。如果一张 PS 过的照片用作新闻报道，那它就是"假照片"；如果是要完成某种创意，追求艺术上的极致，传递特异的艺术感悟，或许有其可观之处。所以，照片本身是无辜的，它的使用合宜不合宜，完全取决于照片的使用者。

作为受众，更多情况下只是凭兴趣、爱好对照片进行欣赏、解读，依靠常识做判断，即便对有些照片有质疑，也很难用肉眼做判断。如果照片的主人罔顾职业伦理，要刻意"加工制作"，由此派生的问题寻根溯源，还得在职业道德的层面去解决。

（三）从业人员素质良莠不齐

随着我国经济高速发展，新兴媒体发展迅猛，新闻从业人员的队伍急剧扩张，随之而来的问题是综合素质亟待提高。"近些年来，我国新闻事业迅速发展，新闻队伍急骤扩张，新闻从业人员的素质良莠不齐，干扰新闻传播秩序、损害党和国家的利益乃至违法犯罪行为时有发生。因此，加强新闻职业道德建设，规范新闻从业人员职务行为信息管理，既要有持久作战的思想准备，又要有只争朝夕的紧迫感。"[①]

综上所述，媒体从业者职业水准不高，是导致虚假失实图片报道多发的非常重要的原因。新闻从业者在新闻理想追求、职业伦理操守、专业主义精神等方面的失守，往往为虚假失实新闻的产生大开方便之门。在当前语境下，有效提升新闻队伍的综合素质已成当务之急。

三、虚假新闻图片的危害及防范

"新闻信息作为沟通、交流、联系手段的有效性，当然有赖于新闻信息的真实性。新闻信息一旦虚假失实，它就立即转变成为危害沟通、交流、联系的'病毒性'信息，具有迅速扩散蔓延、流毒万里的邪恶力量。……经验告诉人们，越是虚假新闻，往往越像新闻，人们也注意到，越是虚假新闻，传播的效应越强，影响力越大。这正是虚假新闻的可怕之处，它不仅极易破坏新闻信息交流的正常秩序，也会影响其他信息交流的秩序，以致破坏整个社会正常的信息交流秩序，影响整个社会的信息安全。"[②]

---

① "加强对新闻从业人员职务行为信息的规范管理——国家新闻出版广电总局相关负责人就《新闻从业人员职务行为信息管理办法》答记者问"，载《光明日报》2014 年 7 月 10 日，第 4 版。

② 杨保军：《新闻真实论》，中国人民大学出版社 2006 年版，第 269 页。

历史上第一张采用"换头术"合成的照片，是网上广泛流传的造于1860年的一张林肯肖像照。在当时摄影和处理技术都很落后的情况下，这张用"换头术"合成的照片依然成功欺骗了大家的眼球。今天PS技术已相当成熟，"换头"已成小菜一碟。发生在陕西的"假虎照"事件，影响深远，教训惨痛。2007年10月，陕西省林业厅公布了农民周正龙拍摄的华南虎照片。随后，照片的真实性受到来自社会各个层面的广泛质疑。从虎照发布到2008年6月29日陕西省林业厅最后公开道歉，对真相的追索历时近十个月。事件整个过程峰回路转，颇费周折。令人大跌眼镜的是，该照片中的老虎原型竟是一张年画，拍摄者是一个并不具备多少摄影知识的农民。由此引发的数码技术发展对新闻摄影摄像真实性的影响这一问题，值得人们认真思考。在技术控吃香喝辣的年代，周正龙用并不高明的手段和骗术，以胆量为赌注，剑走偏锋，搅乱了视听。可见虚假失实新闻照片一旦是处心积虑者有意为之，它所危害的就不仅仅是社会正常的信息传播秩序，也会给社会诚信体系带来灾难性的后果。

由于虚假新闻图片报道对社会造成的危害不是"硬伤"而是"软伤"，不是"外伤"而是"内伤"。这种"软伤"、"内伤"似乎看不见、摸不着，但疼痛持续的时间却更加长久，它直接溃烂社会的肌体，伤及人们的灵魂。因此，虚假新闻图片的危害性绝对不可小觑。

受不同的社会文化思潮影响，虚假失实新闻图片的产生机制会有所不同，治理思路也会呈现出一些差异。在当下数码摄影摄像相当普及，PS技术相对成熟的语境下，我们当如何防范虚假失实新闻图片报道呢？

（一）行业规则和新闻工作者的自律

在社会转型的当下，传媒坚守职业道德的主要障碍来自于外部世界的诱惑，从这个角度说，自律仍是新闻工作者防止报道失实的第一道屏障。自改革开放以来，对新闻工作者的职业道德操守已经进行了较为深入的讨论，关键是在工作中如何坚守这些职业道德的底线。

虚假新闻图片报道从表面上看是采编人员追求轰动效应、把关不严造成的，但从深层看，是行业自律的缺失，因此，行业自律目前仍是减少虚假失实新闻照片最有效的方法。行业自律不仅仅是一家新闻单位内部的规章制度，还应包括同行业之间的相互监督，只有这样，才能形成强有力的监督防范机制。然而就目前来看，我国新闻行业的整体状况可以用自律不足、监督乏力来概括。

（二）建立健全相关法律规范

为了更好地维护新闻传播秩序，构筑良好的信息传递、交流体系，约束惩戒造假行为，制定相应的法律法规便成为当务之急。国家新闻出版广电总局《关于严防虚假新闻报道的若干规定》①，分别从新闻记者采访的基本规范、新闻机构管理的基本职责、虚假报道的处理规则和法律责任追究等四个方面对防止虚假报道做出了明确规定。其中第 1 条第 3 款明确规定："新闻记者编发新闻报道必须坚持实事求是，不得发布虚假新闻，严禁依据道听途说编写新闻或者虚构新闻细节，不得凭借主观猜测改变或者杜撰新闻事实，不得故意歪曲事实真相，不得对新闻图片或者新闻视频的内容进行影响其真实性的修改。"《规定》还明确要求，新闻机构须建立健全虚假失实报道的纠错和更正制度，完善虚假失实报道的责任追究制度。凡经调查核实认定报道存在虚假或者失实的，新闻机构应当在本媒体上及时发表更正，消除影响。

（三）媒体的自我管理和社会监督机制

第一，建立有效的社会监督机制：新闻机构应自觉接受社会公众的监督。社会公众的有效监督会形成一股强大的监督力量，促使新闻机构坚持真理、持定操守，遵守新闻真实性的要求。虽然传媒负有舆论监督的神圣使命，但这并不表示它就可以凌驾于公众之上。对于获奖作品，应当在第一时间进行真实性检查，如果发现问题，应立刻取消其入围及获奖资格。

第二，建立严厉的惩戒制度：缺乏有效监督，处罚力度小，会导致新闻图片造假因成本低、造假容易而难以遏制。媒体应当建立严厉的惩戒制度，提高造假的成本，降低打假的成本，使其事先考虑后果而有惧怕之心。同时，图片造假曝光后也不能把所有责任都推到摄影记者头上，编辑与主管领导因负有把关责任，也需承担连带责任。在《青藏铁路为野生动物开辟生命通道》失实照片事件的处理上，对利用数码技术造假的《大庆晚报》摄影部副主任刘为强，予以解职严惩，并将其清除出记者队伍；对把关不严的编辑，追究了相关责任；《大庆晚报》的总编也因此引咎辞职。这是一个很好的个案，大

---

① http：//www. gapp. gov. cn/news/1663/103339. shtml. 中华人民共和国国家新闻出版广电总局：《关于严防虚假新闻报道的若干规定》，新出政发〔2011〕14 号。

家从中看到了管理部门惩治虚假新闻图片报道的决心。

第三，媒体要健全责任追究制度，为自己发布的新闻负责。出了问题，第一责任人要承担相应的法律责任；监管部门更不能对虚假新闻听之任之，不了了之，而是要切实担起责任。同时应健全举报制度，调动受众揭露打击虚假报道的积极性，构筑强大的社会监督网络，让虚假新闻无立身之处。

我国的新闻事业是社会主义事业的重要组成部分，新闻从业人员要以社会效益为最高准则。信息传播领域任何形式的弄虚作假，都是对受众的敷衍与欺骗。只有真实报道，才能准确反映事实并引导社会舆论，才能保证我国新闻事业健康有序发展。

众媒时代

——媒介从业者还需要准入制度吗？

宋　雯　沈剑奇[*]

2015 年，媒介进入"众媒时代"，即多媒共生，媒体无处不在，渗透进入生活的各个角落，而未来会进入更高阶段的"众媒时代 +"，万物皆为媒介。面对这样的媒介生态，用 2002 年开始试行的中国新闻从业人员职业准入制度已经不能适应当下的媒介现实。在"众媒时代"媒介是要继续接受"管理"，但是这种"管理"不能倚重从业者的准入制度，而要面对新情况，把管理重点从媒介人员转到媒介本身，减少行政干预，完善法制体系，调动业界自律。

新闻从业人员准入制度已经伴随我国媒体十余载，相关的政策每隔几年都会进行调整和修改，而关于记者、编辑资格考试和新闻记者证的争论却从未停止。如果说此前的争论是关于新闻出版广电总局内部管理的探讨，如今则必须正视来自外部的力量。虽然这个准入制度被称为是"新闻从业人员准入制度"，但是随着媒体环境的变化，很多不能称得上是新闻从业者但的确是在媒体工作的人也被这个制度圈入准入范围，准确地说，这个制度所针对的已经不是狭义的新闻从业人员，而是已经向整个媒介从业人员扩展。

在互联网浪潮倒逼着传统媒体改革，众媒时代的悄然而至则完全颠覆了此前的媒介生态，这不能不引发我们的思考——众媒时代下，媒介从业者还需要准入制度吗？

---

* 宋雯，西北政法大学新闻传播学院副教授。沈剑奇，西北政法大学新闻传播学院硕士研究生。

一、新闻从业人员准入制度

"执业资格准入制度是指根据国家有关法律、法规制定的、人们必须具备执业资格才能从事与该执业资格相关的专业工作的制度。执业资格准入制度的核心是以资格作为判断是否许可执业的标准。"[1] 新闻从业人员准入制度是一种执业资格准入制度，相当于入行的"执照"。

2002 年底，中宣部、新闻出版总署和国家广电总局联合发出《关于开展新闻采编人员资格培训工作的通知》，拉开了我国媒介从业者准入制度的序幕。经过专业技能培训，对通过考核者发放《中华人民共和国新闻采编从业资格培训合格证》，新闻单位再凭此证为记者申领记者证。此后，国家新闻出版总署、中宣部、广电总局又出台了一系列相关规定。直到 2005 年《报社记者站管理办法》、《新闻记者证管理办法》出台，才使新闻从业人员准入制度得以规范。2009 年，新闻出版总署又对这两项极具代表性的管理办法进行修订，开始实施新法，旧法同时废止。

总体上看，我国的媒介从业者准入制度包含两个方面，即资格认证和统一的记者证管理。《报社记者站管理办法》、《新闻记者证管理办法》等规定对于媒介从业者的管理均做了比较详尽的规定。

2015 年 6 月，《国家新闻出版广电总局关于进一步加强广播电视主持人和嘉宾使用管理的通知》正式下发，再次强调按照 2004 年的《广播电视编辑记者、播音员主持人资格管理暂行规定》落实主持人上岗和执业注册制度，严格区分主持人与节目嘉宾，无证人员只能从事辅助性主持岗位。[2] 2015 年的全国广播电视记者编辑、播音员主持人资格考试也引起了广泛关注，不仅报名人数创下历史新高，还出现了何炅、汪涵、孟非、金星等"名嘴"赶考，让人惊叹原来"名嘴"们都是无证上岗。2015 年资格考试之后，广电总局将严格执行《通知》中的相关要求，无证人员届时可能面临下岗危机。由此来看，传媒从业人员将面临的是更加严格的准入制度。

分析现行新闻从业人员准入制度，我们可以发现以下特点：

---

[1] 潘学模，张序："政府审计执业资格准入制度探讨"，载《会计之友》2009 年第 1 期（下）。
[2] 国家新闻出版广电总局新广电发〔2015〕129 号：《国家新闻出版广电总局关于进一步加强广播电视主持人和嘉宾使用管理的通知》，2015 年。

（一）新闻从业人员准入制度实质上是一种行政许可

所谓行政许可，是指"行政机关根据公民、法人或者其他组织的申请，经依法审查，准予其从事特定活动的行为"。[①] 2013 年，国务院决定合并新闻出版总署、广电总局，组建国家新闻出版广播电影电视总局，不久后更名为"国家新闻出版广电总局"。合并组建后的新闻出版广电总局，属于国务院直属机构，根据我国行政法的规定，具有行政主体资格和行政规章制定权。但是我国行政法还规定，行政许可的设定权仅限于法律、行政法规、地方性法规以及省级地方规章的特殊情况，而国务院组成部门和直属机构的行政规章制定权并不包含行政许可的制定，只能够实施行政许可。2005 年制定的《新闻记者证管理办法》在总则中明确指出"根据《国务院对确需保留的行政审批项目设定行政许可的决定》，制定本办法"。《国务院对确需保留的行政审批项目设定行政许可的决定》是 2004 年下发的规范性文件，是对国务院所属部门的行政审批项目进行的一次调整，最终依照《行政许可法》保留并设定行政许可 500 项，其中第 313 项为"广播电视新闻采编人员、播音员、主持人资格认定"，实施机关为广电总局，第 333 项为"新闻记者证核发"，实施机关为新闻出版总署。[②] 可以说，新闻从业人员准入制度的法律依据正是《行政许可法》，其在实质上是一种行政许可。

《行政许可法》自 2004 年 7 月 1 日起实施，有关新闻传播的规定并不多。而随着政府由全能行政向有限行政转变，政府开始下放一些权力。2015 年 2 月，《国务院关于取消和调整一批行政审批项目等事项的决定（国发〔2015〕11 号)》取消 67 项职业资格许可和认定事项，这项决定是对 2014 年 10 月的国发〔2014〕50 号的完善。此前 2014 年 7 月的国发〔2014〕27 号已经取消了 11 项资格许可和认定事项。在新取消的 67 项职业资格许可和认定事项中，包含准入类 15 项和水平评价类 52 项。[③] 此次取消的准入类职业资格，都是没有法律、法规或国务院决定作为依据的职业资格。新闻从业人员准入资格有法律依据，并不在取消之列。然而，一系列取消和调整行政审批及职业资格

---

①《中华人民共和国行政许可法》，2003 年。

② 中华人民共和国国务院令第 412 号：《国务院对确需保留的行政审批项目设定行政许可的决定》，2004 年。

③《国务院关于取消和调整一批行政审批项目等事项的决定（国发〔2015〕11 号)》，2015 年。

许可和认定事项的举措则表明行政减权是大势所趋，权力行政已经让位于规则行政的行政理念，政府行政权力在客观上将受到一定限制，而行政指导在政府对经济社会管理的过程中将起到更重要的作用。

（二）新闻从业人员准入制度重点针对传统媒体

现行的新闻从业人员准入制度主要涉及报刊、广播、电视等传统媒体的从业人员，这与网络新闻采访权的模糊不清有一定关系。关于网站进行新闻采访所涉及的新闻采访权在有关的法规中并没有界定，其中最早和网络采访权有直接联系的是国务院新闻办公室、信息产业部发布的《互联网站从事登载新闻业业务管理暂行规定》。在这个规定中虽然并未界定什么是网络或网站的新闻采访权，但是以规定互联网站只能登载新闻的方式否定了网站具有采集新闻的权利，特别是第 7 条规定：非新闻单位依法建立的综合性网站在具备了规定的条件后，也可以从事登载中央新闻单位、中央国家机关各部门新闻单位以及省、自治区、直辖市直属新闻单位发布的新闻，但不能登载自行采写的新闻和其他来源的新闻。[①]

随着网络媒体的强势崛起，网络媒体从业人员数量也急速攀升，却有大量从业人员面临没有记者证的尴尬。为了积极应对网络媒体发展，发挥网络宣传优势，打通主流媒体舆论场和民间舆论场，2014 年 10 月 29 日，国家互联网信息办公室和国家新闻出版广电总局联合发出《关于在新闻网站核发新闻记者证的通知》。《通知》规定，从 2015 年开始，中央、地方的重点新闻网站以及全国性行业新闻网站的采编人员将分批获得新闻记者证。[②] 2015 年 11 月，首批 594 名网络记者获发记者证。然而，不难发现这些记者无一例外都来自主流媒体的网站，如人民网、中国网、中国日报网、中国青年网、光明网等[③]，这些主流媒体的网站被视为媒介融合的"新型主流媒体"，或多或少依然存在传统媒体的烙印，和商业网站依然有诸多不同。而网信办表示，目前暂不考虑商业网站核发新闻记者证。有意思的是，对于商业网站来说，呼

---

① 国务院新闻办公室，信息产业部：《互联网站从事登载新闻业务管理暂行规定》，2000 年。

② 国家互联网信息办公室，国家新闻出版广电总局：《关于在新闻网站核发新闻记者证的通知》，2014 年。

③ "14 家新闻网站 594 名记者获发首批新闻网站记者证"，载光明网，http：//politics. gmw. cn/2015 - 11/06/content_ 17635828. htm.

唤新闻采访权和新闻记者证而变身"正规军"的需求却并不明显，原因是商业网站实际上一直在进行采访活动，唯一有点限制的是在大的时政新闻采访方面。

从某种意义上讲，中国的新闻从业人员准入制度一直是在被动地应对媒介现实的发展变化，而且这种应对还常常是流于形式。

二、"众媒时代"对现行"新闻从业人员准入制度"的挑战

2015 年 11 月 12 日，由腾讯网组织的媒体高峰论坛在北京举行，会上，腾讯网企鹅智酷与清华大学新媒体研究中心、美国皮尤研究中心联合发布深度洞察报告《2015 中国新媒体趋势报告》，并提出了"众媒时代"这一概念。报告认为，网络媒体在经历了 Web1.0 时代门户网站单一的信息发布、Web2.0 时代用户参与之后，已经进入到"众媒时代"，即多媒共生，媒体无处不在，渗透进入生活的各个角落，而未来会进入更高阶段的"众媒时代＋"，万物皆为媒介。[①]

众媒时代显然已经颠覆了传统的传播形式和媒介生态，超出了传统媒体的预期，对于传媒行业的变革无疑是巨大而深远的。众媒时代下的媒介呈现出全新的特征，新闻从业人员准入制度也必然会经历严峻的考验。

（一）信息生产突破门槛限制，全民记者时代到来

信息生产不再是新闻记者的专利，随着智能移动设备的更新和普及，随手拍照、随时记录、"晒"出信息，已经成为大众的一种生活习惯，普通民众已经能够自如地利用微博、微信、论坛等平台发布信息。不仅是年轻一代，60 后、70 后也在不断尝试并接受新的传播工具。我们时常能看到，许多新闻往往首先来自网友的爆料，并且迅速升温成为话题，进而被媒体转发刊载，许多第一手的照片、视频资料等也来自网友的拍摄。一方面，记者的入职门槛越来越低，从不少媒体要求"211"、"985"高校毕业再到如今对学历、技能不加以限制，而记者也是跳槽率很高的职业；另一方面，在这种新的信息生产模式下，记者已经落后于无处不在的用户，不再是事发现场的见证者。普通民众虽然没有经过专业的新闻培训，学历水平也参差不齐，但却无时无

---

① "2015 中国新媒体趋势报告"，载腾讯网，http://tech.qq.com/a/20151112/009810.htm#p=1.

刻不在生产着信息，他们积极参与到新闻中来，而不再是被动接受的受众。现行的新闻从业人员准入制度主要调整新闻单位的从业人员，范围十分有限，甚至不能调整许多大行其道且掌握着网络新闻话语权的新媒体，对于普通民众所组成的全民记者就更加难以触及了。

（二）自媒体不再是单打独斗，而是专业团队的集体智慧

自媒体最初被认为是个人的媒体，是个人向不特定的多数人或特定的个人传递信息。而如今，自媒体也正在经历改变，许多自媒体表面上看是个人作品，实际上却是集体智慧的结晶，是专业新闻团队在进行幕后运作。2015年，媒体人从传统媒体辞职转向自媒体浪潮似乎非常时髦，专业人员甚至许多是挑大梁的明星人物的离职使得传统媒体雪上加霜。而对自媒体来说，这些专业人员的加入无疑会扩充力量，提升自媒体的专业化和竞争力。例如2015年初引起轰动的柴静的雾霾调查纪录片《穹顶之下》，表面上是柴静作为调查者和报道者的个人创作，其实背后则有着强大且分工精细的制作团队的学术支持、技术支持，其运作可以与专业的电视台媲美。除了专业的媒体人加入，自媒体自身也意识到不规范的信息传播对于自身的长远发展不利，优质的内容才是发展的基础。自媒体不仅开始了一轮自我升级，更是加强了细分运营。如今表现突出的自媒体都拥有专业的幕后团队和明确的定位，例如受到热捧的知识类脱口秀《晓松奇谈》以文化视角解读天文地理、奇闻异事，而《吴晓波频道》是以专业的财经知识为高端精英量身打造，两个节目都拥有不错的收视率，当然，这其中也离不开爱奇艺的力推和幕后制作团队的功劳。随着自媒体的专业化，其内容质量已经不输传统媒体，甚至因为其先天优势能够吸引到更多的用户，而新闻从业人员准入制度似乎对自媒体没有多少影响。自媒体本身并没有新闻采访权，目前来看，自媒体显然还是在按照自己的路径和规则运作，准入制度并没有限制到它们的发展，也没有起到有效的管理作用。

（三）媒体的边界在逐渐消失，非媒体加入到媒体竞争中来

"到媒体去做广告"是企业的一贯做法，因为媒体并不受这些企业控制，于是只能花钱请媒体帮忙做宣传。而众媒时代的到来为企业提供了绝佳的机遇，企业纷纷自己创建微博账号、微信公众号甚至推出自己的APP，开始自我宣传，传播品牌文化。为了增加粉丝，企业的自媒体并不仅仅是机械地

"自卖自夸"，而是向媒体化发展，成为内容丰富、互动性强的自媒体。例如小米公司、华为公司都有各自的"米粉"、"花粉"俱乐部，有效地增强了用户粘性。科技巨头也纷纷投身媒体，开始了跨界发展，利用自身优势迫使媒体合作。这些非媒体通过线上线下活动积聚粉丝，并且使用户开始习惯于用这些非媒体的平台获取信息，逐渐脱离传统的新闻网站入口。媒体的边界正在消失，而新闻从业人员准入制度却似乎背道而驰，以资格认证和证件管理的形式人为地划定媒体和非媒体、新闻从业者和非新闻从业者的界限，并且这种调整是片面的，仅针对媒体一方，而非媒体并不在意这种调整。这样一来，非媒体凭借技术、资金和平台优势可以顺势崛起，而从现状来看，非媒体的确也做到了。反观媒体，由于自身缺陷等方面的因素在激烈的竞争中并无多少优势可言，媒体边界的消失甚至将其推上了一条荆棘之路，只能在技术革新和政策调控的双重重压之下寻求生存。

（四）媒体全面接入社交网络，社群成为获取信息的重要渠道

2015 年，Facebook 推出交互式媒体内容创建工具 Instant Articles，多家知名媒体纷纷入驻，渴望从 Facebook 的庞大用户群和可观的广告收入中获利。从表面上看，媒体可以搭载 Facebook 的顺风车，但实际上却丧失了主动权，过多地依赖 Facebook，而一旦 Facebook 用户方面表现疲软，无法带来巨大的流量时，媒体便无计可施，坐以待毙。事实也是如此，越来越多的用户习惯于在 Facebook 上分享文章并获取信息，而不是通过媒体的 PC 端或移动端。[①]在国内也存在相似的情况，以微博、微信为代表的社交平台开始衍生出媒介属性，媒体早已开始在这些社交平台上经营自己的账号，传播内容。根据腾讯网企鹅智库的调查，47% 的受访者认为社交平台是自己获取新闻的重要渠道。随着社交平台的发展，社群也在今年有了长足的进步，开始向媒介靠拢，因此 2015 年也被称为"社群元年"。以腾讯的产品为例，几乎每一位用户都加入了 QQ 群、微信群，这些社群承担了情感交流、信息传递、意见交换的功能，并且各种社群按照空间位置、兴趣爱好、人际关系等被细分，每一个社群都可以视为一个媒体，而每一个成员自然就是媒体人。社群的重要性逐渐凸显，其价值和潜力也开始被重视，成为新媒体角逐的新领域。社交平台和

① "全媒派"微信公众号："脸书阅读平台导流能力再度下滑！媒体联姻社交巨头是否'美梦一场'？"，2015 年 11 月 17 日。

社群是密不可分的，个人成为了连接一切的节点。这种传播方式显然是现行的新闻从业人员准入制度无法调整甚至是难以监测的。要求所有的新闻传播者具备专业技能并加以管理，实质上可以视为是对所有的社会成员培训和管理，这几乎是不可能的。一方面，社交平台在与媒体的交手中实际已占据上风，媒体更多的是被迫合作，既然话语权已经不在媒体一边，以准入制度再加以限制对于媒体的人才引入和经营管理都会带来负面影响；另一方面，分散化的社群和碎片化的传播趋势会更加明显，对于这些已经具备媒体实质的社群进行调整和管理也只能很大程度上依赖平台的提供商，而非新闻出版广电总局。

（五）一切人和物都可能成为信息的生产者与传播者，万物皆媒

麦克卢汉认为，媒介是人体的延伸，媒介即万物，万物皆媒介，这一理论正在被事实印证。以 google glass 和 apple watch 为代表的可穿戴智能设备初露锋芒，数据资源成为核心的媒体资源，机器写作也已经开始应用到实践中。美联社已经在使用机器人 Wordsmith 编发企业财报，将数据分析的任务交给对此更擅长的机器人。《纽约时报》数字部门也开发出可以写作的机器人 Blossom。[①] 新浪体育在 2015 年的中国网球公开赛甚至使用机器人对球员进行采访，尽管相关技术还不十分成熟，但这种有趣的尝试受到了球员和用户的欢迎。在众媒时代，传统媒体尚且受到如此强烈的冲击，在未来的泛媒时代，这种冲击将更加难以估量。新闻从业人员准入制度尚且不能对"人"完全调整，对于"物"的调整则更是望尘莫及。以现行的资格认证标准显然已经不能满足众媒时代对新闻从业人员的要求，并且标准也随着技术的革新在不断变化，因此很难加以规定，比如现在的新媒体一定会要求从业者熟练运用新媒体工具、社交平台、相关软件，这在此类工具、平台、软件诞生之前是无法被新闻界预料的。同时，自上而下的管理也会受到挑战，作为"执照"的新闻记者证将很可能失效，万物皆媒，媒体的边界消解，记者的身份也在淡化，取而代之的则可能是每一个人和物。

---

① "国外媒体用机器人写稿一年多了，他们是怎么想这事儿的?"，载虎嗅网，http：//www.huxiu.com/article/125576/1.html.

三、"众媒时代"媒介管理的着力点

新闻从业人员准入制度是媒介管理的一种手段，其合法性来自《行政许可法》，可执行性来自国家权力。依靠行政手段保障新闻从业人员准入制度的实施并不是难事，问题在于，这种制度确立于十几年前，当时的媒介生态和今天不可同日而语。

随着众媒时代的到来，媒介生态环境正在发生颠覆性的变化，不仅非媒体机构会设立媒体，甚至每个人都将成为媒体。很显然仅靠从对从业者入职资格认定的角度进行相应的媒介管理已经不合适了。作为与社会稳定发展有密切联系的媒介，国家不可能放弃管理，但是如何管？管什么？都必须要和现实相联系来思考和确定。

第一，媒介管理的重点应该是媒体而非媒体从业者。媒体规模大小不一，类型多种多样，传统媒体相对稳定而新媒体则层出不穷，技术革新的影响在带来机遇的同时也暗藏陷阱，有效地管理和监测媒介对于国家和社会稳定具有重要意义。对于信息流通中涉及的法律问题如隐私权、著作权等加以约束是必要的，与此同时，政府应该更多地发挥指导作用，以长远眼光引导媒体发展方向，尽量减少限制，让媒体能够在有效的管理下发挥自主性，激发创造活力。而从业者作为雇员，是对雇主负责的，可以在对媒介有效管理的基础上，由媒体对所管辖的从业人员进行管理，由各个媒体负责入职、培训、考核、管理等事宜，进行自负盈亏、自我负责的企业化管理，既减轻了政府的负担，又省去了冗杂的程序，可以让从业人员将精力放在内容生产上，提升新闻队伍的整体素质和工作效率。

第二，加强立法管理，减少行政干预。依法治国是我们国家治国理政的基本方略，加强科学立法能够使社会生活中的各个事项有法可依。我国并没有成文的新闻法，虽然出台新闻法的呼声早已有之，但目前依然主要是依靠行政干预调整新闻传播活动。而现代法治的精义是控制公权力，服务型政府是大部分国家所推崇的。党的十八大报告指出，"建设职能科学、结构优化、廉洁高效、人民满意的服务型政府"。服务型政府要求各级政府和官员必须树立"民本位、社会本位、权利本位"的思想，与传统的政府大包大揽和行政管制为主要手段的管制型政府有着本质区别。众媒时代下，媒介亟需散发活

力，不断创新，过度的干预不利于媒体发展，更有可能限制传统媒体的竞争力。

　　第三，扩大行业自律的调整作用。政府应着重发挥协调职能，加强行业协会、工会等的行业自律作用，促进媒体进行自我管理。现行的新闻从业人员准入制度下，新闻记者证并没有达到设立时预想的效果，资格认证也逐渐变味，造成资源浪费。拥有合法资质的记者并没有感受到方便，而犯了错的记者在不触犯法律的前提下也并没有受到实质性的惩罚。众媒时代，媒介管理同样会受到冲击，中国记协等行业协会以及主要媒体长期在新闻一线，最了解自身情况，包括发展中存在的弊病。政府适当放权，通过行业自律加强管理也许能起到事半功倍的效果。

记者职务行为的竞业限制探析

庹继光[*]

当今媒体竞争异常激烈，原创内容是传统媒体对抗新媒体的重要砝码，而拥有专业记者队伍则是获得原创信息内容的重要保证；但是，少数记者热衷写外稿，甚至将重要新闻作品、素材、线索等提供给竞争对手，使本单位利益受损，因此实施记者职务行为的竞业限制确有现实必要性。本文论证了记者竞业限制的法理依据，分析了竞业限制协议中双方的权利和义务边界，并将职务行为界定为使用单位配置的公共资源的行为，使竞业限制协议的签订更具操作性。

2014年，作为传统媒体对抗新媒体的重要表征之一，一场前所未有的版权危机"笼罩"了多家新媒体：6月，多家传统媒体向国家版权局投诉国内个性化信息推荐引擎"今日头条"，诉称其未经许可，擅自在其所经营的移动客户端转载传统媒体的新闻作品。接到投诉后，国家版权局新闻发言人指出：当前，传统媒体与网络媒体关系紧张，主要原因是网络媒体存在大量未经许可转载传统媒体新闻作品的现象，导致传统媒体合法权益受到严重侵害。同年9月，国家版权局副局长阎晓宏对外宣布，国家版权局对"今日头条"展开立案调查后，认定其确实存在构成侵犯著作权人信息网络传播权的行为。同样2014年6月，快播公司因盗版侵权被开出2.6亿元的国内侵权最大罚单。针对这一现象，浙江大学一位知名传播学教授在其微博中直言不讳地指出："传统媒体自卫反击战就要开始啦！"到了2015年4月，国家版权局办公厅正式发布《关于规范网络转载版权秩序的通知》，进一步规范了新媒体对传统媒

---

[*] 庹继光，四川师范大学教授，新闻传播学博士后、法学博士后。本文为国家社科重大招标课题"加快推进传统媒体和新兴媒体融合发展研究"（14ZDA049）阶段性成果。

体版权的使用路径，明确规定互联网媒体转载他人作品必须先获授权，并对转载内容支付报酬，这意味着互联网媒体免费使用传统媒体内容的时代行将结束。

版权是内容产业创造、提升价值的基本保障，在未来的媒体竞争格局中，基于大量新媒体机构尚未获取独立新闻采访权的客观现实，传统媒体仍可在一定范围内握有高品质、专业化原创性新闻的采访权和发布权，"原创内容"将是传统媒体占据主动的重要砝码，他们不能轻易舍弃这些宝贵资源，任由新媒体廉价甚至无偿获得，坚守住版权，传统媒体的信息内容才能真正发挥应有价值。

其实，要想充分维护自身信息版权，传统媒体还应当从信息生产源头上堵住另一个可能的漏洞——对于记者①职务活动进行必要的竞业限制，避免本单位耗费大量人力、物力和财力得到的信息产品或信息源被记者随意转让、泄露给其他媒体，特别是采访权缺失的新媒体。不过，笔者并不试图在此直接引入我国法律中的"竞业禁止"规定，也不主张对记者的所有对外供稿行为实施限制和约束，而希望在平衡新闻单位、记者双方权利与义务的基础上，明确界定记者职务行为竞业限制的边界。

一、记者竞业限制的必要性及法理依据

众所周知，传统媒体能长期保持其高质量信息内容供给者的地位，在很大程度上源于他们拥有专业化的记者队伍，且在大众中拥有很强的公信力和强大的社会动员能力，这是他们能采访、发布大量精致信息内容的根本保证。但是，如果记者采写出来的报道不是提供给自己所在的新闻单位，而将其转让给其他新闻单位，那么本单位的全部努力将付之东流，甚至成为竞争对手打压自己的重要武器和砝码。

现实生活中，记者不尽心为本单位工作，而热衷于获取额外收益的情形并不少见，社会上曾经流传这样的顺口溜："一流记者炒股票，二流记者拉广告，三流记者写外稿，四流记者拿红包，五流记者为本报，六流记者没人要。"从其排名次序来看，一些记者显然更看重为其他媒体写稿，其积极性高

---

① 此处指广义的记者，包括参与信息采集、传播全过程的新闻从业人员，大致等同于人们常说的传媒人。

于服务自己供职的新闻单位。当下新闻工作通常是靠高投入来支撑的，在一些由单位安排的重要采访活动中，单位不仅要为派遣出去的记者支付各种费用，还可能安排必要的物质、人力支援力量，例如某报社派遣记者出国采访奥运会、世界杯足球赛等重大体育赛事，报社在各方面的投入都是巨大的。试想，假如记者利用这些便利条件，不仅给本报、本集团内部的媒体撰写新闻报道，还专门为外部的其他媒体提供稿件；或者只把少量品质较差的稿件交回单位，却把主要精力用于为其他竞争对手写稿。或者，报社得到独家新闻线索，安排某位记者前往采访、编辑处理稿件，希冀以此得到独家报道，但该记者却将该信息透露给其他新闻单位，使本单位失去了获得重大独家新闻的机会，面对如此情形，新闻单位能接受吗？结论很明显，不仅报社无法接受这样的情形，全社会也不能容许此类现象普遍存在。

对记者实施竞业限制，说得直白一点就是在一定范围内不允许记者为其他媒体，尤其是竞争对手供给稿件，避免出现"吃里扒外"等情形。这不仅是维护新闻单位合法权益、捍卫职业道德底线的需要，在我国现行法律中也不乏类似的规定。

我国劳动法中针对这类情形使用的专门术语叫作"竞业禁止"，雇主和雇员的竞业禁止关系通常建立在已有的劳动关系上，雇主为保护自己的商业利益或其他秘密，或根据法律或与雇员签订协议，要求雇员遵守法定或约定的竞业禁止义务。我国《劳动合同法》对竞业禁止适用范围、期限以及补偿方式均作出了明确规定，其第 23 条规定："用人单位与劳动者可以在劳动合同中约定保守用人单位的商业秘密和与知识产权相关的保密事项。对负有保密义务的劳动者，用人单位可以在劳动合同或者保密协议中与劳动者约定竞业限制条款，并约定在解除或者终止劳动合同后，在竞业限制期限内按月给予劳动者经济补偿。劳动者违反竞业限制约定的，应当按照约定向用人单位支付违约金。"第 24 条则规定："竞业限制的人员限于用人单位的高级管理人员、高级技术人员和其他负有保密义务的人员。竞业限制的范围、地域、期限由用人单位与劳动者约定，竞业限制的约定不得违反法律、法规的规定。在解除或者终止劳动合同后，前款规定的人员到与本单位生产或者经营同类产品、从事同类业务的有竞争关系的其他用人单位，或者自己开业生产或者经营同类产品、从事同类业务的竞业限制期限，不得超过二年。"

此外，记者作为从事精神产品生产的劳动者对用人单位负有忠诚义务，我国《劳动法》第3条第2款规定"劳动者应当完成劳动任务，提高职业技能，执行劳动安全卫生规程，遵守劳动纪律和职业道德"。而《劳动合同法》第39条则以授权用人单位解除劳动合同的方式变相地承认了劳动者的忠诚义务——"劳动者同时与其他用人单位建立劳动关系，对完成本单位的工作任务造成严重影响，或者经用人单位提出，拒不改正的"，即用人单位可以禁止劳动者到他人单位兼职，更不能从事与用人单位有竞争性的同类工作或类似工作——记者在新闻单位兼职、为别的新闻机构供稿显然也可纳入禁止的范畴。

由此可见，对于包括记者在内的劳动者实施法律法规限度内的竞业限制，不仅具有现实必要性，而且拥有充足的法理依据。

二、网络媒体的竞业禁止规范评析

目前，国内传统媒体机构基本上还没有实施民事法律层面上的竞业限制行为，虽然此前有不少记者被禁止从事新闻工作，但都是依据行政管理方面的规范作出的处罚或惩戒举措，不属于竞业限制或禁止的范畴。

与此同时，国内部分网络媒体如腾讯、百度等已经要求员工签订"竞业禁止协议"，且在条款中作了对公司最有利的规定，主要手法是将竞业禁止的范围尽量扩大，如百度竞业限制的定义是，跟百度有竞争关系的行业都不能去。但百度在搜索、音乐、新闻、地图等各个行业都有竞争对手，协议上几乎列出了所有的互联网公司。① 实际上，近年来中国互联网行业不断进行着各种并购，如今已经形成了一些大公司"一统江湖"的局面，但这些公司仍然没有松懈下来，而是通过构筑人才流动的隐性壁垒等途径限制本企业骨干员工的外流，这给人们两方面的启示：

第一，忧患意识始终是需要的。尽管当下这些"恐龙级"的网络公司看似很强大，无人能轻易动摇他们的江湖地位，但如果没有切实可行的举措保护自己的核心人才队伍，优势很可能迅速失去；媒体作为典型的文化产业、内容产业，是一个强调人的主观能动性的"智慧型"产业，其所涉及的每一

---

① "竞业禁止：中国互联网的隐形壁垒"，http://tech.163.com/13/1209/09/9FL56S7V000915BE.html.

个环节都与人才密不可分，包括创意和设计人才、生产制作技术人才和管理、经营人才等。① 因此，大型网络公司这种"未雨绸缪"的举动，对于在媒体竞争中处于劣势地位的传统媒体而言是值得借鉴的。

第二，竞业禁止或限制协议必须符合民法原则和规范。民法作为调整平等主体间法律关系的部门法，"自由及限制问题是民法的核心问题，民法的价值判断问题大多也都属于自由及限制问题"。② 民法强调权利与义务的均衡，"对自由的限制"实质上也是基于对他人合法权益的保护，是维护社会正义和正常秩序的需要，它以满足保护他人合法权益、维护社会正义和秩序为限度，不越界侵犯权利。企业与员工签订"竞业禁止协议"同样如此，公司在协议中确实可以得到权益保护，员工不能通过泄露技术秘密，在其他同类公司经营同类产品、从事同类业务或自己开业等手段损害公司利益；但是，对于同类产品、同类业务、同类公司等概念均不宜作出任意的扩大性解释，否则将剥夺员工选择新雇主的正当权利和劳动权。在上述的网络媒体与员工签订的"竞业禁止协议"个案中，有律师明确指出，该协议侵害了员工的合法权益，明显属于无效规定。

本文提出对记者职务活动实施必要的竞业限制，而没有提"竞业禁止"，根本原因就在于这种规制或曰约束要符合法律规范，且对于记者合法权益进行充分保护：一方面，记者的从业范围局限性较大，通常都在新闻界，如果硬性规定从某新闻单位离职的记者在一定期限内不能进入其他新闻机构工作，必然严重损害其劳动权利；另一方面，记者的工作在本质上是一种智力劳动，这种智力劳动能满足社会的特殊需要，当今社会也鼓励类似的劳动者在业余时间为社会提供服务、获取合理的经济收益等，前提是不影响本职工作、不损害供职机构的合法权益。

三、记者职务行为竞业限制的规制措施

将记者竞业限制限定在职务行为的范畴内，自然有必要明确职务行为的边界，避免随意扩大其界限，导致记者的合法权益受损。

---

① 庹继光："西部文化产业发展中的要素禀赋应用"，载《西南民族大学学报》2014 年第 9 期。
② ［德］拉伦茨：《德国民法通论（上）》，王晓晔等译，法律出版社 2003 年版，第 98 页。

其实，记者的职务行为并不容易精确界定，新闻工作者的理念与新闻机构出于竞争的需要，总是强调其成员要做 24 小时记者，这使得传媒人职务行为的范围变得非常宽泛。有学者写道：传媒的特性，决定了传媒的活动既表现为形成舆论、产生影响、改变人们思维的内在性活动，更表现为传媒工作人员从事采集选择、写作加工、编辑审核、传播发行等外在性活动。① 不过，如果严格套用这一标准，记者职务行为的外延就显著扩大了，笔者认为不能将记者所有的采访、写作行为均纳入职务行为的范畴，如果记者没有利用单位的资金、人力支援等条件和协助，完全依靠自己的能力与智慧获得信息、完成作品，尤其跟自己在本单位从事的工作有一定差异的采访、写作等行为，则不宜视为职务行为——例如某新闻单位的财经记者，给其他媒体撰写娱乐、体育领域的稿件等，只要没有利用其从本单位获得的核心信息素材，就没有损害本单位的任何利益，他应该享有完全的自主权。这一思路在相当程度上契合了网络时代"人人皆是记者"的理念，职业记者在本职工作之外也可被视为公民记者、"草根记者"，同样可以以草根性、非职业性的特点参与社会信息传播，只要社会和机构没有为其配置公共资源，就不能对其作出各种限制。

由此可见，是否使用新闻单位配置的公共资源，可以作为区分是否属于职务行为的基本标准，2014 年 6 月 30 日国家新闻出版广电总局印发的《新闻从业人员职务行为信息管理办法》实际上也采用了这一标准："本办法所称新闻从业人员职务行为信息，是指新闻单位的记者、编辑、播音员、主持人等新闻采编人员及提供技术支持等辅助活动的其他新闻从业人员，在从事采访、参加会议、听取传达、阅读文件等职务活动中，获取的各类信息、素材以及所采制的新闻作品，其中包含国家秘密、商业秘密、未公开披露的信息等。"其中所列的从事采访、参加会议、听取传达、阅读文件等情形，均为新闻单位向记者提供公共资源的具体表现。

在该办法中，还规定新闻单位须与记者签署保密承诺书和职务行为信息保密协议，其中包括记者不得违反保密协议的约定，未经新闻单位允许不得向其他境内外媒体、网站提供职务行为信息，不得担任境外媒体的"特约记

---

① 陆小华："传媒人的职务行为区分规则与权利保护"，载《新闻记者》2007 年第 8 期。

者"、"特约通讯员"、"特约撰稿人"或专栏作者等；记者不得通过博客、微博、微信公众账号或个人账户等任何渠道，以及论坛、讲座等任何场所，透露、发布职务行为信息；记者个人微博、微信和客户端不能越权发布重要信息，等等。这些规定在各个层面上约束了记者对外供稿、发布信息等，虽然它不是民法意义上的竞业限制，而是一种行政管理举措，但这些规范明显带有竞业限制的色彩，可以在适当修改后成为双方"竞业限制协议"的有机组成部分。

当然，由于"竞业限制协议"是平等主体间的民事法律关系，必须从总体上遵循权利与义务均衡的原则，新闻单位的合法权益应该得到充分保障，记者的合法权益也不应被忽视——例如，目前许多新闻单位对记者的考核主要基于发稿量等，记者执行单位布置的采访任务并完成报道后，部分稿件并不存在质量问题，而是由于其他原因未能在本单位刊播，记者利益自然受损，一些单位采取的举措是给予记者适当补助、补偿，但在此情形下，记者能否突破"竞业限制"的条款规定，自主向其他新闻单位投稿，追求自己的利益？遇到此类问题，记者可以拥有选择的主动权，而且这一原则理应在双方签订协议时予以明确，避免记者在发生争议后无法维护自己的合法权益。

当今媒体竞争异常激烈，传统媒体在新媒体的挤压下面临生存困境，"救亡图存"重任在肩，作为其中的重要举措，在法律法规范畴内保护本单位获取的重要新闻报道、素材、线索等非常有价值，对于记者的职务行为实施必要的竞业限制则是可行之举。相信在依法治国的背景下，通过不断尝试，这一措施能逐步完善，最终能收到多方面的效果，一方面规范媒体间的信息争夺，避免出现恶意竞争；另一方面也能平衡新闻单位和记者之间的权利与义务，使各方的利益均得到充分保障。

"网络中立"在欧洲的探讨

陈晓彦　唐亚明[*]

1960 年代，互联网的设计之初衷仅是作为几所高校间进行信息传递的封闭网域，它的运行结构规定了它需要由两大基本运营原则"末端对末端法则"（end to end principle）和"最佳原则"（best-effort principle）指导，以方便由碎片化的信息打包成数据包，能够自动地以最短的路径和最快的速度进行信息传递。这便产生了中间节点——路由（router），由于路由无法区分不同数据包中的内容，因而无法对内容的重要性进行排序。而路径的传输能力十分有限，在"先到先得"的传输原则指导下，自动产生的最短路径，十分容易在信息过载的情况下产生"堵塞"，因此重要信息无法在信息传输中被识别出重要性获得优先运输权。也就是说，互联网最初的设计所有数据包被一视同仁，具有同级传送资格。

随着时代的发展，尤其是万维网的出现，互联网早就由一个封闭在几所大学中的网域发展成了连接全球的互联网，用户的增多使信息量过载的情况也越来越严重。互联网工程师为了解此问题，开发了与"网络运输优先权"（Traffic Prioritisation）相关的新技术，这种改变信息传送优先权的新技术，在信息传输的层面上，赋予了互联网操作者极大的灵活性去决定是否优先，并更快速地去传递某种信息。这种对其它信息的歧视，客观上允许了互联网操控者为互联网内容提供商采取"增级"、"降级"甚至"封锁"的行动，并严重地挑战了"end to end principle"原则维护信息平等传输的设计初衷。进而引发了关于"网络中立"的辩论，其支持者认为网络中立刺激了互联网内容

---

[*] 陈晓彦，厦门大学新闻传播学院副教授，博士。唐亚明，厦门大学新闻传播学院硕士研究生。

提供商的竞争，有利于互联网内容的发明和创新，但同时其反对者也表述"优先级"的存在已经成为资本进入的诱因，控制网络平台上内容的表达，网络内容提供商更易形成垄断，马太效应显著。

一、"网络中立"定义及辩论

"网络中立"的概念最早可以追溯到 2001 年由劳伦斯·莱斯格领导的"开放网络"运动，正式的术语 2003 年由哥伦比亚大学媒体法 Tim Wu 教授提出。[①] 目前对于"网络中立"的定义版本较丰富，狭义的定义为：网络中立应阻止网络服务的提供者基于网络运输的来源、所有性或目的去增速、降速甚至封锁网络运输。广义的定义由 Hahn & Wallsten 提出："网络中立应该理解为网络服务提供商仅向用户收取一次进入网络的费用，而不会因为对内容提供商偏好的不同，收取内容提供商对用户传送信息的费用。"[②] 因为可对内容进行区分的网络技术已经在当下的互联网中进行了实践，互联网服务的提供商（ISP）也含蓄地表示会运用此技术获取额外收入，因而，在此语境下"信息优先权"的存在已经威胁到"网络开放"和刺激创新。

关于网络中立的辩论最早是由时任美国通讯公司 ATT 的 CEO Ed Whitacred 在 2005 年的一系列发言引起。他说："现在互联网内容提供商想要免费的使用我们的服务，但我不会成全他们，因为我们投入了资本，是时候让它回报了。"紧接着，欧洲各大通讯商亦表态跟进，并直接引发了关于"网络中立"的大辩论，讨论如下：

（一）双边市场的模式博弈

从经济的视角来看，互联网服务提供商（ISP）实际上是一个联系内容服务提供商（CSP）和互联网用户（IU）的双边市场操控者。在这样一个双边市场中，任何一方都有利于自身的模式诉求。内容服务提供商（CSP）想要直接连接尽可能多的用户，使广告收益最大化；用户则关心平台上是否有足够多的创新内容供他们消费；而互联网提供商则一方面想要对用户使用网络的权利进行收费，另一方面亦想对内容提供商提供区别的信息传送服务进行

---

① Tim Wu, "Network Neutrality, Broadband Discrimination", in *Journal of Telecommunications and High Technology Law*, Vol. 2, 2003, pp. 141–179.

② Hahn & Wallsten, "The Economics of Net Neutrality", in *The Economist's Voice*, 2007, No. 3, pp. 1–7.

二次收费。试想一下，如果世界上只有一个互联网服务提供商，那么它会对双边设置各不相同的收费模式使利益最大化，而不是收取同样的费用。此假设下，最经典的预想结果应是，服务提供商向最优质的内容收取最低廉的费用，以刺激更多的消费用户，同时将附加在其中的"运输优先级"利益化。

（二）实践"信息优先级"管理

第二个关于"网络中立"的讨论主要围绕互联网服务提供商实际运用"信息优先级"去改变现行的竞争模式，限制非期望、非盈利信息传输的可能性展开。首先，"信息优先级"管理在技术层面上是可行的，这会成为一个显著的诱因，在利益最大化的诱惑下，吸引互联网服务提供商屏蔽、降级非盈利性信息，转而将优先级附加在可盈利信息之上。这样便产生了一个危险的困境，一旦互联网服务提供商与内容提供商达成协议联合，或本身就是子母公司关系，那么"优先权"便完全被"市场"指导，这让人们不得不担心其在信息传输现实中的滥用，可能导致"文化霸权"。

同时，互联网服务提供商对信息"优先权"的运用也可以从机会成本的角度出发，能够屏蔽并不能产生利润但仍然占领运输资源的信息来降低机会成本，提高机会效应。最经典的案例便是美国最大的有线公司 Comcast，它曾在 2008 年因为限制了 peer-to-peer（P2P）的信息流被 FCC 详细盘查，FCC 并因此签署了对 Comcast 的终止命令。

（三）提供差异化的网络服务

第一，轻度用户可以获得一个有限的网络服务，他们可以进入普通的网站享受普通的服务，一旦他们想要获取具有"优先级"的信息和服务时，就需要支付额外的费用。同时，享受完全不受限服务的费用会逐渐上升，因为它们再也不靠轻度用户来实现补偿。

第二，用户可以自主地选择信息限制的级别，根据自身的偏好去支付最适合自己的服务。就如英国的互联网服务提供商 Plusnet，对用户提供三种不同的服务级别，其发言人说到"通过优先级的正确使用，我们可以让每个人都得到一个最实惠、最适合自己的线上服务"。目前，这种差异化的服务被"网络中立"支持者接受，因为差异化的是网络接入的频段而非通过对信息的优先或降级实现，因此这并不会跟广义的"网络中立"概念冲突。

（四）内容运输网络

内容分配网络（CDN）从来就不是"网络中立"讨论的重点，但它跟

"优先级"的服务机制具有很强的相似性。在"网络中立性"的辩论中，内容服务商一直都是"网络中立"最强的支持者。但是内容服务商的收入来源于广告，而广告收入的高低与用户的数量成正相关，对浏览该内容的用户体验，用户并不会与互联网服务提供商相关联，而是直接与内容提供商关联，因而对用户提供较佳的用户体验也是内容提供商的目标之一。而在现有的网络运营架构下，"优先级"并不是惟一改变信息传送质量的手段，另一个可能性便是使用"内容分配网络"。在现有的全球服务质量标准中，内容分配网络已经在互联网基础设置中扮演了一个越来越重要的角色。但是，从技术的角度来看，虽然内容分配网络相对于"优先级"而言有自己的信息传输渠道，并不存在对信息的"升级"和"降级"等歧视性争论，但事实是，只有大型的内容提供商可以负担起内容分配网络（CDN）的费用，势必就导致小型内容服务商在内容传输的过程中仍变相"降级"，于是这又返回了之前的辩论点——关于竞争的公平性和平等接近网络的讨论。

二、"网络中立"在欧洲的立法规制

"网络中立"辩论的核心实则是关于"信息歧视"的讨论，因而欧洲关于"网络中立"的法理支持，主要从两个现行的法律文本中获得。一个是2003 颁布的监管条例中的"sector-specific rules"，另一个则是欧盟竞争法中的"industry wide regulation"。

（一）2003 监管框架

2003 监管框架在 2002 年采用，于 2003 年正式实施。基于网络服务提供商对平台进行限制的市场行为，2003 监管框架提供了三条途径解决"网络中立"相关问题。

1. 优势的市场权力制度（significant market power regime）

根据该条例，为了规范互联网操作者，国家监管部门（National Regulatory Authorities）必须首先为特定的电子通信网络或服务定义相关市场，之后该部门需进行市场分析去判定是否存在一个优势的市场权力。如果存在一个具有相当优势的市场权力主体，该部门必须确定其相关的义务，包括透明性、无歧视性和价格控制。

2. 对互联网操作者的监管（regulation on network operator）

国家监管部门可在未定义市场的情况下对互联网操作者进行监管，为确保"末端与末端之间的连接",国家监管部门有义务控制末端用户的网络入口,保证用户接受到的信息不受偏见和歧视。这与优势的市场权力制度(SMP)不一样的是,前者紧紧地受欧盟委员会控制监督,而后者给予了国家监管部门十分灵活的权力,去谨慎地处理进入网络接口和互相连接方面的空白问题。

3. 普世服务义务(universal service obligations)

第三条解决途径存在于消费者保护条例中,它要求某种特定的电子通讯服务必须对所有的末端用户可用,且其价格需控制在一个可接受的范围中。但是到目前为止,关于服务质量和价格并未详细界定,因而当下的普世服务义务只能对"网络中立"提供十分有限的帮助。

但此处应该还提及并非 2003 监管框架中的广播通讯终端设备条例(RTTE Directive),它旨在为通讯终端设备创造一个开放、竞争的市场,禁止来自其他互联网操作者不平等的限定。

(二)欧盟竞争法

互联网操作者的歧视行为,扭曲同互联网内容提供商的竞争,可能正中欧盟竞争法中的条例,它主要有两条基本原则。

1. 欧盟竞争条约第 82 条

和网络中立最为相关的条例应为欧盟竞争条约第 82 条(Article 82 EC Treaty),它禁止滥用在竞争中的优势地位。此条款限定了具有竞争优势的企业特殊的职责,以防止它们通过价格打压、捆绑、限制产品、申请在不同条件下进行同类交易等,扰乱市场竞争的秩序。因此,我们可以看到条款考虑到了"歧视"问题,不允许具有优势地位的网络操作者以反竞争的姿态,对相同环境下的内容提供者进行歧视。

2. 欧盟竞争条约第 81 条

第 81 条旨在针对企业间的合约导致的竞争失序,横向上包括水平一致企业间的协定,竖向上包括不同发展水平企业间的协定。条例禁止企业间的合约、决定、集中实践,因为它们会对同一个竞争市场产生限制、阻止、扭曲等影响,具体的措施包括固定价格、限制出口及市场分配。

以上法理基础的存在,大大促进了"网络中立"在欧洲的立法。2007 年11 月 13 日,欧盟委员会采取的"电子通讯条例"提案,第一次将关于"网络中立"的修正案推向第二个包含普世服务和电子隐私条例的框架中，在此提案中，委员会也表明了对"网络中立"的态度。2012 年 6 月 4 日荷兰成功通过"网络中立"立法程序，成为欧盟"网络中立"立法的第一个国家，作为荷兰"Golden openness"法案中的一部分，其规定"公众电子通传网络被用来提供网际网络接取服务之业者，以及网际网络接取服务之业者，将不得封锁或减缓网际网络上的服务或应用"。该法案自 2013 年 1 月 1 日起正式生效，并在 2014 年 12 月，荷兰消费部因此认定 KPN 通讯公司的网络热点中排除了某些信息运输，构成了信息歧视的事实和认定 Vodafone 公司开放 HBO 三个月试看服务存在引诱消费者的倾向，构成积极歧视的事实，对 KPN 和 Vodafone 两家通讯公司，首开两张罚单。

三、网络中立对中国的影响

"网络中立"要求将互联网网域完全看作是一个公共的场域，对于西方国家而言，即要求互联网服务提供商停止歧视行为。但中国的情况跟西方有显著的区别，互联网服务提供商并非单纯的私人控股企业，而是国营企业，肩负着盈利和安全双重职能。"网络中立"在中国应该是讨论如何优化网络提供商的自我定位，为网络内容的创造和竞争提供更好的环境。尤其是媒介融合的大环境下，如何让用户享受最优的资源、最低的成本，确保网络中的信息不因为竞争关系被歧视，是"网络中立"在中国应优先讨论的问题。

自媒体时代网络谣言传播与
控制策略探析

张　晓[*]

　　网络新媒体的迅速发展，颠覆了媒介格局，拓宽了信息的传播方式。以微博、微信为代表的自媒体广泛应用，已然成为受众信息传播与交流的自由平台，加大了公民话语权的表达。但是，自媒体背景下网络谣言盛行，了解其盛行的原因、危害，并探析其控制策略，对构建文明的媒介生态环境有着重要的意义。

　　新媒体技术的发展和移动网络用户终端的普及，使得自媒体迅速发展，每个受众都可以成为信息的接受者、生产者和传播者，全民信息传播时代已经到来。在受众话语表达相对自由的背景下，也助推了网络谣言的产生。因此，进一步剖析自媒体语境下网络谣言的产生机制，营造一个健康文明的传媒生态环境，是当下值得探索和研究的课题。

一、自媒体语境概述

　　中国互联网络信息中心（CNNIC）发布的第 36 次《中国互联网络发展状况统计报告》显示，截至 2015 年 6 月，我国网民规模达 6.68 亿，网民中即时通信用户规模达到 6.06 亿，手机网民规模达 5.94 亿，占上网人群的88.9%。[①] 通过数据发现，随着手机终端的普及和应用体验的提升，手机已经成为网民的主要上网终端。时下只要拥有联网的移动手机，随时随地都能进

　　[*]　张晓，西北政法大学新闻传播学院 2013 级新闻学硕士研究生。
　　①　http：//news. xinhuanet. com/newmedia/2015 - 07/24/c_ 134442403. html.

行信息的接收、分享和互动，自媒体自我表达语境已经形成。

早在 20 世纪 60 年代，加拿大著名传播学者麦克卢汉曾提出"媒介即讯息"，他强调，人类只有在拥有了某种传播媒介之后才有可能从事与之相适应的传播活动，每个时代所出现的传播工具会带来社会的变化。他的先知在新媒体技术不断更新，新传播方式不断出现的今天得到了体现，由大众传播时代到新媒体时代以及时下的自媒体时代，多种传播形式并存，新旧媒介融合发展，改变了媒介的生态环境。尤其我们所处的自媒体时代，微信、微博等社交媒体的应用，打破了传统媒体对信息传播话语权的垄断。

自媒体（We Media），由谢因波曼和克里斯威理斯联合提出：是"普通大众经由数字科技强化、与全球知识体系相连之后，一种开始理解普通大众如何提供与分享他们自身的事实、新闻的途径。"① 不难发现，自媒体的主体是普通受众，也就是我们自媒体用户，用户可以生产内容，通过这种全新的可以拥有的信息发布平台进行信息的传播，是一种有别于传统媒体信息发布的传播方式，受众的言论自由表达得到空前释放。这里的用户平台载体包括博客、贴吧、论坛、微博、微信等客户端。

自媒体客户端的应用，彻底改变了传统媒体新闻机构单向信息传播的模式，也打破了传统媒体一统天下垄断信息的传播局面，使得受众不再是单纯的信息接收者，而是承担着信息的生产者、接收者和传递者的多重身份，通过点、面互动的发散传播模式，使信息呈病毒式扩散，瞬间引爆网络。正如美国学者比尔·科瓦奇等的主张，"这是一个新闻的'秀我'时代，'我'指的是新媒体用户"②。学者张立伟从传播学角度也进行了论述，他指出：新媒体关键在于用户生产内容、用户的参与和用户的体验，是一种圈子化交流，受众在自己所处的小众圈子里进行"秀我"，所传递的信息，经小众圈子粉丝的分享，时时刻刻呈指数增长。③ 笔者觉得，成就"秀我"的恰恰是自媒体，尤其是当下火热的微信、微博等社交媒体，它具备了传播的各个环节，有传

---

① http://baike.haosou.com/doc/5013890-5239245.html.
② ［美］比尔·科瓦奇、汤姆·姆·罗森斯蒂尔：《真相：信息超载时代如何知道该相信什么》，中国人民大学出版社 2014 年版，第 35 页。
③ 张立伟："为中国现代化增加确定性——兼论主流媒体'我是谁'"，载《当代传播》2014 年第 4 期。

者、受众、内容（信息）、传播过程和传播效果。受众虽然有限，但通过粉丝间的分享，其间接受众不容小视，足以使自媒体小事件发展成网络大事件。

自媒体时代信息传播的主体、传播模式、传播过程、传播效果都被赋予了时代新标签，属于公众的意见自由市场表达得到提高，信息传递达到了前所未有的速度和力度。

（一）自媒体语境下网络谣言盛行的原因分析

网络谣言是指没有事实依据捏造的话语通过网络载体进行传播，它与传统媒体时代谣言产生与传播的实质一样，具备谣言传播的三个主要因素：事件的重要性、模糊性和信息的不对称性，只是在自媒体营造的传播环境下，谣言传播如虎添翼。

（二）网络匿名下的免责心理

自媒体语境下，社交媒体也罢，网络论坛也罢，都具有匿名性。网络注册可以任意使用姓名（网名）、性别、籍贯、职业等个人信息，隐藏了部分真实身份甚至全部个人信息都是伪造的，这就赋予了网民一个虚拟的空间和虚拟的身份。在这种虚拟的网络环境下，用户的免责心理由此产生。用户发表言论、传递信息因虚拟身份难以追究，加大了网民信息生产和传递的胆量，也助长了部分谣言有意图捏造者的嚣张气焰。同时网络的匿名性，自媒体的个人化表达，给网络把关带来了困境，公众发布的信息不像传统媒体有层层把关人审核，自媒体用户信息发布完全凭个人意愿，无疑加大了谣言的产生概率和传播力度。

（三）碎片表达下的信息变形

当今社会由于受众的完整时间日益碎片化，逐渐形成了碎片化的社会语境。恰好手机等移动终端的便携性迎合了公众的碎片化心理，随时随地可以接收和传递信息，自媒体的碎片化传播应运而生。当某一事件发生后，自媒体有着先天的信息传播便捷优势，由于碎片化的表达，事件的前因后果难以表达完整。文化背景不同的受众会根据自己对事件的认知，加入自己的猜想来建构完整的信息，难免对信息添枝加叶，加入个人主观表达色彩，使信息内容的模糊程度加大，容易滋生谣言。

（四）新传播方式下的话语权下移

随着社会化媒体的广泛应用和普及，赋予了公众更多的话语表达权利，人人都是信息的传话筒。由于自媒体的全民参与性，导致其用户带有一定的复杂性，用户的媒介素养参差不起。部分文化水平和媒介素养欠缺的受众，缺乏对信息的甄别和筛选能力，在自媒体信息传播优势下，无意中扩大了谣言的传播范围。甚至有些公众利用手中的便捷信息传播平台，蓄意进行谣言的制造与传播。公民话语权下移，增强了公民的言论表达自由，是公民社会进步的象征。但新技术发展在带来益处的同时，也催生出很多潜在的危害。

（五）受众期待心理下的官方信息缺位

谣言的传播与事件的重要性成正比，在重大突发事件或受众关心的话题上，如果官方没有及时地进行信息发布，没有满足受众的期待心理，会导致受众猜疑，生发出谣言。甚至在意见领袖的参与下，舆情集聚并爆发，引发群体极化，使事件进一步升级。

因此，自媒体的普及化以及传播的裂变性、匿名性、碎片化、圈群化特征为谣言的滋生提供了温床。并且在突发事件、受众关心的事件需求达不到用户满足时，容易生发出谣言，借助自媒体的传播优势，呈多元化迅速扩散。

二、自媒体语境下网络谣言控制策略探析

谣言是一种公众话语表达的错误形式，在新媒体语境下是一种错误舆论的狂欢。一般是网民自娱自乐的话题，随着时间的推移自生自灭，不具有一定的社会危害性。但是谣言一旦在非常态下呈几何速度裂变式扩散，导致谣言进一步发酵和变异，容易引发社会恐慌行为，甚至涉及当事人人格权的侵犯和损害政府的公仆形象。在新媒体语境下，减少网络谣言的传播和对网络谣言的合理引导控制显得尤为重要。

信息的传播过程可以用拉菲尔德、卡兹、罗杰斯等人提到过的"传播流"来形容，他们普遍认为，由大众传媒发出的信息，经过各种环节，"流"向传播对象的社会过程，包括"信息流"和"影响流"两个环节，中国学者又进一步提出"噪音流"这一新的环节。[1] 笔者觉得，网络谣言是一种伪信息，可能一开始就是虚假信息，也可能在信息传递过程中滋生出来的，不管哪一种，都渗透在信息的传播过程中。因此，从"传播流"视角去避免谣言和引

---

[1] 杭孝平："微媒体环境下网络谣言的应对策略——以'传播流'的分析视角"，载《当代传播》2014 年第 4 期。

导模糊事件走向是必不可少的思路。

（一）政府和主流媒体使"信息流"畅通

所谓"信息流"是指信息的传播和流动，由掌握信息的媒介把信息传播给受众的过程。在传播过程中，尤其是突发事件和受众普遍关注的社会话题，网民需求得不到满足时，就会猜测并将夹杂着带有自己看法的评论利用网络进行传播，很容易形成谣言，并引发舆情事件。因此，当重大事件发生时，政府和主流媒体首先要抢占传播先机，争取信息传播的主动权，及时、真实公布事件相关信息，使信息传播畅通，防止信息传播过程的中断，生发出偏离本真信息的"新信息流"。

（二）具有公信力的媒体和个人对"影响流"的引导

所谓"影响流"是指受众对事件的各种看法，无非分为权威看法、争议看法和错误看法。本文主要是指存在争议和带有偏见的错误看法，这类"影响流"是在信息的传递过程中滋生出来，可能因为信息渠道不畅诱发，也可能是由碎片化语境信息的自由表达和自行建构导致，抑或是因为网民受教育程度和媒介素养不一引起。不管事出何因，偏离事件真相的意见已经出现，并进行大规模的分享、交流与碰撞。此时，政府和主流媒体要及时介入事件报道，还原事件真相，引导舆论、控制谣言，政府和主流媒体毕竟具有权威性和公信力。同时，一些意见领袖，往往是社会名人，媒介素养相对较高，其粉丝量众多，要充当起公民社会主人翁的身份，树立高度的社会责任感，面对各种意见不一的网络舆情和网络谣言，要审时度势，提高信息的辨别能力，理智发声，全面发声，对非常规下的"影响流"进行引导，使其恢复到正常的"影响流"。

（三）法律制裁和公民素养的提高使"噪音流"减少

所谓"噪音流"是指信息传播过程中偏离事件真相的伪信息或不合时宜的信息，这里说的主要指伪信息，即网络谣言。在自媒体语境下，笔者认为可以从以下两个方面入手：

第一，发挥法律法规的规范与引导。法律法规是调整人们行为的社会规范，具有引导性和强制性，可以对人的行为进行有效的规范。目前我国的刑法条文涉及部分利用互联网等新媒体平台进行造谣诽谤的违法犯罪活动，但具体内容还不够明确，有待进一步细化。《刑法修正案（九）》第291条中增加了一款:"编造虚假的险情、疫情、灾情、警情,在信息网络或者其他媒体上传播,或者明知是上述虚假信息,故意在信息网络或者其他媒体上传播,严重扰乱社会秩序的,处三年以下有期徒刑、拘役或者管制;造成严重后果的,处三年以上七年以下有期徒刑。"① 这一刑法修正条款将于 2015 年 11 月 1 日起施行,可以看出国家对某些领域的谣言传播进行了明晰,量刑处罚进行了细化,是法制社会的一大进步。法律具有强制性,是一种他律,对人的行为起到引导制约的作用。因此,国家要不断完善谣言传播方面的法律法规,并且对谣言传播者进行相应的法律制裁,充分发挥法律法规的效应。

第二,提高网民的媒介素养。自媒体技术平台的普及,网民话语表达空前高涨,全民新闻时代已经到来。由于网民的复杂性和草根性,其媒介素养水平不一。尤其草根网民在信息传播过程中难免无意创造出谣言或使谣言扩散。政府相关部门可以通过社区宣传、村民引导的方式来提高受众的媒介素养,使受众更好的用好手中的信息传播平台。新技术的发展,使受众的言论表达自由真正实现,并不是让受众利用自媒体平台肆意传播信息。受众应该提高自身的道德素养,提升自己辨别谣言的能力,真正做到不造谣、不信谣也不传谣。

自媒体语境下,受众信息传播的自由度大大提高,这是公民社会进步的象征。但是,自由的背后也滋生出了不和谐音符——网络谣言。如何减少传播流中的噪音流,营造一个文明健康的网络环境任重道远。

① http://news. xinhuanet. com/legal/2015-08/30/c_ 1116414724. html.

新媒体传播趋势展望

从众媒到泛媒：变化中的媒介图景

彭　兰[*]

这个高峰论坛可能是我参加的所有学术会议里比较独特的一个，原来大家都只是在谈新媒体，但这个会议还有一个内容就是"与法治建设"。法治建设当然也是我非常关心的一个问题，新媒体发展以来，也给我们带来很多新的法律方面的挑战，我也一直想把一些法律问题弄清楚，但真是力所不能及，因为一个人总是精力有限。上午听了魏老师和孙老师的发言之后，受益匪浅。我想在之后的其他两位演讲者的发言内容中，同样也会受到来自其他学科的启发。

我下午分享的这些东西不是纯学术的研究，和腾讯合作的这个报告主要是面向业界的，而业界某些时候不一定像我们学界这样去思考一些问题。我从 2013 年开始和腾讯合作，每次在我们以 PPT 的形式发布报告之后我都会把自己感兴趣的一些问题用学术论文的方式把它做进一步的拓展。今年这个报告出来之后我已经给暨南大学的学报提交了一篇《关于用户的节点怎样用数据的方式去衡量》的论文，我可能未来还会陆续有一些其他的思考。

在今天这样一个时代，当我们提到整个媒介发生的变化，特别是从网络媒体这样一个角度来看这样一个变化的时候，我们发现它是在不断进化的，这个应该没有争议。但这个进化大致的线索是怎么样的，我想用这样四个阶段来概括我们现在所看到的变化。在网络作为一个媒体进入我们视野的时候，占据了网络核心位置的是门户网站，一开始，人们认为门户就是一切，就是未来。但是今天我们会发现，我们当时关于门户的强大影响力的一种认识会

---

* 彭兰，清华大学新闻与传播学院教授，博士生导师。本文是 2015 年 11 月 21 日在西安参加西北政法大学新闻传播学院举办的"新媒体信息传播与法制建设高峰论坛"上的会议发言。

受到其他一些方面的冲击，后来我们有了所谓 WEB2.0 时代。1.0 时代是以专业的编辑、专业的新闻网站进行的新闻生产与传播；2.0 时代的基本特征是用户参与，这是我们所达成的共识。那么今天到了一个什么样的时代？为什么腾讯要提出这样一个词？我想所谓的众媒，一方面，其实是整个媒介边界的一种慢慢地模糊与消失。另外一方面，会有更多的各种不同形式的人或机构参与到信息生产传播中来。2.0 时代强调的是用户生产，今天我们所处的这样一个时代，除了用户之外，还有其他非媒体的机构。大家知道 Facebook、谷歌等，在过去很难把它当作一个媒体来看待，但是今天当 Facebook 调整了某个算法之后，你突然发现，整个美国的媒体网站流量的导引发生了一种很大的变化——很多网站的流量发生了一种急剧的下降。其实 Facebook 在用很多看得见或看不见的方式影响着整个媒介的格局，更不用说 Facebook 现在有了给我们记者或者编辑所提供的一些生产的工具，所以他们也在进入到媒体领域里来。当然还有其他很多的企业，当他们在开通微博或微信的时候，他们也情不自禁地成了所谓的小的媒体。

今天我们所谈到的这样一种新的特征就是多媒共生，就是多种主体在构成这样一个媒介景观。为什么我自己更偏向泛媒这个词呢？因为我想这个阶段可能很快就被另外一个东西所冲击，那就是万物皆媒的时代。众媒谈的是人，众媒这个词就是以人为核心来组成的，而万物皆媒的时代是：很多我们今天不把它当作媒体，甚至不把他当作终端的东西，都会变成我们的屏幕与终端，甚至是信息的中介者或信息的加工者。所以在未来的这样一种时代，用泛媒或泛媒介这样一种概念来代表这样整个的变化趋势也许是可以的，当然可能未来我们需要学理上去研究它存在的价值，或这个词是否准确。

众媒在今天这个阶段，我们说的这样一个媒介边界的消失或正在模糊，会由一些什么样的因素引起。我在这儿列举几个特征：

第一个就是我们今天所看到的媒介的内容与表现形态在增加，它的这种多样性、多元性甚至很多是很难用我们传统的新闻体裁或者是表现形态的框架去框定的东西。今天可能在很多意义上的信息都在变成媒体的内容，这是第一个众。

第二个是我们大家讨论很多的生产主体的众，从过去的专业媒体到后来的用户参与再到今天更多元的人和机构的参与，这得益于技术的进步带来的门槛的降低。

第三个也是我这些年一直在研究的问题，新媒体传播结构到底是什么样的？虽然大家可能会有自己的表述和研究，但我更多地把这种传播结构称之为这样一种模式：它是以我们用户的人际关系为基础设施的社交化的传播，不再仅仅只是由机构站在高处，用过去制度或者政策所赋予它们的权威性来进行的不由分说的传播，今天更多的信息是在用户的人际关系的渠道上流动，所以这样一种传播结构也是以众人的参与和众人的贡献为基础的。

第四个是今天我们认为的媒体平台也在发生拓展。过去我们认为承载内容的地方叫媒体平台，但是社交网络比如说微博、微信是不是可以称为媒体平台？如果我们把前面传播结构的变化放在里面去考虑的话，毫无疑问，社交媒体是今天我们另外一种兴起的媒体。

第五个是未来技术的发展方向，我们今天把它当作一个服务类客户端去看待的东西慢慢地也可能成为一种媒体。比如我们现在用的地图类的应用，不管是百度地图还是高德地图，现在你可能是为了去找行车路线或者查找某个地点才打开它，但是如果我们仔细地去看它们在最近几年的变化的话，你会看到在这些地图上面有越来越多的信息。它开始的时候可能是用户分享的内容，现在可能慢慢地是商家的信息，但是未来它们可能会变成一些与地点有关的公共信息的存在平台。当我打开北京地图的时候我可能只看颐和园，那么与颐和园这个地点有关的新闻可能可以在地图应用上整合起来，而未必是用我们传统的这个模式。当然颐和园只是个比方，但我们可以想到类似的服务平台慢慢地也在媒体化，和我们过去的内容平台去产生一些相互的沟通或者是相互的信息或者服务的互动关系。

这是关于众媒在我们当时的报告里提出的五个特征，在这样一个前提之下，今天新媒体发生的一些变化和未来的一些新趋势，界限的模糊可能会带来新的媒体版图。这个版图可能就像过去的地球上的这种地壳运动一样，它是在板块上的大变革，变革是两股力量：第一种力量就是那些传统意义上认为的非媒体的人或者机构在入侵到媒体的领域里边，这是一种向内的受到的一种挤压；同时，当媒体在受到这种挤压的时候，它们也在试图往外扩张去寻找新的空间。当这两种力量在作用的时候，过去传统边界可能被移到了一个离传统边界很远的地方，甚至你可能看不到这样一个边界。

　　但当我们说到前面的众媒的特征以及这样一种新的版图的时候，我不止一次地听到我们的学者、学生或媒体问我这样一个问题：未来专业媒体还会不会存在？其实这个问题一点都不新鲜了，在 1994 年左右，传媒大学就有一位老师提出，在信息高速公路时代，我们的专业媒体、专业媒体人会化为泡沫。当时大家都不以为然，但是今天这样一个情况好像慢慢地不再是天方夜谭般。未来还需不需要专业媒体？在现在以我个人的观察来看，在众媒的众多力量重新去构造这样一种媒体版图的时候，专业媒体会有它的存在价值，甚至在未来这种存在价值会不断上升。

　　但是专业媒体是不是等于传统媒体？大家可能会觉得我们一说到专业媒体自然而然地把它与传统媒体画上了等号，其实我不是这么认为的。我认为在我们今天的所谓专业媒体的格局里有一些是不属于传统媒体的。新媒体领域里，不管是从门户时代还是到今天的客户端时代，领跑者都不是传统媒体。所以一是专业媒体里面不仅仅只有传统媒体，它还有很多新兴的专业的力量，这是第一个我们可去澄清的问题。二是未来的专业媒体是不是有可能以另外的小规模的组织化的形式存在，也就是自媒体的问题。过去我们说自媒体好像就是业余与个人化媒体的代名词，但今天的自媒体事实上已经不完全是这个东西了。你看柴静的《穹顶之下》的时候，你会发现这是一个极为专业的团队在操作，但是他们也给自己贴上了自媒体的标签。还有许多离开了传统媒体的人单干的时候，其实他还是在用一种团队甚至可能越来越庞大的团队在做这种事情，未来他们也会组织化、机构化，会变成未来的专业媒体中间的一个构成部分。还有可能未来的专业媒体，它不仅仅是以内容生产者构成，可能越来越多地加入了技术力量。大家也注意到阿里巴巴在今年有很多在媒体方面的大动作，当阿里巴巴和某一个传统媒体或者某几个专业媒体结盟的时候，可能也意味着他们会用一些新的思维、新的资源重新去定位一下专业媒体。所以我说我认同在未来这样一个看起来传统的媒体的边界在消失的时代，一定还需要专业媒体，但是我们不能说这个就是传统媒体的专利。那么我想，在这样一个大的，看上去纷繁复杂的甚至次序在某种阶段上会混乱的时代，到底会不会发生我们担心的某些状况？今天上午在听孙老师发言的时候他谈到了多元性。我相信这种多元性，不管是专业媒体的力量，还是个人的、商业的力量，这些多元的力量可能会形成一种相互的制衡，在一定意义上会使得我们的传播秩序不会像我们想象中的那样真的恶化，反而会比过去简单的只有传统媒体垄断的时代显得更为均衡一点。

这是关于大的媒体格局发生变化的一些基本的认识，在整个的版图运动中间，虽然我们说的多媒共生时代，主体可能用各种不同的方式去参与传播。但是这里边，从我们今天的研究来看可能要关注的是其中四种力量的动向。

第一种力量就是传统媒体，我在考虑很久之后用的表述，就是谋重生。也许在座的有一些是在传统媒体工作的或有传统媒体背景的，会因为情感的因素很难承认这样一个事情。这个时代是需要去伤筋动骨的时代，是需要去脱胎换骨的时代，但是很多传统媒体现在还是在这种犹豫中间或者是这种情感的纠结中间，羞羞答答地去迎接未来。甚至大家会觉得好像简单地做点新媒体产品，或者简单地拿媒介融合这个东西包装一下我们自己就可以得到认同了。随着媒介融合的深化，我发现业界和学界对于这个问题的讨论也越来越深入。在今年我听到的比较重要的一类观点是媒介融合可能并不存在，激烈一点说媒介融合是一个伪概念，媒介融合实际上是不可能的，新媒体和传统媒体这两个东西就是水和油的关系，是不可能融为一体的。即使这样一个看法，在某些方面我依然会认同，但是可能我们在这儿讨论的融合其实是不同层面的，新媒体和传统媒体是油和水的关系不能融合，我想可能是体制上、表现形态上有一些方面或者思维上不能融合，但是媒介融合这个概念大家通过综述都知道它是 1983 年浦尔在他的 *Technology of Freedom* 这本书里提出来的概念，其实浦尔所说的媒介融合是渠道的融合，是市场的融合。在渠道和市场方面融合毫无疑问已经发生了，这是不可逆转的。至于在机构方面能不能融合起来，大家尝试了之后有的说有可能发生，但是也有基本上否定他的，那是另外一个层面的问题。是以机构融合去完成这样一个转型，还是用别的方式去完成转型，这可能是传统媒介未来要继续探讨的事情。

但是渠道与市场的融合毫无疑问是发生了，尤其是市场的融合。那这种市场的融合反过来它会对我们传统媒体产生巨大的冲击，我们怎样去谋重生呢？我想可能有几个方面，这是我过去在一些文章里面也都提到过的一些观点，在这个报告里我把它整合了一下。我们需要产品转型，产品转型的核心就是产品的根本的思维甚至可能产品的根本的开发思路要发生巨大转变，很多传统媒体做了一系列的新媒体产品、客户端等。但很多产品只不过是贴了一个标签，披上了新媒体的外衣，它的内核还是很传统的，这是不能被称为转型的。怎么样去完成革命性的产品转型，业界也在不断地寻求他们的回答，有些已经让我们看到曙光，像浙江日报集团做的内容和服务的产品的捆绑等。在完成了一些个别产品的转型之后，对传统媒体来讲更大的一个任务可能就是整个产品结构的调整和改革。只有内容产品在今天是难以支撑一个市场的。就新媒体的用户来讲，他需要的既有内容产品，也有社交产品，还要有服务产品，一个比较良性的结构就是这三者在某些经营者那里协调地统一起来了，他可以以社交产品推动内容产品的传播，甚至可能以服务产品推动它的内容产品，这是第二个大的方面。

第三个方面就是我们需要重新去寻找不同的渠道，过去传统媒体的渠道是水到渠成的，就是你做媒体那自然就会拥有这个渠道，而现在这些渠道慢慢地在萎缩，我们需要到新的平台上去寻找新的渠道。而这个方面，传统媒体实际上障碍还是比较大的。

第四个问题我专门有一些文章在探讨这个问题，就是为什么有一些人认为新老媒体不可能去融合呢？依我来看是因为这两者在文化上有很大差异，甚至在基因上这是两种完全不同的文化。传统媒体，我形容它的文化是庙堂式的文化，这是一种封闭的、高高在上的、比较权威的定位；新媒体文化则是一种江湖式的文化。不完成文化基因上的变革，我们前面的产品转型等可能最终都会流于形式，但是所有的问题都会指向体制上的变革。这是关于传统媒体怎样去寻求重生的问题。

但是新媒体本身也需要不断地寻求变化，我们在这儿说的新媒体当然是比较狭义的新媒体概念，就是过去的门户网站，还有今天做客户端的没有传统媒体背景的商业机构。他们虽然在门户时代做了领跑者，但是稍微的一不留神可能整个格局就会发生很大的变化。你们可能已经注意到了，门户网站的领跑者新浪在客户端这个市场上位置已经下降很多，比起今日头条来说也有很大的差距。那么对他们这些新媒体来讲也仍然会有新的挑战，这个挑战不仅仅是说大家只是去做一个客户端。哪怕我们今天认为客户端是一个绕不开的产品，是一个必然的阶段，但是客户端在今天，就算在市场表现最好的客户端，我们看到还是有些问题。比如很多客户端只是传统网站的一个平移，把过去的门户网站结构稍微简化了一下，然后放在了移动端。对于社交这样一个我们认为这是新媒体运营中一个比较重要的要素的应用还是不是那么充分，不是那么到位的。但是还有一些很有意思的探索，比如并读的客户端，这个并读不是"病毒"（virus），从这个名字里面大家就可以看到它对社交这种元素的重视，现在看它可能未必找到了一个最合适的方向，但是至少我想客户端在未来去深化、去演变的时候要去应用的东西就是社交与场景。既然是移动传播，那么移动空间中的各种时间、空间上还有各种社交氛围要怎样应用到新闻推送和新闻服务里面？下面我会单独谈这个问题，暂时不多说了。

另外就是客户端的垂直细分和所谓个性化服务的深化。

先说客户端的垂直细分。从我们看到的一些数据来看，今天在整个的客户端的市场上，可能有几个动向我们需要注意，第一个就是传统媒体的客户端在这里没有优势，这是非常明显的。第二个大家还是在一种体制化的竞争中间。怎样去避免体制化的竞争，我想除了今天处于最前端的几个客户端在未来几年还可能基本上保持优势地位之外，有很多客户端需要去做细分。在专业资讯的基础之上去培育它的社区，把社交的元素充分地发挥出来，然后在这个基础上去做一些专业的服务，这个可能是未来新闻资讯类的客户端的一个发展方向。今天，科技类的、财经类的客户端在这些方面比普通的公共新闻类的客户端做得更有想法一些，在这方面他们也是更超前一些。关于个性化的信息服务，大家都知道今日头条，很多人现在都在用这个软件。从去年到今年的数据来看，今日头条的上升是很快的，去年我印象中它在某个产品单位里面排在第五位，今年它已经排在了第二位。虽然不同的机构做的数据可能有一些不同的比较维度，但今日头条在今天形成的巨大的影响应该是大家可以看到的，像今日头条这样的个性化信息服务应该在未来很长一段时间是用户的一个很重要的选择。在今年这样一个市场点在拓展，除了今日头条之外，还有一点资讯，这是凤凰网投资的跟今日头条很类似的客户端，还有腾讯做的天天快报，都打着个性化服务的旗号。当然他们会在产品上做一些技术上的思考，比如在天天快报里面，不仅仅把个人的阅读偏好作为个性化的衡量，也加入了社交的元素。就是把你的社交圈子里的人的阅读偏好引荐给你，推送更个性的信息。这只是算法上的一种变化，像天天快报，它还把自媒体的内容作为信息来源。

虽然个性化服务是未来的一个主要方向，但还是有两个问题。

第一个问题是与我们法律相关的，就是版权的问题，大家可能也都知道，去年有一段时间今日头条被传统媒体告上了法庭，不知道在座的研究法律的老师是怎样看待这个问题的，我非常想和你们交流，从而得到一些启发。至少现在还没有一个明确的案例说今日头条侵犯了某某传统媒体的版权。未来对于这样一类的就是他自己并不生产内容但是他可以从不同的信息源去整合内容这样一种服务，在知识产权上怎样去界定，这是法律界会不断去探究的一个问题。

第二个问题是伴随个性化服务，我一直在思考的一个问题，就是所谓的"信息茧房"现象。这个词来自美国学者桑斯坦，他在几本书里都谈到这个现象，比如说《信息乌托邦》等。他谈到"信息茧房"的现象可能也是许多人自己在个性化阅读的时候思考的问题，当你每天只被自己所感兴趣的信息包围的时候，你的视野到底是拓展了，还是局限了。我们会担心某一天我们只把自己愿意看到的窗户打开，其他的窗户全部关闭之后，我们的世界会变得越来越狭小，我们所谓的数字整合也会越来越困难，所以这个现象在整个个性化信息服务不断推进的时候，怎么去看待它？在技术上是不是有办法能够在一定程度上解决这个问题？还是需要去探究的。我记得今日头条的创始人张一鸣在很多时候其实也在面临这样一些讨论，当社会媒体问他这样一些问题，他也给出了一些回答。但是至少从我个人使用今日头条的体验来看，这个问题并没有得到很好地解决。未来我们会不会有很好的技术，在满足我们个性化需求的同时，能够更好地去提供公共信息的服务，这两者怎样去实现一种平衡，这还会是一个非常重要的问题。

在这个大的格局里面第三个大的力量，就是所谓的自媒体。我相信这是一个不能不重视的潮流。有人会对自媒体中间泥沙混杂的现象提出疑问，也有人会说自媒体真的能长久地活下去吗？因为有不少数据显示现在有很多自媒体是很难存活的，有一些所谓的自媒体一个月赚的钱远远不够它的运营开支。但是我想从长远来看，这样一只力量对我们大格局的影响还是非常突出的。这种自媒体力量在未来会因为一些专业媒体人的加入而会发生变化，早期我们说的自媒体基本上等于业余媒体，等于草根媒体。但是从去年开始，这些情况已经在发生很大变化，有一批离开了传统媒体组织的人在这里来重新建立它的组织，它们在自媒体的情况之下用一种组织化、制度化的方式去做，但是这里面要达到这个境界的目前还很少。我们不能要求现在所有的自媒体都达到高度专业化，但是专业力量的注入会提升在这样一种方向下的运营。当然这样同样也面临着一个差异化的定位服务。我们也注意到，在自媒体运营中间可能还有一种新鲜的思维，像罗振宇他们做罗辑思维，开始的时候跟传统媒体一样，靠内容吸引一批粉丝，然后成立社群俱乐部。但是当他有了这样一个基础之后，你会发现他不仅仅只是在做罗辑思维的推销，他也在做社群，在做基于人和人互动的、基本的创意。我现在不敢断定像罗辑思维的这种到未来都会成功。但是他们基于这样一些先靠内容把一些同兴趣的人辨识出来组织到一块组成一个社群，然后这一帮人一块去做一些事情。按罗振宇的说法，他不是要赚粉丝的钱，而是让这群人合起伙来赚别人的钱。但这种思路在未来，对某些自媒体来说是不是可行我们不清楚。我有听我的学生说过他们注意到有些自媒体它们在做同样的事情，先做一个公众号，这个公众号可能粉丝也不多，每天的内容阅读量也不大。但是他通过这个公众号把一些有共同兴趣爱好的人找出来了。这些人就私底下去谈他们各自拥有的一些资源，在未来的合作中间可以做什么样的事情。这可能也会是未来自媒体发展的一种道路。那么这种基于社群甚至在这个基础之上可以培养出不同方面的服务或者交易的方式，在未来自媒体运营中可能会越来越普遍。当然在自媒体这个部分，我把企业和政府机构运营的账号也认为是自媒体，但是也有人把这样一种力量称为非媒体。我觉得非媒体的范围在不断扩大，其实企业和政府机构也是需要通过类似于媒体的运营方式来重新建立一个他们的信息通道。过去他们做个公关、做个广告需要找媒体，现在有很多的企业削减了这样一笔广告开支，在自己运营的微博账号、微信公众号里发布信息，他就很顺畅的想出了一个他和他的用户之间的一个信息通道，甚至有了自己的社群，像小米的粉丝——米粉建立的社群，它甚至可能建立了自己企业文化的一部分。这可能也是在未来我们看到的，至少在我看来也是作为自媒体这个力量的一部分。

第四种力量刚才提到了，是由一些技术性的公司或者在资本方面有优势的企业。他们是跨界的，他们通常都是自己所在领域里的巨头，比如说阿里巴巴、Facebook、谷歌，在某些方面这些科技的力量正在以他们的优势进入媒体核心的领地。可能很多老师、同学也注意到，去年，不管是苹果、Facebook、谷歌还是推特，都做了一系列跟新闻生产有关的工具或者平台。它们可能是打着标签这个工具的方式，比如 Facebook 的 paper，谷歌的 news 服务。它们开始的时候可能只是说给你提供一个工具，但是他们已经有了这种能力，就是以他的这种工具去影响新闻人整个的新闻生产的思维模式，也包括资源。所以慢慢你就会发现，这样一种大的媒体格局在被这样一些巨头搅局的情况下正在发生改变。就在 2015 年 11 月 12 号我在腾讯参加网络媒体高峰论坛的时候，新浪也同时开展了一个网络媒体高峰论坛。这是历史上第一次两个巨头好像打擂一样这么巧合，新浪也跟我说过他们要开展这个活动，但不知道怎么就也定在了 2015 年 11 月 12 号这一天。在那天新浪的总编辑周晓彤在会上有一个讲话，她说未来的媒体一定是科技公司。她这句话含义很丰富，大家有兴趣可以去看看她的讲话。她的标题非常让我有同感，在未来，虽然说所有的媒体不一定都是科技公司，但某种意义上在科技上强势的公司，在未来的媒体格局中会有更重要的话语权。我们也提到，Facebook 过去一直在使用它自己的算法给媒体的网站贡献流量，一旦它把这种算法做一些小调整的时候，你就会发现，媒体的流量会发生很大的变化。就是说它已经有权做一个交通指挥员指挥人们往哪些网站去了，这是我们需要关注的。当然这不仅仅是工具，在今天更重要的是它已经慢慢从工具变成了我们这个渠道的控制者和影响者，在一定意义上也影响着我们生产的思维和模式。虽然我们刚才列的都是国外的科技巨头，但是在中国这种情况也会慢慢地发生。今年我们也注意到阿里巴巴的很多动作都是跟媒体有关系的，比如说收购优酷土豆。阿里巴巴去做这类事情也会想到它的一些基本的优势，不仅仅是说他有钱，关键是阿里巴巴掌握的数据今天可能几乎没有媒体可以做到。最近我注意到朋友圈里在转的一篇文章，文章说当阿里巴巴掌握了中国这么多人的数据之后对中国的安全是个重大威胁，写这篇文章的是人大公共管理学院的一个教授。我现在还不能完全判定我是否认同他的观点，但是有一个可以判断的事实就是阿里巴巴的确掌握了今天中国人最核心的资源：你的购买行为中间所透露出来的可能不仅仅是购买行为，就比如说你买了一台电视机，这个数据就可以计算出来你家里的住房情况；你买了一个电饭锅，这个数据就可以计算出来你家人口的多少。这些很多都是我们今天没有仔细去想的东西，这些核心资源的拥有者他们会用技术的优势去进行一些应用。这是关于格局四种力量、四个动向的我个人的一些简单的观察和分享。

我们这次发布的报告里面有一部分是关于用户的数据，数据背后去怎么解读它，实际上还是可以做很多研究的。在我们发布的报告里面有个数据显示，今天中国的移动用户有百分之五十都不怎么在移动终端上看长文章，光是这个数据就很有研究价值。有人在看这个数据的时候看到了悲观的一面，一半的移动用户在移动终端上不去看长文章，让我们这些做深度报道的情何以堪。但是也有人提出来，看看另外一半人很受鼓舞，因为还有一半移动用户在移动终端上看长文章。那么怎么解读，就是看长文章会不会真的会影响我们的思维，我们所谓的浅阅读都是短文章，长此以往会不会影响我们的理性、我们的思维，这个我以后会有一些更专门的研究。其实过去我也有一些文章提到过，我认为把这几个问题简单化可能是一种认识上的惰性。但是这种浅的东西、碎片化的东西如果很丰富的话也可能会让我们对事物的认识比起简单理解更深入一些。所以对这些数据怎么解读，有兴趣的朋友，我们的数据都在网上，你们也可以把你们深刻的认识、研究在数据的基础上做更深刻的解读。

下面这个问题，我想研究如何界定新媒体的新动向，特别是移动互联网和社会化媒体这两者交融的时代。我做了三个动向的概括，但不知道是不是准确，是否能够经得起时间的考验。

第一个动向是用户的角色变化，我用的表述是个体的节点化。所有做新闻传播研究的人都在说，在过去称为受众的对象已经改成用户了。媒体也在说用户的意识、用户的观念。但是到底什么是用户，用户与传统媒体相比的话，发生的变化是什么？我觉得尤其是这十年以来，我们的很多话题都和用户有关。为什么把他们称为节点呢，因为今天新媒体本身它是以终端为基础的一张大网，由很多计算机连接在一起，变成一张巨大的网络。在这个网络上，信息也在由一个终端向另一个终端流动，在这样一个模式里面谁在扮演核心的角色。信息从一个终端流向另一个终端关键还是看这个终端上的人，他看到这个内容觉得有意思才会分享，这个内容才会沿着它的朋友圈、它的粉丝流动。所以每个人在由移动终端、人、内容和服务四个要素连接起来的大网里都是一个节点，每个人都是这个网上非常重要的一个基础单元。节点这个词我是借用了计算机网络里的一个概念，实际上计算机网络是由终端构成的，每个终端都是这个网络里的一个节点。人在今天这样的传播网络里面其实也是一个节点。这个节点连接了什么呢？这是我投给暨南大学学报的论文里面谈到的，我又重新梳理了一下节点的意义。第一就是从社会的角度来讲，它们在社会中连接了人和人的社会关系，连接了社会的资本，社会的资源。每个节点也把很多的社会圈子连接起来，比如说微信里你加了几十个群，你就是这几十个群的节点，那么人和人被用这样一种紧密的关系连接起来以后，有可能它会带来更多的智慧。也有人会担心我们在这种外界的影响越来越大的情况下可能会出现一些群体性盲从的现象。这也是我过去有专门的文章去研究的一个问题。但是不管怎么样，我们过去从没有像今天这样有这么广泛的，不是很紧密的社会关系的连接。

第二作为一个传播网络上的节点，每个人会为自己构建一个传播中心。过去有一个词叫个人门户，就是我们不再通过媒体这样一个大的门户去传播信息，我们也是在我们的社交平台上通过个人的账号去建立起自己的传播中心。在对外信息获取和信息传播越来越多的时候，我们是在转移到这样一个中心里面去的。这种传播的中心作为信息传播的一种基础设施，也在进行信息的传递。

第三个含义就是我们在今天既需要内容，也需要社交和服务，所有的东西都会在人这里交汇。但是从现实来看，今天提供内容的媒体和提供关系服务的服务商、提供电子商务等的服务商看上去是隔绝的，但是未来很多的服务商会把这三者结合起来。另外，就是对一个个体的数据分析有可能让内容、关系、服务之间产生一个连接。过去做新闻传播的只关注新闻传播方面，我们的偏好只喜欢点击这么一个内容，但是我们会关注他在网上买什么东西，喜欢吃什么东西。作为人这样一个个体，他的信息消费的行为习惯和他的社交圈子和他喜欢在网上去完成的消费服务有着关联。未来如果我们的数据分析能够做到这个层面的话，就可能拥有更多的优势。

第四个方面，节点的意义就是共享经济。共享经济可能更多地是依靠我们每个用户自己多余的或者是有余力去贡献的资源，每一位用户在未来都可能是资源的贡献者。我们要评用户的节点化，节点到底是在什么地方起了作用，连接着什么？这是我们探讨和思考的方面。

如果在未来技术更多地去衡量节点上有什么特征，那我就会陷入一个过去类似于计算机的地址这样一个概念，在过去每个计算机在网络上都有一个自己的地址。人在这样一个巨大的网上，他是不是有很多种方式去衡量他的位置呢，而且这个位置是不是单纯的只是地理位置呢，可能不是。我把它分成三个方面，一是物理位置，物理位置在今天我们关注的就是他所处的地方，GPS 定位等都可以做到这一点，但未来物理位置可能还包括你的空间环境等很多指标。当你家装了很多传感器之后，你们家里边空气的湿度、温度等都可以通过这样一种方式去呈现出来。那你在社会关系之间的位置具有的社会属性也是可以量化的，社会学里面的社会网络分析主要是在做这些的事情，可能在未来我们可以把它做得更加精准、更加普遍。那么在服务这一方面，你需要什么、你能够提供什么，双向的特征我把它称作服务的位置，这也是未来我们可以用数据化的方式去测量的，之所以我说能够用这样一种量化的方式做这个事情，就是因为我们今天在全面的数据化，每个用户各方面的东西都在数据化。主动产生的信息，被动需要测量的东西，还有用可穿戴设备去测量的这一切的数据等，使用户越来越多地被数据化，有了这些数据之后，完成前面所说的工作就会变得很容易。

第二个动向我想还是在社群方面。我把今天社群的意义称之为一种新的媒介的延伸。社群和社交媒体是一种什么样的关系？当然不同的研究者会有不同的界定，我的界定是这样的：我把社交媒体、微博、微信更多地看作是社交平台。但是是不是说在这个社交平台有了账号之后就一定意味着会有更有效、更广泛的信息传播，可能未必。实际上我们还是在社交平台的基础之上去发现一些对特定信息感兴趣的人群，并且通过这种人群的互动扩大信息的影响力和覆盖面。

过去是媒体的渠道，2.0 时代社交平台变成了一个新的渠道，但这只是理论上的一个空间，如果在这个理论空间里面你没有找到有效的、跟你这样一些信息或者话题相关的一些人的话，即使有了社交平台也是不够的。我们在这里面特别要借用的这个人可以称之为社群，是在这样的平台上有效的人群的聚合和他们的互动而不仅仅是这个平台，这个我把它称为最后一公里，就是你现在到达了微博、微信，看上去挂了若干个号，但你最后没有把真正的人群发现和激发出来的话，那么你的最后一公里是不够创新的。这是我们很多传统媒体进入到所谓"两微"时候面临的一个问题，可能我们现在还需要把社群当作一个媒介渠道去重新认识。那么怎样去完成这些事情，这可能是未来媒体努力的一个方向。今天的社群还有一些新的特征，在腾讯所做的数据调查里面他们发现，空间位置是很多社群建立的一个由头，就是 QQ 里建立的群有很多都是附近的群，在这里大家已经不满足与一个陌生人进行毫无边际的互动了，大家更希望在空间的相近性上去寻找话题的相近性。那么还有强关系的像线上的这种网民，早期的网上论坛的关系，甚至过去是没有关系的，现在大家发现强关系变成了一个非常重要的纽带，这些都是今天的一些新的动向。

今天的第三个关键词是场景，当然这个场景从 2013 年以来已经被业界的人关注，学界里也有人在研究它，但是场景的意义是什么？有人说场景就意味着位置相关，就是要做一点与位置相关的事情。但后来有一些学者把他的意义提升了，说场景是一些氛围，它甚至可能是一些文化上的共鸣。

我从几个不同的角度去认识场景，这也是很初步的起点性的研究。

第一就是我们大家现在研究的可能还是共性场景，这是一般人群都有的，但是未来当我们的技术往前推进的时候，可能会对某一个人在某一个时空里面的特定场景去进行更深入的研究，这是未来的发展方向。关于场景本身，现在研究的是共性化场景，未来研究的是特定化场景。对于共性化场景我们关注的要素是什么？当然时间还是我们需要讨论的一个因素，那么空间和所谓 contact 行径是我们关注的另外一个方面，这个行径可能包括社交的氛围等。还有是在这种时空里面人们通常会有什么样的行为共性？我们把这些问题想明白了，可能就会知道我们要营造出什么样的服务来，怎样来满足这种特定场景，当然有些场景是人为制造的，像"双十一"。你要能够制造出大家能够接受的场景。

现在的共性化场景是什么样的特征？有一些什么重要的取向？这个也是在我们合作的报告里面腾讯内部数据的调查。目前来看，晚上是时间上的共性场景，床和卫生间是空间上的共性场景，当然还有交通工具。但是如果再进一步往前推进的话，我们要注意的是个性化的场景，个性化场景又是什么样子？在这儿我淡化了时间上的因素。我觉得从个性角度来讲有的人他不一定遵循共性的场景，因为你个人的某些特殊原因，你会在某一个时刻与别人的需求可能不太一样，所以我把时间的东西变成了及时需求这样一个要素。从个人的场景的构成来看，过去一贯的惯性是特别需要考虑的，还有就是社交的氛围，这个也是在今年年初的文章里做了比较多的探讨。我们在做了这样一个基本的场景的区分之后，那么未来对于移动互联网来说，它的意义是什么？我使用了业界里的一个词：入口。这个入口又是什么？所有的人在某些时候通过这样一个平台或者通道，他对内容的获取或者社交或者服务，其实场景既可以汇聚信息，方才我们讲在地图应用上，一个地点就可能成为一个与位置相关的新闻的入口。在未来很多信息会以它的空间或者场景作为入口。那么关系也是这样，人们越来越多的希望找跟自己相关的场景的对象进行互动，还包括服务，所以从长远来看这样一种特定的把场景作为入口的情景需要我们去提供服务。那么在这种场景上他需要什么样的内容、需要和什么进行互动？所有的这些东西如果能全部解决的话，那么这个平台在未来就会变成类似于微信这样的入口级的平台。

最后一个就是对未来的展望，这是我说的泛媒的一个更重要的体现。最基本的技术支持就是物联网，我们在座的老师、同学对物联网的关注是越来越多，因为你会发现它与信息传播是越来越不可分割的另外一种技术潮流。在这个技术推动之下，未来应该会是一个万物皆媒的时代。这种万物皆媒也就意味着我们从过去的传统媒体第一个拓展到使用机器，后来到了泛媒这样一个以人为主体的时代，我说的泛媒更多的是关注人以外的力量与因素存在于整个媒体格局中的作用。信息采集者可能在泛化，未来万物都加上信息传感器等设备的话，都可能变成信息采集者。同样的信息加工者、信息的中介者都会有从人向物的扩展过程。屏幕与终端的泛化对大家来说可能是更近在眼前的一个事实。

首先我们还是要注意可穿戴设备，但是今天有人可能会认为可穿戴设备的某些实验不是那么成功，但这不代表着整个方向的失败。过去人们都说麦克卢汉的理论媒介即人的延伸，可穿戴设备可能在更深的意义上实现人的延伸。可穿戴设备在今天已经被部分用户所接受。在我们研究的调查数据里面已经可以看到这一点。另外就是刚才提到的用户的节点化中用户的个人状态、个性化的场景怎样去获知，可穿戴设备在其中起到的作用非常明显。当然从信息采集的角度来看，当我们用可穿戴设备去记录你身在其中的一个活动的时候，他带来的是第一视角的记录，在国外也是非常重视的。美国有一些新闻院校甚至可能会开设新闻报道采访这样的课程，这就说明他们可能未必只是关注新闻的演进，可能更多地是关注视角的沉浸式的记录怎样来改变未来的新闻报道。

把这个话题往前延伸一下可能就会涉及传感器，在座的老师同学可能注意到欧亚上个星期的密苏里新闻周，这个班就是在谈传感器新闻。传感器会成为新的数据或者信息采集，或者成为一个新的信息源。更重要的是哪个人哪个公司在后来拥有了这种普遍的传感器之后，使用数据时在某些方面比我们的媒体更有优势，这是一个非常重要的变化。我想这是对我们未来新闻业发展非常有影响的一个隐喻。

第三个是机器写作。其实 2013 年我和腾讯合作的报告里面已经谈到了这种预测，但是我当时以为还得再过五六年才会出现，没想到今年在中国就出现了腾讯的新闻写作工具和新华社的快笔小新。当然大家永远不必担心这样的机器会抢我们的饭碗，因为他们做的相对来说还是比较基础的工作。但我们也需要注意一个事实，机器在未来这样一个人工智能技术的推动之下，他们会有自我更新的能力，这个可能是我们需要关注的。有一些机器的智能和我们人的智力结合在一起之后会带来一些未来新闻报道的形式。

第四个是虚拟现实和增强现实，一个简称为 VR，一个简称为 AR。微软推出的 hololens 就是一个增强现实的技术，如果在座的男生在玩一些游戏的话就会知道这种虚拟现实的游戏对大家的吸引力是非常大的，而这种游戏的方式也在进入新闻的领域。从感官的效果来说，它可以让我们"进入"到新闻现场去身临其境，但我想这里面可能会有一些伦理上的考虑，在未来可能会带来一些法律上的问题。

第五个是关于个性化的新闻服务往前还会发展到什么阶段，我用的一个表述是定制化的生产，不仅仅是在今天这样一个层次上。今天的个性化的新闻服务类似于自助餐，还是一个大锅做出来，但你可以去挑选自己喜欢的口味，服务商帮你去做匹配。但是未来可能就有专门的服务去完成信息从源头收集到整合到加工这样一个过程。这里面可能会有这样的技术通过可穿戴设备达到你一些特定的需求。

第六个到现在来看虽然还是一个看不太清的方向，但是我一直认为这是需要我们注意的，就是未来我们还会有一种新的私人化的媒体，它不是你的一个社交账号，它可能是一个云里的账号，现在很多信息都会在云里面，所以有很多公共信息和私人信息会到云端去变成一个私人化的媒体，这是我个人的感觉，是否会实现我们还需要进一步去观察。

第七个是我们刚才提到的，我们整个平台未来会发生的一些变化，现在我注意到对于物联网技术这些巨头们也有了一些动作，腾讯去年推出了一个叫 QQ 物联的平台。QQ 物联做什么？过去 QQ 连接人，微信也是人和人的关系，但是 QQ 物联如果慢慢发展的话，你可能会发现你和你家里的家电可以通过这个平台去对话；你可以通过这个平台与你的身体进行对话，因为你可以通过这个去判断一些你自己也不能够判断的状态；当然也可以通过这个与别人的物体去对话。在未来用户平台可能是一个人和物共同成长，共同存在的平台。总会有人问微信之后还会有什么样新的东西？大家觉得想象不出来了。我想如果社交平台要升级的话，未来可能会加入物联网的各种传感器的数据。让人和物共生的这样一个系统，可能是未来我们需要关注的一个动向。

第八个动向是人和物的协同在未来会推动媒介传播的进化，我一直喜欢用自组织的这样一个视野去看待新媒体进化的过程。但可能有一点理想化，我们也认为在今天这样一个平台上的确有一些自组织的运转是可以看到它是比较有效的，未来这种自组织的模式可能会对互联网的治理起到更重要的作用，我更认为它是一种自治的模式。这种自治的模式需要有一种较协同、较有效的、自组织的模式来完成，在未来这样一个模式里面除了人可能还有大量的智能物体。这些智能物体帮我们更好地监测环境和信息，和人的一些判断结合起来以后可能让我们有更好地协作与拓展的空间。

听到这些有人会感到疑惑或者反感甚至质疑，技术真的会这么发展会在未来对我们人类产生这么大的挑战吗？我不敢在今天简单地去下结论，因为下结论太有风险，但是我从 1984 年开始接触计算机到现在有三十多年的历史，我有一个感受是非常明确的，技术的发展永远会超出我们的想象，但技术的发展是让我们更自由还是更不自由？怎样去避免技术发展带来的弊病？这是我们需要永远去思考的一些问题。在技术还一无所知的情况下简单地去抵触它可能未必会有好的结果。我们要在这样的潮流里面先去体验、观察，在这个基础之上才能去产生一些批判性的思考。

传统媒体新媒体版权合作，创新驱动之下的双赢机制

——以今日头条的实践为例

孙晓红[*]

2014 年以来，APP 客户端今日头条成为媒体关注的热点之一：不仅因为它高达 5 亿美元的市值（截至 2014 年 5 月），更是因为其与报纸、门户网站的侵权之争被社会广泛关注。媒体的版权之争不仅关乎媒体的经济效益，关乎新闻传播者的积极性、创造性，更为重要的是它是一个国家的版权保护制度是否有效，乃至依法治国能否落到实处的表现。比较令人欣慰的是，通过各类媒体的诉讼请求，传统媒体与今日头条的诉讼之争、沟通交流，国家版权部门的倡导等方式，今日头条客户端与诸多传统媒体签订了版权合作协议，按照"先授权，后转载"的法律规范来传播信息，实现了双赢。笔者认为，这种思路不仅有助于解决当下传统媒体受众日渐减少、传播影响力下降、广告投放量减少带来的经济效益下滑的问题，也可以解决新的传播载体信息缺乏问题。因此，研究这种现象对转型期传统媒体与新媒体在版权存在争议的情况下如何有效解决问题提供一定的思路。

一、今日头条侵权的表现方式

2014 年以来，今日头条被多家媒体指责或者提起诉讼，如：

2014 年 3 月 12 日，重庆日报发表版权声明，称除法律、法规规定的可以

---

* 孙晓红，西北政法大学新闻传播学院副教授，法制新闻系主任。本文系陕西省社科基金项目"重大突发公共事件依法报道新闻机制探析"阶段性成果，编号：12R023。

合理使用范畴外，未经书面授权许可，其他任何网站无权使用该集团享有版权所涉内容；

2014 年 3 月至 5 月，新京报连发 4 期反侵权公告，公布多家涉嫌侵犯其著作权的网络媒体名单；

2014 年 6 月初，广州日报报业集团下属公司提起诉讼，指称移动客户端"今日头条"侵犯其新闻作品著作权。随后多家传统媒体发声，支持其维权。

2014 年 6 月 24 日搜狐宣布对今日头条侵犯著作权和不正当竞争行为提起诉讼，要求对方立刻停止侵权行为，刊登道歉声明，并赔偿经济损失 1100 万元。

2015 年 8 月 12 日，湖北日报传媒集团旗下《楚天都市报》发表声明，称因"今日头条"涉嫌非法转载该报原创作品，湖北日报传媒集团对拥有"今日头条"网站和客户端的北京字节跳动科技有限公司提起诉讼，武汉市中级人民法院于 8 月 10 日立案受理。

上述案例说明，作为一种新媒体应用的今日头条在版权应用方面存在侵权行为，侵权的对象主要有两类：

（一）传统新闻媒体被侵权，主要是报纸

1. 未经许可，直接转载媒体的稿件。转载的内容通常是媒体原创的独家稿件，这是最常见的侵权方式。独家稿件从采访到写作再到完成后传播，不仅包含着作者大量的创造性的劳动，而且与多位媒体人的努力有着重要的联系。国家版权局相关负责人在回答今日头条是否侵权的问题时指出：经调查确认，权利人投诉的部分新闻作品及相关图片均由该网站存储和传播，而非链接跳转方式，构成侵犯著作权人信息网络传播权[①]。

2. 未标明作者姓名。著作权法规定，为了体现对作者创作的劳动成果的尊重，作者对新闻作品享有署名权。转载时未标明作者，显然是无意或者有意忽视了作者享有的署名权。

3. 将原创稿件改头换面后进行传播。这是对著作权人享有的修改权和保护作品完整权的一种直接侵害。改头换面是指在转载时对作品的标题、内容擅自进行修改或者删减，使人不知道原作的内容以及原作者是谁。如财新创办五年以来，财新传媒产品的知识产权屡遭侵害。"涉事媒体在明知稿件为财

---

① 刘小珊："国家版权局拍板：'今日头条'构成侵权"，载《南方周末》2014 年 9 月 16 日。

新网原创的情况下，仍以使用其他非法转载该文的网媒的‘洗稿’方式刊发，侵犯了财新网的信息网络传播权。"①

4. 未向作者支付报酬，侵犯了作者的财产权。《著作权法》33 条第 2 款明确规定，作品刊登后，除著作权人声明不得转载、摘编的外，其他报刊可以转载或者作为文摘、资料刊登，但应当按照规定向著作权人支付报酬。

(二) 门户网站被侵权现象

如搜狐公司起诉今日头条侵权案中，搜狐公司认为该客户端的侵权模式主要有两种：

1. 直接抓取复制使用搜狐网、搜狐网手机版及搜狐新闻客户端里的文章、图片。

2. 采用 APP 内置的浏览器框架嵌套显示第三方的新闻页面，还在其移动端软件的网页上端设置原文链接地址，但同时，今日头条在页面上增加自己的推广内容、评论内容等。

二、今日头条被诉侵权的原因分析

(一) 客户端本身版权意识差，传统媒体的版权意识在增加

从新媒体侵权的历史看，第一次大规模的新媒体侵权始于门户网站，在 20 世纪 90 年代中期，以新浪、搜狐、腾讯、网易等为代表的一批门户网站迅速崛起并发展壮大，与当时无偿使用或者廉价使用传统媒体的新闻资源以及大量年轻受众对网站的青睐有很大的关系。但是，2005 年开始，部分传统媒体开始觉醒：2005 年中国都市报研究会总编辑年会在南京召开，二十多位媒体老板共同发表了《南京宣言》，呼吁全国报业同行携手改变新闻产品被商业网站无偿或廉价使用的现状；2006 年初，解放日报报业集团向全国其他 38 家报业集团通过公函的形式发出《发起全国报业内容联盟的倡议书》。倡议书指出："共同制定向网络媒体提供新闻内容的定价规范，提高网络转载的门槛，捍卫自己的知识产权，让新闻内容回归应有的价值。"但是，这些宣言或者倡议书主张的相关权利最终以流产告终。主要原因在于纸媒版权保护的意愿不够一致；媒体维权成本太高，法院对于这类案件如何审理尚缺乏足够的法律

---

① 刘文晖："自家作品屡被非法转载财新诉搜狐等 4 门户网站侵权"，http://news. jcrb. com/jx-sw/201504/t20150401_ 1492459. html。

依据与借鉴的案例；一些媒体希望借助互联网平台扩大自己的影响力等。但是，还是有包括新京报在内的多家传统媒体通过诉讼与网站达成了转载协议，维护了自身的合法权益。

如今今日头条被包括传统网站在内的多家媒体起诉，一方面说明该客户端在信息传播中还没有良好的版权意识，另一方面也说明传统媒体的版权意识在增加，这对于强化版权理念、促进版权保护具有重要的作用。

（二）在签订版权合作意向时未就相关情况达成细致明确的条款

聚焦最近两年今日头条被诉侵权案，不难发现不少媒体在起诉中提及今日头条未与媒体达成良好的版权协议。这就提示双方在签订版权协议时要遵守相关的规范，将权利双方的权利义务部分清晰明了地写入协议中，能够有效化解相关的权利纠纷。同时需要注意：当前很多传统媒体下属若干子报，在与新媒体签订协议时要将具体内容写清楚。

（三）技术手段使得传统媒体的版权较难保护

当前新媒体数量剧增，无论平台如何发生变化，除却其获取信息方式的便捷、快捷等之外，用户最终还是希望通过各类媒体获得有效信息。因此，在当前包括今日头条等新媒体平台采用抓取等方式，经过精确算法很快将相关内容传播出来，而且删除起来也很方便。所以侵权成本相对来说较低，而媒体的维权成本却很高。根据现有法律的"谁主张，谁举证"的规定，传统媒体要维权，需要搜集证据、保存证据、经过公证等一系列程序，实践中实施有相当的难度，法院的相关要求对于原告方也不利。如2007年新京报起诉某网站非法转载七千余篇稿件，法院认为应将此案拆分为七千余个案件逐个起诉，原告为此所增加的公证费、律师费成本高昂，随后新京报撤诉，双方协议和解。

三、侵权的处置方式

近年来传统媒体被侵权的事情时有发生，不少研究者通过研究我国版权法的有关规定，通过观察与分析国外境外的版权保护措施，提出过一些建设性的意见，如"集体抗争与数字化转型：纸媒版权保护路径"的论文指出：2014年3月12日重庆日报报业集团发布《重庆日报报业集团版权说明》，再次将报纸版权问题拉入了人们的视野。近年来，网络媒体眼花缭乱的技术变革和形态翻新，以及始料未及的普及速度，使得网络媒体普遍患上了"高质量内容饥渴症"。为获取丰富的、高质量内容，众多网络媒体在外在约束尚不规范的状况下，对报纸内容进行了或明或暗的大量非法使用。如何解决网络时代的报纸版权保护问题？这是个老话题，已有研究众说纷纭，本文的观点是，根据网络时代报纸版权保护所面临的障碍，就中国报社或报人而言，集体抗争和数字化转型，是值得重视的两条路径。① 笔者以为，这种说法有一定的道理，也有一定的操作性。

本文的观点是：结合过去传统媒体与新媒体版权之争的解决办法以及在媒介融合的背景下国家版权部门提出的有关主张，笔者更认可这样的方式：合作，同时提高转载费用。原因如下：

（一）国家层面的倡导

2014 的剑网专项行动确定了四项重点任务，即保护数字版权、规范网络转载、支持依法维权和严惩侵权盗版。指出通过查办案件和引导规范两个手段，组织网站开展自查自纠，加大主动监管工作力度，加强网站版权监督审核，完善网络版权许可付酬机制，引导报刊社与大型商业网站开展版权合作，完善网络转载许可付酬措施，形成网络转载等使用作品依法依规许可付费使用的合作双赢机制。国家版权局于 2015 年 4 月 17 日公布的《关于规范网络转载版权秩序的通知》再次指出"鼓励报刊单位和互联网媒体积极开展版权合作，营造健康有序的网络转载环境"。

（二）纸媒面临渠道转型

作为一种以传递新闻为主要职能的媒介，报纸有过非常辉煌的过去，也有很多可圈可点的做法。然而，最近两三年，多家报纸面临读者流失、广告下滑、盈利降低、渠道衰减等的状况。这种状况的出现既有报纸本身的原因，如内容同质化的问题、生产成本高，投入与产出比较大（如新京报曾经透露，一篇新闻稿一个字的各种成本算起来达 5 元）、时效性弱、互动性差等问题。但是，作为传统的新闻媒体，其拥有的强大的采编力量以及良好的新闻传播素质决定了其生产的内容有很大的价值与意义。因此，从另一个角度来说，为了使得信息传播达到最大化，纸媒的信息被其他媒体转载具有很大的价值。

---

① 朱鸿军，丁斌："集体抗争与数字化转型：纸媒版权保护路径"，载《中国报业》2014 年第 9 期。

（三）受众的注意力转移到移动终端是合作的主要因素

毋庸置疑，当下受众的注意力已经从传统的报纸、电视转移到了移动终端。在报纸、电视台广告收入连年下降的背景下，网站的广告却在大幅提高。这意味着传统媒体必须正视一个现实：受众的注意力已经转移到网站的背景下，如何通过信息的二次呈现（第一次是通过媒体自身直接传播给受众的）来实现传播面、传播效果的最大化？从过去传统媒体与网站的合作来看，很多的信息是靠网站的二次传播获得良好的效果的。因此，当下对于很多传统媒体来说，将纸媒或者是网站的信息转移到新的 APP 终端，是实现效益最大化的一种良好方式。不少与今日头条签订协议的媒体也发现了这样做的好处。

（四）从 1999 年开始的传统媒体与门户网站之争，最后基本以合作的方式得以解决

1999 年以后，传统纸媒发现免费的午餐养大了门户网站，尤其是 2005 年传统媒体进入拐点之后，发现门户网站成为自己强有力的竞争对手。从那以后，很多媒体或是通过同行联手，或是通过单独与网站打官司等方式，想要获得版权保护。但最终多是以与网站的合作而终了。

（五）今日头条的实践证明合作有良好的效果

今日头条作为新闻的搬运工，其最需要的内容是相关信息。传统媒体尽管面临经营上的巨大困难，然而，其内容生产方面确实有很多非常有价值的优秀新闻作品。因此，今日头条需要借力传统媒体的相关内容来实现吸引受众的目的。今日头条表示，自从"版权风波"后，明确执行"先授权、再转载"的要求；迄今已与超过两千家媒体和机构达成正式版权合作。与合作媒体单独签约，通过版权购买和广告分成模式，寻求共赢。

当然，在合作中有一个值得关注的问题，就是如何解决好对作者、媒体的报酬问题。因为传统媒体做新闻的成本比较高，如中国青年报办公室主任刘畅介绍，该报记者的每年出差采访经费达到上千万元，而与几家门户网站签订的版权费用只有几十万元[1]；即使是打赢了版权官司，收益也非常低，如在重庆，一篇新闻作品的侵权赔偿通常只有几十元，最多不过 100 元，与诉讼成本严重不对等[2]。

---

① 王熙依："纸媒是这样'阵亡'的"，http：//cul. sohu. com/20150707/n416306405. html.
② 王熙依："纸媒是这样'阵亡'的"，http：//cul. sohu. com/20150707/n416306405. html.

2014 年 1 月 1 日起开始实施的《使用文字作品支付报酬办法》规定：报刊刊载作品只适用一次性付酬方式。报刊依照《中华人民共和国著作权法》的相关规定转载、摘编其他报刊已发表的作品，应当自报刊出版之日起 2 个月内，按每千字 100 元的付酬标准向著作权人支付报酬；在数字或者网络环境下使用文字作品，除合同另有约定外，使用者可以参照本办法规定的付酬标准和付酬方式付酬。

笔者认为，比较起国家版权局 1999 年 4 月 5 日发布的《出版文字作品报酬规定》，2014 年的作品稿酬支付办法提高了作品转载的报酬标准，但是对于一些非常优秀的新闻稿件，有必要通过双方协议进行约定，保护优秀的新闻作品创作者的积极性和创造性。

四、传统媒体新媒体版权合作，创新驱动之下的双赢机制

当前，传统媒体与新媒体的版权争议不仅是一个理论问题，而且也是一个实践问题。传播媒介演进史表明，媒介演进的过程，是一个媒介依次叠加的过程，这个过程中尽管会出现多类媒介，但人们可以利用的主要媒介会逐步发生变化。从当下的中国媒介现状来看，一方面传统媒体不会消亡；另一方面传统媒体在受众注意力发生转移、新媒体成为受众接触信息的主要来源的情况下必须进行转型。美国传播学家保罗·莱文森的补偿性媒介理论认为：任何一种后继的媒介都是对过去的某一种媒介或一种先天不足的功能的补救和补偿，但是新的媒介又会带来新的问题。借用其理论以及当下的传播实际状况，笔者认为传统媒体与新媒体进行版权合作，不仅可以有效地补足两类媒体的不足，而且两类媒介都在进行创新实践，因为：

（一）两类传播媒介的不足

纸媒的不足在于在受众注意力发生转移的情况下，其现有的传播方式比较难以满足受众的需求；在受众对自己感兴趣的内容会高度关注，否则不予关注的选择性注意的背景下，如何满足受众的需求必须予以考虑；广告客户锐减带来的效益大幅下降等现实问题。

今日头条为代表的新媒体的不足：尽管今日头条创新了一种传播方式——头条号，可以将受众生产的信息作为传播内容，但是，无论渠道如何发生变化，最重要的依然是内容，特别是在一些重要的新闻事件发生后，以

及一些深度新闻报道还是需要传统媒体的新闻生产才能够实现。因此两者之间完全有可能进行合作，达到双赢的效果。

（二）两类媒介的创新

传统媒体的创新之处在于正视当下受众的接触习惯发生转型、受众在海量的信息环境下更需要对自身的工作、学习、生活等更有价值的信息；通过与新媒体签订版权协议不仅能够将大量原创的、高质量的新闻通过二次传播实现价值的最大化，而且通过广告分成的方式获取报偿。

今日头条的创新之处在于其理念以及传播内容、方式，这类媒介属于创新型媒介。APP"今日头条"2012年8月上线，其传播理念是：你关心的，才是头条。其主要特点是根据受众的个人兴趣、职业、性别、位置等因素进行个性化的新闻推荐。其口号是：我们不生产新闻，是新闻的搬运工。因此，它不是新闻媒体，而是依靠抓取其它网站的新闻进行推送服务。这是一种新的信息搜索引擎，它的成功与以下四方面的因素有关：一是媒介融合背景下的新探索。2014年8月18日，中央全面深化改革领导小组第四次会议审议通过了《关于推动传统媒体和新兴媒体融合发展的指导意见》，其中有"坚持传统媒体和新兴媒体优势互补"的观念。作为一种新媒体的今日头条主要解决信息平台的问题，其使用的传统媒体的新闻主要解决内容传播上的不足，两者之间可以达到优势互补的效果；二是在海量的信息环境中，受众可以在有限的时间里获取有效的信息；三是充分利用大数据技术实现信息的最佳推送；四是这类搜索引擎的出现，与拥有技术以及前瞻思维的创造者的创新有很大关联，今日头条在这个领域成为第一个吃螃蟹的，并且获得了成功。

（三）双赢的表现

对于传统媒体来说，它可以有效保护传统媒体的版权，激发新闻传播者的创造性、积极性；扩大新闻传播的影响力（今日头条目前的用户数），以此破解传统媒体的颓势，并增加收入；有效保护新闻媒体以及传播者的著作权，有助于新闻媒体健康有序发展。

对于今日头条来说：通过信息的二次整合，一方面可以实现信息的有效传播，因为对于受众来说，当前不是缺少信息，而是在当下受众的精力、时间有限，碎片化的阅读习惯下，创造性地实现了对信息的个性化传播；另一方面也为自身带来可观的经济效益。

　　媒体的版权之争成为当下研究的热点话题之一，说明当前的版权保护存在诸多问题。在本文中，笔者提出的合作方式，仅仅是诸多解决新老媒体版权之争的方式之一。随着时间的推移，媒介类型的不断出现，媒介生态环境的不断变化，还会有更多的、新的版权保护方式值得关注与探讨。

自媒体传播伦理：特征、问题及其认知框架

范明献[*]

自媒体（we media）自 2003 年由美国 IT 专栏作家丹·吉尔默（Dan Gill-mor）[①] 以及谢恩·鲍曼（Shayne Bowman）和克里斯·威利斯（Chris Wil-lis）[②] 在不同的著述中提出后，越来越成为极具社会现实解释力的传播概念。自媒体是指大众自主发布自己所知的信息和新闻的媒介平台，这一概念指向的是数字技术、信息技术发展出的新型媒介形态，在中国如早期的博客和当下的微博、微信。这些信息媒介形态，既是技术赋权的结晶，也是参与式互联网文化的最具代表性平台。博客、微博、微信这些具有自媒体属性的网络平台，使得每个个体拥有了前所未有的使用媒介的能力，正改变着我们的信息传播生态、舆论格局和话语结构。但与此同时，自媒体信息传播中道德问题和伦理难题层出不穷。自媒体传播的社会意义及其道德现状，意味着亟需明确自媒体使用者的社会责任、调整其中的利益关系冲突和建构起自媒体信息传播秩序。因此，自媒体传播伦理的提出极有必要。本文分析了自媒体伦理范畴特征，梳理了自媒体传播中的伦理问题，并针对其中的伦理难题，结合相关伦理理论资源进行深度解析，旨在为传播者提供有效的伦理认知框架。

---

[*] 范明献，中南大学文学与新闻传播学院副教授、博士、副院长。

[①] Dan Gillmor, "Here Comes We Media", in *Columbia Journalism Revies*, January/February, 2003, http://www.cjr.org/year/03/1/gillmor.asp.

[②] 2003 年 7 月，美国新闻学会媒体中心公布了由谢恩·鲍曼（Shayne Bowman）和克里斯·威利斯（Chris Willis）联合撰写的全球首份自媒体专题报告《自媒体：大众将如何塑造未来的新闻和信息》（We Media: How audiences are shaping the future of news and information），给出了自媒体的初步概念。

一、自媒体传播伦理特征

自媒体具有保罗·莱文森所说的"生产者即消费者"的新新媒介特征①，参与互动性强，普通人成为用户主体，个体而非组织化的自我自主传播，这些使得自媒体显著区别于传统媒介及其传播模式。作为一个新型媒介形态和传播形式的伦理类型，同传统媒介伦理相比，自媒体传播伦理有着独特之处。

自媒体传播伦理规范约束对象为一般公民。新闻伦理、广告伦理、公关伦理这些传播伦理类型，规范的传播主体是新闻从业者、广告从业者和公关业者，约束的是职业行为。这些传统媒体行业的工作者，进行着组织化的传播活动，而在博客、微博客、微信这些新新媒介平台上，每一个个体只要拥有一个账号，都可以相对自主地传播信息，发布自己所看所闻所想，实现了每个人向每个人的传播。自媒体平台的传播方式，不是组织化的，而是个体化的，不是被动的，而是自我自主的。自媒体传播伦理针对的并非职业工作者，而是每一个普通公民，约束的也非职业化的信息传播行为，而是每个公民的一般信息传播活动。自媒体传播伦理不属于职业伦理范畴，应是公民信息传播伦理的一种特殊类型。

自媒体信息传播活动形态多样，导致相应的自媒体传播伦理判断和道德评价复杂化。不同的传播主体，可以使用公共性程度不同的博客、微博、微信等自媒体平台，进行上传、转发、分享、评价等多种信息传播活动。如此，一旦引发信息伦理问题时，对此进行道德判断和道德评价会陷入较为复杂的情境中。比如 2014 年 12 月引爆网络热议的"医生自拍事件"中，医生仅仅在私密性的朋友圈里上传自拍视频，却由"好事者"将其上传到公共性的微博平台，引发大范围传播，私密的社交平台上传者是否有道德缺失，造成微博平台大范围传播的上传者是否该承担道德责任？对此，社会道德评价不一，道德争议不断。可以说，多样的自媒体平台，多元的传播者，多形态的自媒体传播活动，使得自媒体伦理判断和评价复杂起来。

自媒体传播伦理，涉及私人领域的问题突出。自媒体传播主体主要是一个个社会个体，传播内容趋向个性化。博客、微博客、微信这些自媒体平台，

---

① ［美］保罗·莱文森：《新新媒介》，何道宽译，复旦大学出版社 2011 年版，第 3 页。

造成了私人领域媒介化①。原先发生在私人领域的事件，经由自媒体平台引发大范围传播，个体私人领域越来越多地呈现在公众面前。在私人空间传播而几无问题的事件，因媒介化而在公共空间传播，却由此可能引发伦理问题。比如2015年7月间的"优衣库不雅视频事件"和2014年12月间的"医生自拍事件"，相关视频和图片在男女朋友间或者同事朋友圈传播不存在伦理问题，一旦经由自媒体平台大范围传播，就会引发系列道德责难和伦理争议。

自媒体信息传播品质，成为广为诟病的伦理问题。自媒体传播者大都是不具备专业传播素养的"业余者"，在传播流程上遵循"先出版后过滤"。美国的媒介批评者安德鲁·基恩（Andrew Keen）曾担心过"高贵的业余者"掌控下的网络世界："Web 2.0就像打开的潘多拉盒子，它让我们的社会产生了频繁接触色情文化的年轻人、从事网络剽窃的盗贼、患有强迫症的网络赌博者以及各种各样的痴迷者。"② 自媒体信息传播中，虽不致如此，但其内容品质确实堪忧：谎言和谣言流传不息，低劣和低俗信息泛滥成灾。

自媒体传播伦理问题极易引发社会道德关注。自媒体平台赋予每一个用户信息传播和意见表达权利，每一个用户都是其他用户行为的评价者和监督者。自媒体构筑了一个如同福柯所言的全景监狱式的网络，"这一网络以其权力效应维系着一个整体并完全覆盖该整体，其权力效应来自监督者与被监督者之间，即监督者永远被监督"③。每一个自媒体用户都被置于其他用户的监督之下，一旦一个用户的自媒体传播行为触及道德底线，总会有其他用户发现并发表批评意见。众多用户的道德评价会形成网络舆论或者媒介事件，引发更大社会范围的道德关注。

自媒体传播伦理建设主体多元。自媒体传播的伦理责任主体，除了自媒体用户，还有自媒体平台运营商以及网络运营商。就拿新浪微博来说，微博用户、新浪微博平台、宽带运营商都是微博传播的伦理建设主体。在自媒体信息传播伦理秩序建设中，需要用户、平台、运营商几大主体共同努力。

---

① ［英］约翰·汤姆森：《意识形态与现代文化》，高铦等译，译林出版社2005年版，第263页。

② ［美］安德鲁·基恩：《网民的狂欢：关于互联网弊端的反思》，丁德良译，南海出版社2010年版，第159页。

③ 转自［美］马克·波斯特：《第二媒介时代》，范静晔译，南京大学出版社2001年版，第84页。

二、自媒体传播常见伦理问题及难题

自媒体传播伦理虽然是新形态的伦理范畴，但就问题现象层面，可谓新瓶装旧酒，可以说是新媒体、老问题。这些问题主要有：信息真实和准确性问题；隐私侵犯；造谣诽谤；炒作和信息操纵；不良信息传播问题。对于这些常见的违纪违法、不良信息传播行为，即使自媒体传播主体自身，也对其善恶定性了然于胸，社会对其善恶评价和是非评判，不存在根本分歧，对这些伦理问题，重在规范和社会治理。

不应忽视的是，自媒体信息传播中，却也存在着善恶定性模糊、是非评价不一的伦理难题，比如：自媒体用户在转发信息时，是否应该像新闻职业工作者那样联系消息源进行核实？如果自媒体传播导致损害结果出现，原发者和转发、评论者，是否应当承担同样的责任？自媒体平台这样的网络中介者，是否应该像报社、电台、电视台那样承担起内容生产者的把关审查责任，过滤审查每一个自媒体用户生产的内容？在传播伦理责任承担上，草根用户是否与那些动辄上万粉丝的网络大 V 等量视之？这些问题，在当下微博微信这样的自媒体平台上，常常出现，往往经由一些典型事件触发网络平台乃至现实社会空间的争议与辩论。在这些问题上，社会并未形成共识，自媒体传播者也存在认知困惑。对这类伦理难题和道德困境问题，需要建构起理性的认知框架，为传播者提供合情合理的伦理引导。

三、自媒体传播伦理难题的认知框架

接下来，本文从伦理范畴、基本原则、责任伦理、网络中介者几个方面进一步讨论自媒体信息传播伦理，希望这些讨论能为自媒体伦理难题提供一些有效的分析框架。

（一）伦理范畴：信息伦理 vs 专业伦理

自媒体信息传播，是否要遵循新闻专业伦理要求？新闻业经历近百年的行业洗礼，建构起了职业共同体的专业意识形态，其中，就有被共同认可的职业信息传播伦理原则、要求、规范，比如：公共利益至上、客观、真实、公正、平衡。对于归为个体、公民、非职业化信息传播类型的自媒体信息传播，这些来自职业信息传播实践的道德规范是否适用？

一种观点认为在当下的新闻生产社会化的趋势下，新闻职业伦理应当相应公共化、社会化，约束对象可以向一般社会成员扩展，道德规范可以泛化或转化为普遍的道德规范。既然一般社会成员能够担当职业工作者的某种角色与职能，在道义上他该按照职业道德要求约束自己的相关行为①。这种观点把客观、真实、公正、平衡这些新闻职业伦理原则视作人类新闻传播实践的伦理文明结晶，认为这些原则、规范反映了建构公共信息传播秩序的社会需要，不应当局限于职业媒体人，应当成为公民信息传播的普遍性要求。

不过，反对和不支持自媒体信息传播遵循新闻专业伦理的意见也很强烈，理由也有很多：新闻专业伦理的主体是职业传播者，属于职业伦理范畴，以此对自媒体信息传播的公民传播者进行伦理规约，要求过高；公民不具备遵循职业伦理规范的条件，比如新闻核实原则，作为一般公民个体，就不可能具备媒体人所拥有的信源核实的人力资源、组织资源、信息资源；多数自媒体用户的传播影响力有限，即使出现传播问题，所造成的负面社会影响不大，不必承担过多的传播责任，也没必要遵循过高的职业伦理规范；职业伦理规范下的传统媒体道德失范问题严重，一个问题多多的职业共同体的道德规范，没道理再强加到公民信息传播主体身上。

毋庸置疑，自媒体信息传播需要建构起信息伦理秩序，而新闻专业伦理是浸润着百年职业媒体人道德经验的伦理文明成果，不可否认也是自媒体信息伦理建构可资利用的宝贵伦理资源。不过，是否将职业伦理规范迁移到自媒体信息传播领域，还应考虑具体传播情境、公民的伦理践行条件、传播社会影响力等因素。

（二）传播基本原则：真实 vs 透明

真实性是职业新闻工作者的基本原则，在新闻职业实践中建构起了践行真实原则的新闻工作制度：重要新闻需要多层多环节把关，要对新闻源进行核实，有可能的话要对多个不同信源进行对比核实。自媒体平台的个体用户，确实不具备职业媒体人所具有的组织资源和信源资源，也并无必需的时间和技术技能条件，让其遵守核实制度几乎是不可能实现的严苛要求。

自媒体时代，透明性原则越来越受到青睐，有西方研究者提出："透明性

---

① 杨保军："公共化或社会化：'后新闻业时代'新闻道德的一种走向"，载《编辑学刊》2010年第3期，第32－36页。

在博客的地位，相当于真实性在传统新闻中的地位。"① 透明性原则最早在网络新闻传播中被提出来，指的是新闻的制作者向受众解释和说明如何选择和生产新闻的过程。受众可以藉此评判信息是否可信、获得过程是否可靠、提供信息的用户有何动机和偏见。提倡透明性显示了对真相和受众的真诚，也显示了内容提供者对受众的尊重。

透明性原则只需要自媒体用户在发表帖文时对内容的来源、编发过程做出简要说明，不要求进行多方核实而占用过多时间。透明性原则因此不会给自媒体用户造成太多压力，契合了自媒体用户的道德践行条件。相较于核实原则来说，透明是一个践行难度适宜的原则。虽然透明性不是达到信息真实的充分条件，但是不透明，却是虚假和欺骗的必要条件。

借鉴科瓦奇和罗森斯蒂尔所提出的透明性三要素②，自媒体传播中的透明性可包括以下三个内容：其一，在可操作的前提下，尽可能地说明如何得到所发信息的；其二，对可能导致误会的内容就其传播动机作出说明；其三，必须承认，所提供内容中还存在一些没有得到回答的问题，并对其进行必要说明。

（三）责任伦理：具体传播情境中的多维面向

德国社会学家马克斯·韦伯 1919 年提出了"意图伦理和责任伦理"的伦理界分，这曾被称为伦理学领域"哥白尼式革命"。韦伯认为，一个成熟的人，应该意识到对自己行为后果的责任，遵照责任伦理采取行动。责任伦理是一种对行为及其后果的担当意识，要求人们必须为自己涉及他人和社会的行为作出交代和说明，必须承受与此行为相关的所有人对此种行为之正当性的审判和评价③。作为自媒体用户的公民，应当对自己的信息传播行为及其后果承担责任，因此，责任伦理是评价和理解自媒体传播伦理难题的一个较好的理论资源。

依据自媒体用户身份及其传播行为特征，在评价同样情境下自媒体用户

① Jane B. Singer, "Contested Autonomy: Professional and Popular Claims on Journalism Norms", in *Journalism Studies*, Vol. 8, No. 1, 2007, p. 86.

② ［美］科瓦奇、罗森斯蒂尔：《新闻的十大基本原则》，北京大学出版社 2011 年版，第 85 - 87 页。

③ 参见徐邦友："从意图伦理到责任伦理：中国政治伦理精神的嬗变"，载《浙江学刊》2009 年第 4 期。

传播责任时，可有或显著或细微的差别，这些差别具体见微于以下一些用户差异上：

自媒体组织用户，要比个人用户承担更大的责任，这是因为组织机构有更多的资源和条件来精心组织自己的传播内容。

自媒体组织用户中，新闻媒体用户要比非媒体用户承担更大的责任，因为他们是职业的，他们的影响力更大，他们应当比其他用户更专业。

自媒体个人用户中，公众人物要比其他一般用户承担更大的责任，因为他们的自媒体传播行为往往借助他们的已有身份产生更大的影响力，他们也比其他一般用户拥有更多的媒介资源为自己做辩护。

自媒体个人用户中，媒体人用户要比非媒体人用户承担更大责任，因为他们就是干这个专业的，他们具有相应知识和专业技能，他们应该遵守更严格的传播伦理规范，承担更大责任。

自媒体用户中，拥有更多粉丝量的用户，应当承担更多的责任，因为他们比较少粉丝量的用户拥有更大传播影响力，一旦造成对他人或社会利益的损害，这种损害也更大。

自媒体用户在进行信息传播活动时，当内容涉及公共利益，应该比不关涉公共利益承担更多的责任，因为关涉公众利益的言论可能造成的社会影响会更大。

（四）网络中介者的道德责任

微博、微信这些自媒体平台，属于交互性计算机服务（interactive computer service）的提供者，同作为内容提供者的自媒体用户不同，它们是网络中介者（intermediaries）。这些网络中介者为自媒体用户提供了自由开放的网络交往空间，自媒体信息传播中出现的伦理问题，它们是否应该承担伦理责任？对它们的道德要求是否向传统媒体看齐？

在涉及传播责任的争议时，出版者（publisher）与散布者（distributor）①的区分很关键。两者的区分，主要是基于传播者对传播内容是否具有"编辑控制"的权能。报纸、杂志社、出版社、电台、电视台，这些机构以其所拥有的载体发布信息，对所发表的内容有完全的编辑控制权，它们主导了传播

---

① 张金玺："美国网络中介者的诽谤责任与免责规范初探"，载《新闻与传播研究》2015 年第 1 期，第 70 – 87 页。

内容的生产，这些机构可归为出版者，自然要为其出版刊播的内容承担责任。而像书店、图书馆、报摊这样的机构，对传播内容很少或几无编辑控制，仅为信息的传播者，它们不同于出版者，不必为他人生成的内容承担过多责任。

自媒体平台，是网络服务提供者，这样的网络中介者，为自媒体用户生产的内容提供发布平台，不同于报纸、杂志、电视台这样的出版者，对自媒体用户的内容较少编辑控制，更应视作如同书店、图书馆这样的信息散布者。在传播内容的道德责任承担上，似不应该像传统专业媒体那样做严格全面的要求，但毕竟提供了言论发布渠道，应该承担作为信息散布者的责任。在涉及这些网络中介者的道德争议时，应该充分考虑这些自媒体平台的媒介属性，不应过分进行责任归咎，否则会危及平台的信息传播开放性和自由度。

政务新媒体的发展方向

张勇进[*]

　　做这个报告其实是有些压力的，我平时侧重于实际工作，理论研究这方面比较欠缺。选择政务新媒体发展方向作为演讲题目，原因有两个，第一个原因是在平时的工作中与传统媒体交往比较多，当前存在很多困难，一是经济方面，二是转型方面的困惑；第二个原因是，近两三年来我一直为相关部门提供新媒体方面的技术支持服务，为一些政府网站提供数据分析，积累了一些经验。目前我在承担三个课题研究任务，有政府网站数据管理以及政府数据开放等问题，希望通过这个平台邀请一些有兴趣的老师或者同学参与到我们的研究工作中来。

　　接下来向大家介绍我们的研究机构——网络政府研究中心，可能对传统媒体转型会有些启示。我们这个中心成立的时间非常短，2012年3月16号才正式成立，成立的原因是基于对当前时代特征的认识。第一个是，进入互联网时代后，产业管理政策需要创新。互联网时代，工业社会、农业社会、信息社会多种社会形态并存，需要有网络研究中心这样的研究机构来研究政策该如何进行创新。第二个是现在社交媒体发展特别快，新媒体、自媒体管理出现的一些难题，希望有机构能协助他们解决。第三个是在创新与风险并存的时代，政府管理应该如何创新？这三个时代特征的存在才有我们网络政府研究中心的诞生。从2012年到2015年，我们中心的发展，可分为三个阶段，第一个阶段是考虑怎么解决生存问题，生存问题从两个方面考虑，这点和传

　　* 张勇进，国家信息中心信息化研究部电子政务研究室副处长，博士，《中国行政管理》杂志社特约研究员。本文是2015年11月21日在西安参加西北政法大学新闻传播学院举办的"新媒体信息传播与法制建设高峰论坛"上的会议发言。

统媒体特别像，第一个是开展传统的绩效评估业务，第二个是搜索引擎优化，这两个业务中，传统绩效评估相当我们传统媒体出版业务，是一个很老的、很成熟的业务，搜索引擎优化在互联网领域也是一项很成熟的业务，很普遍，很多企业也都在做，所以我们在 2012 年起步的时候主要依靠这两个业务解决我们生存的问题。2013 年开始转型，主要从两个方面开始，核心是以数据作支撑，突破口选择在网络在线行为的数据分析，在国内至少是政府信息化系统中从来没有过的业务，也是我们自己重新设计出来的一个新的创新型业务，通过行为数据分析来感知政府的相关管理和服务效果；数据分析在一些行业领域开始试应用，也为网站的一些网上服务做优化改进，这算是国内独有的一个创新。2013 年能够这么做的，比较少，这两个业务基本解决了 2013 年的转型发展问题，使我们从传统业务转到新的互联网业务轨道上来。第三个阶段是 2014 - 2015 年，有三项新工作开始启动，第一个：因为我们一直承担为相关部门做政策大数据分析评价，重点是针对重大政策做一些数据分析和评价。这项业务从 2014 年到 2015 年发展很顺利，到现在每隔 12 个小时提供一次互联网大数据分析评价。这个业务发展非常快，有些地方政府也都希望我们能和他们合作。第二个：在创新的业务这块，还有互联网态势分析。行业和地区互联网信息管理是一个隐患，这块主要针对一些热点问题进行分析，和传统的分析系统不太一样，更多从政府的经济、管理、社会民生服务等方面开展。一些省份的应用证明，这确实能够解决一些实际问题。第三个是近两年发展较好的一些业务，针对一些行业的大数据应用，这是个深度的创新，目前在国家级和地方级新媒体这块，这两年进步非常快，发现空间特别大。所以通过这三个阶段来实现由生存、转型到发展的问题。到 2015 年，我们网络中心已经有近一百多人，而 2012 年才只有 6、7 位。我们网络中心的发展过程这块，对传统媒体转型发展有一定启示。

接下来回到政务新媒体发展方向，前面两位老师也谈到数据的问题，新媒体发展的第一个问题是数据的转动。让数据转动起来是最核心的事，每个行业把数据转动起来，这个行业就有了生命力，给心脏注入动力，而且在互联网时代心脏需要重新注入新的血液，相当于再造一个新的数据心脏。这是马云说的话，很多人到现在还没有搞清楚什么是 PC 互联网，移动互联就来了，还没有搞清楚什么是移动互联网，大数据时代就来了。在大数据时代，各种电商，包括金融机构利用大数据进行销售，发放贷款。在一些新兴领域大数据运行的特别快。我的第一个观点是怎样让数据转，我们知道很多行业，比如电视台和一些平面媒体都想搞大数据，面临的第一个问题是数据从哪里来，没有数据的话怎么弄，没地方可以买，目前数据没办法买，现在国内数据交易市场还没有真正建立起来。我总结了我的一些经验，数据从哪来？数据其实可以从六个方面来，这六个都是现实存在的数据，随时都可以用的一些数据，一是社会开放的数据，有百度、微博、微信，一些其他互联网企业，还有一些公司开放的一些数据，都可以供我们使用。二是媒体提供的内容数据，这是媒体行业最大的优点，所有这些传统媒体都有十多年甚至几十年的积累，可以为我们充分利用，这块媒体内容的数据化、电子化、在线化，怎样组建数据库？怎样利用内容数据？这些需要媒体界的老总考虑，这方面的发展空间特别大。三是业务运转的数据，这在传统媒体中仍然存在，只不过量不大。比方说读者来稿的审批、整个稿件的周转，还有一些相关的办理信息。每一个行业只要是对外管理，就有相关的数据，只不过是我们没有注意，没有进行数据化处理。四是用户痕迹数据，痕迹数据在很多政府网站或信息系统都有。过去，很多单位都没有注意到这个数据，或者没有相关的技术力量来支撑获取。在获取用户痕迹数据这块，目前有很多免费的软件可以用，在网上都有这些软件，包括我们网络政府研究中心也为政府和业务单位免费提供获取相关软件。可能是很多部门没有意识到这个痕迹数据，应该去注意，去关注，去掌握这个网站的用户是怎么看网站怎么用网站，怎么来怎么去的。五是环境和生理数据，包括各种遥感、检测器、传感器这块，现在中科院心理所他们购买的设备可以把人的脸部取一千六百多个点，把每个点加上坐标监测你的脸部的各个肌肉运动特征，现在还有高校用人的脑电波数据，做情绪分析这块；还有相关机构做步态数据，超越人的面孔数据，超越传统数据，把人的走路姿态，而不仅仅是声音和指纹虹膜构成身体特征。你可以不知道一个人的面部特征和声音，但可以从他的步态中判定这个人是谁，从哪个地方走出来，现在又在哪里。在生理感知数据这块也是有很大空间。六是未来最有期望的是政府开放数据。目前，有些地方政府发展特别快，上海、重庆、贵州、武汉、海南等地，很多政府在开放数据，明年应该会有很大动作。光这六类数据就足够我们用了，现在某些机构已经开始提供一些数据分析的岗位。数据源其实是有的，客观存在的，现在我们所分析的数据基本是基于第一类和第四类。至于业务运转的数据可能还需要和机构协商，也许有难度。从第一类和第四类做分析，这两类就足够了，包括咱们一些学校教授做科研也是一样的，很多数据就可以直接用了，如果想知道哪些数据的一些具体情况可以会后进一步沟通交流。

政务新媒体中，为什么要让数据转起来？为什么非要在新媒体这块谈数据呢？没有数据就不能转型吗？这里面有几个原因。第一个原因是，有些传统媒体和正在转型的媒体，他们的客户流失量特别大，有些用户即使登陆了，但是他们并不来阅读，也就是说看起来用户多但访问量并不大，就像一些微信公众号可能关注量有几十万，但是实际看的人很少。第二个原因是，收入这块也是非常现实的问题，很多媒体想通过发展网站来提高收入，但现在这些网站也比较困难，如果没有收入增长，发展也很困难。第三个从采编发来看，即使做得比较好的一些新媒体网站，他们往往在信息采集方面也面临很大困难，不知道该采访谁，可能最后就凭感觉走，凭经验安排，不知道怎样去采的准确。然后是在内容编排上，尤其是页面媒体编排，谁放在哪里合适？位置该怎么摆？哪样才符合用户需求？这个也缺乏感觉；第四个是在发行这块，在采好信息往上放之后？效果怎么样？有没有人看？看得怎么样？是谁看了？这个没有任何一个预判，就算有预判，这个预判也和实际情况差别很大。所以基于这几条来看政务新媒体很需要数据开始运转，没有数据的运转，很多问题很难解决。如果数据开始转，有些问题还是可以解决的。

我举一个实际的例子。政府网站如何利用数据来支撑事件的新闻报道和工作的部署，甚至是一些内容的编排。这个例子离现在不远，就是发生在2013 年 4 月 20 号的四川雅安地震。地震时的一些数据采集、发布、编排和工作部署我从头到尾都有参与。后来其他省份的一些地震时的大数据分析也一样，我们做这个比较顺手了，所以对这个比较熟，碰到这类的事情数据知道该如何采，怎样编排。当时的数据分析的步骤是这样的，一是要掌握这个态势，你不掌握态势，整个信息发布就缺乏科学的依据；二是能不能通过数据分析掌握网民的需求动态的变化？能不能找到信息传播链条的规律，从哪里传？怎样传？哪个信息传的比较多？三是通过数据分析能不能找到政府发布的这些信息的实际效果怎么样？出现问题了，还有没有措施可以弥补？四是通过数据分析能帮助一些信息发布部门，尤其是一些新闻部门调整工作重点，自我感知他的传播效果，明确下一步或者第二天要发布的内容；五是树立正面形象，减少负面舆论，对于一些负面的内容进行缓和。这些是当时的工作思路。接下来的数据分析表明，20 号到 26 号这七天的工作又分为三个阶段，每个阶段的信息需求都在发生变换，有些甚至是当天上午一个情况，到了下午就会发生变化，所以这七天每一个阶段变化都在我们的掌握之中，基本上都掌握的非常准确，而且对第二天的预判也非常准确。对这七天的分析结论如图所示。

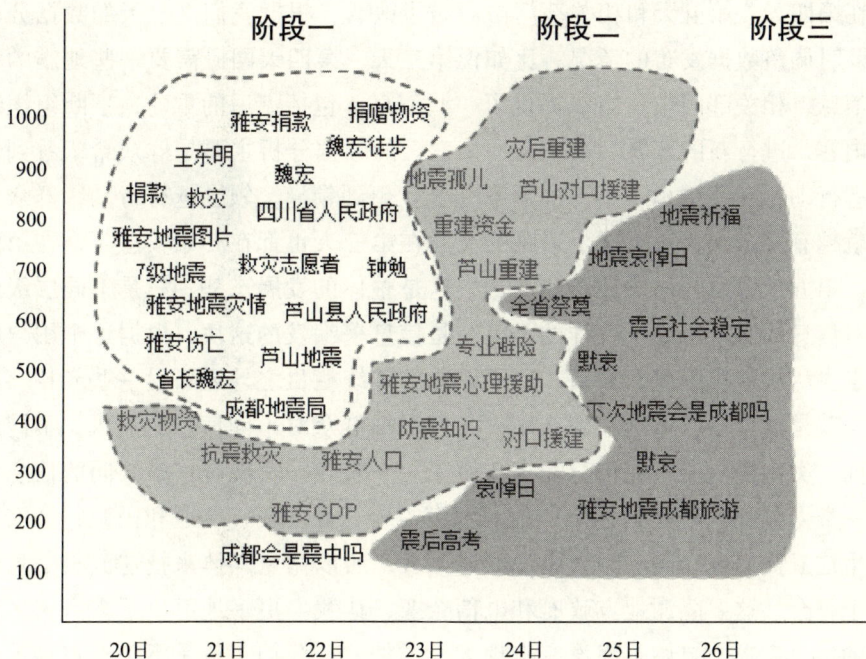

这个数据源，我们之前也说了有六类是可以用的，当时其实我们并没有掌握那么多的数据，掌握的第一个是网站页面用户的数据和用户访问痕迹的数据。这里有一个问题，这中间有一个县在地震期间机房出现问题，发生瘫痪，但托管在市里面没有问题，所以数据的安全性也很重要。当时新浪微博也提供了一些微博数据，数据量还是比较大的。数据分析的结论是这样的，第一个是地震时候网民的信息需求总共有十类，实际上每隔两天就会发生一个变化，第一天和第二天为灾情和政府领导以及救助的情况，第三天和第四

天网民不再关心领导是否去了现场，也不再关注地震是否还继续有余震，他们关注的是地震的科普和灾后重建，第五到第六天关注生产恢复和高考是否后延和孩子开学怎么办，也就是说每隔两天就发生一个很大的变化。另外还发现几个新的规律，一是在地震以后电脑用户少了，而出现更多的手机用户，二是两个高峰，这两个高峰和平时不太一样，上午和晚上其实一样，但下午高峰没有了，所以这个高峰是在上午九点和晚上十点，这和传统的下午三四点不太一样。还有用户的来源，大多都是政府和一些官方的媒体微博，有一些个人微博参与进来但是很少，没有发挥足够大的作用，非常可惜。后来我们在第四天、第五天和相关部门协商做了改善，根据我们这七天的数据分析来及时调整数据发布的情况。比如说第三天、第四天网民需要一些地震的科普信息，相关部门很快组织提供了一些信息，包括灾后的重建，不断组织新的内容，进行新的部署。第一天和第三天的数据分析主要是群众希望看到领导有行动，在我国出了事，群众第一个就想到领导，领导越有行动，群众心里就越有安全感；对于这个道路的交通在第三天也都在开始关注了，在第四天、第五天以后开始关注道路疏通，这是整体的发展态势。三是不同层级政府对信息的需求也是不一样的，第一是信息采编发的这块，根据这个用户的特点去尽快地排版更新栏目，除了以往的传统栏目之外还新设一些专栏。第二个就是这个全媒体这块怎么用，我们根据群众对不同信息的需求，不同地区同一类型群众的不同信息需求，做了一个整合，发现有很多共同的信息在同一类人群和同一类地区中，他们都有需要，像地震、交通和民政、公安和卫生这五类信息在同一群人中都同时需要，所以用全媒体来把这五类信息做一个整合，这要感谢地方政府和电信企业，让我们更多地解决了多数灾区网民的信息需求，自始至终没有出现太大的偏差。我们一般是下午五点钟给地方政府这个数据分析的结论，他们当天晚上就组织这个会议，准备相关信息及时发布，当夜或者第二天就上线，所以这个信息引导，舆论引擎发挥了很好的作用。根据了解，信息综合发布地图为一些义务志愿者提供了帮助，发挥了很大作用，因为志愿者搞不清楚哪些地方有没有人去或者前面的一些灾情情况，道路有没有断，但通过这个综合地图就引导了很多民间志愿者进行有序救援。全媒体如何编？如何发？就做了五类整合，地方政府反应迅速，这是依靠数据进行编排的一个情况。另外一个数据分析发现，从整体情况来看信息发布的供体和群众的需求存在不对称，后来把这种情况做了一个梳理和整合，提供给相关部门。

通过四川雅安地震以及后面的云南地震大数据分析，政务新媒体确实发挥了很大的作用。相关部门希望我们能拓展这个大数据分析，用到政府信息传播中来。我们由此做了一个总结，政务新媒体数据分析怎么用？能够用在哪些地方？第一个可能和信息采集发布方向调整有关。没有必要的一些信息就不要考虑去采集了，群众需要和政府发布的一些信息才需要发布，这样减少了工作量，大大提高了工作效率，可以科学安排发布的位置和时间。第二个前面讲了，指导设置安排一些新的栏目。任何新媒体，现有栏目发布的信息原来就有，但是群众需要的信息特别复杂，经常变化，需要原来的版面或者二级、三级栏目进行调整改变。还有这个时间，是选择实时发，还是高峰时间发，还是错开发，这也是很有学问的。第三个调整一些专栏专题设置和内容聚焦点。到底聚焦哪个方向的内容？这里面也有很多内容需要研究。第四个掌握已发布的信息实效，看看是否对路？有没有用？有没有错？在一些地方有没有一些负面影响？第五个打通用户信息获取断头路。用户在获取信息这块有没有出现阻碍？障碍出现在什么地方？最后一个是要知道潜在的活跃用户群体，因为每当一些事件发生并不是只有政府媒体发布，还有一些社会媒体和自媒体也在发布，那么谁是活跃的主打媒体？他们在什么地方？如何把这些潜在用户掌握住？利用好？也是值得考虑的。

我说的数据转动起来，并不是说让数据替换决策。有些地方有些专家认为要让数据来决策，让数据来说话，用数据来替换人，那么凭我个人经验来看很难，至少大数据分析有偏差甚至会出现严重误差。一些互联网数据企业在有些情况中居然针对同一件事会得出完全不同的结论出来，这说明数据分析还是存在很多的问题。比如中国的股市，最近的方向性改变，没有一家股票分析公司可以分析得出来，没有一家可以提前预见。数据分析不能完全信，它里面还存在很多不规范、不科学的地方。第一个是数据分析永远替代不了人的思想，人的思想是最伟大的，数据分析只是个技术，一种工具。数据分析刚刚起步还很不规范，还有就是数据源的问题，多数分析报告并不载明数据源的质量，数据分析模型如经济模型、社会模型、生态模型这块的研究还不够，所以数据现在只让它转就可以了，现在还不到让数据来说话的时候。

让数据来替代人的思想不可能。举一个例子，最近为双十一做的这个数据分析方案，第一个解决的是版面安排问题，上下应该放哪个图案，背景色彩如何，某个省某个地方应该推什么商品，所有数据分析结论都是用来感知用户，改进促销。数据的这个应用和我们新媒体的编排其实是一样的。当然，电商投的人力物力特别大，特别是数据这一块。

我再简单介绍一下广电这一块，讲讲这个套路。很多地方现在做一些娱乐节目，任何一个节目首先要观察他节目声量变化的情况，第二个是用户性别和省份分布，像广东、浙江这些省份用户比较多，第三个是节目内容的用户情绪，可以给它分成几个段，每个段它要表达的是什么？可以给它做五种情绪分类，第四个是比较细的，是节目的这个主持人、演员，他对这个节目的贡献度怎么样？这就关系到下次节目请不请这个演员过来，要不要继续用这个主持人或演员。这两个结合起来也是很有意义的，应该哪个节目哪一段里面让哪个演员哭笑，或者该给他一个特写了，还是一个其他的镜头，这样能够提高质量，提高用户关注度，科学地安排设置一些内容。还有播放量，首期播放怎么样？第二天、第三天、第四天播的怎么样？还有没有人继续跟随观看？看得怎么样？传播得怎么样？节目的用户搜索量有没有达到一个高峰？这是广电节目数据这块将来可能用到的技术支撑，也是将来利用大数据支撑节目采编发的发展新方向。

前面我们说到的是数据该如何转，现在介绍第二个新方向：生态圈该如何舞动起来。之前说的传统媒体转型中出现困难是因为它没有一个健康、活跃的生态圈。核心是在互联网时代，它的群众路线没有掌握好，其实很多传统媒体是有自己的优势资源的，这些资源呢，还在原来的老旧的生态圈里转，有的只是一些技术形态上的形式转型，连上互联网了，节目内容上网发布了就没事了。根本上没有做到贴近网络网民，甚至是逼走网民。尤其一些重量级的大企业、大型媒体还在奢望以我为主，统建一个我的生态链，把很多企业圈进来。结果是，我们现在被迫参加很多企业的各种会、各种产业联盟之类的。其实，太多的生态圈，现实意义并不大，还是传统的老思路。网民群众并不是在我们官方的网站上，而是在各种社交网站、微博、微信上的，每一个互联网渠道承载的网民群众都不一样，而且一直在变，群众并不是在我们想象的、想建设的生态链上。所以要知道群众在什么地方，我们这个生态链才能重新构建。其次，每一条信息的需求量在不同的地域也存在很大区别，所以我们现在也在研究地域，不同地域的群众也有自身的规律，每一年每个月每个城市的信息需求都有分化。生态圈的舞动也是相关部门下一步将要推的一个工作。按传统的思路，政府提供网上服务都是在政府网站或者政府的微信、微博客户端上来进行，完全没有必要用微信，但现在变了，一些部门和地方不再依靠政府网站，也在利用微信提供服务，开始梳理政府为社会提供服务的相关接口。最后的结论就是，媒体不光可以提供资讯服务，还可以提供大量与媒体无关的互联网在线服务，这方面有巨大的发展空间。在信息生产侧，不再完全依赖一些传统的外媒或者驻外记者，现在包括一些个人，像留学生发布的自媒体新闻信息，开始被一些正规的新媒体转发，信息生产方面也在发生改变，已经有一个新的体系产生。生态圈舞动的目的就是让能量发展，随需应变，同时改变生产侧和消费侧。

时间不多了，第三个发展方向，我简单说一下，就是让传播力壮大起来。前面你就是做得再好，如果传播力太弱了，这个通道不能通，道路不宽广，速度和载重量上不去，也没用。最后的目的就是面向世界讲好中国的故事，提高信息的互联网管道传播能力，怎样把传播力、传播渠道壮大起来？政务新媒体也应该讲究这个传播力。你发点新闻信息，不光是有多少人来看，还要看有没有人给你转，转的怎么样？信息传播的路上有没有障碍？哪个地方出现了断路？中间传播的这些人群特征如何？这个传播力要到位，因为传播力才是真正的影响力。

这是我个人对政务新媒体发展方向的个人观点，不代表任何组织，纯属个人看法。第一个是数据转动，第二个是生态圈要舞动，第三个是传播力要壮大。不到之处，请大家指正。

最后非常感谢，感谢各位老师、各位同学！

新媒体新闻将向何方

彭 兰[*]

今天跟大家共同分享这一个题目，是最近几年来我一直在思考的，也是在座的各位老师在研究和教学中可能会涉及的领域。

希望我的演讲可以给大家带来一些新的信息、新的思考。

一、"机器新闻"比我们想象的来得更快

新媒体新闻将向何方？我们在上一些采访、新媒体等课时，会接受各种各样新的媒体形式，但是有一些东西还是会出乎我们的想象。

"腾讯财经讯国家统计局周四显示，八月 CPI 同比上涨 2.0%，涨幅比 7 月的 1.6% 略有扩大，但高于预期值 1.9%，并创 12 个月新高。"

这是来自腾讯的一段新闻导语，乍一看是一段很常规的财经性新闻写法，甚至枯燥到我们很多年轻的同学几乎仍然是没有兴趣去关注它，但是我们从未来新闻史发展的角度上来看，却是有着不一样的特殊意义。

之所以要给它这样的介绍，是因为它是由来自腾讯的机器人写的。当然我们不是在为腾讯做广告，而是必须承认确实一些科技公司在这方面反应更快，敏感度更高，技术水平上也存在一定优势。

就是这样一条新闻，在几个月以前有媒体朋友注意到了它，关键就在于它是由来自腾讯所创的机器人所写腾讯财经开发的自动化新闻写作机器人"Dreamwriter"，它根据算法在第一时间自动生成稿件，一分钟内将重要资讯和解读送达用户。

* 彭兰，清华大学新闻与传播学院教授，博士生导师。本文是 2015 年 11 月 21 日在西安参加西北政法大学新闻传播学院举办的"新媒体信息传播与法制建设高峰论坛"上的会议发言。

此后这样的新闻又一次出现在我们的视野里，甚至当它再一次出现的时候，它有了个性化，像这样很枯燥、很程式化的东西一般人可能不会对它产生兴趣。那么，我们如何让机器模仿记者、编辑，让枯燥的内容慢慢产生人的情绪化的表达方式，个性化、风格化的语言。后来，腾讯在这方面进行了不断的改革去尝试这种表现形式上的优化。

"机器新闻"比我们想象的来得更快。前几年在注意这个话题的时候，我们业界、学界很少有人注意到，然而国外很多领域已经在参与此类项目。

在与腾讯的合作报告中，我提到了网络媒体的进化动力，并将其分为七个博弈，其中之一就是机器和人的博弈。我认为能够起决定作用的不仅仅是人，还有可能是机器。当时支持我的就是 Narrative Science。Narrative 是一家拥有大约三十名员工的美国公司，它们运用 Narrative Science 算法，大约 30 秒就能够撰写出一篇新闻报道，其稿件主要针对财经、体育等大数据比较程序化的领域。这样的文章曾经在《福布斯》等著名出版机构的网站上获得发表。

美联社宣布从 2014 年 7 月起使用机器人（Wordsmith）采写财经新闻，包括突发事件、短消息、公司业绩报道。过去用人工每季度大约撰写三百篇此类报道，采用了机器人后产量将达到 4400 篇。

《纽约时报》也推出了机器人主编 Blossom。

《卫报》用算法自动生成的报纸"Open 001"，依然采用的是传统纸媒的版面，但是内容流程则采用机器人编写的方式。

我国在 2015 年 11 月 7 日，新华社推出新闻写作机器人"快笔小新"，这一天恰好是我国新华社成立的日子。

机器人写稿流程分为：数据采集、数据加工、自动写稿、编辑签发四个环节。技术上，通过：①根据各业务板块的需求定制发稿模板；②数据自动抓取和稿件生成；③各业务部门建稿、编审、签发三步走来实现。

机器人新闻的出现，前提是数据采集、加工及分析等技术的提高。现在尚处于实践阶段，但我们不能否认其发展趋势，只希望不要太快，机器在分析大数据等确实存在巨大优势。

在可替代与不可替代的问题上需要具体来看：从数据来源稳定、写作程式化和机械化等方面来看，机器人是可以替代人的作用；但（机器人写作）没有稳定信息源，在深层分析、解读与评论，有情感、有温度、有现场感等方面，人则具有不可替代性。

因此，未来"人"在信息生产中的角色和工作方式，一定程度上会发生变化。人在未来信息生产中的重要程度，取决于其对那种不可替代角色的认识与实现程度。今天我们作为观察者，未来到底如何发展取决于年轻的你们。

二、大数据带来了深度报道的新可能

传统媒体的"深度报道"，往往是"聚光灯"式的深刻，它在某个范围内具有自身的亮度与穿透力，而在此范围之外的事物可能是模糊的。但今天的用户还需要"阳光普照"式的光明与深远，他们希望看到更大范围内的全貌。要实现这样一种目标，媒体的深度报道需要在思维、方法、支持技术、实现形式等方面进行拓展，大数据提供了这样一种可能。

我们可以看到有些地方已经将新闻与数字结合的典型例子，如百度"迁徙"项目，以前没有一种方式能把大规模的运动轨迹完全把握，现在通过数据分析则可以实现。每年春运从北京回家的人数排在第一位的是山东，而我们的直觉则是河南、四川等省份。这种大规模的广泛调查，以前是通过全国范围内的记者来进行，以后则是运用机器进行这种更深度的分析。

央视"数说命运共同体"专题中，节目依托国家"一带一路"数据中心、国家统计局、海关总署、世界银行、世界贸易组织的权威数据库，动用两台超级计算机，历时 6 个月完成，节目挖掘数据超过一亿 GB。其中，5 位数据员用 21 天分析了从 GPS 系统获得的数据，做出了"全球 30 万艘大型货船轨迹"。

从智谷趋势研究中心的《2013 中国政商关系报告》、《〈人民日报〉上的令计划》等，也说明了媒体现有资源的数据挖掘思路。大数据在媒体中的渗透，对编辑记者要求越来越高，懂技术是编辑、记者与技术人员对话的基础，是团队合作的基础。

三、传感器新闻：数据新闻的另一种可能

未来人与物，物与人的联系，物联网时代传感器的普及，也意味着媒体信息来源的进一步变化。由小部分的专业媒体到稍大范围的所有用户甚至是更大范围的所有可能的物体。

在地震等灾难现场我们可能不需要专业媒体奔赴现场第一线通过肉眼及采访知道相关内容，现在可以通过 GPS 等一系列智能机器实现更全面、更广泛的数据分析。当然现在只是发展起点。

内布拉斯加大学林肯分校新闻传播学院的一位教授给自己托运的行李上安上传感器，以此来知晓航空公司是如何对待其行李。其实不仅仅在这些方面，在很多肉眼观察不到的方面，可以用各种各样的传感器去洞察分析得出结论。未来当我们对传感器的认识更深时，技术越来越成熟时，对传感器在新闻资源的采集以及整个新闻报道等空间的作用应该会越来越深。

传感器新闻的优势方面有三个：一是预测性新闻，二是个性化新闻，三是深度报道。

四、VR（AR）新闻——让你进入新闻

虚拟现实技术（VR）、增强现实技术（AR）都有可能改变未来的新闻呈现方式。叙利亚项目中，重现灾难现场，运用虚拟现实技术你可以进入现场感受这种现场的气氛，当然这种报道要考虑道德等因素。

腾讯前段时间也运用这种虚拟现实技术使嘉宾在看邀请函时有一种进入现场的感觉。

今天分析技术与媒体的关系及变化想要说明：人在技术面前一方面要保持警惕，另一方面则要思考，不要逃避，选择性地去利用它。技术不是万能的，但技术一定会在很大程度上改变未来的新闻业。

媒介生态环境之竞争要素探析

——以美国商业电视为例

王　翎*

媒介生态环境由传媒政策、技术水平等多种要素构成，作为要素之一的竞争环境是影响媒体发展的重要因素。在传媒业发展水平极高的美国，电视媒体在商业化占据主导地位的体制的指引下，通过节目竞争从而获得高收视率进而获取最大化赢利。尝试从分析美国主要商业电视在内容等方面的竞争入手，能较好地对媒介竞争要素进行解读。

媒介生态环境通常指的是大众传播媒介赖以生存并发展的环境，这一环境是由政策、技术、竞争、资源等要素共同构成。媒介生态，最早见于多伦多学派麦克卢汉在 1967 年与他人合作的著作《媒介即讯息》中。英文名称为 *Media Ecology*。技术决定论的倡导者麦克卢汉，将大环境作为背景，解释传播技术对媒介和传播文化在深度和广度两个维度方面的影响。

需要说明的是，美国学者的"media"，在不同场合被译作媒介或媒体。通常，媒介包括两层含义，一是传播信息的载体或手段，如电视、广播、报纸等；二是从事信息采集制作工作的机构，比如中央电视台、中央人民广播电台、人民日报社、华商报社等。第二类有时也直接称作媒体。媒介与媒体二者密不可分，很多情况下被互换使用，但确切含义稍有区别。本文是以具体的电视媒体为例，将竞争要素作为重点，阐明在美国大的媒介生态环境下，作为重要的子因素——竞争是如何影响电视媒体，尤其是商业电视台的发展的。

美国广播电视业的体制是私营为主，公共广播电视为辅。作为公共广播

＊　王翎，西北政法大学新闻传播学院讲师。

电视的代表 PBS（Public Broadcasting System），其前身是教育电视，不以盈利为目的，不播出广告，靠政府拨款、公立大学赠款等维持日常运作。通过节目交换等方法安排节目。本文涉及的竞争环境，主要针对的是商业电视。在美国，最具影响力的三大广播电视网——美国国家广播公司 NBC（National Broadcasting Company）、美国广播公司 ABC（American Broadcasting Company）、哥伦比亚广播公司 CBS（Columbia Broadcasting System），以及有美国第四电视网之称的福克斯公司 FOX、美国有线电视新闻网 CNN（Cable News Network）全部是私营性质，且从属于不同的传媒集团。FOX 隶属于默多克的新闻集团；CNN 创始人泰德特纳成为时代华纳副总裁的同时，也使得 CNN 和特纳广播电视系统成为时代华纳的子公司；ABC、CBS 的母公司则分别是迪斯尼集团、维亚康姆公司。

从 1926 年，NBC 成为美国第一家全国性的广播网，再到 20 世纪 40 年代美国联邦通讯委员会 FCC（Federal Communications Commission）要求 NBC 分家，NBC 几番努力未果不得已被拆分，才有了后来的 ABC，再到默多克自 20 世纪 80 年代开始通过兼容并购不断扩大 FOX 的影响力并且在短短十年内将其打造成为美国"第四电视网"，每一个过程中都伴随着"竞争"，而激烈的竞争体现在多个方面。

一、电视新闻之争

电视新闻承载着监测社会、舆论引导等重要作用，是全国性综合电视台的立台之本。电视新闻的竞争体现在内容、花销、人才、特色等方面。

（一）内容之争

内容制胜是电视台赖以生存的根本。三大电视网晚间新闻是竞争白热化的体现。除了比拼时效性和独家报道之外，各台根据自身特点形成了自己的风格。历史最悠久的 NBC 是全美第一家播出早间新闻的电视网，旗下的访谈性新闻节目《会见新闻界》自 1947 年首播，至今仍坚持播出。NBC 新闻的厚重和其历史固然有一定联系，但其注重新闻采编并对新闻背景的挖掘及独到分析，也是其新闻节目在竞争中立于不败地位的根本。而 CBS 则有着长期严肃报道的传统，且培养了一批以硬新闻报道见长的名记者。旗下的新闻杂志类节目《60 分钟》被誉为新闻杂志类节目的鼻祖。《60 分钟》的标志性人物迈克·华莱士曾于 1986 年独家采访过邓小平，当时在世界引起过极大轰动。

（二）成本之争

电视新闻的制作成本包括新闻线索来源、采访拍摄、后期制作、传播费用、营销费用等方面。以三大电视网为例，仅仅是耗时半小时的晚间新闻，一年的年度总预算在 20 世纪 80 年代就超过两亿美元。如何在预算有限的情况下做好电视新闻是每家公司都必须考虑的。而 CNN 作为 24 小时的新闻网，旗下的简明新闻台（Headline News）即 1982 年试播的 CNN 二台，开播当年的预算仅仅只有一亿美元。CNN 节省花销的秘诀之一就是雇员多为初次求职的大学生，薪水较低。但他们干劲十足、可塑性强、对新闻有着极大的热情。CNN 通过高质量的内部培训来提高雇员的新闻素养。而用经验丰富的编辑指导新闻选题并进行把关则保证了新闻报道的质量。

节流的同时还要想着开源，从 1998 年起，CNN 开创了极具特色的"CNN Studio Tour"——工作室参观项目，CNN 为来自世界各地的游客配有提供多种语言服务的导游小组。这一举措在扩大了知名度、帮助游客了解新闻制作过程的同时，也已成为 CNN 的一大赢利亮点。

（三）人才之争

美国传统三大电视网在多年的积累下都有了各自成熟的王牌新闻节目。1980 年创台的 CNN 更是 24 小时全天候播出的新闻网。而 FOX 的母公司新闻集团的老板默多克在 20 世纪 80 年代初来乍到时，在他领导下，FOX 在兼并融合过程中，中心台和附属台数量不断增加。技术和硬件的飞速发展和原创性节目尤其是新闻节目缺失的软肋形成了鲜明对比。如果像 20 世纪 40 年代的 CBS 那样，慢慢培养爱德华·莫罗、丹·拉瑟，以及后来的莫利·赛弗、莱斯利等，等待成长的时间 FOX 是肯定耗不起的。高薪挖角成为 FOX 的不二选择，于是担任 NBC 白宫首席记者的克里斯·华莱士被选中，他还有另外一个身份"迈克·华莱士之子"。《华盛顿邮报》曾评价其"锋芒毕露而又无懈可击"。1996 年，FOX 为其量身定做了《星期日福克斯新闻》。充分发挥克里斯新闻综述的能力，并让其和嘉宾一起对重大新闻事件进行综合讨论。该节目既有广度、又有深度，颇受好评。

二、娱乐节目之争

娱乐节目一直都是各大电视台争夺最受广告商青睐的年轻都市观众的重

头戏。早在 20 世纪后期，真人秀节目就在美国掀起过收视狂潮。各大电视台在真人秀节目的竞争上，堪称不惜血本争取卖点。

（一）同"质"竞争

CBS《老大哥》，是美国真人秀节目的鼻祖。该节目最早于 1999 年在荷兰亮相，是全世界第一档电视真人秀节目。被 CBS 引进后，获得了巨大成功。现如今该节目形式在不同国家出现了十多个版本。

随后，CBS《幸存者》、NBC《学徒》、FOX《美国偶像》等高人气真人秀节目陆续登场。而 FOX 无疑是真人秀大战中的巨大赢家。2008 年，FOX 开播一档游戏类节目《真心话大冒险》。参赛者需要戴着测谎仪来回答节目组精心准备的问题。越到后面奖金越高，同时问题的答案也越隐私。不仅涉及私生活的细节、个人感情等，甚至关乎法律及道德层面。该节目在全美掀起窥私狂潮，但也因过多涉及参与者的隐私而饱受争议。

在四大电视网用真人秀节目争夺受众眼球的同时，其他电视公司也不甘落后，各种奇招怪招层出不穷。以《女子学院》为例，9 个生活奢侈的富家女，在节目录制的 8 周时间里被剥夺了原本习以为常的购物、美容、参加舞会等权利，不仅与外界隔绝，还得承担起以前从未做过的类似打扫房间、买菜、做饭等家务。以此考验她们在逆境中重新寻找生活目标、适应新环境、新身份的能力。再如 2011 年 1 月，由美国科幻频道首播的《特效化妆师大对决》，及美国有线电视频道 2014 年 1 月首播的竞技类真人秀《对立世界》等。

（二）同"时"竞争

CBS《幸存者》自 2000 年推出后立刻风靡全美，16 位不同肤色、不同身份的参赛者为争夺百万美元的奖金，要在荒岛或丛林中进行最长可达 40 天的野外生活。不仅要和其他选手斗智斗勇，还要和野外恶劣的自然环境做斗争。有些选手参赛第一天就被浑身晒伤，有的选手第一场对抗性比赛就骨折。在推出当季，《幸存者》就在收视率上打败了老对手 ABC 的《谁想成为百万富翁》。

NBC 看到了《幸存者》的成绩，自 2002 年起推出有"都市丛林中的幸存者"之称的《学徒》。每期也是 16 名选手，同样为照顾到各阶层的收视率，亚裔、非裔选手都会安排在内，大家为了争夺地产大亨特朗普提供的职位而展开竞争。和《幸存者》一样，节目伊始选手被分为两组，团队进行竞争，输掉的一队淘汰一个人，半程过后变为个人竞争。为了和《幸存者》竞争，

《学徒》有一季进行改版，更名《名人学徒》，邀请到包括美国伊利诺伊州前州长、奥运会游泳冠军、格兰美奖获奖歌手、内衣名模、连锁餐厅老板兼总厨等在内的多位政、商、文、体界的名人参赛，让他们为各自所代表的慈善团体募集善款。而 CBS 和 NBC 的播出时间都接近，二者进行了激烈的对台赛，且都获得了不俗的收视率。

（三）未雨绸缪，多点开花

FOX 在 2002 年仿照英国的《大众偶像》制作了一档业余歌手大赛节目——《美国偶像》。该节目在一定程度上彰显了积极向上的价值观，比如自我奋斗就能获得成功、没有什么事情是不可能的，这从其口号"我是下一个美国偶像"即可看出；机会面前、人人均等，能否抓住，自己选择。节目的看点非常多。海选选手颇具个性，奇装异服、举止怪异、歌声与众不同暂且不论，类似于要求和评委现场一比歌喉、不满评委批评当场对骂、当场向主持人求婚等让人跌破眼镜的情况时有发生；经典歌曲的再现和"毁灭"性演唱每期都会上演不同桥段；评委的"歌声就像凌晨宾馆拉响的警报那样惹人厌"当场将选手气哭，等等。该节目创下了惊人收视率，连续十二季高居季度收视率统计前五。

然而，FOX 并没有满足于一档节目的成功，在 2005 年 7 月推出全新舞蹈类真人秀节目，《舞林争霸》或（《舞魅天下》）。节目中素质优秀的舞者和令人艳羡的创作灵感引发追捧。也许一些参赛者的表演距离专业舞者、评判家们的要求相差甚远，但就一档节目来看，从专业舞蹈演员到业余爱好者，甚至还有一直想学但从未真正接触过舞蹈的人，都对该节目产生浓厚兴趣，高收视率已然获得，至于专业舞蹈家对节目比赛环节设置、晋级选手评判等不满的评语，基本没有人再去理会了。

将《美国偶像》已经实践了的高收视率获得方法和产业化运作模式，直接稍加改造复制到《舞林争霸》中，不仅省事省力省钱，还达到了多档节目共同攻坚、联合制敌的效果，足可见 FOX 高层的未雨绸缪。

三、抓住竞争机遇

（一）重大突发性历史事件

首先，CNN 与海湾战争。CNN 从被人讥讽为"鸡汤面条网"到获得业界、学界的认可，花了不过 10 年时间。10 年的积淀固然重要，但不可否认的是海湾战争独家采访萨达姆为 CNN 提供了一举成名的契机。美国前总统布什的一句玩笑"我从 CNN 获得的消息比从中央情报局得到的还多"也彰显出在重大新闻事件发生时，CNN 记者获取第一手新闻的能力。其次，FOX 与 9·11 事件。FOX 新闻频道创办时间晚于 CNN，收视率也一直不如 CNN。9·11 事件让美国人心灵饱受伤害。而 FOX 抓住了这个契机，以口号"我们不仅是新闻记者，我们更是美国人"作为原则，在节目中对恐怖主义大肆批评，甚至直接辱骂本·拉登。很多想解气、解恨的美国人直接从 CNN 转到了 FOX 频道。在 9·11 事件的跟踪报道中，FOX 收视率直线上升。

（二）媒介融合时代的到来

在当今媒介融合的大背景下，传统媒体纷纷创建网站、利用社交媒体进行互动。在这样的机会中，想别人想不到、做别人做不了，才是竞争成功的诀窍。

第一，创办网站，开发应用软件。在 CBS《老大哥》的官网上，除了电视台已经剪辑好的短片，还配有一款特殊软件。这款软件操作简单，通过它，用户无需每周末按时守候在电视机前，就可以实时看到喜欢的选手的画面。实时监视成了现实，这一切都是在电视时代难以想象的。而网站的高点击率和节目的高收视率都和这款实时转播互动软件的吸引力分不开。

第二，利用网站，开发公民新闻。在媒介融合时代，传统媒体要尝试担负起信息采集发布者和平台提供管理者双重角色的任务。2006 年，CNN 在其网站的显要位置设置了"iReport"——《我报道》栏目，这是用户参与新闻报道的创新尝试。用户注册后即可将自己写作的新闻稿或拍摄的图片、视频上传至网站，供大家浏览。CNN 通过提供线上教程、完善审核奖励机制等方法减少虚假新闻出现的概率并协助用户提高写作水平。

老对手 FOX 也设立了"uReport"，相似的名字、同样的性质，与 CNN 展开竞争。

综上所述，正是由于商业体制下，对于利润的追求，使得美国电视媒体有了激烈的媒介竞争环境。能否抓住媒介融合时代的机遇，充分吸取过往的竞争经验，是单个媒体能否立于不败之地的考量因素。

理解大数据的温度

——以麦克卢汉"冷热"媒介理论为基础

李　璐*

　　麦克卢汉依据受众参与程度和信息清晰程度来区分媒介的"冷"、"热"属性。"冷媒介"一般被认为是受众参与度较高和信息清晰度较低的媒介。依据这两个标准判断，大数据技术亦是一种"冷媒介"。本文以"冷热"媒介理论为依据，从两个角度剖析大数据技术的"冷媒介"属性形成的根本原因：数据分析在意思表达上的"去精求全"和受众在数据库形成中起到的能动作用，其本质在于大数据技术对人类感知能力的数据化。

　　未来学家阿尔文·托夫勒的著作《第三次浪潮》中将大数据（Big Data）生动地描述为"第三次浪潮的乐章"。其基本特征是数据库规模大、数据种类繁多、高价值数据少、处理数据速度快。数据库规模大即指大数据技术是建立在搜集一切尽可能全面的数据基础上；数据种类繁多即指大部分人类信息形式都被涵盖于大数据搜集的范围内；高价值数据少是指海量的数据值中有价值的片段可能只有沧海一粟；处理速度快是指各类型的数据进行综合分析和筛选速度快。同一般电子媒体技术相比，大数据的独特优势在于"以一种前所未有的方式，通过对海量数据进行分析，获得有巨大价值的产品和服务，或深刻的洞见"①。大数据技术经过对数据分析、处理，帮助受众对信息达成新的认识和理解。从这个角度来看，大数据将人类行为数字化，使受众可以

　　＊　李璐，西北政法大学新闻传播学院讲师，陕西师范大学在读博士。

　　①　维克托·舍恩伯格：《大数据时代：生活、工作与思维的大变革》，周涛译，浙江人民出版社2013年版，第4页。

在一定程度被"识别"。受众既是构成数据库来源的主体，又是数据库的使用主体。受众的高频率参与使得大数据技术具有鲜明的"冷媒介"属性。笔者从"冷媒介"理论的辨析入手，研究作为媒介的大数据，因具有信息低清晰度和受众高参与度而呈现出"冷媒介"属性，以及作为"冷媒介"的大数据技术对受众感知世界的影响。

一、"冷媒介"的清晰度与参与度

麦克卢汉在《理解媒介》一书中将媒介属性划分为"冷媒介"和"热媒介"两种。他认为："照片从视觉上说具有'高清晰度'。卡通画却只有'低清晰度'。原因很简单，因为它提供的信息非常之少。电话是一种冷媒介，或者叫低清晰的媒介，因为它给耳朵提供的信息相当匮乏。言语是一种低清晰度的冷媒介，因为它提供的信息少得可怜，大量的信息还得由听话人自己去填补。与此相反，热媒介并不留下那么多空白让接受者去填补或完成。因此，热媒介要求的参与程度低；冷媒介要求的参与程度高，要求接受者完成的信息多。"① 麦克卢汉在论述中正是以这样一种直观的方式描述了媒介的属性特征，并将其作为区别"冷热"媒介的标准。这是以媒介信息清晰度作为评判基础，以受众参与度作为衍生标准。这样划分"冷热"媒介实质是探究媒介为受众提供信息的清晰度及受众在信息接收过程中的参与程度："信息清晰度低、个人参与度高"是为冷媒介；"信息清晰度高、个人参与度低"是热媒介。其具体依据有以下两个：

（一）媒介信息的清晰度

麦克卢汉区分"冷热"媒介遵循一条基本原则："热媒介只延伸一种感觉，具有'高清晰度'，高清晰度是充满数据的状态。"② "冷热"媒介所涉及的清晰度不仅仅指受众感知信息形式与内容的清晰程度，更多的是指向了媒介与受众的接触紧密程度：即媒介为受众理解信息提供帮助的充分与否。能够为帮助受众理解提供充分信息就是"热媒介"，反之就是"冷媒介"。因此，

---

① 马歇尔·麦克卢汉：《理解媒介：论人的延伸》，何道宽译，译林出版社 2011 年版，第 51 - 52 页。

② 马歇尔·麦克卢汉：《理解媒介：论人的延伸》，何道宽译，译林出版社 2011 年版，第 51 - 52 页。

照片是"热"的，卡通画是"冷"的；电影是"热"的，电视是"冷"的；收音机是"热"的，而电话是"冷"的。

（二）媒介容许的参与程度

低清晰度的"冷媒介"可提供帮助受众理解的信息少，受众必须自己去寻找大量的信息填补空白，造成受众积极主动参与传播过程；而"热媒介"能够提供的信息充分并不会出现很多模糊信息让受众去填补，其受众参与传播过程的程度低。这里的受众参与"不是指思想或反思性参与，而是指媒介受众感官卷入的程度。热媒介的参与度或感官卷入度低；冷媒介要求的参与度高或感官的卷入度高"①。

在麦克卢汉眼中，划分"冷热"媒介的核心标准是受众的参与度即受众发动自身感官感知信息的程度。热媒介因其信息表达明确，受众参与度低，受众调动感官的能动性较差，接受信息是被动的过程；冷媒介无法传递明确的信息，留下大段意义空白。因为这种相对模糊的、低清晰度的信息，受众为了更加全面的理解信息意义，不得不大规模调动感官，参与信息传播的主动性高。根据媒介清晰度，来推断信息传播过程中受众的参与度，进而引申受众感知的主动性，这就是麦克卢汉划分"冷热"媒介的根本目的。

二、低清晰度和高参与度的大数据媒介

麦克卢汉所谓的媒介并非仅着眼于传播概念上的媒介，而是基于泛媒介论的层面强调所有的技术都是人类联系外界的媒介。在理解媒介属性时，可以将"冷媒介"和"热媒介"看作"冷技术"与"热技术"。在麦克卢汉眼中，"热媒介"具有鲜明的形式主义色彩，而"冷媒介"则体现着人本主义。他在"过热媒介的逆转——媒介的发展趋势"② 中的论述充分表明了自己的态度：强调集中式、秩序化、共性生产的"热媒介"时代已经结束，更重视受众在信息接收过程中的个人体现和个人意思表达的"冷媒介"时代将要到来。作为信息时代的新兴媒介技术手段——大数据技术与传统媒介技术相比具有更加突出的"冷媒介"特征。

---

① 马歇尔·麦克卢汉：《理解媒介：论人的延伸》，何道宽译，译林出版社 2011 年版，第 4 页。

② 马歇尔·麦克卢汉：《理解媒介：论人的延伸》，何道宽译，译林出版社 2011 年版，第 5 页。

（一）"大数据"的低清晰度

大数据技术为媒介信息传播实现了两个转变：首先，媒介传播的信息开始大量采用分析处理过的数据来替代传统的感知信息。这种方式的基本原理是对全部搜集的数据进行全程比对，而不再依靠随机抽样。这样的信息不单一强调精度，更多的要求体现数据的多样性、丰富性。庞大的数据库是保证数据统计多样性的基础，其中大量的干扰数据和冗余数据会给数据统计增加不确定因素。所以，大数据技术依靠统计得出的数据信息在遇到对复杂意义的传播时仅能对肤浅的表面进行再现，难以探究事物的本质。最明显的表现就是可供接受者选择的信息规模巨大，却意义含混；只能展现表面现象，难以解释现象背后的缘由。这是大数据技术在信息传播过程中造成低清晰度的第一个方面。其次，以数据为主的信息传播强调数据之间的相关关系，而传统信息传播中更关注因果关系的探索。受众只需要知道"是什么"，不需要知道"为什么"。维克托·舍恩伯格教授在《大数据时代》一书中，这样解释了相关关系："相关关系的核心是量化两个数据值之间的数理关系。相关关系强是指当一个数据值增加时，另一个数据值很有可能也会随之增加。相反，相关关系弱就意味着当一个数据值增加时，另一个数据值几乎不会发生变化。"[①] 大数据技术普及之前媒介遵循严格的因果推理逻辑来传播信息，力图通过全面的信息帮助受众还原事物的本来面貌。互联网的应用带来大量个体数据的产生，大数据通过收集我们产生的一切的数据并对其进行分析的方式，可以轻而易举地发现某些信息之间是否存在着相关关系，一旦确定它们存在相关关系，受众就可以完全不用去考虑这些信息的背后存在着什么样的内在因果联系。

简单来说，基于数据分析的信息帮助受众发现看似无关的事物之间存在的相关性，但是大数据技术能做的仅限于此，因为它无法告诉受众这种相关性形成的原因。这种基于统计学基础上的量化手段对巨量、多样的数据进行提取、管理和分析，并将结果注入媒介渠道进行传播的方式，其依托的认识论和方法论基础是模糊思维，不考虑受众明确的理解所获信息的要求。受众在接受信息是无法做到"知其然，而知其所以然"。这是大数据技术在信息传

---

① 维克托·舍恩伯格：《大数据时代：生活、工作与思维的大变革》，周涛译，浙江人民出版社2013年版，第56页。

播过程中造成低清晰度的第二个方面。

（二）"大数据"的高参与度

传统媒介时代，媒介与受众的关系是媒体占有绝对的主导，受众处在从属、接受的地位。受众在媒介的影响下形成其社会认知模式和社会行为方式。大数据时代来临后，媒介信息与受众的关系不仅是"受众在媒介接触的过程中被经过加工的信息影响"那么简单。一方面，媒介通过大数据技术为受众提供了越来越多的信息内容，受众的信息选择权被无限放大；另一方面，受众的信息接受行为成为数据库搜集数据的来源，受众使用媒介的过程中留下的痕迹被大数据精准地记录，媒介低成本地获取这些由受众生产的数据。通过这些数据，媒介不仅能够追踪受众的信息接收行为，而且还能预测其行为发展，为媒介对受众行为的精确影响提供了条件和基础。受众生产的数据作为信息内容生产的一部分被并入信息的流通之中，以吸引更多的受众。随着数据统计"以受众为中心"的理念的确立，大数据建构了一种新型的媒介生产方式，即普通受众开始参与媒介信息构建过程。大数据时代的人们生活在大数据构建的虚拟空间中，通过信息接收形成数据参与虚拟环境的构建。这个过程中，受众跨越了信息消费与信息内容制造的鸿沟，带来了信息传播过程的结构性变化。受众参与信息内容生产越主动，大数据能够产生的信息就越多；相反，如果受众对参与信息生产毫无兴趣，大数据技术就将失去其最重要的信息源，并走向衰亡。理论上来讲，媒介信息的受众越多，可供统计的数据信息也将变得无限多。

三、大数据作为"冷媒介"的本质：人的数据感知

在阅读麦克卢汉时，经常遇到"感知"这个词："感知比率"、"感知模式"、"感知平衡"等，可以说"感知"范畴涉及麦克卢汉理论的方方面面。麦克卢汉是这样描述阅读乔伊斯的感受的："……诗歌创作的过程就是认知的过程。感知本身就是模仿，因为感知中的事物的形态依然存在于一种新的物质之中。这种新的物质就是人体器官。"[①] 他对于感知的认识来自于文学领域，他认为"感知"是指人使用各种感觉器官同外部世界相接触，从而形成关于

[①] 梅蒂·莫利纳罗、科琳·麦克卢汉：《麦克卢汉书简》，何道宽译，译林出版社 2005 年版，第262 页。

世界的认识；麦克卢汉的看法是当各种感官处于平衡的状态之下，人便处于一个均衡发展的良好状态。显而易见，由于感官比率并不能够被量化，所以发现这种平衡是一个相当有挑战性的任务。麦克卢汉能发现的只是变化和因变化而带来的不平衡。他从而认识到"技术的影响不是发生在意见和观念的层面上，而是要坚定不移、不可抗拒地改变人的感觉比率和感知模式"①。在麦克卢汉看来，某一种技术条件可能导致某一种感官的过度膨胀，从而压抑其他感官的作用，这样就造成了感官的失衡。他所言的"冷热"媒介其实也是在描述这种失衡的状态。将这种感官的失衡状况还原到"大数据"的语境中去，可以发现习惯使用大数据技术感知世界的现代人事实上是使用大数据技术的数据搜集、整理、推介功能代替了自身的感官。大数据作为一种感知方式常态化后，它就会成为人的感官麻醉剂。

（一）大数据对公共领域的再造

"公共领域"与大数据技术的应用有着天然的亲近性。公共性是"冷媒介"低清晰度的基本结果。"公共领域是介于市民社会中日常生活的私人利益与国家权利领域之间的机构空间和时间。"② 大数据技术的使用为公众意见提供了新的拓展空间，大数据具备公共领域最核心的因素——公共性。大数据就像一张可供围坐的桌子，人们可坐在四周各抒己见，分享从其上获得的相关信息。大数据的使用者认为在这种环境下可以畅所欲言，能够自由选择接受或拒绝相关的信息。以数据共享为基础建构受众的交往纽带，是大数据技术之于传统媒介的颠覆性。这种共享不仅将选择信息的权力还给了受众，促进了其主体意识和创造能力的完善；而且每个被选择的信息将作为数据被精确搜集再推送于受众，形成受众需要的与原有认知相符的信息。这种以数据筛选为基础的信息传播，既实现了传统媒介信息传播的逼真度，又具备模拟真实世界的欺骗性特点。在这个过程中，受众感知世界的方式依然是经过筛选的数据的，筛选的标准和方法并不是由受众自由控制的。值得一提的是，通过传播方式所形成的公共领域大都由公众与媒介的对话产生，公共舆论由意见领袖掌握；而大数据的公共领域则主要是公众与数据之间的虚拟交流，所形成的舆论空间大都是通过数据统计所做的信息再造。

---

① 马歇尔·麦克卢：《理解媒介：论人的延伸》，何道宽译，译林出版社2011年版，第46页。
② 尤尔根·哈贝马斯：《公共领域的结构转型》，曹卫东译，学林出版社1999年版，第7页。

（二）大数据对意义的创造性价值

"冷媒介"鼓励受众参与的最终结果是受众进行意义的创造。意义的创造意味着对原始信息的复制，以及在此基础上的扩充，以承载更多的意义。大数据技术开放式的搜集数据使意义的生产更加多元。大数据使用者的使用行为被迅速记录和分析产生新的内容，使数据库爆炸式增长的"受众生产内容"方式就是创造性价值的体现。德克霍夫曾说，"在电子时代，我们以全人类为自己的肌肤"。① 他想告诉我们，媒介技术会延伸受众的感知系统，这同样适用于大数据时代。与传统媒介技术强调身体感知的延伸不同，大数据技术是人的意识的延伸。大数据时代"受众生产内容"的核心在于：媒介以受众为中心，通过数据分析其行为痕迹，传播能满足受众个性化需求的信息，尽量满足受众的一对一沟通需求。基于数据库的存储与分享功能，大数据的使用者全面参与信息意义的创造，人体和大脑的感官都得以外化。人的意识被数据化呈现于数据库中，并于相互碰撞之间激发灵感，受众的创造性得到前所未有的展现，成为新生信息意义的催化剂。

（三）大数据技术对人的改造

人的每一次交往形态的变化大都是由新的媒介技术的投入使用开始的。金惠敏教授曾言："麦克卢汉不是将技术仅仅作为技术，而是认定作为技术的媒介就是一种认识论，一种'视角'（透视角度），即每一种技术或媒介都规定了我们对于世界的认识和认识方式。"② 大数据技术能够促进受众信息接收的增量，但是大数据的传播不同于现实生活中面对面的交流，通过数据的整理筛选，传播者们可以更好地隐藏自己的传播意图，受众在不知不觉中按照传播者希望的那样理解传播者的意图，并习惯于这样的接受方式。这种"习惯"的养成就是交往形态的改变，其实质就是大数据所造成的受众的数据感知，是数据对人的认识方式改造。在大数据时代，虽然表面上人们的信息获取在科技的作用下更加便捷和人性化，受众通过大数据技术看到的世界更加

---

① 戴瑞克·德克霍夫：《文化肌肤—真实社会的电子克隆》，汪冰译，河北大学出版社 1998 年版，卷首语。
② 金惠敏："'媒介即信息'与庄子的技术观——为纪念麦克卢汉百年诞辰而作"，载《江西社会科学》2012 年第 6 期，第 15 页。

丰富和全面。但实际上，组成数据的"他者"的真实感受我们永远无法真切地感知到——再多的数据统计又怎能比得上真实世界中的一次相遇？大数据带来认识便利的同时也很有可能造成了人对于世界的理解误差。

第一，大数据技术对人类信息接受的方式和能力的改变。大数据庞大的数据规模、繁多的数据种类满足了我们无限的接受信息的欲望。人们开始习惯借用数据筛选确定自己的喜好，达成自己的目标，形成自己的交际圈。信息像洪水一样扑面而来，这些信息其实都是经过分析得出的数据，我们认识的世界通过数据而不是一般的信息展现出来，我们也越来越相信统计数字带给我们的世界是真实的世界。一旦人们将数据模拟出来的现象当作世界本质时，探究信息本源的兴趣随之大大减少。我们没有以前阅读的耐心，所有东西都想通过快速浏览、数据统计来达到知晓目的，在线搜索是获取知识的主要途径。我们的思维也由传统媒体时的逻辑的、追寻深度的方式转变为现在非逻辑的、追求数量的数据库方式。更糟的是，生活在其中的人们并没有意识到这一点，反而随着大数据技术的日渐完善，更加深陷其中。

第二，大数据技术对人类审美感知力的蜕化。大数据时代人们依靠各种数据统计来解读信息和获取信息，其最终趋势将是虚拟化，即审美事物符号化和审美感知数据化。大数据技术的商业数据搜集模式导致审美世俗化。通过商业模式筛选过的数据结果成为审美象征物。我们的整个审美情趣也由传统媒体时代的自由选择、多样发展转化为现在的数据筛选。功利性代替非功利性，迎合受众代替精神追求成为大数据时代审美文化的主要特征。市场需要的审美符号通过数据的方式潜移默化地影响着受众。与此同时，数据统计结果形成的虚拟世界消弱了人的审美感知力。数据模拟现实使得审美活动慢慢消失在虚拟世界中，人们用数据筛选和分析替代了审美感知，审美感官也日渐迟钝。人类审美活动的基础是审美感知力，这也是形成审美文化的基本要求。一般情况下，审美感知是从人们对现实生活的观照中获得延续和发展。随着大数据技术的兴起，人们在数据营造的氛围中载波载浮，审美感知也由对社会现实的观照，转变为对数据的观照。

麦克卢汉为了说明受众常处于被媒介"蒙蔽"的险境，常用"暴君"来称呼媒介："暴君搞统治不是靠棍棒或拳头，而是把自己伪装成市场调研人。

他像牧羊人一样用实用和舒适的方式，把羔羊赶上崎岖的小道。"① 大数据恰恰是用这样一种"实用和舒适"的方式将接受者们赶上一条数据化之路。讨论其"冷媒介"属性的现实意义在于说明人从强调信息真实转换到强调信息技术，人们习惯通过数据技术感知"真实世界"。过于依赖数据技术意味着思想的数据化和受数据掌控。这将会成为大数据时代人文研究者们重点反思的地方。

① 马歇尔·麦克卢汉：《机器新娘》，何道宽译，中国人民大学出版社 2004 年版，第 6 页。

传播学视阈下的媒介生态与产业融合

陈 琦[*]

媒介融合是伴随着数字技术的创新与扩散而出现的媒介发展现象。我们知道，"技术"在整个人类社会的发展历史中发挥着至关重要的作用。早期的"技术"在人们有目的的劳动过程中不断被创造、被发现，并通过积累和完善，和相应的劳动工具结合在一起。里程碑式的技术更被历史学家们作为划分人类历史的依据。比如：石器时代、青铜器时代、工业时代、信息时代等。信息技术的创新与广泛应用是媒介融合的原动力，并且随着数字技术与网络的日臻成熟，媒介融合的范围更广，趋势更加明显。媒介形态、媒介内容、媒介产业链的相互融合使得整个媒介体系的结构与秩序都发生了意义深远的变化。正如美国学者约翰·帕夫利克所言："所有媒介都向电子化和数字化这一形式靠拢，这个趋势是由计算机技术驱动的，并在网络技术的推动下变得可能。"[①]

一、媒介生存形态的融合

在技术的强大作用下，媒介体系正在发生着深刻而持续的变革。这一变革以多种媒介形式的技术融合为主要表现形式，按照美国传播学者埃弗里特·罗杰斯的观点，各个层面的不同媒介形式之间将呈现共通性，以媒介生

* 陈琦，西北政法大学新闻传播学院副教授，华东师范大学新闻学在读博士。本文为国家级重大课题"加快推进传统媒体和新媒体融合发展"（课题号14ADZ049）阶段性成果。

① ［美］约翰·帕夫利克：《新媒体技术——文化和商业前景》，周勇等译，清华大学出版社2005年版。

存形态的混同为发展趋向，其核心和本质是整个媒介体系的信息化。这是媒介融合时代数字传播体系发展的内在要求，在催生新媒介的产生、发展的同时，也推动着传统媒体的变化、演进和转型，构筑着新的、更加完善、更加符合数字技术特征的媒介体系生产运作的方式和秩序。

媒介生存形态混同的发生与发展，从技术层面讲，数字技术与网络的发展是其最直接和最根本的诱因。媒介体系不断发展和成熟的过程，是伴随着数字技术对媒介体系的不断改造和完善的过程。有学者将信息技术的发展使得数据格式可以相互转换视作媒介融合发生的起点。随后，媒介生产的各个环节又利用数字技术的发展对软硬件进行了一系列的升级改造，并且，这一过程仍然在随着高新技术的不断更新而持续进行。首先，是生产工具的升级，录音录像设备、摄影摄像仪器、文字输入工具几乎都以全新的"数码"面孔出现在大众面前，无论采集声音、形象、文字还是其他什么形式的信息，"0"和"1"成为了它们本质上共同的存在形式。其次，数字技术的进步使得媒介生产的软件也焕然一新，不论是图片、声音、图像、文字均可以自由地分离、剪接、修改、合成，尤其是对于电视节目制作来说，自从有了 Microsoft Office、Photoshop、Coredraw 等媒介生产软件，从以前的先上对编机，再上字幕机，然后是特技机，最后再包装的"线性编辑"，到现在的直接剪辑、包装一步生成的"非线性编辑"，不仅生产效率大大提高，而且大幅度减少了信号损失，声音画面质量也有了质的提升。此外，"以光代铜"传输技术的飞跃，光纤传输使得信息传输的速度、容量和安全性大大提高，同时信息传输的成本亦大幅度降低。由于不同技术基础造成的不同媒介形式之间的业务壁垒已经逐渐消散，只要硬件设施和互联网接入满足生产运转的要求，再安装上相应功能的制作软件，业务边界已经不再是信息复制和传输的障碍。无论是报纸排版、录音合成还是影像剪辑，都可以在一台电脑上一次完成。对于传媒产业而言，网络平台成就了传统媒体重复利用丰富信息、进行知识技能的实质性扩展的理想。

传播学界著名的"坦帕"（TAMPA）实验，就是一次典型的对多媒体平台融合运作的尝试。在美国的佛罗里达，该实验将《TAMPA 先驱报》、WFLA 电视台以及 TAMPA BAY 在线安置于同一写字楼的同一平台进行办公，电视台、报纸和网站联合采访，报纸同时在网站上设有电子版，这种协同工作、资源共享的生产方式试图打破新闻生产过程中的媒体类型造成的行业壁垒。①
"坦帕"实验所提供的"运作平台融合"的思路，对于媒介融合来说，有很
大的现实意义和理论研究价值。

我们通常所说的"三网融合"实际上源于"3C 融合"这一概念，一般情
况下，指的是终端平台的融合。"3C 融合"最早在 1996 年提出，指的是计算
机（Computer）、电信（Communication），以及消费类电子产品（Consumer E-
lectronic）三类产品硬件终端的融合。实际上，时下引起人们热议的"三网融
合"，除了纸媒以外的所有媒介形式的接收终端均包含在 3C 的范畴内。这意
味着家庭、个人的信息平台、通讯平台、社交平台在同一服务终端获得整合，
并且，服务内容更为丰富。例如，1999 年，英国 Video Networks 公司率先推
出了 IPTV 业务（Internet Protocol Television），也就是早期的互联网协议电视
业务。2006 年 4 月，国际电信联盟为 IPTV 给出了一个明确的概念："在 IP 网
络上传送包含电视、视频、文本、图形和数据等，并提供 QoS/QoE、安全有
保障，具有交互性和可靠性的可管理的多媒体可视业务。"② 按照这样的发展
趋势，将来的终端平台将会由家用电脑或电视为主的固定接收终端，以及由
个人电脑或手机为主的移动接收终端组成，用以满足家庭和个人的收听收看
广播电视、通讯或信息服务、社区互动、电子商务等多方面的需求。

媒介内容的融合是在受众对文化、娱乐和信息的需求日渐多样化，以及
终端接收平台高度发展、日趋融合的共同作用下发生的。受众对信息的需求
是伴随着其对信息的接收和处理能力的广泛提升而不断增长，同时，生活节
奏的加快使得受众所处的环境变化加快，环境的高度不确定性使得人们对信
息的依赖日益增强。首先，文字和图像已经不能满足受众了解事件的需求，
背景资料、事态发展信息、专家专业解读等亦成为媒体在提供信息时所要提
供的服务。其次，单一的信息已不再能满足受众对丰富内容的需求，提供涉
及不同方面的各类信息才是媒介融合以后媒体的任务所在。因此，我们看到，
新的媒介市场上提供的信息类型和规模都在向更广阔的空间发展。很多信息
内容需要各种不同媒介的组合才能得以实现。媒介基础技术的混一已经为各

---

① 实验内容详见彭兰："媒介融合方向下的四个关键变革"，载《青年记者》2009 年 2 月
（下）。

② "关键词：IPTV"，http：//www.cww.net.cn/IPTV，2009 年 12 月 5 日。

种分属不同媒介的内容生产可以在同一平台上实现，而目前发展的现状是，要实现终端平台的融合，不仅要实现技术的融合混一，媒介内容的混一也被提上了议事日程。要实现不同用户喜好的不同类型、不同内容的信息在集成性的、固定的或移动的终端组合呈现，媒介内容的融合将是其决定性的因素。

媒介融合是媒介发展的大势所趋。我们知道，数字化是媒介迈向成长的通行证。[①] 传媒体系的技术基础、媒介内容、终端平台等三个层面的变化相互依存、相互作用、相辅相成，最终会影响原本不同的媒介形式未来的生存形态，媒介融合的数据库生存将是一个明显可见的趋势。从技术逻辑的角度来说，不同的媒介技术一定会催生出不同的媒介形态；不同的传播媒介则一定会形成不同的传播形态。数字化生存时代，很多媒介信息以数据的集合形式存储在数据库，结构化的数据精炼而没有有害的或无用的赘余，并可以最大效率地为多种应用提供服务。同时，数据化的信息存储又与所使用的程序相互独立，在插入新的数据的时候，检索或修改原有的信息数据均可按一种公用的、可控制的方式进行。[②] 因此，我们可以预见，随着数字技术的飞速发展，数据库对媒介融合所需要的信息集中控制、避免信息浪费和重复，维护数据独立、实现信息共享等多方面的要求提供了技术保障，突出了信息时代多媒体融合的数字化特质，使得网络平台的作用在融媒时代可以得到充分发挥。从本质意义上讲，这将是数字技术背景下，媒介融合的最终形态。

二、媒介生存形态融合的传播学意义

从技术层面来看，以报纸杂志、广播电视为代表的传统媒体和以互联网为代表的新媒体在数字技术的影响下，发生着从基础技术、传输渠道到终端平台等多个层面的融合，并因此引发了媒介内容的融合。

实际上，从传播学视阈来看，媒介生存形态的融合还具有更深层的涵义。

第一，媒介生存形态融合的实质是整个传媒体系的重构。在传统媒体时期，不同媒体之间的边界清晰，分工明确。相互之间的关系是平行而独立的，各自都拥有一套完整的生产流程和运营方式，并且在此基础上进行行业内的分工。举例来说，传统电视业的生产流程为：采访（采集图像、声音）、编辑、

---

① ［美］尼葛洛庞帝：《数字化生存》，胡泳、范海燕译，海南出版社 2009 年版。

② 详见百度百科数据库，http://baike.baidu.com/view/1088.htm.

后期制作、信号传输、终端接收。与这个生产流程相应的业内分工为：记者（电视记者通常为由摄像师、录音师、出镜记者等组成的摄制小组）、主持人（或播音员）、编辑、灯光、化妆、包装、播出部技术人员。受到技术的限制，与广播电视媒体相比，报纸杂志等纸媒的工作流程相应简单一些。

而在媒介融合时代，传媒体系的结构呈现出了明显的网络化特征。各种媒介发生了结构的重组，生产流程逐渐趋于一致，并且不同媒介的边界逐渐模糊，甚至相互渗透，媒介类型的限制在信息生产过程中被突破，以融合后的新的运作方式为基础进行整个媒介体系内的重新分工。信息格式的数字化使得不同媒介信息的专用性障碍被打破，在互联网建构的信息传输和剪辑平台上，不同媒介之间的生产流程相互连接交织，颠覆了原有的平行运作的生产格局，使信息生产的重复劳动量降低，不同媒介之间各生产环节的横向协作成为可能。与此同时，数字技术的发展还在不断地促进各个环节的专业化程度，使得体系内的重新分工更加完善和科学。这个以数字技术为基础的结构重组，覆盖了硬件设备的更新、软件系统的开发和利用，包括了从信息的生产、集合、传输和接收等各个环节，整个过程是在信息时代传媒产业链的重构背景下完成的。

第二，媒介生存形态的融合也带来了媒介体系价值的重构。媒体所能够实现的信息生产和发布的效用与功能决定了传媒体系的核心价值。[①] 媒介生存形态的融合使得媒介体系的原有功能得到了最大限度的拓展，从原来的线性生产过度到了融合时代的场性增值。融媒时代的传媒体系，能够为受众提供更加多元的产品和更加立体的服务，较之传统媒体时代，能够更好地满足受众日益增长的市场需求。

在媒介生存形态融合的背景下，媒介体系的既有功能得到了提升。在传统媒体时代，人们主要通过媒体来获取信息，媒体与受众之间的信息流动是单向的、不可逆的、一对多的，媒体的舆论引导功能空前强大，信息提供成为其价值体现的主要方式。信息的筛选和把关权主要掌握在媒体手中，种类、数量有限，并且话语权掌握在极少数对媒体有控制力的阶层。受众的接收方式也是被动和单一的，几乎没有反馈和互动的渠道。在融媒时代，信息流成

---

① 王润珏：《产业融合趋势下的中国传媒产业发展研究》，中国书籍出版社 2011 年版。

为了多对多的多向流动方式，受众的接收方式更为立体和丰富，与信息发布者的互动更加频繁和主动。信息的发布、存储和传播都呈几何级上升，使得媒介体系提供的信息产品质量和数量都获得了非常大的提升空间，个性化的信息定制服务指日可待。

与此同时，媒介的系统功能更加完善，在新的传播模式产生的同时，新的媒介价值领域应运而生。比如，互联网的社交功能就是媒体在提供信息以及提供话语空间之外的又一大引人注目的功能。在生活节奏日益加快的今天，很多年轻人将社交生活移师网络，网络上呈现的虚拟生活对人们尤其是年轻人产生了强大的吸引力，使得人与人之间的社会交往方式更加多元，现实的生活方式也因此发生很大改变。当今的媒介在某种程度上已经不仅仅局限于作为传者和受众之间的信息载体，更承担着虚拟与现实生活之间的桥梁作用。此外我们还看到，经过数字化改良的有线电视网络，其功能已经远远不止传输电视节目信号那么简单，借此，观众可以享受可视电话、数字电视，甚至上网冲浪。丰富多彩的交互式服务，为原有的电视网大大增值。

第三，媒介生存形态的融合还引发了媒介产业结构的重组与转型。从媒介产业化发展演进的历史来看，每一种新的传媒技术的产生和发展都会导致原有的传媒产业形态的重构，并促发新的媒介产业形态的出现。数字技术的创新与扩散引发了媒介生存形态的融合，这是一个涉及面很广又非常复杂的过程。从信息的生产、信息的传输、信息的接收到信息的最终消费，导致的直接结果就是整个传媒产业结构的重组和转型。

在催生新的媒介形态、改变传统媒介形态的同时，信息技术的发展还潜移默化地对整个媒介体系进行了数字化的改造。可以说，数字技术对传媒体系的影响是全方位的，它将整个人类生活带入了数字化生存的时代。这意味着整个传媒产业链，包括生产关系、市场格局、核心竞争力、产业关联等的内部和外部的关键因素都会发生同步的变化。从传媒产业发展的角度来看，在融媒时代，要想生存并且取得长足发展，传媒产业必须建立起与新的技术环境和媒介生态环境相适应的经营方式和资本运营的模式，从根本上进行传媒产业的转型和结构重组。

三、传媒产业的融合

传媒体系的结构重组，媒介生存形态的融合必然会导致传媒产业结构的变化与转型。在数字技术高度发展的技术条件下和多媒体融合共生的传播模式下，传媒产业的商业运作基础、成本与收益的关系、市场结构等多个环节都发生了一系列的重大变化，直接或间接地推动着传媒产业内部的重组与融合。

（一）传媒产业运营方式的转变

第一，在媒介融合时代，传媒市场的结构发生了变化。传统媒体时代，传播模式是单向的、一对多的。信息的发布者，也就是媒体在信息生产的过程中处于绝对主导的地位。然而随着传播技术日新月异的发展，受众获取信息的渠道越来越多元，信息的内容也越来越丰富，媒介可提供的信息资源由过去的稀缺发展到现在的盈余，信息的数量由曾经的有限过渡到目前的过剩。在这一过程中，受众由原来单一的接受者，转变成了拥有"传"、"受"多重身份，对信息的选择拥有了更高的自由度。信息市场的主动权正在大幅度地从媒体向受众倾斜。在媒介融合时代，"受众"一词似乎已经不能准确表述信息接收者的身份，在描述传媒产品的消费者时，"用户"看上去更加准确和合适。整个传媒市场的格局正在按照用户需求的分化而被重新分割，媒介市场资本运营的原动力已经不再是媒介本身的信息发布能力而是用户多元化的需求。

第二，媒介产品的用户由"大众"向"分众"过渡。在传统媒体大众传播的时代，"受众"是一个整体，一个模糊的概念。一对多的传播方式决定了受众的"大规模"，单向的传播渠道决定了受众的"匿名性"特征。媒介融合时代，受众逐渐"显在化"，媒介资源的丰富性和信息的多元化，为受众提供更为广阔的选择空间，但也将他们带进了"难以抉择"的困境。消费能力参差不齐、信息偏好大相径庭，这使得用户的信息选择标准和消费预期呈现出了巨大差异，这对信息的生产者和媒介服务商提出了更高的要求：要想在如此多元的市场需求中求得生存并且盈利，将市场进行"分众化"的分割势在必行。

目前，比较通行的分类方法是将媒介用户分为四类：个人、家庭、企业、政府以及其他非营利性的社会组织。与之相对应的传媒市场则分为个人市场、家庭市场、企业市场和政府及其他非营利性组织市场。[①] 不同类型的用户对媒

[①] 王润珏：《产业融合趋势下的中国传媒产业发展研究》，中国书籍出版社 2011 年版。

介产品使用的目的以及对媒介产品功能的消费期待差异非常显著。比如，影音娱乐类媒体产品的用户主要是个人和家庭，交互性视频技术的用户则更多地集中在乐于采用视像会议的企事业单位。由此可见，媒体的核心竞争力也在逐渐发生着转移，不同媒介的竞争优势不仅在于信息内容的生产与设计，发布渠道和终端的科学规划和合理整合在市场竞争过程中似乎更为重要。我们可以预见，媒介融合时代，未来媒介市场的竞争将打破媒介形态的阻隔，呈现出"大媒介"竞争的态势。

第三，媒介产品的构成亦发生较大转变。在传统媒体时代，不同媒介形态与其信息内容的形式是一一对应的，媒介信息具有其专属的特质。比如报纸的可看性、广播的可听性、电视的声画结合的特质等。受众在选择媒介产品的同时就限定了媒介信息的内容和形态。媒介融合使得不同媒介形式的信息格式得到了数据上的统一，将信息内容、传输渠道、接收终端重新组合，使得媒介内容在同一平台可以共享和通用。也就是说，用户可以通过不同的传输渠道、借助不同的接收终端，接收同一媒介信息内容。比如，球迷收看欧洲杯，可以通过电视机看直播；如果时间或地点限制，还可以通过网络看直播或者网络视频；还可以通过手机电视进行收看。媒介融合消解了媒介内容与媒介形态之间的对应关系，媒介产品的类型也更加丰富。

经过媒介融合，重新整合之后的传媒市场，传媒产品分化为信息产品和应用服务两大类。信息产品是传统媒体时代原有传媒产品的延伸和发展，主要是以某个主体为中心的各类文本、图像、声音等信息或者综合内容的产品。而应用服务类的产品，则是以信息技术为基础开发出来的各种信息服务，比如网络、咨询、传输等。这些应用性的信息服务，充分发挥了传媒体系软、硬件的市场价值，并且使得产品价值得到了提升。由此可见，媒介融合时代的传媒产业市场竞争已经远远不是信息产品生产能力的竞争，更取决于其产品的质量和服务的水平。

第四，媒介融合时代，传媒市场竞争的规则亦发生了变化。有学者称，传媒产业将是中国最后一块暴利产业。[①] 高投入、高风险、高回报是这一行业资本运营的显著特征。传统媒体时代，传媒产业的运营需要巨大的资本投入，

---

① 详见朱学东、霍静："暴利的诱惑，传媒业的歧路灯（上篇）：传媒业有暴利吗？"，载《传媒》2004 年第 3 期。

而且资金呈现出明显的专用性，沉淀成本巨大。同时，由于我国相关政策规制的原因，行业准入的门槛较高，传媒产业呈现出显著的自然垄断的特征。信息技术的高度发展降低了传媒生产的技术门槛，媒介融合减少了媒介生产的成本，也使传媒业准入的资金门槛大大降低，传媒资产和信息产品的专用属性逐渐削弱。媒介产品多元化的选择空间使得媒介与受众之间的粘合度持续降低，传媒市场上虎视眈眈的潜在竞争者潜入的可能进一步加大，价格垄断策略的实施变得举步维艰。在这样的背景之下，原本处于垄断地位的传媒集团只好以控制产品或服务的价格来稳固其市场地位，用以遏制和阻止试图在暴利的传媒市场分得一杯羹的新进竞争者。这意味着媒介融合时代的到来结束了传媒业通过垄断获得暴利的神话，这场鹬蚌之争，最终使得受众成为了受益的渔翁。

（二）传媒产业盈利模式的变化

在市场经济学视野里，资本运营是现代企业经营与管理的一种普遍现象。资本运营本身，是对企业所掌握的资本资源的一种管理、操作与策划，是以最小成本追求利益最大化的一种市场表现。其根本目的是通过资本的优化配置，达到资本自身的增值与扩张。① 传统经济学中，成本与收益是核心词语，技术、偏好和天赋要素是市场构成的三大基石。如今，传媒产业的资本运作基础技术正在经历重大变革，要素与偏好亦同步变动，产业成本与收益的关系也正处于结构重组的过程之中。媒介融合时代，市场结构更加多元，传媒产业的盈利模式逐渐呈现出资本运营的特征。有学者定义："所谓资本经营，是指经营者对其可支配资本进行运筹、策划和管理，以谋求最大限度的资本增值率。"②

在传媒产业中，传媒产品的市场价值通过媒介产品市场和广告市场的双重运作得以实现。虽然传媒产品是传播活动的有形产出，亦是媒介信息、智力价值的物质载体，但其直接体现出的商业价值在传媒市场所占比重依然较小。目前，广告市场的收益呈现出更大的比重。从"便士报"时代起，媒体就不是依靠媒介产品本身直接创收。1833 年的《纽约太阳报》以 1 便士售卖，被称为"便士报"，开启了低价零售的大众报业经营模式，内容产品的售

---

① 吴信训、金冠军、李海林：《现代传媒经济学》，复旦大学出版社 2005 年版。
② 周鸿铎：《传媒产业资本运营》，经济管理出版社 2003 年版。

卖从那时起就不是媒体主要的盈利方式。"以内容吸引受众,以受众吸引广告商"是传统媒体普遍采用的操作方式。然而,融媒时代的来临,使得这种传统的经营方式面临着生与死的挑战。

在数字新媒体的冲击下,传统媒体的经营正陷入一种两难的境地:一向秉承内容为王的传统媒体力图通过提高产品质量,在内容上下大力气应对来自新媒体的挑战,以争夺市场份额,但这无形中又增加了运营成本。在传统媒体成本居高不下的同时,网络却打出了"免费"牌,几乎是击中了传统媒体的"七寸",对传统传媒产业格局造成了巨大冲击。以往传媒经济格局中的"免费",仅仅是作为一种促销手段出现,而新媒体的免费却是一种重要的运营模式。"免费经济学"的研究揭示出了信息产业的"零点趋向",即电脑处理器的价格每隔 18 个月左右就会下降近一半,网络宽带和处理器的价格下降速度更快。① 网络技术对信息内容的无限复制和广泛传播使得传统媒体的市场价值持续流失。在信息与产业融合的背景下,传媒产业必须构建新的市场结构和运营模式。

(三) 传媒产业市场结构的重组

市场结构指的是市场的各个主体之间——卖方、买方、买卖双方之间,以及潜在的买方卖方之间的力量对比关系达到一种均衡状态的特征,这种特征主要反映的是市场中竞争与垄断的关系。② 而市场集中度、产品差异化、市场需求、政府介入、价格弹性等因素相互影响,其中任意一个因素的变化都有可能引发其他因素发生变动,从而导致整个市场结构的变动。③ 技术因素几乎影响到了传媒产业市场的各个环节,市场结构正面临巨大的变化。

第一,行业准入门槛降低。传统媒体时代,政策、资金和规模形成了传媒行业的三大壁垒。媒介市场的准入受到政府的严格管控,电视频道、杂志报纸的刊号、广播频率等资源有着明确的数量限制。受众规模成为了媒体赖以生存的支柱,而这又与资本投入息息相关。但是,融媒时代,网络资源的丰富和使用的相对自由使其准入门槛大大降低。用户在网络上注册博客空间分文不取,申请独立的网站域名仅需几百元。但一旦积累到一定的点击量,

---

① [美] 克里斯·安德森:《免费——商业的未来》,蒋旭峰等译,中信出版社 2009 年版。

② 史忠良:《产业经济学》,经济管理出版社 2005 年版。

③ 杨建文:《产业经济学》,学林出版社 2004 年版。

占有了注意力资源，便具有了某种程度的商业价值。自媒体的到来，使得信息的发布权不再高高在上，行业壁垒逐渐消解。

第二，市场竞争的格局发生了变化。以往的市场竞争主要发生在同一区域市场、同质媒体之间。如今，媒介融合打破了媒介内容生产和传播的专属性，实现了跨媒体低成本的规模化生产。竞争格局转变为信息内容、传输渠道、播出终端的横向竞争。传统媒体的垄断地位被瓦解，对媒介资源的控制权逐渐弱化。媒介终端平台的开发业介入了市场竞争。

（四）媒介融合引发传媒产业的重构

传媒产业的重组主要表现为联合与互补两种方式。

在媒介融合浪潮的冲击之下，传媒产业首先发生的是功能互补的融合。这其中又包括了资源的互补、新旧媒体的互补、传统媒体之间的互补。

新旧媒体的融合使传播优势和生产能力得以互补。与新媒体融合，能使传统媒体合理避开信息容量和传播路径的劣势，媒介内容可以更为广泛地接触不同信息需求的受众，以满足新时期的市场需求；同时新媒体在高质量、权威性方面依然处于明显的劣势，依赖传统媒体，是充分扩大不同介质的特征，实现价值增值的必然选择。传媒产业的融合并不是新旧媒体对传媒资源的争夺，而是在新的技术背景下不同媒介之间的资源互补和增值，最终实现共赢。

伴随着媒介资源互补的不断深化，市场结构有序重构，逐渐走向媒介融合的核心：传媒产业链的聚合。产业价值链的聚合是传媒产业的深度融合，改善了原有的单一媒介生产活动的效率，使价值得到提升。在这个过程当中，首先，由于传媒产业内部实现优化，生产环节得到了改进，使不同媒介最具创造力的环节获取了更大的技术和资本的支持，提升了整个产业的生产能力和价值创造力，使融合优势得以最大限度地发挥。其次，价值链的聚合使传媒产业在研发、生产各个环节资源优化重组，产品种类更趋多元，质量也得到提升。最后，产业价值链的聚合打破了行业壁垒，突破了市场边界。这些变化使原有的制约传媒产业发展的障碍逐步瓦解，并逐渐实现更加科学和完善的市场结构的重组。

手机新闻客户端的个性化与
差异化发展探析

杨 仑 谢 博*

随着移动互联网技术的发展和智能手机的普及，网民对新闻信息的获取渠道正在逐渐转向手机和平板设备为代表的移动端。据 CNNIC 发布的第 36 次《中国互联网络发展状况统计报告》显示，截至 2015 年 6 月，我国网民规模达 6.68 亿，互联网普及率为 48.8%；手机网民规模达 5.94 亿，网民中使用手机上网的比例为 88.9%；随着手机终端的大屏化和手机应用体验的不断提升，手机作为网民主要上网终端的趋势进一步明显。① 由于移动端即时、便捷的特性能更好地满足网民的需求，移动互联网用户的使用时间也远远超过了传统媒体：中国移动互联网用户平均每天的有效媒体接触时间为 5.8 小时，而利用手机和平板设备上网时间（146 分钟，占 42%），已经远远超越了使用 PC 互联网（100 分钟，占 29%）和电视（60 分钟，占 17%）的时间，其中，手机已成为了最受欢迎的移动媒体②。而在即时通讯、手机搜索、手机网络音乐、手机网络支付等的各项应用中，手机网络新闻的使用率仅次于手机即时通信，居于第二位，用户规模已达 4.60 亿，使用率为 77.4%。由此可见，在移动互联时代，手机这一"指尖上的媒体"也成为了用户获取信息和沟通交

---

* 杨仑，西北政法大学新闻传播学院影视编导系讲师。谢博，新媒体自由撰稿人。

① 参见 CNNIC 发布的第 36 次《中国互联网络发展状况统计报告》，2015 年 7 月 23 日，http：//www. cnnic. cn/gywm/xwzx/rdxw/2015/201507/t20150723_ 52626. htm.

② Inmobi 发布"2014 中国移动互联网用户行为洞察报告"，载腾讯网，http：//cd. qq. com/a/20140110/009373_ all. htm#page1.

流的关键媒介，而这也促使各路媒体纷纷推出各自的移动新闻客户端，以抢占移动互联产品市场。

一、手机新闻客户端的概念与传播特点

（一）手机新闻客户端是什么

在移动互联网时代，新媒体的发展与智能手机的普及颠覆了传统的信息传播方式与接收渠道，人们获取新闻资讯的主要来源不再是报刊、电视和广播等，而是直接在以手机、平板设备为代表的移动终端上浏览获取。在网络世界中，服务的提供方称为服务端（Server），服务的接受方则称作客户端或用户端（Client），是指与服务器相对应、为客户提供本地服务的应用程序。手机客户端（Mobile client）也即可以在手机终端运行的应用软件。移动新闻客户端又称新闻 APP，是服务方基于苹果 iOS、安卓（Android）等平台提供新闻资讯、新闻服务的移动应用程序。网络用户下载该类应用程序到智能手机、平板设备等移动终端上，通过网络与服务端建立连接，即可接入使用。手机新闻客户端也即以智能手机为物质载体和接收终端，能够即时推送、更新新闻资讯与新闻服务的应用程序。

2010 年前后，手机新闻客户端（Mobile phone news client）开始在国内兴起，腾讯新闻客户端的第一个版本推出，腾讯也成为国内最早推出客户端产品的新闻门户之一。之后，手机新闻客户端便以新型新闻产品的样态形式开始在用户中普及。

腾讯新闻客户端具有强大的实时推送功能，用户通过手机新闻客户端，可以随时随地了解天下新闻，体验到掌中资讯的便捷性。上线后，腾讯新闻客户端历经多次版本升级，产品功能和触达体验不断提升。在腾讯新闻客户端，用户可以第一时间收到实时推送的热点新闻资讯，也可以根据需要选择进入要闻、视频、社会、文化、图片、纪录片、话题等栏目浏览，还可以根据个人爱好定制相关资讯，加之其页面设计简洁、图文并茂，重要新闻、热点资讯标注抢眼等优势，得到了用户普遍认可，用户数量、活跃度和口碑都在同类软件中名列前茅，根据《2015 年 Q3 移动新闻客户端报告》的数据显示，从移动新闻客户端的下载量上看，腾讯新闻凭借微信、腾讯视频等多渠

道推广优势排名第一。①

目前，随着人们智能手机的普及，移动新闻客户端在中国得到了快速发展，越来越多的人通过手机获取新闻资讯，手机新闻客户端成为人们获取信息的首选渠道；而在版本不断迭代更新的过程中，手机新闻客户端也承担了更多的传播任务，它不仅采用文字、图片、音频、视频等多种表现形式增强新闻的表现力、扩充新闻的信息量，同时，还通过新闻推送、订阅聚合、点赞评论、话题投票、集纳专题、互动分享等方式增强用户体验，实现新闻传播的个性化与专业化。

（二）手机新闻客户端传播的主要特点

在移动互联网时代，传统媒体其实早已经在以手机为传播载体的新闻产品形态方面做了有益的尝试。比如早期的手机报、从 2010 年开始走红的微博、2013 年异军突起的微信公众号以及近来的 HTML5 等。但是，这些大多都或多或少地因其自身的局限性而未能得以长足发展。相比较而言，新闻客户端弥补了其不足之处，并呈现出独有的特点。

1. 内容丰富，表现手段多样

无论是与报纸、广播、电视这些传统方式相比，还是与手机报、HTML5 这些新手段相比，新闻客户端的资讯内容更丰富、更多样、时效性更强。它可容纳并可供传播的信息量更大，可以实现海量信息的实时发布，挣脱了报纸版面有限、手机报单条信息容量有限的束缚。它的表现手段更加丰富多样，可以实现图片、文字、视频、音频四合一的完美融合，避免了传播符号单一造成的新闻表现力过于单薄的问题。

2. 优化新闻呈现方式，符合新型阅读习惯

手机客户端传播新闻信息，呈现出社交化、及时化、碎片化、移动化的特点。社交化是指用户阅读新闻时不仅满足于个人的求知欲，更希望可以和他人在线上进行分享、交流。及时化是指用户能够在新闻事件发生后的第一时间获得新闻资讯，特别是新闻客户端的分享功能在满足了受众社交需求的同时，能够多渠道获取新闻信息，特别是在突发性事件的报道中，新闻信息

---

① 侯长海：“速途研究院：2015 年 Q3 移动新闻客户端报告”，2015 年 11 月 4 日，http：//www. sootoo. com/content/658055. shtml.

能够做到即时报道、及时更新、有效推送等，极大地满足了受众对新闻信息的需求。碎片化是指用户阅读新闻的时间节点不再整齐划一，而是越来越分散，很难固定。移动化是指用户获取新闻时的场景是多种多样的，以智能手机等携带方便的终端设备为物理载体，用户可以利用在车上、床上、卫生间等时间，随时随地获取新闻资讯。

3. 社交化互动，受众参与感强

交互性（interactive）看取的是用户能在多大程度上对内容进行控制。在移动互联网平台上，用户既可以是新闻资讯的消费者，也可以是具有"交互性"的生产者。用户会主动地生产、传播新闻信息，并且通过大流量平台上亲朋好友的分享，使得新闻产品的互动增强，用户成为了信息传播过程中的生产者、分享者，而非过去单纯的被动接受者。相较于手机报、微博、微信等，新闻客户端不仅能使用户的信息消费与信息生产同步进行，而且更易为受众在线上形成一个以受众为中心的跨平台互动传播圈，通过新闻客户端，用户在消费新闻的同时，使用分享功能跨平台实时在线交流互动，用户的信息消费行动延伸至信息生产与传播活动，与其社交平台的朋友圈的互动又使其信息生产成果与更多的用户共享。如用户可以将自己认为重要的话题、有意思的新闻信息进行评论，然后分享至微博、微信、QQ、MSN 等不同的平台，辐射不同平台上的多个朋友圈，形成社交网络的互动。

4. 新闻自定义，避免信息过载

定制化成为新闻客户端的一大优势。从产品外观形态到首页新闻内容、从定制栏目到文章字体大小等，每个人都可以根据个人对新闻资讯的实际需要、产品风格的特殊偏好来定制专属于自己的新闻客户端。也就是说，一千个用户会生成一千个同一媒体品牌的新闻客户端。如果用户平时在网上喜欢浏览财经新闻、体育新闻，甚至用社交账号注册炒股软件的话，那么其每天的新闻客户端首页上会看到比别人更多的财经资讯、股市动态、体育新闻等，而这是手机报、微博、微信、HTML5 无法比拟的。在泥沙俱下、海量井喷的信息爆炸的时代，尊重差异化的新闻客户端通过个性化定制，有效降低了用户无效阅读的疲惫，为用户的个人注意力选取最佳配置方案，实现了推送内容与用户兴趣的匹配。

5. 平台化概念强，用户黏性高

在新媒体时代，平台化是新闻媒体创新新闻信息生产方式以争取更多受众的重要手段。相较于微博、微信等第三方应用平台，新闻客户端为新闻媒体在新媒体产品中搭建了平台。无论媒体在微博上创建媒体账号，还是在微信上申请媒体公众账号，媒体始终都是在别人开发的平台上进行传播，传播规则、传播方法、数据信息等都得依靠第三方才能得以执行。新闻客户端是一种平台化媒体，它通过对用户的账号管理，以及不同用户之间的连接管理，形成了一个紧密联系的网络，媒体不但可以依据自身发展制定准则与策略，还能为用户在信息、娱乐、游戏等多个方面提供交互体验，而多领域的多重交互使受众进入强连接状态，保持较高的活跃度，用户粘性得以提高。

二、我国手机新闻客户端的分类与用户使用情况分析

（一）我国手机新闻客户端的类型与特点

目前，我国手机新闻客户端的类型主要分为以下三类：

1. 以搜狐新闻、腾讯新闻等为代表的互联网门户新闻客户端。内容较为丰富，新闻内容由授权转载、原创报道和 UGC 组成。

根据 CNIC 的近期数据显示，国内的新闻客户端中，搜狐新闻、腾讯新闻、网易新闻、新浪新闻、凤凰新闻、今日头条、百度新闻和澎湃新闻等 8 款主流产品，占据了国内移动新闻客户端市场八成五以上的用户份额。[①] 以搜狐新闻、腾讯新闻、网易新闻等为代表的互联网门户新闻客户端起步最早、发展最为成熟、市场占有率最高。门户网站类新闻客户端不仅是一个提供新闻资讯的工具，还是手机移动端领域的入口与平台。"既做平台，又有内容"是门户网站做新闻客户端的最大特点。一方面，它搭建平台，以平台的方式引入其他媒体的内容，可供受众自由选择与订阅；另一方面，它的内容较为丰富，新闻内容由授权转载、原创报道和 UGC 组成。平台的建设与壮大使得其能吸引优质的内容生产商，自己生产内容又能最大程度地保持用户黏性，从而加强平台的品牌建设，二者相得益彰，形成良性互动。以 2010 年 10 月上线的腾讯新闻为例，它是平台聚合类的典型代表：首页呈现新闻现场的最新资讯、重大新闻事件的专题报道，同时注重内容生产，打造了众多原创栏目，开放媒体订阅功能，全面接入优质媒体及微信自媒体，扩大平台信息量与传播影响力。

---

① 王吉伟："走向多智能终端 2015 新闻客户端发展趋势"，载速途网，2015 年 4 月 1 日，http://www.sootoo.com/content/559277.shtml.

2. 报纸、杂志等传统媒体开办的新闻客户端。内容相对较少，更多体现为传统媒体在移动互联网的一个移动站点。

报纸、杂志等传统媒体开设的新闻客户端，如人民日报、新华社、央视新闻、澎湃、界面等。传统媒体做手机新闻客户端起步较晚，但发展较为迅猛，有重新争夺市场之势。此类新闻客户端凭借其传统媒体的品牌影响力，依托其强大的采编系统源源不断地生产出优质内容，但技术为其短板。如人民日报客户端于 2014 年 6 月正式发布，在其上线不到一年的时间中，客户端下载量超过四千五百万次。目前，其产品不断升级优化，走出了一条独特的发展道路，将客户端往平台化发展，现已推出了政务平台、问政平台以及公益平台，帮助用户真正参与到新闻中来，不仅仅只是阅读新闻，也在新闻当中收获更多层次的互动体验。

3. 以百度新闻、今日头条为代表的非媒体机构的聚合类新闻客户端。主要通过抓取各种媒体的新闻内容，整合于自身平台。

非媒体机构开办的新闻客户端，主要包括一些技术企业、商业公司和个人自建的移动新闻客户端，如今日头条、ZAKER 等。由于缺乏采编资源，内容的获取大多依靠技术全网抓取、自动收集、自由排版，实现个性化精准推送，从而取代了人工排版、推送、收集、整合，这提高了新闻客户端的信息容量、提升了新闻的更新速度与频次。但单纯依靠技术致胜而缺乏自主的内容生产系统，使得此类新闻客户端缺乏原创、缺乏独家、内容同质化现象严重，且容易侵犯传统媒体的内容版权。以用户量过 2.6 亿的今日头条为例，它是 AAC 的典型代表，即以算法产生内容的新闻客户端。它号称自己是"新闻搬运工"——并不直接生产内容，而是采集其他媒体的信息，聚合超过五千个内容站点进行新闻的抓取和收集，搭建庞大的新闻信息平台；然后基于用户的社交网络数据进行挖掘分析，如用户的手机号、微信、微博、qq 等，5 秒就能算出用户对哪些话题感兴趣，从而为用户进行精准推送。2014 年，今日头条推出"头条号"，企业、机构、媒体和自媒体均可入驻申请，开始向内容发力，在做好以算法聚合推送内容的同时也不断加强内容平台的建设。

在我国，媒体融合已成为传媒行业发展的大势之趋。推动传统媒体和新兴媒体在内容、渠道、平台、经营、管理等方面的深度融合也已经上升为国家战略。与此同时，移动互联网时代的到来、智能设备的日新月异、受众获取新闻途径的根本性变化使得新闻信息产品的内容和结构、传播终端的形态和功能都在发生革命性变化，这为新闻媒体的融合发展、转型之路带来了不小的难题。在发展变革中，新闻客户端以其不可比拟的优势成为新闻媒体转型发展的强抓手、新路径。

（二）新闻客户端用户使用现状概览

据 iiMedia Research（艾媒咨询）最新数据显示，目前国内 97.4% 的手机新闻用户每天都会通过手机中的客户端查阅新闻。[1] 新闻客户端成为用户获取新闻资讯的首选方式，其中，阅读方便成为首要原因。在用户群体中，每天使用1－2 次，日均使用 15 分钟以上的人数最多，头条新闻是其阅读的主要内容。

1. 获取资讯的首选方式

就获取新闻方式看，与短信/彩信、搜索 APP、微博、微信、手机浏览器等相比，新闻客户端以 35.8% 成为手机网民在移动端资讯获取首选方式。（见图 1）

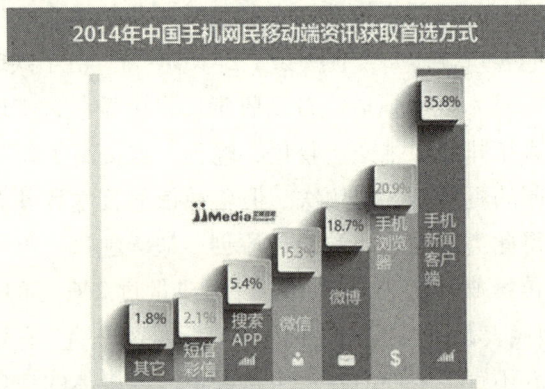

图 1　2014 年中国手机网民移动端资讯获取首选方式[2]

2. 用户使用原因

手机网民为何使用新闻客户端获取新闻的调查显示，阅读方便占 71.4% 成为首要原因。其次，内容丰富全面、新闻更新快、新闻展项形式多样、智

---

[1] 艾媒网：http://www.iimedia.cn/38589.html.

[2] 数据来源：iiMedia Research（艾媒咨询）《2014 年中国手机新闻客户端用户研究报告》，http://www.iimedia.cn/38589.html.

能推送信息、互动性强分列第2-5位。（见图2）

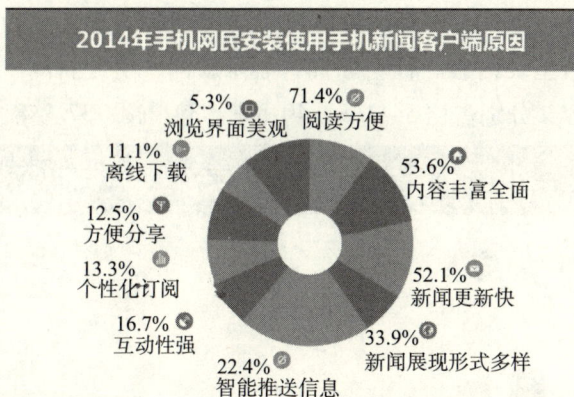

图2　2014年手机网民安装使用手机新闻客户端原因①

3. 用户使用频率

在用户使用频率方面，46.4%的用户每天会打开新闻客户端1-2次之间，35%的用户媒体使用次数在3-5次之间，共有97.4%的用户每天都打开手机新闻客户端。就用户使用时长而言，60.8%用户日均使用15分钟以上。（见图3）

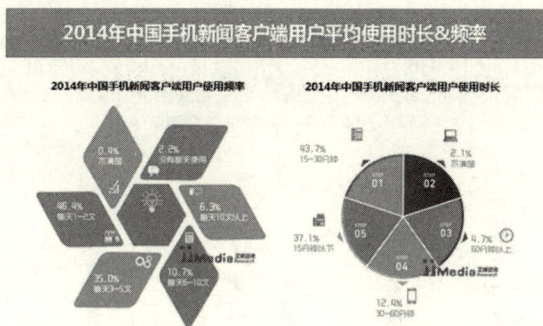

图3　2014年中国手机新闻客户端用户平均使用时长 & 频率②

---

①　数据来源：iiMedia Research（艾媒咨询）《2014年中国手机新闻客户端用户研究报告》，http：//www. iimedia. cn/38589. html.

②　数据来源：iiMedia Research（艾媒咨询）《2014年中国手机新闻客户端用户研究报告》，http：//www. iimedia. cn/38589. html。

4. 用户阅读内容

在用户阅读内容分布方面，头条新闻以 85.8% 的比例成为受众使用新闻客户端阅读的最主要内容。社会新闻、娱乐新闻、财经新闻、体育新闻也是阅读的主要内容，分别占比 54.1% 、40.5% 、39.2% 、37.2% 。[①]

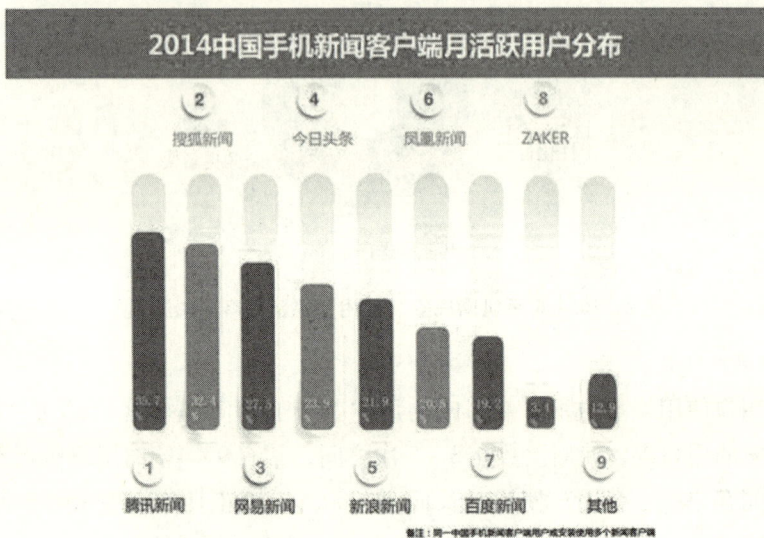

图 4 2014 中国手机新闻客户端月活跃用户分布

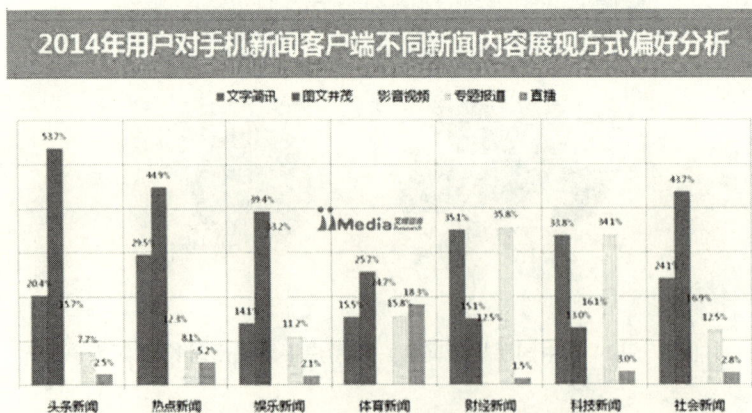

图 5 2014 年用户对手机新闻客户端不同新闻内容展现方式偏好分析

---

① 数据来源：iiMedia Research（艾媒咨询）《2014 年中国手机新闻客户研究报告》，http：//www.iiMedia.cn/38589.html.

三、走向个性化与差异化的新闻客户端发展趋势探析

（一）新闻客户端存在的主要问题

1. 同质化现象严重

手机新闻客户端同质化现象日趋严重。内容上，各大新闻客户端的内容转载现象过于严重，首屏更新的新闻内容、抓取的新闻稿件大同小异，每天推送的新闻基本雷同；缺乏内容上的差异性，个性化内容不足。客户端形态上，产品架构千篇一律，基本以抽屉式导航、Tab 标签式为主流，功能基本一致，缺少形态上的趣味性，容易为受众带来使用疲劳感，难以拥有较高的用户黏度。

2. 信息把关机制差，监管能力不足

互联网技术手段的发展在丰富手机新闻客户端信息源的同时也带来了问题，通过技术手段对全网及境外媒体进行信息抓取、信息聚合及自动发布，这使得信息难以做到先审后发，把关机制失效，新闻审核和监管能力越来越弱，虚假信息、不实报道越来越多，一片泛滥，破坏了移动互联网的传播秩序。

（二）应对之策

面对严重的同质化、排他性和可替代性，新闻客户端产品的个性化与差异化迫在眉睫。

1. 坚持差异化发展

差异化战略是手机新闻客户端在未来获得长足发展的重要手段。首先，应坚持内容差异化的精准推送；加大原创稿件、独家稿件、精品稿件的比例，始终做到"内容为王"；在信息泛滥的时代为受众精准推送个性、健康的信息，节省受众信息有效获取的时间；同时，加强重大新闻事件的专题建设能力，创新新闻表现形式，建设具有新媒体特色的新闻栏目，凸显新闻报道具有新手段、新方法。其次，形态上需凸显自身特色，从 LOGO、APP 组织架构、产品功能等方面进行差异化设计，做到"人无我有，人有我优"，从而不断提升用户使用体验，打造具有浓烈特色的新闻产品。

2. 加强信息监管

手机新闻客户端同样需要良好的信息把关机制，建设良好的信息监管系

统。在移动互联网时代，手机新闻客户端的信息把关人应更多元化、技术化，应由过去传统的把关人拓展为政府、传统媒体人、无采访权的商业新闻网站运营者、民众四位一体，在不同的传播阶段对信息进行有效的把关。同时，还应借助技术手段，加大研发对移动新闻客户端进行监测、预警和管控的技术平台，提高识别过滤有害信息的能力。

3. 凸显社交性，打造新闻社交

手机新闻客户端不仅仅是单向的阅读，更多的加入分享和社交功能应成为未来发展的一大趋势。BuzzFeed 创始人乔纳·佩雷蒂认为，"作为人们寻找BuzzFeed 内容的一种方式，分享变得比搜索更重要。当每一个人都愿意将自己喜欢的内容与人分享时，我们只需要将这些人聚合在一起，就等于拥有了我们想要提供的内容"[1]。

凸显新闻客户端的社交性有助于信息的有效传播、提高用户粘性。开放与社交网络进行信息交换，在线上形成一个以受众为中心的跨平台互动传播圈，受众可以将自己认为重要的话题、有意思的趣闻加以评论，然后分享至微博、微信、QQ、MSN 等不同的平台，辐射不同平台上的多个朋友圈，完成与社交网络的互动。受众在消费新闻的同时，使用分享功能跨平台实时在线交流互动，成为互动化生产者，提高了自身的参与感。这样，受众的信息消费行动延伸至信息生产活动，与其社交平台的朋友圈的互动又使其信息生产成果与更多的用户共享，真正实现将用户"粘"在客户端上的预期。

---

[1] 李嘉卓："社交化新闻聚合网站的未来发展趋势——以美国 BuzzFeed 新闻网站的新变化为例"，载《中国记者》2014 年 10 月。

新闻聚合媒体的侵权问题分析

——以"今日头条"为例

安　东[*]

随着我国互联网的广泛普及，巨量信息随之产生，我国进入了信息时代。公众为缩小对未知世界的不确定性，对信息有着本能的和必然的需求。而现代多种多样的新闻媒体，已然承担了向公众提供信息的主要任务，公众对新闻媒体有着空前的依赖性。然而，在信息爆炸的时代，即使现实世界中的信息已经过新闻媒体的筛选与把关，但整体的新闻媒体传播给受众的信息仍然超过了其处理能力，受众被淹没于"信息洪流"之中，处于"信息暴力"之下。在此背景下，对巨量的冗杂信息按照一定的方法进行进一步的筛选与整合，实现信息传播的精品化、个性化便成为一种必然的趋势。

"今日头条"、"一点资讯"等新兴的新闻聚合媒体，能够基于用户的各种数据，发现用户的信息偏好，并以某种算法来搜索用户所需信息，最终为用户提供个性化、高价值的信息。这种新的传播模式，在使"今日头条"走上商业"钱"途的同时，也为其带来了一片讨伐之声。

那么，既然信息超载的环境下，对信息进行整合成为必然，为何以"今日头条"为代表的一系列新闻聚合媒体会遭受如此批评？传统媒体与新闻聚合媒体冲突根源何在？对新闻聚合媒体究竟应如何看待？本文以"今日头条"为例对此进行了初步探讨。

一、新闻聚合媒体的特征

新闻聚合媒体称呼不一，也称新闻聚合平台，学界目前对于此类媒体并

---

*　安东，西北政法大学新闻传播学院2015级硕士研究生。

无明确的概念界定，但笔者经过总结发现，新闻聚合媒体基本存在以下三个特征：

（一）以某种算法对信息进行聚合

最早的新闻聚合概念起源于 1997 年网景（Netscape）公司开发的 RSS。用户可以按照自己的需求订阅站点信息源。站点内容更新时，RSS 通过 XML 标准定义内容的包装和发布格式，将内容按照用户的要求推送到 RSS 阅读器或者 RSS 页面，使用户可以实现一站式地便捷阅读。① 简言之，新闻聚合媒体将大量互联网站点中的各类新闻信息进行汇总，通过记录用户的浏览历史，可以计算出用户的信息偏好，当用户再一次进入该媒体页面时，就可获取相关站点中更新的实时信息。

在我国，新闻聚合媒体有两种聚合方式：一是基于 PC 端的网页聚合，该聚合方式运用搜索引擎抓取 RSS 站点信息，并将其以标题的形式呈现给用户，当用户点击标题链接时，网页跳转至该 RSS 站点。二是基于移动端的网页聚合。该类聚合方式又可分为两种：第一种方式同 PC 端聚合方式相同，是将新闻信息以标题和内容摘要的形式呈现于用户眼前，在其点击标题链接后，新闻信息（包括文字、图片等）展现在移动端的页面，但该过程并未进行真正的跳转，只有用户点击页面下的"阅读原文"按钮时，才会跳转至最初的 RSS 站点。第二种方式是利用搜索引擎捕获新闻信息后，将其以新闻标题和内容摘要的形式呈现，用户点击新闻标题后，跳转至适配转码处理后的页面，新闻信息在该页面显示。随着移动互联网的兴起，基于移动端的新闻聚合 APP 目前正成为最新的发展热点。

（二）新闻信息的精准推送

新闻聚合媒体根据用户浏览信息的时长、属性等数据，计算出用户对新闻信息存在的偏好，并基于此运算结果，为用户提供更加精准的所需信息。同时，用户也可自主选择符合个人偏好的信息关键词，新闻聚合媒体则可以根据个人预设关键词，为用户推送该类最新的新闻信息。而新闻聚合媒体的另一黑马"一点资讯"，更是增设了用户自主搜索和设定关键词的功能，新闻信息提供的精准性更加提高。

---

① 易晓阳："RSS：含义、本征与应用"，载《图书馆学研究》2006 年第 8 期。

（三）移动新闻聚合媒体强势崛起

随着移动互联网大潮的到来，基于移动终端的新闻聚合 APP 也获得了极大的发展。截至 2015 年 6 月，我国手机网民规模达 5.94 亿，较 2014 年底增加 3679 万人，网民中使用手机上网的人群占比进一步提升，使用率由 2014 年 12 月的 85.8% 提升至 88.9%，移动互联网时代正在到来①。

相应地，根据第三方调研机构的统计，"今日头条"自 2012 年 8 月推出第一版至 2015 年 10 月，已积累 3.1 亿用户，日活跃用户超过三千万，单日所有用户阅读文章篇数约 5.1 亿篇，每个用户每天使用时长超过 50 分钟，每天产生超过 750 万次点击收藏、500 万次分享、350 万条评论。② 而"今日头条"也于 2015 年 8 月获 C 轮 1 亿美元融资，另一新兴的新闻聚合媒体"一点资讯"则于 2015 年 2 月获得凤凰新媒体 3000 万美元的资金注入。在移动互联网迅速崛起的趋势下，基于移动端的新闻聚合媒体已乘势而起，成为一种新兴产业。

二、新闻聚合媒体侵权的表现形式

新闻聚合媒体在享受着商业的巨大成功时，却也招致了一片讨伐之声。传统媒体与新闻聚合媒体的矛盾日益尖锐，这些矛盾爆发最明显的标志就是侵权起诉案件的增多。以"今日头条"为代表，其已遭受了多次起诉，其中影响较大的起诉案件有如下：

2014 年 6 月 6 日，《广州日报》对"今日头条"提起著作权之诉；

2014 年 6 月 24 日，搜狐起诉"今日头条"，要求赔偿 1100 万元；

2014 年 6 月 20 日，以湖南星辰在线网络传播有限公司为代表的地方性新闻网站，纷纷加入到了这一轮版权之争，发表声明要求"今日头条"停止侵权，赔偿损失；

2014 年 6 月，国家版权局对"今日头条"展开立案调查；

2015 年 8 月 12 日，《楚天都市报》起诉"今日头条"侵权，武汉市中级

---

① 数据来自 CNNIC 发布的《第 36 次中国互联网络发展状况统计报告》，http://www.cnnic.net.cn/hlwfzyj/hlwxzbg/hlwtjbg/201507/P020150723549500667087.pdf

② 今日头条，百度百科，http://baike.baidu.com/link?url=dOGx9e6ENp6Hr9WQJdI9fcs0sp6362iAOdtHSSuh7L6fN5VGXAkn9_ NoRHLB5aGXuMHBdYm56uSD1e9MPJ1b9K

人民法院立案受理；

2015 年 9 月 15 日，《现代快报》起诉北京字节跳动科技有限公司（今日头条）、无锡新纳新传媒传播有限公司（今日头条 APP 无锡代理商），无锡法院正式立案受理；

此外，另一典型的新闻聚合媒体"一点资讯"也于 2015 年 11 月 4 日遭到《新京报》起诉，索赔百万。

除此之外，也有部分媒体以发布公告等方式表达了对新闻聚合媒体的种种不满。

但是笔者梳理这些案件的起诉缘由时发现，多集中在转码行为侵权、深层链接侵权、直接复制内容侵权等三个主要方面。笔者对此进行了梳理：

（一）复制、存储行为构成侵权

关于"今日头条"对传统媒体新闻信息进行临时转码是否侵权的问题，笔者较为赞同华东政法大学王迁教授的观点。张一鸣在财新网的报道中表示，出于用户阅读体验和媒体服务器压力等因素的考虑，"今日头条"需要对原内容转码，而转码则意味着会把媒体内容临时复制到"今日头条"服务器中。①王迁教授认为，"今日头条"如果只是单纯地由于技术的原因而不得已对传统媒体的新闻信息进行转码和临时复制，且并未将内容保存至"今日头条"服务器中，则此种"临时复制"不构成对传统媒体复制权的侵权。

然而，王迁教授继续指出，"今日头条"如果将转码后的页面存储于自己服务器中，用户可以由此直接浏览新闻而不必前往源网页浏览，则此行为已不是技术意义上不得已而为之的临时复制。此时的复制行为首先并非出于"合理使用"目的，其次传播原媒体的新闻信息也构成了信息网络传播行为，具备独立的经济价值，因此这种复制、传播行为构成复制权、信息网络传播权侵权。②

（二）"深层链接"构成不正当竞争

传统媒体的盈利模式主要为"二次销售"模式，媒体将新闻信息以媒介产品的形式以低于成本的价格出售给受众，再将受众"卖给"广告商，其利

---

① "张一鸣回应版权纠纷——要和媒体做朋友"，载财新网，http://companies.caixin.com/2014 – 06 – 11/100689194.html.

② 王迁："'今日头条'著作权侵权问题研究"，载《中国版权》2014 年 4 月。

润主要来自于广告费。这一模式当中，广告收入的增长，可以补充媒体低价售卖产品的亏损，实现利润总量的增长。

"今日头条"的盈利能力主要体现在对流量的控制当中。"今日头条"基于移动设备的迅速普及而得到了大量的用户，而这 3.1 亿的用户则为其提供了极大的流量，"今日头条"最大的资源其实也正是来自于这些巨大的用户资源。

所以，当"今日头条"使用深层链接却不转至源网页站点以完整显示其内容，将会使用户无法浏览源网页中的广告，影响传统媒体的收益。在此情况下，"今日头条"却可以凭借利用传统媒体的新闻信息产品来提高关注度和使用率，并进一步增强用户黏性，获得更多的广告收入与利益。在此过程中能够发现，传统媒体和新闻聚合媒体两者存在着一种商业上的竞争关系。而无论是传统媒体的受众或是新闻聚合媒体的用户，就其本质来说都属于注意力资源，传统媒体和新闻聚合媒体所争夺的，正是这些稀缺的注意力资源。

"今日头条"在未同新闻信息提供方达成一致协议的情形下，以深度链接方式为用户提供新闻信息，实际上以不当方式截留了本应流向新闻信息提供方的流量，该行为可能违反诚实信用和公平竞争原则，从而成为违反不正当竞争法的行为。

（三）擅自复制信息构成著作权侵权

尽管我国现行著作权法中明确规定，时事新闻的著作权不受法律保护。但是，媒体工作者为完成本单位工作所创作的作品，属于职务作品，媒体可以和作者以签订合同的方式，将版权归属于媒体单位。对于自由撰稿人来讲，版权归属变更同样可由媒体和自由撰稿人通过签订合同进行约定。因此，新闻媒体对于其报道、传播的新闻信息，如果提前同创作者以签订合同等方式确认了版权归属的变更后，则应当享有该新闻作品的财产性权利，其他媒体不得对这些新闻作品擅自复制、转载。

"今日头条"未经其他媒体许可，擅自抓取其网站的新闻信息呈现给用户，甚至直接复制原文内容并存储于其服务器上加以呈现，且事后未给媒体支付相应的报酬，其实质在于利用他人作品来保持其对流量资源的控制与导向能力，有无偿利用他人作品获取商业利益的行为，造成了被侵权媒体的利益损失，构成著作权侵权。

三、转换思维，互利共赢

以"今日头条"为代表的新闻聚合媒体在三个方面存在着侵权的极大可能性，不论是转码复制和存储、"深层链接"方式提供新闻，还是直接擅自抓取信息，"今日头条"和其他媒体发生冲突的核心缘由在于对注意力资源的争夺。对于传统媒体来说，用户的注意力能够为其带来商业中的利益，而"今日头条"的出现，却阻断了用户和传统媒体的直接接触，这些用户被"今日头条"转化为流量后，其能够通过对流量大小、流向进行一定程度的控制，这一互联网思维下的新型商业模式，与同样以用户注意力为资源的传统媒体发生了冲突。

对于这些问题，笔者认为应当直视与面对，为此，笔者试提出三点建议：

（一）增强法律意识，注重版权保护

"今日头条"作为信息社会中新兴的新闻媒体，其信息传播模式和商业盈利模式都是极具创新性的。然而，创新并不意味着可以突破法律的底线，笔者认为，"今日头条"应当增强法律意识，避免触碰法律底线，而被侵权者则应勇于维护自己的合法权益。

版权保护的初衷在于激发作者创作优秀作品的动力。尽管在互联网时代，过度注重权利的保护可能会阻碍企业运行效率的提升，但是，从另一个角度来讲，对私权给予足够的保护和利益，能够激发内容生产或提供者生产精品内容的动力，从而形成"内容生产更精品——用户体验更好——聚合媒体可控流量更多——可得收益更多——内容生产更精品"的良性循环，反之，如果对私权缺乏足够的保护或者不提供足够利益，则只会降低内容生产与提供方生产精品内容的积极性，形成"内容生产低质化——用户体验差——聚合媒体用户流失——可得收益减少——内容生产进一步低质化"的恶性循环。

此外，一个企业在发展初期可能会因制度缺陷而得到迅速发展，但是就长期来看，最终又会因此而付出更高的代价。尽管我国著作权法目前还缺乏针对互联网行业的较为适合、全面的专门法律，但是，维权者完全可以根据目前相关法律，如侵权责任法、著作权法等法律或部分条款进行维权。

（二）改变传统观念，推进产、传分工

从目前来看，传统媒体与"今日头条"双方各有优势：传统媒体在内容生产方面经验更为丰富、资源更为集中，更适合做精品内容的生产；"今日头条"在传播渠道方面技术更为成熟、理念更为先进，在做好渠道方面更具优势。双方若能在协商制定好规则的前提下，利用好各自所拥有的特长与优势，或许不失为一种明智的选择。

就整个人类社会来看，生产力的提高，必然会带来社会分工的精细化。在信息社会当中，信息的内容生产与传播分工进一步细化似乎正在成为一种若隐若现的趋势，在此情况下，传统由个人进行信息采集的状况很可能被组织化的媒体组织所取代，而传统媒体进行信息传播的这一功能可能被剥离出来，实现内容的生产和传播的分工化。而如果"今日头条"和传统媒体不立足于自身特色，双方仍致力于生产、传播集于一身，一方面容易导致各自运营成本较高，整体利益可能下降；另一方面，此举容易导致资金、人才等资源的分散，最终无法保持已有优势与特色。因此，传统媒体与新闻聚合媒体都应当转变发展观念，实现新闻信息生产与传播的分工化，形成新的产业链。在双方形成较为一致的生产、传播分工化的共识之下，则可以进行规则谈判、协议规定等方式，确立双方利益分配原则及细则。

（三）博弈双方协商，实现互利共赢

在目前互联网产业发展态势尚不明确、互联网企业发展处于初期阶段的情况下，国家过早制定新的网络著作权法，会给刚刚兴起的网络产业带来挑战，限制、约束新兴产业的创新能力。另外，如果过度强调传统媒体的版权保护，则会限制新闻聚合媒体对巨量新闻信息的整合，从而继续使公众处于信息暴力之下；同时，过度强调传统媒体的版权保护，也无法适应互联网时代信息共享的要求。

然而，新闻作品生产者的相关利益也应当得到保护。尽管"时事新闻"在我国著作权法中明确规定不受保护，但是这一原则是基于合理使用、面向公众传播的前提下成立的。在新闻聚合媒体整合新闻信息进行传播的过程中，新闻聚合媒体事实上存在着同传统媒体商业利益上的竞争关系，前者对新闻作品的使用是基于盈利需求而非"合理使用"，此时，如果时事新闻的著作权不受到保护，则会使新闻作品生产者无法补偿因生产新闻信息而投入的人力、物力等成本，损害传统媒体的利益，而这也会违背著作权法维护著作权人因创作作品而产生的正当权益的目的。

值得注意的是，传统媒体对"今日头条"的起诉多发生于后者融资成功的消息传出之后，而《广州日报》最终又对"今日头条"撤诉，双方和解，由此看来，传统媒体与新闻聚合媒体双方冲突的根源仍在于利益分配方式未达成一致。笔者认为，此情形下，传统媒体同新闻聚合媒体应在平等的基础上，以利益平衡为原则，协商谈判，共同让渡部分利益，制定初步的行业规则，从而实现互利共赢。如此，于受众而言，可以免于巨量冗杂信息的冲击，及时有效地获取个人所需的信息；于传统媒体而言，可以专注内容生产，提高精品内容的生产能力，并借新闻聚合媒体的传播渠道，扩大自身影响；于新闻聚合媒体而言，可专注于渠道管理，降低因侵权而带来的法律成本。

信息化时代下网络编辑的
价值体现及职业发展

耿成雄*

在信息化时代的大背景下，网络媒体在信息传播中的作用日益凸显。网络编辑对于网络媒体自身的发展起到了不可忽视的作用，其价值作用也受到了媒体和受众的广泛认可。在网络媒体日益发展壮大的趋势下，网络编辑这一职业将会朝着更加规范化的方向发展。

随着信息技术和网络应用的迅速普及，网络媒体的形态和内容多样化，互联网成为信息传播和交流的重要平台。受众通过互联网可以接收到海量的信息资源，其传播速度之快，内容之丰富以及交互性强的特点催生了网络编辑这一职业。网络编辑人员不仅需要有传统编辑的技巧技能，还要有操作互联网的各项本领，而且需要独具慧眼，新闻触角要更为灵敏，如此方能适应网络媒体的需求。如今网络媒体已成为生活中的主流媒体之一，其竞争不断加剧。网络媒体要想更好生存，必须建立自己独特的竞争机制，以此获取受众的青睐。网络媒体的发展绝不是仅仅依靠机械化的复制粘贴，做好"搬运工"的角色就可以的。由此，网络编辑的角色定位至关重要。网络编辑是网络媒体的把关人，网站灵魂的塑造者，优秀的网络编辑可以推动媒体的创新和发展，这才是网络编辑价值的真正体现。

一、网络编辑的价值体现

2000 年后，随着网络媒体的快速发展和产业的迅速壮大，受众对信息资

---

* 耿成雄，西北政法大学新闻传播学院讲师。

源获取的多样性需求对网络编辑提出了更高的要求，网络媒体的人力资源结构开始向专业化方向发展。2005 年 1 月 1 日，我国劳动与社会保障部正式颁布了网络编辑员国家职业标准，并启动相关资格认证，这意味着网络编辑正式成为一个新兴职业。[①]

与此同时，网络媒体也为网络编辑提供了一个自由发挥和个性创造的舞台。但是，由于网络媒体特殊的地位和独特的运作模式，网络编辑不仅需要传统媒体的新闻理念和专业精神，同时需要具备信息整合，新闻策划创新，多媒体运用和组织协调等多项能力，这些无疑对网络编辑提出更高的要求，同时也正是这些职业规范的形成，网络编辑也越来越影响着媒体的发展大局。网络编辑只有具备了这些技能和本领，网络媒体才能获得稳步的发展，而这些恰恰是网络编辑自身价值的体现。

（一）整合——对海量信息进行整理加工，并予以全景式的内容展现

所谓整合，即把一些零散的资源、要素通过某种方式彼此衔接，使其成为有价值、有效率、有机的一体，产生 1 + 1 > 2 的效果。[②] 互联网拥有海量的空间，理论上能够存储无限内容，但新闻内容是一种碎片化的呈现，对于用户而言，海量的信息既是一种满足，也是一种负担，很多时候用户大量的时间花在散乱的阅读中，甚至被无价值的超链接牵引，迷失在网页中。针对过剩的信息需要网络编辑进行精耕细作，简约精编。小到单篇文本新闻，大到一个事件的专题报道，都需要进行有创意、有策划、有思想的编排整合。

于是，专业的编辑人员责无旁贷地负担起了这样的责任：发现、鉴别、甄选、编辑有价值的新闻信息，必要时配发专业评论。成熟的网络编辑对网络媒体的定位有更深刻的了解，对文字、图片、视频、音频等多媒体传播符号有深刻的理解，并懂得统筹发挥作用，寻求最大化。[③] 例如，从腾讯新闻客户端看，腾讯明确了平台化与自媒体精品战略，并将腾讯新闻微信版、腾讯新闻手机 QQ 版进行全面深度整合，实现对资讯阅读、移动社交等场景的全面覆盖。另外，腾讯对国内外新闻都会以独特的专题形式，各自分为不同栏目，

① 蔡雯：《网络新闻编辑教程》，武汉大学出版社 2007 年版，第 23 页。

② 詹新惠：《新媒体编辑》，中国人民大学出版社 2013 年版，第 83 页。

③ 闫月英、丁梅："甄选、整合与呈现——论网络新闻编辑的核心能力"，载《新闻知识》2013 第 6 期，第 92 页。

整合同一类型的新闻，而且不全是文字的报道，还充分利用多媒体的优势——文字、图片或视频等相互穿插的形式。在有国内外重大突发事件时会增加网站版面，专做事件专题，大多是独家稿件配备视频、音频、图片、文字等。这些不但关系到对新闻的独特策划，更重要的是网络编辑们对海量的新闻信息资源进行筛选，重新组合、包装之后，杂乱的新闻信息相互联系而具有了深刻意义。网络新闻的深刻是通过对多源信息的挖掘，结构化的整合和对新闻的全面展现，深层解读等体现出来的。网络编辑通过对看似不相关的信息资源的整合而拓展了信息的内容宽度，同时也将信息资源进行了深度挖掘和呈现，便于受众对信息资源的全方位把握。因此，整合碎片化的信息资源，全方位展现新闻信息是网络编辑提高编辑水准，发挥主观能动性的一种手段，也是网络编辑体现自身价值的重要途径。

（二）创新——运用新形式进行"再造"，赋予网络媒体独具特色的呈现效果

网络媒体竞争激烈的时代，任何一家网络媒体，如果整合不与创新相结合，不形成自己的特色和独特风格，很难常青于网络媒体之林。因此，网络编辑对于信息资源的加工不仅要像传统媒体编辑一样，根据传播意图进行更深入的挖掘，还需要运用新的技术创造出内容呈现的新形式，争取更有效的传播效果。[①]

第一，内容的创新。传统媒体与网络媒体混合的局面下，信息资源来源广不可测，作为网络媒体具有新颖的内容才能足够抓住受众的眼球。针对这一问题，编辑要对现实生活有敏锐的洞察力，能够从平淡的题材中发现其独特的价值，从而创造出有吸引力的报道。[②] 例如，2013 年夏天西安白鹿原上的西瓜滞销，瓜农们苦不堪言，很多新闻网媒只是报道了西瓜滞销，只是稍作标题与文字的改动，然而华商网独辟蹊径，独家发布吃西瓜比赛活动征集稿，进行了新闻与网民的线下线上的互动，此新闻信息不仅让人感觉眼前一亮，还给瓜农们带去了不少顾客，这样的新闻信息虽然是小事情，但是它兼顾了网站的自身利益和社会利益，这是网站新闻编辑以独特眼光抓住生活中

---

① 蔡雯："整合·创造·沟通网络新闻编辑的核心价值"，载《新闻与写作》2010 年第 6 期，第 7 页。

② 赵尔丹："新闻编辑工作的创新分析"，载《新闻传播》2011 年第 12 期。

不起眼的小事，让新闻报道与众不同。这不但是新闻信息的创新，更多是投入创新的意识找到创新的源头，这是网络编辑自身创新精神的体现。

第二，形式的创新。信息呈现方式的创新能够大大提高网民对媒体的关注度，提高网络媒体的人气度。例如，标题的制作，同样的新闻在如何避免成为标题党的前提下还能独具特色成为亮点，提高网站的点击率，最重要的是新闻工作者利用自己独有资源进行策划，这是最能体现网络编辑创造业务的环节。例如，人民网十八大专题突破以往大型专题布局模式，创新编排了"焦点版"、"现场版"、"高清版"、"访谈版"、"互动版"、"微博版"、"手机版"、"资料版"等十大版本，组成强大的报道巨阵。专题页面采用"屏幕适配"和"演示滚动"等最新技术，网民可以自由切换，新颖的视觉效果令人耳目一新。专题中的互动栏目丰富多彩，"寄语十八大·对党说心里话"、"民意投票"、"为中国加油"、"党建关键词"、"网上调查"等栏目通过留言板、微博等平台开展，多语言、全天候 24 小时播报吸引众多网民参与。这些特别策划栏目，主要依靠网络新闻编辑对自己媒体所拥有的独家资源的利用开发。由此不难看出，网络编辑的独特创新能力在此得到突出表现。新闻网站中，网络编辑已经走到台前，成为社会公众的对话者和新闻论坛的主持人，并将公众意见纳入新闻内容的传播范畴①，这深刻体现了网络编辑思维的灵活性，促进网络媒体发展的同时，实现其自身价值。因此，网络媒体发展的成败与否和网络编辑人员的能力大小有着密切的关系，网络媒体的文化品质的提高，网络编辑功不可没。

（三）构建——致力于网络媒体品牌建设、美化维护、宣传管理

在互联网迅速普及的今天，要使网络媒体在激烈的竞争中得以存活并获得长足的发展，不仅需要编辑对媒体自身内容的整合与创新，还要对媒体文化品牌的构建做统筹与规划，只有形成了自身的文化特色和目标受众，媒体才能更好地服务受众，在此过程中网络编辑发挥着尤为重要的作用。

网络媒体信息内容要求丰富多彩，只有内容足够丰富，足够有吸引力才能留住更多的来访者。这需要网络编辑有与时俱进的精神以及对信息内容的精准把握，并以符合自身文化品位的方式呈现出来，如此方能赢得读者，赢

---

① 蔡雯："整合·创造·沟通网络新闻编辑的核心价值"，载《新闻与写作》2010 年第 6 期。

得声誉，树立权威，才能保持网络媒体发展的生命力。

媒体的权威性和公信力是网络媒体获得长足发展的第一要件，这就需要网络编辑在选择和编辑信息资源时审慎把关。此外媒体在内容呈现上需要具备创新性。网络信息资源来源广，多数稿件转载数遍，嚼而无味，难以引起观众的兴趣。网络编辑只有通过细微地观察生活，对日常生活中的普通题材进行独特的编辑和加工，才能产生具有媒体自身特色的报道视角，并以此来吸引观众。在当下知名度较高的网媒中，获得受众青睐的网媒无不因其内容丰富，可读性强，特色鲜明而进一步提升人气，而这些网媒内容的呈现都离不开网络编辑的细心甄别和精心把关。因此，网络编辑必须做好网站的把关人，这是网络媒体想要获得长足发展的基本前提。

网络编辑对媒体网站的美化维护作用。内容上的实力固然重要，但是在形式上的整理美化也必不可少。因为不论多好的内容，如果在网页上胡乱堆砌，毫无美观和阅读舒适可言，那么会使阅读者产生审美疲劳或者阅读疲劳，因此网站的美化是网站的画龙点睛之笔。例如页面尺寸、编排，阅读感受尽量贴近纸质感，减少与用户之间的隔膜等，这些就需要网络编辑的敏感和想象力以及社会交往和资源的利用，从无穷的资源中选取、编辑、制作，或静态或动态，用美观的声音、图片、图像、链接等多媒体资源对网站进行美化，这样用户有了众多的自由选择，他们可以根据自己的需求选择有无声像、有声有像、图文并茂等各种形式，各种感官得以充分调动，从而提升网络媒体平台的整体访问量。①

网络编辑对媒体的宣传管理作用。网络媒体的发展自身就是一个宣传工具，宣传做得好坏还在于网络编辑对网络媒体平台的管理与主动宣传。网络编辑收集、研究、整理受众的意见和反馈信息，了解用户需求，加强沟通，从而做好内容需求和策划推广活动，完成好频道与栏目的发展规划，留住访客，促进网络媒体知名度的提高。因此，编辑在网络运营中是前锋，在推广宣传，管理中起着承接的作用。曾经有人说，如果网站建设开发是一个人的骨骼的话，那么网络编辑就是一个人的血肉，由此足以看出网络编辑的重要性，这也是对网络编辑价值体现的最大褒奖。

---

① 张继秋："网络编辑在网站建设中的重要作用"，载《中国信息界》2012 年第 10 期。

因此，一个好的网络编辑应该是策划师、经营家。网络编辑根据网络媒体的定位将信息和内容呈现在我们面前，不仅要通晓新闻业务，掌握采、写、编、评、摄的本领，了解新媒体技术，还必须具有较高的综合素质。因此，网络媒体曾经被认为是网络新闻的"搬运工"，这其实是对网络媒体的运行和传播规律产生的误解和曲解。但是面对网络媒体的复杂环境，编辑的能力和水平、素质和修养直接影响到网络媒体未来的发展水平，因此培养合乎职业规范和行业要求的优秀网络编辑是时代的需求。

二、网络编辑的职业发展与职业愿景

网络编辑是一种全新的岗位和职业，在网络媒体中自然就处于核心和主导地位。[①] 网络新闻媒体的新闻报道工作就是以网络编辑为中心的选稿、审稿以及整合等，网络媒体依托着网络编辑的整合、创新、构建而谋求发展。随着网络媒体逐渐增多，网络媒体之间的竞争也日益加剧，导致网络编辑压力不断加大。我国的网络新闻编辑业务素质和道德责任感参差不齐，由于网络传播的重要性，这些素养亟待提高。[②]

（一）提高网络新闻编辑的业务素质

由于我国对网络媒体整体重视度还不够，因此网络编辑的专业性还不够强。网络新闻稿件的来源大部分依靠传统媒体，网络编辑需要较强的网络专题策划能力，需要熟练掌握新技术的运用，需要进行独特的思维转换和深度加工，才能做到具有自身特色而不是滥竽充数。而目前高素质网络编辑较为欠缺。另外，网络编辑压力很大，据了解大部分网络编辑每天需要工作 12 小时以上，有的甚至需要 24 小时盯着各大媒体的新闻，很多媒体需要熬夜值夜班。《北京青年报》曾经报道网络编辑最容易得一种名叫"知识焦虑症"的精神疾病，就是面对过量的信息时思维产生的一系列的强迫和紧张感[③]。这也需要网络编辑有较好的心理素养。

（二）提高网络编辑的人文素养

网络编辑人员需要高度的责任意识。在信息资源传播过程中，编辑人员

① 詹新惠：《新媒体编辑》，中国人民大学出版社 2013 年版，第 276 页。

② 匡文波，高岩："中国网络新闻编辑面临的挑战"，载《中国编辑》2006 年第 2 期。

③ 杨倩："中国弥漫知识焦虑症"，载《北京青年报》2005 年 5 月 13 日。

处于把关地位，这就更需要编辑人员必须具有高度的责任意识。无论是新闻网站，还是综合性商业门户网站，都需要承担社会责任，兼顾网民需求和社会效果。由于网络管理法律法规的不尽完善，目前网络中宣扬色情、凶杀、暴力、泄漏个人隐私的内容时有所见，这警示着网络编辑人员更应该注重新闻报道的品位和格调，激浊扬清，给网民提供洁净的新闻粮食，保持大众传媒良好的道德形象。①

网络编辑需具备广阔的知识视野。随着媒介融合，网络媒体不仅要面对网络还要面对传统，以适应时代需求。网络编辑人员要有合理的知识结构，既要有文、哲、史、政、经、法的基础知识，又要不断关注学习新的知识，及时为自己充电，做一名思想和知识都与时俱进的网络编辑。而且，具备良好的驾驭文字的能力是做好编辑的前提工作，因为编辑每天都要选择和处理大量的新闻信息，语言文字是他们进行信息加工处理和传播的重要工具。②

网络编辑要有执着的探索精神。网络媒体要不断创新才能获得长足发展，网络编辑只有保持执着的探索精神才能够使信息资源的呈现方式独辟蹊径，具有独特的模式和可喜的成果，赢得自己的受众。在探索追踪中，密切关注生活，及时捕捉内容素材的生长点，集思广益，提高探索的效率和质量。

（三）完善相关的职业发展政策

据统计，我国目前有 600 万网络编辑人员，但到目前还没有统一的职称评估体系，这不但不利于网络编辑人才的脱颖而出，而且直接影响了整个新媒体产业的可持续发展的动力基础。③ 这就需要我国加快职业化标准建设的步伐，强化职业化门槛，建立有效的晋级机制，调动广大网络编辑人员的积极性，为我国网络媒体事业的发展奠定人才基础。

因此，专业的业务素质，高度的责任意识和广阔的知识视野以及执着的探索精神是当代一名合格的网络编辑应有的精神风貌，也是新闻网站长远发展必备法宝。另外，完备的国家政策不仅能为我国的网络事业发展培养更多人才，也能最大限度的实现网络编辑人员其自身价值，调动工作热情，为我国的文化事业发展做出贡献。

---

① 张子让：《新闻编辑教程》，复旦大学出版社 2011 年版，第 19 页。
② 蔡雯：《新闻编辑学》，中国人民大学出版社 2006 年版，第 47 页。
③ 谭云明：《新媒体信息编辑》，清华大学出版社 2011 年版，前言。

综上所述，建立网络媒体的新格局新形式，网络编辑的重要性和价值自不待言。网络编辑是网络媒体的建设者。网络媒体没有截稿时间，编辑 24 小时处于工作状态，争分夺秒编辑信息资源，随时搜集受众的反馈信息，他们目光锐利，身手敏捷，随时随地尽力满足受众的个性化需求，为自己所在网媒获得人气。

网络编辑是网络媒体内容构建的设计者。网络编辑除了像传统媒介编辑人员那样完成对版块、栏目的规划与设计之外，还要清楚规划和梳理网状结构，既有网页的内容组织，又要综合运用文字、图片、声音、视频、动画等对信息进行处理，充分发挥各种媒介手段的传播潜力。

网络编辑是信息资源的导航仪。网络新闻编辑起着鉴别新闻真伪，判断新闻价值，保证报道数量，把握新闻表现形式等作用，依据自己的主观判断和选择，梳理稿件之间的联系，帮助受众更好理解各种新闻事件和新闻现象之间的关系。

网络编辑不仅是技术平台的运用者和操作者，也是信息的人文价值的开掘者，更是一位思想者。在我国编辑人员素质良莠不齐的情况下，网络编辑引领网络媒体的发展是一个宏大而复杂的问题，它直接影响着新媒体行业可持续发展的动力基础，需要社会、相关组织和网络编辑们的共同努力，创造网络媒体的新时代。

新媒体艺术的审美新奇

——感官的延伸抑或损毁的共通感

［塞］包亚娜·玛特吉兹[*]　王翎译[**]

具有历史意义的技术革新不仅决定着现实世界中人与人之间的社会经济、政治关系，同时决定着人类感觉器官和人类自身本体性的改变。正如马克思指出的，技术形象地阐释了人与自然之间的相互作用，同时改变了人类在具体化时被历史性建构和发展的方式。麦克卢汉认为，由技术扩张带来的感官延伸会在所有的感觉中产生新的感官比例。他还强调，多感官、多能力的延伸同属于一个经验范畴，因而必须协同一致。针对所谓的新媒体艺术的议题，笔者的目标是在当下后福特主义的情境中检测"解放性的新事物"。如果说，（新）媒体的影响力只能在能够改变人与人之间个体相互作用的方式中进行检验，联系马歇尔·麦克卢汉的相关理论，那么，不用考虑任何新"技术"，艺术解放力即被看作是消解共通感的变革力量。

"媒介即讯息"至今仍然是麦克卢汉最受关注的理论。笔者尝试将这个最显赫的、接受度最高的理论在媒介研究的背景下进行分析。研究目的既不在于揭示麦克卢汉陈述中存在的逻辑不连贯问题，也不在于表明对其观点的支持或反对。新媒体艺术的提法已经被从思想上武断地甚至是东拉西扯地加载到当代艺术世界里。因此，本文的目的是借助于麦克卢汉的理论视角，在当

* 包亚娜·玛特吉兹，出生在前南斯拉夫塞尔维亚，自2009年起在贝尔格莱德艺术大学攻读博士学位，陆续完成《当代艺术理论的解放实践：人类解放和反人文主义审美中存在的问题》等多篇论文的写作。主要研究方向为艺术史和艺术理论。

** 王翎，香港城市大学传播与新媒体专业硕士，西北政法大学新闻传播学院广播电视系讲师，主要从事外国广播电视研究。

今最流行的"新媒体艺术"领域中对审美新知的属性进行审视。

以下是从麦克卢汉的相关作品中提取的几个关于媒介的假设：

1. 媒介不是技术的代名词。媒介是"由使用技术带来的便利及危害的环境的总和"①。媒介是任何技术或人工产物的基础。

2. 媒介塑造并控制着人类联合和行动的规模及形式。媒介是每一种感觉进行转化的条件。

3. 媒介对肢体、器官和感官的延伸"是以对用户的相互影响为先决条件的"②。技术在扩展、修改并放大了用户的器官或能力的同时，通过媒介重新塑造了人类自身。

4. 任何媒介都是（包含）旧媒介的内容，也就是说，任何媒介的内容总是另一种媒体。媒介的讯息意味着范围和衡量方法的改变，以及人类存在方式的改变。

5. 新媒体的创新性预示了产生新技术自我延伸的新环境。这改变了社区的形成、社会组织、公众和私人感觉机制、人与人之间相互依赖的模式以及感官比例。麦克卢汉认为，"每一种新媒体的速化反应，扰乱了整个社会的生活和投资"③。人体和感觉延伸的新的方式，换而言之，一种新媒介，从来不可能只是旧媒介的简单叠加。尽管，它仍维系着和旧媒介的关系。

从这些论述中引发的问题是：从现存的媒介现实中产生已有的具备延伸性的人类器官和感官来呈现审美新奇的可能性有多大？审美差异以外的差异？新媒体艺术审美新奇的特别之处是什么？是否需要讨论审美新奇在当下全球革新的差异情况？如学校的扩散和艺术在正式资源领域中的实验。

如麦克卢汉所言，所有媒体都是人体和感官的延伸，因为它们促进了感官同化和感觉转化过程的发生。可能有人会认为，新媒体艺术解放暗示着创建损毁的共通感的特定环境的过程，不仅仅是技术性地延伸感官。这

① Marshall McLuhan & Lewis H. Lapham, *Understanding Media: The Extensions of Man*, The MIT Press, 1994, p. 6.

② Marshall McLuhan & Eric McLuhan, *Laws of Media: The New Science*, University of Toronto Press, 1992, pp. 5 – 8.

③ Marshall McLuhan & Lewis H. Lapham, *Under Standing Media: The Extensions of Man*, The MIT Press, 1994, p. 116.

个特定的受损共通感的新环境总是通过特定的技术支持将接受者变为活跃的受众①。

艺术领域的群体动力环境意指人们在前台展示自己。它假定一种存在，在这里"人们通过行动和语言聚集在一起"②。共通感作为一种特定的感觉，承担起将五种独立的感觉协调起来以适应现实世界政治素质的任务，这对于所有人都适用。换而言之，在作为共通感的具体化体现的艺术作品中，我们经历了其他的感官比例，通过它了解现实，而有别于感觉。在给定社区中共通感的明显减少标志着世界异化程度的增加。这被用来解释公共空间的议题③。当谈到新技术，总会牵涉到交换商品及缺乏与他人的关联度的问题，这被马克思定义为商业社会里的人性丧失和自我异化。

根据汉娜·阿伦特的观点，外部空间的侵蚀和共通感的凋零中体现了社会劳动的性质，这有别于生产者的社会。从符合这种理论的角度出发，也许有人会说，劳动的动物和工匠人在这儿已被包含，于是，一方面，将公众空间认为是交换市场，仅仅对应于制造活动；另一方面，交换本身属于工作和生产的过程。然而，艺术品作为梦寐以求的共通感的显化——就像特定环境（媒介）的常识，包括一个审美政治行动，其本身并不合理。尤其是，主要是在康德关于共通感的信念本身成为终结（我们口味的先验原则）的观念中——仅仅是针对政治群体的公众认知。阿伦特在论文中提出，世界的表象是政治的体现的必要条件和借鉴，之后她的立场认为自由的质量（我将通过艺术解放推动人类解放），考虑到它发生在世界——主要是由之前的种种因素和非常清晰的目的所决定，因此新媒体艺术的审美新奇应当被视为根本性的政治术语。审美新奇集中体现了政治动物在公共领域的行为。正因为如此，从事艺术不是由艺术以外的东西所引领，它也不是一种具有内在、沉思特质的实体。汉娜·阿伦特认为，"所谓的新事物"总是与压倒性的统计法及概率背道而驰，出于实用目的，日常用途具备确定性。④ 新媒体艺术的审美新奇需要行动的推移能力，引入真正的新奇，他们不能以任何方式直接预测或推断。

---

① Cf. Rosalind Krauss, "Reinventing the Medium", in *Critical Inqury*, Vol. 25, No. 2, 1999, p. 296.

② Hannah Arendt, *The Human Condition*, Chicago-London, The University of Chicago Press, p. 209.

③ Hannah Arendt, *The Human Condition*, Chicago-London, The University of Chicago Press, p. 209.

④ Hannah Arendt, *The Human Condition*, Chicago-London, The University of Chicago Press, p. 296.

空间和时间的奇异性也许会预示着人们，在这个理论的选择中，或者更准确地说，艺术的政治主题只能存在于人类空虚的条款和公民的多元性之间，这是因为新媒体艺术的审美新奇并不能证明自己是合理的。艺术新奇的实现需要一个政治共同体的认可，也就是说，在我们与他人交往中进行"识别"。新媒体艺术中的审美新奇"对应于多元化的人类状况"①。汉娜·阿伦特认为，这种多元化是政治话题的条件，在我们的案例中，解放艺术——通过推移行动，通过特定环境（媒体），具备"新"的特性，"这种多样性是所有的政治生活的特定条件。不仅是必要条件，还是充分条件"②。

但是，在阿伦特的政治方法后，通过引入朗西埃的某些言论，应该注意到的是，新媒体艺术审美新奇是在关注一个边界，这个边界将独立的私人生活和公共生活分开。就像艺术的政治主题并不完全等同于政治领域的事实。然而，边境，或者将其置于朗西埃的术语中——解除契约，表示"常识中的一种背离：关于给定事物和某种框架内我们看待事物方式之间的争论"③。同时，新媒体艺术审美新奇证实了政治名称的全面性和延伸性。换句话说，新媒体艺术审美新奇假定了新的空间和时间的开放——在新环境（媒介）的开放中来展示人们的行为和言语，这些用先前的感官体验是难以实现的。

值得一提的是，麦克卢汉在他的媒体法则手稿中已经提出了这一观点，考虑到希腊人认为人对空间的感知以声音为主，文字出现以前的空间，音标机制介绍了视觉空间作为人造产物的抽象性理论。符合对于麦氏观点的解释，希腊人对于空间的理解借助了"声觉的空间"④，该观点认为空间是球形的、具有多种感觉、多维空间的特点。空间抽象过程起源于从字母识字的第一个时期，正如麦氏所言，常识为针对于原子论哲学的新抽象视觉空间的反对提供了基础。严格来说，希腊人对于空间发明的正式目标就是音标。麦氏认为，字母的价值是其特有的抽象性：引用音标字母"口腔共鸣的演讲可以分解为

① Hannah Arendt, *The Human Condition*, Chicago-London, The University of Chicago Press, p. 7.

② Hannah Arendt, *The Human Condition*, Chicago-London, The University of Chicago Press, pp. 209.

③ Jacques Rancière, "Who is the Subject of the Rights of Man", in *Dissensus. On Politics and Aesthetics*, London-New Delhi-New York-Sydney, Bloomsbury, 2013, p. 69.

④ Marshall McLuhan, *Laws of Media: The New Science*, University of Toronto Press, 1992, p. 18.

不能再精简的统一的音单元，通过随意的连接或者统一的拼字法可以形成一个符号（标示）拼字法。通过一连串符号的线性序列，构成语言的单个音节通过一种孤立感觉被重新提出及再认知"①。

麦克卢汉的一篇论文旨在提出，当辅音作为毫无意义的抽象被发明时，视觉从其他感官中分离出来。考虑到元音本身可以存在于语言中，就像它出现在日常感叹词中的那样，而辅音则不能产生抽象的、非语言的声音。在其分析中最为重要的是，将视角从其他感官中分离出来，引发的结果是，从外在经历中分离出起始于抽象辅音的代表性的内在经历。希腊人发明了符号的观念，它能够代表一个辅音，一种仅仅能在"思想"中存在而不是在自然界中存在的声音②。

随着康佛德立场的出现，他认为对于希腊人而言的"正常"空间，是完全先于文字出现的，一种声学空间，而且这种对于空间的理解在二十世纪爱因斯坦的相对论中被重新使用。麦克卢汉坚持区分视觉空间和声觉空间，前者主要是由眼睛与其他感官活动相分离时感知的；后者有其特定的模式，主要包含和其他感官的相互作用中。麦氏坚持认为，在某些程度上视觉空间的抽象性是一种人工制品，声觉空间则是自然环境形态。

从这里，也许你会得出结论，艺术作品的审美新奇，作为一种受损的共通感的物质化，表明了一种新环境，换句话说，它假定了新媒体的新颖性，在新媒体中使所有感官之间动态交互成为可能。就这一点而言，大多数的20世纪先锋派并不认为可以将空间和时间视为这样那样的变化，反之，他们赞同的是存在方式以及在阶级社会中服务的变化。安德烈·布列塔尼提倡将艺术从法律限制的严重性和扩展的限制中解放出来。然而，将艺术从对于空间传统的理解和感官的抽象性的限制中解放出来——以及从中派生出来的超现实主义主旨——代表了推翻资产阶级文化根基以及革命化道德和社会价值的超现实真理。同样，马列维奇在他的名著《艺术新系统论》（1919）中写道："所有的创作，无论是自然的还是艺术的，或者是一般性创造性的人，都是在

① Marshall McLuhan, *Laws of Media*: *The New Science*, University of Toronto Press, 1992, p. 18.

② Marshall McLuhan, *Laws of Media*: *The New Science*, University of Toronto Press, 1992, p. 14.

构造某种设备来克服我们在无尽的发展中出现的问题①，这表明先锋者总是针对于科技进步和镌刻在其中的社会经济的提出批判。"可以很好证明这个公理的例子是赫列勃尼科夫的著作，他引入了普通的语言学形式——麦克卢汉所指的空间抽象性。他提议是在新听力的基础上建构整个世界的普遍性。也许有人会说，所有的在新媒体艺术审美新奇上发表论文的欲望和企图，或许和新技术和技术进步的意识形态毫无关系，至少是会不过多关注。

将新媒体艺术审美新奇作为损毁的共通感的产物进行构想，可能存在从盲目感官中去除人类普遍生活经验的可能性。有别于人类生活在全球化审美领域中当代艺术具体化的过程。在麦克卢汉看来，任何新技术、环境，在人类的身体和技术之间，创造了新的相互关系和人类感知的方式。就像新媒介自身，它影响了人类的感知模式以及他们的内在联系。但是，在笔者看来，这仅仅限于普通程度的变化。笔者提出将新媒体审美新奇看作是非凡的变化，它在自身外表特征中出现，身体本身——审美平衡，或是更准确的中立，在身体的接收或创造中，在特定世界的艺术作品的主体中。

随着我们身体和感观的片段延伸至公共领域，每一种新媒体及新技术，都将建立新的感官关系②。然而，正如麦克卢汉所指出的，新媒体能够带来某种感观的强化，"整个社区进入催眠状态"③。就像资本累积的能指，任何新技术普遍展示的，感觉的闭合以及人类符合日常生活的经验模式，在整体的社会体制中，感觉的转化和客体的视觉化以及文化的熟悉。正如我们之前的看法，麦克卢汉认为，新媒体商业化的过程中破坏了口语文化，并重塑了人类感官的比例。尝试通过正式的具体化现实手段抓住现实的少量碎片，我们可以证明，在当代，所谓的新媒体艺术，实质上与国际潮流中的跨媒体、数字工作是相同的。这和当下民主的唯物主义和无差别美学的思想意识体系是

---

① Kazimir Malevich, "On the New Systems in Art", ed. Troels Andersen, trans., Xenia Glowacki-Prus and Arnold McMillan, in *Essays on Art 1915 – 1933*, Copenhagen, 1968, Vol. 1, p. 85; Boris Groys, *The Total Art of Stalinism*, *Avant-Garde*, *Aesthetic Dictatorship*, *and Beyond*, Princeton University Press, 1992, p. 15.

② Marshall McLuhan & Lewis H. Lapham, *Understanding Media*: *The Exten sions of Man*, The MIT Press, p. 295.

③ Marshall McLuhan & Lewis H. Lapham, *Understanding Media*: *The Exten sions of Man*, The MIT Press, p. 126.

相吻合的，确信媒体的正式扩散、艺术媒体研究和实验的必要性①。感官偏见通过新技术强加于我们，作为新的延伸，而是倾向于极权主义对于巩固社区的尝试，将这项工作作为日常生活审美化和商业娱乐的结合②。

就像罗莎琳德·克劳斯在她的关于后媒介境况的论文中强调的，以及本雅明的著名作品《机械制作时代的艺术作品》中表明的观点一样，也许有人会说，这样的情形需要揭示媒介的再造运动，在现实的艺术媒介中的艺术新观恰恰发生在技术退化时。这就解释了克劳斯的观点"关于媒介是自我排异的分层约定，且从不简单地因寻找物质性的支持而瓦解"③。然而，笔者用另外一种相背离的观点来看，新媒体时代的艺术革新，仍然依赖于麦克卢汉的理论预测，假定任何的技术支持，任何的物质性，任何来自现存世界的物体，也许会将自身表现为一种潜在的物质（或者一种折衷），而不去考虑新技术，不管这种技术在科学上是否被定义为"新"的。任何现实世界中的物体都可能会成为人类艺术解放中的站点（主体化），引入了新环境同时在自身的象中产生艺术新奇。

在艺术领域中，新媒体中的艺术新奇隐含着主体作为媒介的整体维度。在新媒体艺术领域对于艺术新奇做出的可能的解释，接近于"将主体的功能化定义为信息的处理器"④。摒弃了自然和文化的传统对立，麦克卢汉预见性地将主体推理为自我异化，媒介的条件综合，这已经成为了我们当代媒介文化的最重要特征。虽然如此，笔者想更进一步，提出在这里主体的概念不仅仅是狭义地指人的身体。也不能简单地把有机状态归结为主体。这个关于主体的概念我引自巴迪欧的哲学展望，在这里有特别的意义：它指代一种新的、净化的、不朽的真理。艺术新奇的主体包含了一种真理主体，它既不是个体

---

① Cf. Alain Badiou, "Matérialisme démocratique et dialectique matérialiste", in *Logiaues des Mondes*, *L'Être et l'Événement*, II, Paris, Éditions du Seuil, 2006.

② Jacques Ranciére, "The Aesthetic Revolution and Its Outcomes", in *Dissensus. On Politics and Aesthetics*, Bloomsbury, London-New Delhi-New York-Sydney, 2012, pp. 115 – 134.

③ Rosalind Krauss, *A Voyage on the North Sea. Art in the Age of the Post-Medium Condition*, London, Thames and Hudson, 2000, p. 53.

④ Mark B. N. Hansen, *New Philosophy For New Media*, Cambridge-London, The MIT Press, 2004, p. 22.

的，也不是群体的（"主体和新主体的结合"①），这已无限接近于朗西埃对于损毁的共通感的表述。巴迪欧写道，一点一点地，"一个主体重新组织了自己，在世界上产生了越来越多奇异的后果，编织了一个真理，它使得现在得以永恒。②"通过艺术改造现实的过程包含了：①产生新奇的过程在某种程度上等同于新主体，②蜕变的过程，在某种程度上是真实的，③"训练"的过程，隐含了新艺术序列（主体化）的形成③。

如上所述，主体假设，审美平衡——一种介于接受者或者创造者和艺术创作的非人类主体化中间的审美中立。这种主体，我们也许会依赖于巴迪欧的无审美观，假设现实世界中的一个主体（现存的媒体世界，具体化的生活，历史），也许会变得独一无二，如果它在新媒体世界中停止成为新艺术新奇的独特变化点。一个网点可以是一个悖论，因为在某种程度上它假设了多重观点，而多重观点在现实世界中能起到双重作用。这些作用的双重性来源于：①通过元素的先验索引而达到客观过程；②自我的修正过程，通过自身元素的重新组合，通过先验的索引在其中表现为对本体论的支持④。揭示奇异对象的站点因此是一个若隐若现的站点。⑤ 在新媒体艺术审美新奇看起来，仅仅是因为想消失，使得存在世界的主观性成为超越不同的不同。而且本体本身在揭示单一物体，它包含并组成了新媒体艺术中文艺复兴的解放——艺术的一般性的显现。正是这种受损的共通感的物质化作为新媒体艺术中的审美新奇，包含了感官生活的构造。

新媒体艺术的审美新奇出现在对象的规则之下。它发生在艺术对象的引用领域，这些艺术对象将非艺术对象的一般生活作为具体化的人类生活。

我们倾向于认为，并没有新媒体艺术这种事。它是一个术语，意义相当

---

① Paul Ashton & A. J. Bartlett &Justin Clemens, *The Praxis of Alain Badiou*, Melbourne, Repress, 2006, p. 128.

② Paul Ashton & A. J. Bartlett &Justin Clemens, *The Praxis of Alain Badiou*, Melbourne, Repress, 2006, p. 129.

③ Paul Ashton & A. J. Bartlett &Justin Clemens, *The Praxis of Alain Badiou*, Melbourne, Repress, 2006, p. 129.

④ Cf. Alain Badiou, "Subversion de l'apparaître par l'être : le site", in *Logiaues des Mondes*, *L'Être et l'Événement*, II, Paris, Éditions du Seuil, 2006, p. 380.

⑤ Cf. Alain Badiou, "Ontologie du changement", in *Logiaues des Mondes*, *L'Être et l'Événement…*, op. cit. p. 413.

晦涩。尽管如此，其所指领域的重要性保证了新媒体艺术的审美新奇。只有艺术和娱乐，并且技术（技术支持）可能服务于这些领域。新媒体艺术审美新奇需要一个特定的环境，也就是说，一个特定的对象在我们的存在中，或者，更多的，在给定的（艺术）世界中，它成为一个版面高度的站点，产生艺术的新的序列。巴迪欧说，当有一些多重存在时，它可能会出现，这通常会支持一些客体，亲自提高其表面客观性。也就是说，这种自我归属感的多重存在，站点，要求在审美新奇显化的过程中需要共通感。我们已经看到了麦克卢汉是如何关注时间和空间经验的变化的，由使用新媒体而引发的人类感觉器官的变化。尽管如此，如果媒介正是一些感觉转化为其他形式的条件，生产新媒体艺术新奇的过程需要的远不仅是新技术发展的科学的潮流和艺术实践的设备应用。只要新媒体艺术审美新奇重申自身的普遍性，其将避免成为新事物。也就是说，历史发展不同、地理情况迥异构建出本体论相同性的配置（艺术的主题）。

众筹新闻

——传统媒体新闻生产的新出路

张建梅[*]

众筹的概念源自于"众包"（crowdsourcing）。美国著名互联网杂志《连线》的主编杰夫·豪创造了"众包"这一在互联网产业发展方面影响深远的术语。杰夫·豪（Jeff Howe）在《众包》一书中区分了四种基本的众包应用类型：集体智慧、集体创造、集体投票和众筹。[①] 众筹就是在众包的基础上得以形成和发展。所谓众筹新闻，就是记者通过公开报道计划，面向全社会募集新闻报道项目启动资金，然后落实报道计划。[②] 显然，将这样的众筹模式应用到新闻传播领域，无疑与传统的新闻采编模式产生了很大不同。同时，受众的角色也随之发生了根本性的转变，他们不仅可以参与到新闻产品的生产过程中，而且还能参与到媒体的经营管理过程中，充分实现了全媒体时代重视用户需求的媒体发展要求。

2015 年 10 月 12 日，《南方都市报》改版，在其版面上正式推出众筹新闻版面。作为《南方都市报》版面设置的一个全新亮点，众筹新闻一经发布就引起了社会及行业的高度关注，也引发了学界和业界关于传统媒体实践众筹新闻的现实思考。在众筹新闻模式初露端倪时，传统媒体推进众筹新闻存在什么样的优势、劣势？如何在推进过程中将众筹新闻的生产理念形成固定

* 张建梅，西北政法大学新闻传播学院 2015 级硕士研究生。

① ［美］杰夫·豪·众包：《群体力量驱动商业未来》，中信出版社 2011 年版。
② 赵荣水，舒永平："众筹新闻生产的现状、特征与趋势展望"，载《新闻界》2014 年第 23 期。

化、制度化的版面？这都是传统媒体在新闻生产领域实践众筹新闻时亟待考虑的现实问题。

一、传统媒体面临的新闻生产困境

互联网技术的不断发展，带来的是新兴媒体的大量涌现。随着新媒体的逐步发展和渐次崛起，改变的不仅仅是传统媒体发展的生态格局，也渐渐掏空了传统媒体发展中积累的优势，传统媒体陷入了前所未有的困境。

（一）新闻产品同质化现象严重

在新媒体与传统媒体的竞争格局中，传统媒体在激烈的竞争中为了拼时效、抢独家，出现了严重的新闻产品同质化现象。互联网时代带来的异地新闻共享，使得地方媒体的新闻生产走向两类同质化，一为本地新闻生产的同质化，二为非本地新闻生产的同质化。前者因为要贴近受众，必须报道，以自我采编为主；后者因为要满足受众知晓天下的需要，不能漏报，但限于媒介自身规模、财力、人力等局限，只能以编辑通讯社通稿或转载、整合其他媒介的报道为主，这两类报道将地方和全球图景都及时呈现出来，但因媒介生产周期的频密以及专业化流程的规限，真正能做到有特色的生产者屈指可数。[①] 而在我国传统媒体的发展中，每逢两会、两节或是国家法定节假日时，媒体大篇幅的关于节假日、会议新闻的报道大多存在信源同质化、内容同质化、传播同质化的情况。当同样的新闻高密度地出现在不同的媒介空间而又缺乏特色时，同质化一定会分流目标受众，媒介的竞争就会停留于低端恶性比拼，报道的抄袭效仿之风一旦兴起，媒介组织的人力资源会产生动荡，作为生产者的生产力以及生产关系会遭遇冲击和重大影响，媒介的新闻生产力也将会大大受损。

（二）新闻生产成本较高，创新难

传统媒体的内容生产一般要经过确定报道选题、制定采访计划、进行采访、生产内容、投放新闻产品、发行这几个过程，这都需要编辑和记者高度协商与沟通，以确保采访计划的有力实施。在社会化媒体的包围下，传统的新闻生产和制作方式已经不适应多样化、个性化、差异化的受众需求了。在

---

① 操慧："脱域：互联网时代的新闻生产"，载《四川大学学报（哲学社会科学版）》2012 年第 3 期，第 61 - 62 页。

传统媒体的新闻生产中，新闻报道的内容绝大多数都是受众关注的重点，也是媒体在竞争激烈的媒介生态格局中媒介公信力和核心竞争力的直观体现。而在拼时效、搏眼球、注重轰动效应和高关注度的媒介竞争格局中，传统媒体在新颖性和鲜活性上渐失活力和创造力。在庞大的新媒体浪潮冲击下，传统媒体在差异化媒介定位以及细分化信息服务方面渐呈疲软状态，在日益求新求变求关注的大环境中，传统媒体如果继续呈内容陈旧态，受众自然转移其注意力。尽管在大浪淘沙的媒介竞争环境里，传统媒体日益重视对新闻语言的合理组织，也逐渐加深对新闻报道的深度和质量，并着力提升信息的权威性，但是目前许多媒体创新难的情况是普遍存在的。有学者强调，传统媒体应该在受众心中树立专业权威的形象，形成媒体独特的风格，同时结合受众的阅读习惯，将新闻产品以更加新颖的方式展现出来，吸引更多受众的注意力。① 如何紧密结合阅读习惯，将新闻产品以全新的内容通过最佳的传播渠道传播出去，依然是留给传统媒体紧要解决的问题。

（三）新闻信源多来自自媒体，难以辨别真假

在传统媒体的新闻信息来源中，多是市民通过报社热线反映的关于自己日常生活中存在的问题，并期望通过媒体报道得以尽快解决。但是，市民反映的这些问题又往往不具有代表性和普遍性，难以引起绝大多数受众的热切关注，使得传统媒体在新闻信源的选择上往往表现得难以选择。在新媒体不断发展中，通常情况下，自媒体的发布者未将信息核实就发布出去，而这些未经核实的信息一经发布大多时候都是受众想要进一步了解的，促使传统媒体在跟进这些自媒体发布的信息源的时候，限于新闻报道的及时性，往往来不及对新闻信源加以核实，就已经失去了时效性和关注度，也使得媒体在新闻生产的最初阶段就失去了生产力和竞争力。

（四）不能精准定位受众真实需求，造成新闻产品冗余

传统媒体单次性、封闭式的信息发布流程，缺乏与受众有效互动的最佳渠道，在公众想对重大、突发事件第一时间获知事实，逐步了解其原因、背景及幕后，进而消除对周边环境的不确定时，传统媒体往往无法及时跟进，在媒介竞争市场上逐渐失去了竞争力。在自媒体时代，新闻产品不仅具有物

---

① 陆亦心："自媒体冲击下传统纸质媒体生存与发展策略探析"，载《传媒观察》2015 年第 6 期，第 53 - 54 页。

质和精神层面的价值，亦有社交层面的附加价值。显然，随着信息技术的发展，自媒体中的社会关系已经成为新闻生产中一种重要的生产力，推动着内容的生产、传播与改进。基于社交关系或需求的内容传播往往能达到传播的最大效能，而传统媒体在与大众的关系建构和及时互动方面显然没有新媒体扁平快、互动性强的优势。因此，新闻机构如何加强与公众的互动，重视公众的反馈，进而精准定位受众的真实需求，提供受众关注的内容，成为传统媒体在内容生产中亟待解决的另一重要问题。通常，惯有的、新近事实的动态报道和日常循环式的传播往往造成了信息产品的繁杂和冗余，却又不足以深入和精准地满足各类受众的真实信息需求，全球化虽然加速了信息获取的便捷性，但受众对独家新闻、原创观点的需求依然是强烈的。

二、传统媒体实践众筹新闻的 SWOT 分析

SWOT 分析法，是企业战略管理学里基于企业内外部竞争环境的分析，进而调查研究方法，分析出企业在发展过程中所存在的优势、劣势、机遇、挑战，进一步制定出企业发展运行过程中的合理决策和规划，规避发展过程中可能的风险。运用 SWOT 分析法可以清晰地了解企业目前所处的状态，进而了解企业当前的优势和劣势在多大程度上与商业环境的变化相关，又在多大程度上能够应对这种变化，还可以用于评估是否有机会进一步利用企业的独特资源和核心能力。众筹新闻作为一种新的新闻生产模式，在传统媒体发展运营的过程中一定存在相对的优势、劣势、机遇、挑战，对其进行分析，是为了众筹新闻的有序推进，更是为了其持续有力发展。

（一）优　势

新媒体的层出不穷，使得传统媒体的内容生产受到新的冲击和挑战，为了适应不断变化的媒介市场，传统媒体也在不断寻求新的突破模式，众筹新闻模式就是对传统新闻生产模式的一种突破。传统媒体在长期的发展过程中积累的权威性和公信力以及固定受众的关注度无疑成为其发展众筹新闻得天独厚的优势。首先，一方面，众筹新闻的运作模式主要还是依赖于职业新闻记者，是职业新闻记者在网络社会化时代，利用集体的智慧和资金来生产新闻的方式。另一方面，新闻报道的发起人需要有"讲好故事的能力"，它必须在项目计划书中详细地说明此项报道的意义、如何操作、会产生何种社会影

响等要素，并以一种打动人心的叙述方式向公众传播，以吸引他们的注意力，促发他们的捐资行动。传统媒体的记者在长期的新闻实践中大多已经具备了职业记者所要求的专业性和职业化，在进行众筹新闻操作和报道时，显然比其他自媒体人和非职业化记者具备更多的优势。其次，网络社会化时代，用户在很大程度上决定了信息传播的渠道，信息传播渠道又在很大程度上影响着媒介的内容生产，在众筹新闻报道的运作过程中，受众也成为内容生产很重要的一环。众筹新闻在操作过程中主要是吸引受众为他们感兴趣的新闻报道计划筹集资金，通过投入资金，确保他们关心的问题都包含在媒体报道的新闻里，受众在无形中决定了何种报道的发布，而以往在新闻生产过程中这种"把关"的角色都是由编辑来承担。投入资金的公众也会更加主动地加入到传播活动中，传受之间的互动也更为频繁与深入，进一步确保新闻报道的持续操作。最后，公众之所以为众筹新闻投入资金，很大程度上，记者所发起的众筹项目与公众利益或日常生活密切相关，这也就决定了众筹新闻的新闻选题大多倾向于关注与公众利益密切相关的公共问题，显然传统媒体在深度报道里所积累的公信力无疑成为其最重要的支撑。

（二）劣 势

"从某种程度上来说，'新闻众筹'是对新闻生产流程、惯例的一种公开。在'新闻众筹'整个项目中，发起人需要对其整个项目进行介绍与说明，从而达到向支持者推广的目的。在采访、撰写、发布的过程中，记者也须向出资人负责，定期公布进展情况，新闻生产流程变得更公开、透明。"① 首先，就目前我国新闻众筹平台的模式来看，一项完整的众筹新闻项目至少要包括：报道内容计划、执行时间、报道价值、报道背景、发布渠道和众筹回报几项。这一系列过程的完成都需要相对长的时间，也就决定了众筹新闻的生产周期相对较长。在拼时效、博眼球的快速网络化社会里，生产周期长无疑成为其发展过程中的明显劣势。其次，"众筹新闻"在其本质上还是粉丝经济效应，公众愿为项目付费的一个重要原因是因为项目发起人在其专业领域的知名度与专业性能够取信于公众。但是，以目前成功的"众筹新闻"项目而言，其发起人多是原来已在媒体界有一定知名度与号召力的人，他们通过这种形式，

---

① 沈阳、周琳达："中国众筹新闻的萌芽之路"，载《编辑之友》2014 年第 3 版，第 65 – 68 页。

在所需资金不多的情况下，仅仅依靠其"社交关系"的影响力，就可以轻松筹集到资金，在此种情形下，项目成功也并不代表着这一项目是大众兴趣或是大众利益的反映。而对于大多数无名的媒体人而言，想使项目成功难度更大。最后，资助人对新闻价值的认知直接决定了新闻生产者能否在规定时间内成功筹集资金执行报道，而对于大多数默默无闻的筹资者即使其报道计划题材重大、事关公众利益，也往往难以达成目标。如何能让更多的普通大众享受到"众筹新闻"的乐趣与好处，并且参与其中？这也成为众筹新闻在其操作过程中要考量的重要因素之一。

（三）机　遇

一方面，新兴媒体的发展推动着传统媒体不断变革和创新，媒介融合的深入推进也日益成为媒体的发展趋势，复杂而多样化的媒介生态则支持了新闻报道筹资"第三条道路"的探索。另一方面，社会化媒体中用户生产内容的内容生产者们，又往往缺乏专业化的能力，使信息在生产、传播的过程中难免陷入"碎片化、情绪化、偏激化"的泥沼；而以意见领袖及媒体专业人士为主力军的自媒体生产者，虽具备职业理想与专业精神，但又往往受制于资金限制难以圆梦。与此同时，公众对于优质新闻产品的刚性需求并未减少，这就使得公众具备了为"众筹新闻"筹资的心理动因。此外，媒介技术的不断创新也为提升众筹新闻的内容呈现形式和品质创造了条件。利用新媒体的技术优势，可实现众筹新闻内容可视化、交互化和多媒体化，增强众筹新闻的可读性、艺术性，也更符合互联网时代受众的阅读习惯，进而提升众筹新闻的传播力和影响力。从新闻生产的角度来看，传统媒体的新闻生产方式包括前期的确定采访选题、中期的记者采写和编辑的把关以及后期的审稿、审查、校对、报刊评议等一系列程序，而在"新闻众筹"的运作模式上却恰恰缺失这些组织流程和新闻生产惯例，记者和资助人成为新闻生产的"把关人"，资助人决定什么样新闻的产生。南方都市报在改版时也称，我们将推出业界首创的"众筹新闻"版面，让普通市民参与新闻的生产过程并享受新闻分红。这种在新闻生产过程中的充分与受众互动，进一步提高了传播内容的影响力，也能实现媒介产品在受众之间的"人际传播"，增加众筹新闻内容的传播力和影响力。此外，由于互联网络在电子商务领域的发展促使网络支付手段日益成熟多样并且为大众所接受和喜爱，使得"预购"或"打赏"这样的付款方式变得非常容易，公众对于自己感兴趣的新闻报道计划，只需轻抬手指，就可以方便支付，这更激发了人们的捐助行动和新闻生产领域的参与感，使得新闻众筹在实操方面更便捷易行。

（四）挑　战

首先，新闻不同于一般的商品，在众筹新闻项目中筹款机制如何设计？这成为制约项目发展的重要因素，一方面如果不对资助的金额有所限制，它极有可能蜕变成迎合某些资助者的新闻生产方式，从而丧失透明性、客观性与公正性。但另一方面限制资助额度也意味着需要吸引更多的投资者，进一步增加了筹款的难度。南都改版时，相关负责人被问及众筹新闻的筹款机制时称，为切实落实透明、客观、公众参与的精神，未来将对打赏比例做出限制，比如规定个人资助的金额不能超过整个筹资基金的 20% 或 50% 以上，以降低对选题筹款成败机会和报道方向的影响。尽管有这样的机制设置，但在实行过程中，众筹新闻是否会沦为一些别有用心者的有偿新闻依然是众筹新闻发展最大的挑战。其次，传统媒体的新闻生产有着比较严格的程序，编辑发挥了重要的把关作用。编辑参与记者的选题、新闻报道的策划，还要选择稿件、修改稿件，各级编辑严格的审核与把关可以较好地确保新闻的真实性及稿件的写作质量。在众筹新闻生产过程中，把关人的工作由众筹平台和受众来承担。但是目前我国众筹平台只对发起人的资质、报道计划进行审核，而后期的进展情况和具体实行众筹平台并没有合理的审核和监督机制。在项目实行的整个过程里，无论是作为筹资人的受众还是媒体机构都无法对项目发起人最后完成的报道项目在众筹平台进行校验和审查，这也成为众筹新闻在国外能够不断发展，而在我国相对遇冷的重要原因之一。最后，众筹新闻对于长期在传统媒体一线采写新闻的记者来说是一种新形式和新挑战，很多记者并不看好这种报道方式，甚至心存顾虑，担心在网站上公布报道计划可能会被竞争对手提前知晓并抢占先机，直接向公众推销自己的报道计划会有损记者的职业形象，等等。同时，公众的新闻消费习惯也有待改变，习惯了免费的信息接收，到底有多少人真正愿意为高品质、个性化的调查报道买单，目前还不得而知。"众筹新闻的确给予了记者新的选择和机会，增加了公众的参与，但目前它更多的还是为弥补专业媒体所留下的报道间隙而存在。如果能够合理解决以上问题，能持续良性发展的话，未来众筹新闻也有可能会成为新闻业主流模式之外的一种重要补充。"①

三、传统媒体如何进一步扩大和推进众筹新闻的发展

众筹新闻这一相对来说较新的新闻生产模式，在我国的发展才刚刚起步。随着《南方都市报》众筹新闻的进一步推进，其他媒体如何将这一新的方式也学习借鉴，并形成固定化、制度化版面，进而推动新闻生产的高效、多元和丰富性。传统媒体在实践众筹新闻这一新的新闻生产模式时，应该学会巧妙地规避发展中的潜在风险和挑战，进一步推动众筹新闻的长效进行。具体来说应该做到以下几点：

（一）扩大宣传力度，积极推进与新媒体的合作

传统媒体平台应该扩大众筹新闻项目的宣传力度，并寻求与新媒体的合作发展，充分利用众筹平台的宣传优势和媒体自身发展中积累的公信力优势，进一步建立相互合作发展的关系，共同探索互利共赢的发展道路。传统新闻生产的整个过程是相对封闭的，主要在媒体内部完成各个程序和环节，具有相对的独立性。而众筹新闻的生产以新媒体为平台，以社会资金为保障，脱离了传统媒体的束缚，形成了较为自由、开放的生产环境，在"信任"及"规范"的基础上，实现了新闻的社会化生产。我们都知道，众筹新闻在欧美处于蓬勃发展状态，而在我国却处于高关注度和低数量的矛盾与尴尬境地。政策的约束、商业运作模式的不成熟、公众众筹理念不深入及新闻消费习惯尚未转变等因素都限制了众筹新闻这一新模式在我国新闻传播领域的发展。尽管如此，传统媒体也应该深刻意识到众筹新闻带来的新闻生产观念与生产方式的变革，进而推进众筹新闻模式在新的媒介生态格局中的持续发展。

（二）建立合理的众筹模式和完善的业务标准体系

国内众筹平台、自媒体联盟、传统媒体平台应该构建完善的业务标准体系，将众筹平台、受众和媒体连接成为一个整体，充分利用各自的优势协调发展，进一步加强众筹新闻生产的规范性，提高新闻报道的整体质量，最终形成一个较为完善的运作体系，使众筹新闻走向稳步发展的道路。通常认为，

---

① 文卫华、李冰："社会化网络时代的众筹新闻探索与实践"，载《传媒》2014年11月刊第99页。

众筹新闻在我国传统媒体没有大规模发展的原因可以概括为新闻业自身的矛盾，即没有找到合适的商业模式，容易触及法律政策的红线等。而只有在明晰了其合适的商业运作模式和政策支持的前提下探究众筹新闻未来发展出路才有现实意义，无论是国家在法律政策上予以扶持，还是众筹网站自身合理商业模式的建立，都需协调各方面的力量才能让新闻众筹进入稳步发展的阶段，并为更多传统媒体实行和推广众筹新闻生产模式提供经验。

（三）提高媒介公信力和公众媒介素养

新媒体对传统媒体的挑战和冲击造成传统媒体影响力和公信力日益衰减的趋势。在众筹新闻的运作中，媒介公信力和项目发起人的职业权威性、专业性成为公众选择是否为其众筹项目筹款的首要考量因素。因此，传统媒体在深入推进众筹新闻发展时，也要着力塑造自身的媒体形象进而扩大其自身的影响力和公信力。另外，互联网时代，我国网民规模在进一步扩大，但理性、有素养的网民规模其实并不多，作为众筹新闻资助者和参与者的网民和公众进一步提高媒介素养，在众筹项目的运作中合理、理性的参与，成为众筹新闻发展壮大中重要的一环。针对南方都市报的众筹新闻版面，中山大学传播与设计学院院长张志安认为，作为一个品牌，众筹的概念不算新了，但如果把这个版面固定化、制度化，背后的理念非常好。即今天的报纸要办好，公众必须要真参与，而且还能在参与中获得回报。这种理念如果从一个栏目开始，进一步延伸变成整个报社的价值观，是非常好的。因此，众筹新闻成为传统媒体固定的、有影响力的版面还有很长的路要走，这需要媒体自身和作为参与者的公众共同努力。

（四）坚持"内容为王"的生产理念

在互联网时代，对传统媒体来讲，最核心的优势仍然是好的、稀缺的优质内容，无论新媒体怎样发展，受众对优质新闻内容的需求从未降低。近年来，大量的同质化信息充斥在传统媒体的版面中，造成的信息冗余和同质化现象，严重影响着媒体的公信力、传播力和影响力。不论众筹新闻的生产与消费模式与传统媒体旧有的新闻生产模式有何差异，内容永远是根本，是决定其生存与发展的关键所在。因此，对于众筹新闻来说，高品质的内容依然是其核心竞争力的关键所在。这就需要众筹新闻的生产必须摒弃仅仅对新闻现象的简单阐释，而转为专注于对新闻事实和背景资料的深入、全面挖掘以及科学理性的分析解读，从而进一步提升众筹新闻信息内容的专业性品质和权威性。

众筹新闻是网络社会化时代的新生事物，在我国的发展才刚刚起步，但是众筹模式的确给传统媒体以及传统媒体从业者一个新的思路和发展方向。在未来的发展中，传统媒体要不断学习和借鉴国外众筹新闻项目成功的运作模式，致力于多方面的变革，进一步提高众筹新闻项目把关的专业性和力度，确保众筹新闻的质量，加快受众与媒体关系的转型，增加受众参与众筹的意愿和兴趣；更要立足我国媒介生态的现实图景，遵循新闻事业内在的发展规律，合理规避发展过程中的潜在风险，形成众筹新闻发展的长效机制，进一步推进众筹新闻模式在传统媒体的良性持续发展。

新媒体新闻侵权研究

自媒体传播的法律边界

——从王健林诉微信公众号侵权事件谈起

罗 朋 林 蕾*

"去中心化"被看作是互联网的基本特性。随着移动互联技术和数字传播的快速发展，互联网的连接性与开放性特征极大地激活了以个人为基本单位的传播力量，传统的社会信息传播生态被改变，个人用户和新闻媒体一样可以作为网络世界中的一个信息节点，享有自己进行信息采集、生产、传播的自主权，而不同的信息节点也可以在大流量平台上实现信息的自由分享、平等互动与相互聚合，这种由用户主导的信息传播方式的出现，也标志着自媒体时代的到来。

自媒体（We Media）也即"个人媒体"，随着互联移动技术和数字技术的快速发展，如今的普通网络用户就可以成为信息的传播者，通过博客、微博、微信、贴吧、论坛等大流量平台，向特定或不特定人群传递自己选择或采集编写的信息。谢因波曼与克里斯威理斯在 2003 年发表的"We Media"研究报告中，将自媒体看作是一种普通大众提供与分享他们自身的事实、新闻的途径，由此，我们也可以把自媒体看作是普通网络用户发布自己所见所闻、所思所感的载体或媒介，其传播主体具有多样化、平民化和普泛化的特性，而进入移动互联时代后，自媒体传播所具有的进入门槛低、操作运作简单、交互性强、传播快等特性，让自媒体大受欢迎并迅速发展起来。近年来，随

---

* 罗朋，西北政法大学新闻传播学院副院长、教授，硕士研究生导师，文学博士。林蕾，福建警察学院法律系讲师，厦门大学法学院法学理论专业在读博士生。本文为 2011 年度陕西省哲学社会科学规划项目"媒体融合趋势下电视新闻产品的开发策略研究"的阶段性成果，项目编号：11R027。

着我国政府对互联网建设的高度重视和积极引导，网络已经成为广大网民参政议政、评论时事、反映民生、建言献策的重要通道，被视为推进社会主义民主政治建设的重要力量。据 CNNIC 第 35 次调查报告中个人互联网应用状况的调查数据显示：网络空间已经成为人们发表言论的重要场所，有 43.8% 的网民表示喜欢在互联网上发表评论，其中非常喜欢的占 6.7%，比较喜欢的占 37.1%，网络空间给广大网民提供了平等表达自己意见的"新公共领域"。[①]

在当今这个自媒体盛行的时代，可以说，广大网络用户的手中都握有媒介，都可以成为传播者。然而，与自媒体传播的自主性、迅捷性相伴而生的就是不可控性，公众的表达自由在得到满足的同时，各类自媒体违法犯罪事件也层出不穷，不仅损害了公共利益和个人利益，影响了自媒体的良性发展，也让不当信息传播者付出沉重的代价。2015 年 11 月，微信公众号"顶尖企业家思维"冒用王健林名义发布题为《王健林：淘宝不死，中国不富，活了电商，死了实体，日本孙正义坐收渔翁之利》的文章，因擅用其肖像并致其名誉受损，王健林以姓名权、肖像权、名誉权纠纷为由将该公众号所有者北京韩商互联贸易有限公司诉至法院，要求删除侵权文章、公开道歉并索赔经济损失一千万余元。同时，万达集团也向国家网信办举报"顶尖企业家思维"公众号的侵权行为。被诉微信公众号虽发表致歉文章，但王健林并未撤诉。微信公众号被起诉，这并非首例，据媒体报道，远有肯德基诉涉嫌造谣的 10 个微信公众号，近有《夏洛特烦恼》电影出品方和编剧等 4 原告诉微信公众号"影画志"的开设者杨文侵权。不论是无心之失，抑或是有意为之，当前自媒体传播可谓乱象丛生，由此引发大量法律纠纷，导致各种法律责任，自媒体用户应予以高度重视。

一、自媒体传播失范的表现

（一）传播虚假信息

自媒体是民意的广场，但其能否代表真实民意，存在质疑。因为自媒体信息发布缺少严格的审核机制，同时自媒体用户对于其行为是否构成违法犯罪往往缺乏清晰的判断而无法形成有效的自我约束，因此虚假信息泛滥是当

---

① 新浪科技："CNNIC 第 35 次调查报告：个人互联网应用状况"，http：//tech. sina. com. cn/i/ 2015 - 02 - 03/doc - iawzunex9713411. shtml.

前自媒体传播中存在的最严峻的问题。常见的虚假信息主要包括以下几类：一是内容造假，如2010年底发生的"金庸被去世"事件；二是假冒他人名义或虚构信息来源发布信息；三是将他人发布的内容截取其中博人眼球的片断，歪曲原意进行转发；四是所谓的标题党，即在转载过程中添加或者修改文章标题，导致其与内容严重不符；五是虚假宣传，发布不实广告进行商品营销。以王健林诉微信公众号一事为例，该微信公众号不仅假冒王健林之名发表文章，且文章标题以国家、民族荣誉感为噱头，以夸张的语句引诱点击，是彻彻底底的标题党，而文中所称"淘宝的推出无异于扼杀中国很多产业的创新力……中国创造之路或许将从此步履蹒跚，自甘堕落，沦为世界分工中最没有价值的一环"、"至少90%的淘宝小店将会死光，剩下10%的大商家出现绝对的超级价格战"等内容也缺乏依据，为虚构之作。

（二）传播低俗内容

何谓"低俗内容"，学界目前并未给予明确的界定标准。简单而言，"低俗内容"可以理解为格调低下、内容粗俗甚至低级下流的信息，相对于高尚情趣、积极上进、令人奋进等社会进步意义和价值内容低俗内容会败坏社会风气。在实践中，2009年1月，国务院新闻办、工业和信息化部、公安部、文化部、工商行政管理总局、国家广电总局、新闻出版总署等七部门在组织开展整治互联网低俗之风专项行动中，对低俗内容进行了详细的界定。① 我国尚未建立互联网内容分级制度，因此原则上传播低俗内容都是不合法的。自媒体用户所传播的低俗内容以色情、淫秽和侮辱、谩骂为主要表现形式。自从进入自媒体时代，由于自媒体传播的隐蔽性、即时性，微信、陌陌等自媒体平台成了发布淫秽广告、色情信息的最佳途径，也成了网民们打着言论自由的旗号行泄愤之实的最佳场所。

---

① 包括：①直接暴露和描写人体性部位的内容；②表现或隐晦表现性行为、具有挑逗性或者侮辱性的内容；③以带有性暗示、性挑逗的语言描述性行为、性过程、性方式的内容；④全身或者隐私部位未着衣物，仅用肢体掩盖隐私部位的内容；⑤带有侵犯个人隐私性质的走光、偷拍、漏点等内容；⑥以庸俗和挑逗性标题吸引点击的内容；⑦相关部门禁止传播的色情和有伤社会风化的文字、音视频内容，包括一些电影的删节片段；⑧传播一夜情、换妻、性虐待等的有害信息；⑨情色动漫；⑩宣扬暴力、恶意谩骂、侮辱他人等的内容；⑪非法性药品广告和性病治疗广告等相关内容；⑫恶意传播侵害他人隐私的内容；⑬推介淫秽色情网站和网上低俗信息的链接、图片、文字等内容。

（三）传播煽动性言论

《辞海》将"煽动"解释为"怂恿、鼓动"。所谓的"煽动性言论"一般可以理解为通过语言、文字、图片、音频、视频等方式表达怂恿、鼓动他人的意思，以使他人相信其所传达的内容或按照传播者的意愿实施违法犯罪行为。煽动可以分为直接煽动和间接煽动，前者是主动、直接地要求、鼓动、怂恿或者命令他人实施某种行为，后者则是借对某种行为的赞美、美化、开脱罪行、否认事实真相，诱使接受信息者去实施相关行为。① 煽动性言论并非单纯的言论，其已超出法律所保护的言论自由的范围。当前自媒体平台所传播的煽动性言论主要表现为煽动国家分裂、煽动对政府不满、煽动对司法干预、煽动民族仇恨和民族歧视、煽动宗教仇恨、煽动恐怖主义行为、煽动聚众闹事等，而这一现象有愈演愈烈倾向。以河北省邯郸市为例，在 2014 年 12 月至 2015 年 2 月期间，警方已经查处网上煽动闹事违法信息 143 起，依法拘留 24 人。②

（四）传播不宜公开的信息

此处"不宜公开的信息"包括个人隐私、国家秘密和商业秘密。自媒体的信息传播方式相当程度上迎合了公众的窥私欲，擅自曝露他人与公共生活无关的个人信息和人肉搜索是自媒体传播个人隐私的主要方式。由于自媒体信息资源共享的便捷，也增加了泄密的渠道和风险。泄密可分为主动泄密和被动泄密。有人为了求轰动、博眼球、炫耀自己的能力抑或是为了其他违法目的，搜集发布保密信息；也有随意发布的信息中隐含涉密内容而被国外情报机构获取的情况发生，例如随意发布一张飞行中的军用飞机的照片，或是国外情报人员伪装成普通网友混入网络聊天群内以话套话获取涉密信息。③ 这些都导致自媒体传播中泄密问题严重。

（五）传播他人的作品

在自媒体平台上，复制、粘贴、发送通过手指点击数下即可轻松完成，

---

① 皮勇、杨森鑫："论煽动恐怖活动的犯罪代——兼评'刑法修正案（九）草案'的相关条款"，载《法律科学》2015 年第 3 期。

② 河北新闻网："邯郸警方查处网上煽动闹事违法信息 143 起"，http：//handan. hebnews. cn/2015 -02/09/content _4542207. htm.

③ 崔丽红："指间上的隐性失密途径及对策浅探"，载《电大理工》2015 年第 9 期。

因此未经作者同意并未支付报酬而随意转载他人作品甚或隐去作者姓名、署上自己的名字进行转载已属常见现象。尤其是诸多具有商业营销性质的自媒体公众号致力于网罗转发大量的"心灵鸡汤"、"段子"、图片等，利用他人的作品为自己做宣传以提高被关注度，却往往不署作者名字，更别提支付报酬。"拿来主义"的盛行，严重搅乱了自媒体的传播环境。

（六）传播其他违法犯罪信息

包括设立用于实施诈骗、传授犯罪方法、制作或者销售违禁物品、管制物品等违法犯罪活动的网站、通讯群组的；发布有关制作或者销售毒品、枪支、淫秽物品等违禁物品、管制物品或者其他违法犯罪信息的；为实施诈骗等违法犯罪活动发布信息的。在《中华人民共和国刑法修正案（九）》中已将上述行为规定为犯罪。

二、自媒体言论自由的法律限度

言论自由，是我国《宪法》赋予公民的一项基本权利，不仅包括通过口语、书面形式表达的自由，也包括通过其他媒介和形式进行表达的自由。因此，公民依法享有通过自媒体进行表达的自由。然而，自由从来都不是绝对的，自媒体用户在行使言论自由时，也应当自我克制，恪守言论自由的法律限度。超出法律限度的言论自由，从结果意义上表现为对公共利益和他人合法权益的侵害，从这个角度来考察，能让我们对自媒体言论自由的法律限度有更清醒的认识。

（一）对公共利益的侵害

1. 对公序良俗的侵害

公序，指公共秩序，是指为确保国家社会的正常运转，公民所应遵守的社会秩序；良俗，指良好的风尚习俗风俗，一般是指国家社会的存在及其发展过程中，要求国民或公民必须遵守的社会道德准则。公序良俗原则是当前许多国家民法的基本原则之一，在我国体现在《民法通则》第7条，即"民事活动应当尊重社会公德，不得损害社会公共利益，扰乱社会经济秩序"。自媒体用户传播含有色情、暴力、歧视、谣言、侮辱、诽谤、隐私和有关制作或销售违禁物品、管制物品等内容的信息，就是对公序良俗的直接侵害。而在危害社会稳定的非理性群体性事件中，自媒体已成为必不可少的传谣、传播煽动性言论、牵线组织沟通的工具。

2. 对国家安全的侵害

因自媒体平台注册使用的开放性、信息来源的多元化，信息样态的丰富性、传播路径的交织状、覆盖群体和区域的广泛性，用户利用自媒体传播煽动国家分裂、煽动恐怖主义行动、煽动民族仇恨等信息，传播国家秘密，就较为容易达到其目的。在自媒体时代中，新的国家安全问题形态多样、层出不穷，给国家安全带来巨大隐患。

3. 对司法公正的侵害

舆论监督固然有助于预防司法腐败、司法擅断等弊病，但自媒体时代的舆论往往缺乏理性，网民的从众与跟风，容易导致用舆论倒逼审判的局面，妄图以道德审判取代法律审判。这一乱象在"药家鑫案"判决前后网民截然相反的态度中体现得尤为明显。除此之外，近年来备受瞩目的案件的审判都难逃自媒体舆论的左右，如"黄静裸死案"、"李昌奎案"、"杭州飙车案"、"李天一案"等。我国《宪法》第 126 条规定："人民法院依照法律规定独立行使审判权，不受行政机关、社会团体和个人的干涉。"审判独立是司法公正的前提，用舆论绑架法官，法官或许顺了民意却失了法意，又如何能保证司法的公正性？

4. 对市场秩序的侵害

在自媒体传播中，因缺少有效的监督机制，虚假广告、非法广告泛滥，商业诋毁严重①，破坏了市场秩序，破坏了正当竞争关系，也给相关企业造成了巨大的损失。此外，2011 年 3 月日本大地震后，自媒体传播"食盐能抵御核辐射"的谣言，导致中国多地发生抢盐闹剧，诸如此类的自媒体造谣、传谣都冲击了正常的市场秩序。

（二）对个人权益的侵害

1. 对人格权的侵害

（1）侵犯名誉权。我国《民法通则》第 101 条规定："公民、法人享有名誉权，公民的人格尊严受法律保护，禁止用侮辱、诽谤等方式损害公民、法人的名誉。"一般而言，名誉是指人们对于公民或法人的品德、才干、声

---

① 譬如，肯德基的"六个翅膀八腿鸡"谣言，霸王洗发水的"致癌门"。

望、信誉和形象等各方面的综合评价，名誉权则指公民、法人享有的应该受到社会公正评价并要求他人不得非法损害这种公正评价的权利。① 名誉是人格尊严的集中体现，名誉权是公民的一项基本权利。自媒体用户直接发表侮辱、诽谤他人的言论，或者通过文字、音像对他人进行恶搞，或者通过其他不合法的传播导致他人的社会评价降低，都会造成对他人名誉权的侵犯。在王健林诉微信公众号侵权一案中，因为该文章盗用其名义大肆批判互联网经济模式和电商企业，观点偏激、内容失实甚至有恶意诽谤之嫌，该文章发表后，短短 3 天阅读量突破 10 万，获得近万点"赞"，给王健林本人及其所创办的大连万达集团造成极为恶劣的影响，极大降低了其个人及大连万达集团的社会评价，是对其名誉权的侵犯。另外，以书面、口头等形式诋毁、诽谤法人名誉，给法人造成损害的，应当认定为侵害法人名誉权的行为。② 上述商业诋毁行为，也侵犯了法人名誉权。

（2）侵犯隐私权。我国 2010 年 7 月 1 日起实施《侵权责任法》，使得隐私权成为一项正式的法定权利。③ 根据王利明教授的观点，隐私权就是自然人享有的对其个人的与公共利益无关的个人信息、私人活动和私有领域进行支配的一种人格权。④ 具体而言，隐私权的保障范围包括：①空间隐私，即个人得自主决定是否及如何自公众引退、幽居或独处，而保有自我内在空间；②信息隐私，即得自主决定是否及如何公开关于其个人的数据。⑤ 此外，由于网络的虚拟性、匿名性，有些在现实生活中未必属于个人隐私的信息，例如个人的姓名、工作单位等，在网络传播中也属于保护的对象。据此，自媒体用户若盗取用户名和密码，侵入他人在互联网上的个人空间则构成对他人空间隐私的侵犯；若擅自发布他人的出生、身份、家庭住址、电话号码、家庭状况、健康状况、财产状况等个人信息则构成了对他人信息隐私的侵犯。值

---

① 百度百科，"名誉权"，http：//baike.baidu.com/view/37600.htm.
② 《最高人民法院关于贯彻执行〈中华人民共和国民法通则〉若干问题的意见（试行）》第 140 条第 2 款。
③ 《侵权责任法》第 2 条第 2 款规定："本法所称民事权益，包括生命权、健康权、姓名权、名誉权、荣誉权、肖像权、隐私权、婚姻自主权、监护权、所有权、用益物权、担保物权、著作权、专利权、商标专用权、发现权、股权、继承权等人身、财产权益。"
④ 王利明：《人格权法研究》，中国人民大学出版社 2005 年版。
⑤ 王泽鉴："人格权的具体化及其保护范围——隐私篇（中）"，载《比较法研究》2009 年第 1 期。

得一提的是，因人肉搜索在对特权与腐败的监督中所表现出的积极作用，人们往往忽略了其对公民隐私权的侵犯。但随着《最高人民法院关于审理利用信息网络侵害人身权益民事纠纷案件适用法律若干问题的规定》的出台，通过人肉搜索曝光个人信息，已被禁止。①

（3）侵犯肖像权。《民法通则》第 100 条规定："公民享有肖像权，未经本人同意，不得以营利为目的使用公民的肖像。"《侵权责任法》也将肖像权列入其保护范围。虽然根据《民法通则》对侵犯肖像权的认定要求以营利为目的使用他人肖像，但当前不论是在民法理论上，还是司法实践中，并不必然将"以营利为目的"作为侵犯肖像权的构成要件。因此，在自媒体传播中，只要未经他人允许而使用他人肖像，都有可能构成对他人肖像权的侵犯。以王健林诉微信公众号一事为例，该微信公众号在冒名发文时附上王健林的肖像图片，属于未经允许使用他人肖像，该微信公众号具有商业营销性质，其所作所为实为借助名人效应做广告引人关注进而达到其商业营销目的，可以认为是以营利为目的使用他人肖像。退一步而言，即便其直接目的不在于营利，但在当前司法实践中亦可认定为侵犯他人肖像权。

（4）侵犯姓名权。《民法通则》第 99 条规定："公民享有姓名权，有权决定、使用和依照规定改变自己的姓名，禁止他人干涉、盗用、假冒。"冒用名人发言，是自媒体平台的痼疾之一，古今中外的名人近年来频繁"躺枪"，远有柏拉图、莎士比亚、林徽因等，近有杨澜、白岩松、陈丹青、马云、莫言等，堪称心灵鸡汤的代言人。"顶尖企业家思维"公众号盗用王健林的名字发表文章，即为对其姓名权的侵犯。

---

① 《最高人民法院关于审理利用信息网络侵害人身权益民事纠纷案件适用法律若干问题的规定》第 12 条："网络用户或者网络服务提供者利用网络公开自然人基因信息、病历资料、健康检查资料、犯罪记录、家庭住址、私人活动等个人隐私和其他个人信息，造成他人损害，被侵权人请求其承担侵权责任的，人民法院应予支持。但下列情形除外：（一）经自然人书面同意且在约定范围内公开；（二）为促进社会公共利益且在必要范围内；（三）学校、科研机构等基于公共利益为学术研究或者统计的目的，经自然人书面同意，且公开的方式不足以识别特定自然人；（四）自然人自行在网络上公开的信息或者其他已合法公开的个人信息；（五）以合法渠道获取的个人信息；（六）法律或者行政法规另有规定。网络用户或者网络服务提供者以违反社会公共利益、社会公德的方式公开前款第四项、第五项规定的个人信息，或者公开该信息侵害权利人值得保护的重大利益，权利人请求网络用户或者网络服务提供者承担侵权责任的，人民法院应予支持。国家机关行使职权公开个人信息的，不适用本条规定。"

2. 对著作权的侵害

根据《著作权法》第 9 条的规定，著作权包括人身权和财产权，内含 17 项具体权利。在自媒体传播中，较为常见的是侵犯署名权、保护作品完整权、网络信息传播权、改编权以及获得报酬权。在网络环境下，一方面著作权人缺少权威的发布渠道来宣示自己的版权；另一方面被自媒体传播所侵犯的作品有很多属于中短篇，字数少，而维权成本高，著作权人往往只能选择放弃维权，因此著作权被侵犯已属自媒体传播的常态。

三、自媒体违法传播的法律责任

（一）民事责任

目前，和自媒体传播民事侵权有关的立法及司法解释主要有：《民法通则》及《最高人民法院关于贯彻执行〈中华人民共和国民法通则〉若干问题的意见（试行）》、《侵权责任法》、《最高人民法院关于审理利用信息网络侵害人身权益民事纠纷案件适用法律若干问题的规定》、《最高人民法院关于审理名誉权案件若干问题的解答》、《最高人民法院关于确定民事侵权精神损害赔偿责任若干问题的解释》、《著作权法》、《中华人民共和国著作权法实施条例》、《最高人民法院关于审理著作权民事纠纷案件适用法律若干问题的解释》。

根据上述立法和司法解释，当公民的名誉权、肖像权、隐私权、姓名权、著作权等民事权益遭到侵犯，可以要求行为人停止侵害，恢复名誉，消除影响，赔礼道歉，并可以要求赔偿损失。①恢复名誉、消除影响、赔礼道歉可以书面或者口头的方式进行。人民法院判决侵权人承担赔礼道歉、消除影响或者恢复名誉等责任形式的，应当与侵权的具体方式和所造成的影响范围相当。侵权人拒不履行的，人民法院可以采取在网络上发布公告或者公布裁判文书等合理的方式执行，由此产生的费用由侵权人承担。②侵害他人人身权益造成财产损失的，按照被侵权人因此受到的损失赔偿；被侵权人的损失难以确定，侵权人因此获得利益的，按照其获得的利益赔偿；侵权人因此获得的利益难以确定，被侵权人和侵权人就赔偿数额协商不一致，向人民法院提起诉讼的，人民法院可以根据侵权人的过错程度、侵权行为的具体情节、后果和影响在 50 万元以下的范围内确定其赔偿责任。被侵权人为制止侵权行为所支付的合理开支，可以认定为被侵权人遭受的财产损失。合理开支包括被侵权人或者委托代理人对侵权行为进行调查、取证的合理费用。人民法院根据当事人的请求和具体案情，可以将符合国家有关部门规定的律师费用计算在赔偿范围内。③侵害他人人身权益，造成他人严重精神损害的，被侵权人可以请求精神损害赔偿。精神损害的赔偿数额根据以下因素确定：侵权人的过错程度，法律另有规定的除外；侵害的手段、场合、行为方式等具体情节；侵权行为所造成的后果；侵权人的获利情况；侵权人承担责任的经济能力；受诉法院所在地平均生活水平。④若侵权人因侵权行为获利，除应适当赔偿受害人的损失外，其非法所得应当予以收缴。⑤雇佣、组织、教唆或者帮助他人发布、转发网络信息侵害他人人身权益，被侵权人请求行为人承担连带责任的，人民法院应予支持。

此外，应该注意的是，根据《最高人民法院关于审理利用信息网络侵害人身权益民事纠纷案件适用法律若干问题的规定》，下列因素有可能成为导致转载行为构成民事侵权，需要承担民事责任：①转载主体所承担的与其性质、影响范围相适应的注意义务；②所转载信息侵害他人人身权益的明显程度；③对所转载信息是否作出实质性修改，是否添加或者修改文章标题，导致其与内容严重不符以及误导公众的可能性。具有下列情形的，可能导致自媒体用户根据国家机关依职权制作的文书和公开实施的职权行为等信息来源发布信息而构成民事侵权：①网络用户或者网络服务提供者发布的信息与前述信息来源内容不符；②网络用户或者网络服务提供者以添加侮辱性内容、诽谤性信息、不当标题或者通过增删信息、调整结构、改变顺序等方式致人误解；③前述信息来源已被公开更正，但网络用户拒绝更正或者网络服务提供者不予更正；④前述信息来源已被公开更正，网络用户或者网络服务提供者仍然发布更正之前的信息。

（二）行政责任

自媒体违法传播所导致的行政责任主要涉及治安管理、网络安全保护管理、著作权管理、广告管理等方面。主要的法律依据有：《治安管理处罚法》、《计算机信息网络国际联网安全保护管理办法》、《著作权法》、《中华人民共和国著作权法实施条例》、《广告法》等。

在治安管理方面：①利用自媒体平台散布谣言，谎报险情、疫情、警情的，扬言实施放火、爆炸、投放危险物质扰乱公共秩序的，处 5 日以上 10 日以下拘留，可以并处 500 元以下罚款；情节较轻的，处 5 日以下拘留或者 500元以下罚款；②煽动民族仇恨、民族歧视，或者在自媒体平台中刊载民族歧视、侮辱内容的，处 10 日以上 15 日以下拘留，可以并处 1000 元以下罚款；③利用自媒体平台传播淫秽信息的，处 10 日以上 15 日以下拘留，可以并处3000 元以下罚款；情节较轻的，处 5 日以下拘留或者 500 元以下罚款；④在自媒体平台上，写恐吓信或者以其他方法威胁他人人身安全的，公然侮辱他人或者捏造事实诽谤他人的，捏造事实诬告陷害他人企图使他人受到刑事追究或者受到治安管理处罚的，对证人及其近亲属进行威胁、侮辱、殴打或者打击报复的，多次发送淫秽、侮辱、恐吓或者其他信息以干扰他人正常生活的，偷窥、散布他人隐私的，处 5 日以下拘留或者 500 元以下罚款；情节较重的，处 5 日以上 10 日以下拘留，可以并处 500 元以下罚款。

在网络安全保护管理方面，在自媒体平台上实施《计算机信息网络国际联网安全保护管理办法》第 5 条①所列举的行为，由公安机关给予警告，有违法所得的，没收违法所得，对个人可以并处五千元以下的罚款，对单位可以并处一万五千元以下的罚款；情节严重的，并可以给予六个月以内停止联网、停机整顿的处罚，必要时可以建议原发证、审批机构吊销经营许可证或者取消联网资格；构成违反治安管理行为的，依照治安管理处罚法的规定处罚。

在著作权管理方面，未经著作权人、表演者、录音录像制作者许可，通过自媒体平台向公众传播其作品、表演、录音录像制品，同时损害公共利益的，可以由著作权行政管理部门责令停止侵权行为，没收违法所得，没收、销毁侵权复制品；情节严重的，著作权行政管理部门还可以没收主要用于制作侵权复制品的材料、工具、设备等；非法经营额 5 万元以上的，著作权行

---

① 《计算机信息网络国际联网安全保护管理办法》第 5 条："任何单位和个人不得利用国际联网制作、复制、查阅和传播下列信息：（一）煽动抗拒、破坏宪法和法律、行政法规实施的；（二）煽动颠覆国家政权，推翻社会主义制度的；（三）煽动分裂国家、破坏国家统一的；（四）煽动民族仇恨、民族歧视，破坏民族团结的；（五）捏造或者歪曲事实，散布谣言，扰乱社会秩序的；（六）宣扬封建迷信、淫秽、色情、赌博、暴力、凶杀、恐怖，教唆犯罪的；（七）公然侮辱他人或者捏造事实诽谤他人的；（八）损害国家机关信誉的；（九）其他违反宪法和法律、行政法规的。"

政管理部门可处非法经营额 1 倍以上 5 倍以下的罚款；没有非法经营额或者非法经营额 5 万元以下的，著作权行政管理部门根据情节轻重，可处 25 万元以下的罚款。

在广告管理方面，若在自媒体平台上违法发布广告，由工商行政管理部门给予行政处罚。

（三）刑事责任

在追究构成犯罪的自媒体传播的刑事责任方面，法律依据主要有：《刑法》及其修正案、《全国人民代表大会常务委员会关于维护互联网安全的决定》、《最高人民法院、最高人民检察院关于办理利用信息网络实施诽谤等刑事案件适用法律若干问题的解释》。

根据《刑法》第 287 条之一的规定，利用自媒体平台实施下列行为之一，情节严重的，处 3 年以下有期徒刑或者拘役，并处或者单处罚金：①设立用于实施诈骗、传授犯罪方法、制作或者销售违禁物品、管制物品等违法犯罪活动的网站、通讯群组的；②发布有关制作或者销售毒品、枪支、淫秽物品等违禁物品、管制物品或者其他违法犯罪信息的；③为实施诈骗等违法犯罪活动发布信息的。

根据《刑法》第 291 条之一的规定，在自媒体平台上发布编造的爆炸威胁、生化威胁、放射威胁等恐怖信息，或者明知是编造的恐怖信息而故意传播，严重扰乱社会秩序的，处五年以下有期徒刑、拘役或者管制；造成严重后果的，处五年以上有期徒刑；编造虚假的险情、疫情、灾情、警情，在自媒体平台上传播，或者明知是上述虚假信息，故意在自媒体平台上传播，严重扰乱社会秩序的，处三年以下有期徒刑、拘役或者管制；造成严重后果的，处三年以上七年以下有期徒刑。

此外，如果利用自媒体实施了下列行为，构成犯罪的，根据《全国人民代表大会常务委员会关于维护互联网安全的决定》，依照刑法有关规定追究刑事责任：①造谣、诽谤或者发表、传播其他有害信息，煽动颠覆国家政权、推翻社会主义制度，或者煽动分裂国家、破坏国家统一；②窃取、泄露国家秘密、情报或者军事秘密；③煽动民族仇恨、民族歧视，破坏民族团结；④组织邪教组织、联络邪教组织成员，破坏国家法律、行政法规实施；⑤销售伪劣产品或者对商品、服务作虚假宣传；⑥损坏他人商业信誉和商品声誉；

⑦侵犯他人知识产权；⑧编造并传播影响证券、期货交易或者其他扰乱金融秩序的虚假信息；⑨建立淫秽网站、网页，提供淫秽站点链接服务；或者传播淫秽书刊、影片、音像、图片；⑩侮辱他人或者捏造事实诽谤他人；⑪非法截获、篡改、删除他人电子邮件或者其他数据资料，侵犯公民通信自由和通信秘密；⑫利用互联网进行盗窃、诈骗、敲诈勒索；⑬其他。

值得注意的是，在《最高人民法院、最高人民检察院关于办理利用信息网络实施诽谤等刑事案件适用法律若干问题的解释》中，对利用信息网络诽谤他人犯罪的构成作了界定。据此，在自媒体平台上诽谤他人，若具有下列情形之一，认定为《刑法》第246条第1款规定的"情节严重"，即构成诽谤罪，处3年以下有期徒刑、拘役、管制或者剥夺政治权利：①同一诽谤信息实际被点击、浏览次数达到5000次以上，或者被转发次数达到500次以上的；②造成被害人或者其近亲属精神失常、自残、自杀等严重后果的；③2年内曾因诽谤受过行政处罚，又诽谤他人的；④其他情节严重的情形。在自媒体平台上诽谤他人，若具有下列情形，则应当认定为刑法第246条第2款规定的"严重危害社会秩序和国家利益"，国家侦查机关、司法机关可以依职权主动追究其刑事责任：①引发群体性事件的；②引发公共秩序混乱的；③引发民族、宗教冲突的；④诽谤多人，造成恶劣社会影响的；⑤损害国家形象，严重危害国家利益的；⑥造成恶劣国际影响的；⑦其他严重危害社会秩序和国家利益的情形。

最后，对于常见的网络谩骂、掐架以及网络造谣，情节恶劣、后果严重的，《最高人民法院、最高人民检察院关于办理利用信息网络实施诽谤等刑事案件适用法律若干问题的解释》也作了规定。据此，利用自媒体平台络辱骂、恐吓他人，情节恶劣，破坏社会秩序的，将依照《刑法》第293条第1款第（2）项的规定，以寻衅滋事罪定罪处罚。编造虚假信息，或者明知是编造的虚假信息，在自媒体平台上散布，或者组织、指使人员在信息网络上散布，起哄闹事，造成公共秩序严重混乱的，也将以寻衅滋事罪定罪处罚。

从"《夏洛特烦恼》片方诉杨文名誉侵权案"看自媒体的言论边界

郭 梅[*]

今年国庆档上映的一部喜剧电影《夏洛特烦恼》，影片于 9 月 30 日上映，首周票房逼近 6 亿。正当这部本并不被看好的票房黑马一路挺进 10 亿票房大关之际，却陷入了"疑似抄袭"的风波。

2015 年 10 月 15 日，影评人文白在其公众微信号上发文"《夏洛特烦恼》居然全片抄袭了《教父》导演的旧作"，该文一经发布，在各大新闻媒体、网站、微博、微信被转载、评论，阅读量迅速超过十万。因认为名誉受损，2015 年 11 月 10 日，北京开心麻花影业有限公司、新丽传媒股份有限公司、编剧彭安宇、编剧闫非将公众号所有者杨文诉至法院，要求删除涉案文章、公开致歉并索赔各项损失二百二十一万余元。四原告认为，涉案文章内容严重失实，认为影片创作不存在抄袭、剽窃或非法侵权改编影片《时光倒转未嫁时》的情况，杨文在歪曲、捏造事实的基础上，进一步以"全片抄袭"等具有强烈侮辱性和贬损性的语言评价影片，已经构成了名誉侵权的主观恶意与客观行为。同时认为涉案文章造成了广泛而恶劣的社会影响，严重贬损了影片《夏洛特烦恼》的声誉，大大降低了影片出品方、编剧应有的社会评价，给四原告的名誉造成了严重的伤害和损失，应承担相应的法律责任。故要求杨文删除其微信公众号"影画志"上的涉案文章，停止针对影片《夏洛特烦恼》及本案四原告的名誉侵权行为；在其

---

* 郭梅，西北政法大学新闻传播学院广播电视编导系主任、讲师。

微信公众号"影画志"及《南都娱乐周刊》纸质刊物及其官方微博、凤凰网、新浪网、搜狐网、网易网的显著位置发表公开道歉声明；同时索赔经济损失 200 万元以及其他一些费用。北京市朝阳区法院已于 2015 年 11 月 10 日当日受理此案。

其实在此之前，已经有众多国产片都身陷"抄袭门"的争议，但真正走上法律程序的仍不多见。艺术创作很难细致量化，我国著作权法对影视作品改编权的相关法律的制定也尚不完善。虽然此次"判例"并不能直接作为法院判决的法律依据，但是判例对于行业相似问题的指导性，以及对于法律原则及规则在具体案件中的适用性，包括对于案件纠纷的可预测性，都有不可替代的重要的意义。

一、区分"借鉴"与"抄袭"，是本案事实认定的重要依据

从本案现有的信息来看，一个重要的基本事实是杨文的这篇影评中所称的"抄袭"是否成立？这也是该案最终是否构成名誉侵权的重要依据。

首先要区分的是两个概念，就是借鉴与抄袭。电影作为一种艺术形式，综合了包括戏剧、音乐、绘画等众多艺术门类，它不同于传统的艺术创作之处在于它是以现代工业作为基础的，因此也有"电影工业"这一概念。传统的艺术形式是个人或集体的思想创作，是作品，对其独立性和创作性的判断似乎是较为容易一些，我们在这方面的积累和参考也比较多。但电影就比较复杂，它的工业基础的属性，决定了它有"作品"的性质，同时也有"产品"的性质，既然是产品，就存在一定的标准、模式，于是两部电影之间是抄袭还是借鉴，其边界是要更模糊一些，也更难以把握。

从电影史的角度来看，20 世纪 30 年代好莱坞电影工业体系的建立是影史上的重要里程碑，因为它确立了"类型电影"的叙事模式。类型片的经典作品中一些叙事模式和人物设置不断被以后的创作者进行学习和借鉴，但也由此产生了许多剽窃和抄袭的情况。而与剽窃和抄袭之间存在着隐秘界限的，就是："致敬。"

姜文导演的"一步之遥"，开场戏，无论从影像风格、人物造型、光线构图、对白设计甚至是场面调度上，都是对《教父》开场中马龙、白兰度那场戏的超级戏仿，这种方式，本身更多追求的就是被影迷认出与原作的关联，

默契对视，会心一笑。通常"迷影"型创作者会比较热衷于在作品中向前辈偶像致敬，这在戈达尔、特吕弗那波"新浪潮导演"身上体现得尤为明显。而当代也有许多把"致敬"玩到炉火纯青的高段位导演，比如，"录像带租赁店营业员"出身的昆汀·塔伦蒂诺，因为工作便利，阅片量极大，口味庞杂，他的许多影片中都能看到对早期的犯罪片、黑色电影，甚至香港武侠片的戏仿。但是，致敬也好，戏仿也罢，它们都不是法律维度上的词汇或定义。法律概念上的判断在于是否构成抄袭或剽窃。《一步之遥》如果单论开场这段戏，其对原作模仿程度之高，已有法律上抄袭之嫌，之所以没有惹来所谓抄袭的争议，在于它本身追求的就是和影迷的呼应；另外最重要的是，除开场致敬了《教父》外，全片从任何一方面讲与教父毫无关联。这种模仿，就成了影迷公认的致敬，不但没有麻烦，还有特殊的效果。另有一些致敬甚至只是针对经典影片中的一句台词，一个造型设计，等等。

但致敬也有边界，一个比较著名的例子，就是莱昂内和黑泽明的版权纠纷。赛尔乔·莱昂内的《荒野大镖客》堪称意大利西部片的经典之作，影片上映之后，虽然获得盛赞，却招来了黑泽明的不满，因为整个影片几乎就是《用心棒》的翻版，只是三船敏郎的浪人变成了伊斯特伍德的牛仔，故事发生的地点从江户时代的日本乡村变成了南北战争时期的美国南部边境小镇，其他故事情节、人物设置甚至人物性格都几乎相同。赛尔乔·莱昂内自己也承认其师承黑泽明，该片更像是对《用心棒》的致敬，但这位日本大师却不肯善罢甘休。他向法院提请了诉讼，要求保护自己的著作权，他写信给莱昂内说："这是一部好电影，但这是我的电影。"双方最终庭外和解，黑泽明和《用心棒》的编剧菊岛隆三获得影片全球票房收入的 15%，以及该片在亚洲地区的独家代理权。而《荒野》一片的主演伊斯特伍德、美国电影史学家大卫·库克，唐纳德·里奇，也均在不同场合表示，《用心棒》对《荒野》的影响已经超过了影响，可认定为复制。法律意义上的表述就是抄袭。所以对前辈和经典的致敬是一回事，但全片都以高度模仿的形式进行致敬，就容易导致法律意义上的侵权。

跟《夏洛特烦恼》有类似遭遇的另一部国产电影是由宁浩执导，2006 年上映的《疯狂的石头》，同样的票房黑马，当时也被指抄袭英国导演盖里奇的作品《两杆老烟枪》。但《石头》与《烟枪》从整个故事情节、人物设置上看尚有较大差别，这部影片也就成了借鉴经典的一个 "经典" 之作。宁浩把不易为国人理解的英伦黑帮片中多线索的平行叙事模式成功本土化，利用凌厉的快速剪辑和流畅的视觉语言为观众奉上了一部精品。

综上可见，致敬、借鉴与抄袭虽然似乎只有一步之遥，但他们中间仍有一道隐秘的界限。致敬非常显眼，不能被人分辨出来的是失败的致敬，抄袭则有意掩饰。能够构成法律意义上的抄袭的，应当是从全片到故事结构、人物、场景甚至是风格等全方面的照搬。

二、分析《夏洛》是否构成抄袭

对于《夏洛》是否抄袭《时光》，根据著作权法的规定和司法实践，"接触" 和 "实质性相似" 是认定是否侵权的两步法。

关于 "接触" 的认定相对容易，《时光》已于 1986 年公映，著作权法规定，公开发表即为可接触。不需要直接证据证明实际涉嫌侵权人实际获得他人作品内容，即可以推定构成 "接触"。因此本案中的接触是可以确定的。"实质性相似" 的认定，则需要对两部影视作品的场景设计、特定情节、旁白对白等进行综合比对。剧本主要以场景、情节及台词设置为其主要表现方式，而即使情节存在显著相似性、关联性的情况下，由于剧本作者创作风格的不同，台词也会存在较大差异，因此，情节是判断实质性相似的基本着眼点。如果用于比对的作品中，人物关系结合基于特定人物发生的故事情节高度相似，则可以认定侵害著作权成立。

（一）两部电影的整体比对具有相似性

影片《夏洛特烦恼》相对于《时光倒转未嫁时》，在整体上的情节排布上具有相似性。整体故事排布都是在一次聚会上主人公晕倒，穿越回了自己的高中时代，与另外的异性交往，经历了许多事后发现，原来自己最爱的，还是曾经想要努力摆脱的另一半。主旨都是 "珍惜眼前人"。故事情节上的借鉴是比较容易识别的，而这种情况也是电影作品中最常见的。类型片之所以经久不衰，也是因为固定的情节结构，类型化的人物性格，图解化的镜头语言，在顺应观众心里期待、提供观影愉悦上能起到最佳效果。刚勇的警长、不羁的牛仔、终将被绳之以法的匪徒是西部片的标准配置。单凭整体情节的相似性似乎不足以认定一部影片构成抄袭。

（二）两部电影在细节桥段与安排上的相似性分析

涉诉文章分别列举了 12 个桥段，包括"聚会"、"容貌未变"、"拥抱母亲"等。但这些细节是在"穿越剧"这种类型的影视作品中普遍存在的细节，就像西部片里都会有牛仔，牛仔多数会在酒吧中与人冲突，特写镜头常有皮靴上马刺的飞转，结尾高潮必然是决斗收场，牛仔的胜利都是因拔枪更快等。这些可以说是类型片的一些常见细节，不具有非常显著的区别性。同时，观众也可从其他情景设置中找到两部作品的显著不同。仅在一些不具备很强的区别性的细节上说明作品设计存在雷同，这并不足以说明作品构成相似性。而且，观众也没有产生相似的观影体验。可见，要判断是否构成抄袭，还要从更多的细节上进行分析，仅从杨文所发表的文章中列举的情况来看，似乎还不能明确。在影视剧创作中，合理借鉴是业界常态，一般来说借鉴人物形象、人物关系、剧情、桥段等部分单独的，个别的近似性为业界所接受，但是从故事核心到人物关系，剧情、桥段同时具有高度近似性，就足以使受众对作品产生感知特定来源的特有欣赏体验，即具有抄袭嫌疑。创作者不能阻止他人使用特定情境和公知素材，但可以阻止他人使用基于独创产品产生的作品。

对于抄袭剽窃行为，我国《著作权法》的法律解释是"将他人作品或作品片段窃为己有"，这个概念较为模糊，除了全部照搬外，部分的引用在何种篇幅和何种程度上可以定性为抄袭，这一直是判定抄袭和借鉴、致敬行为相区别的难点。

三、当前环境下自媒体的言论边界

就《夏洛》案件来看，当下中国电影市场的井喷式发展与国产电影的制作水平之间的矛盾显而易见，由此可以预见，资本的驱使以及市场的诱惑，可能会有更多的"拿来主义"电影出现，便捷、高效、能赚钱。所以，针对这种电影抄袭的分析和评论可能会更多。

自媒体的评论，无论如何应当以真实为基础，歪曲捏造不能允许，但对于一些尚无定论的事实以何种方式进行表述和推测甚至是猜测，而这方面可能正是自媒体言论边界的决定因素。

首先，对于尚无定论的事实，可以表示自己的观点，但在表述上应有必要的克制。标题党不是自律的表现，只是博人眼球的虚荣或博取点击的逐利。其次，引用"公众人物"的概念。对于被评论的一方，就电影制片方而言，被人质疑的界限又在哪里？对于是否涉嫌抄袭这样一个界定十分困难的话题，在当下井喷式发展的电影市场语境下，相对于传统的言论侵权来说，是否允许这样的评论的尺度更宽松一些？公众甚至司法对批评，质疑的言论是否应该持一个更加宽容的态度？也许对中国电影市场本身的发展也会有些益处。

由 360 公司诉每经案终审判决看我国新闻商业诽谤案审理中的新动向

王锦东[*]

本文由 360 公司诉每经案的判决出发，着重指出了本案作为新闻商业诽谤案在审理中有两个新的动向，一为禁令制度的运用，二为惩罚性制度的运用。在介绍和简单梳理新闻禁令制度的基础上，认为只有当原告能充分证明新闻媒体被告侵权行为明显，且情势较为急迫而申请禁令时，法院方可予以一定的考虑以免损害的扩大，以彰显法律的救济功能。同时，在分析了惩罚性赔偿的基本原理、功能的基础上，简析了在新闻侵权案中惩罚性赔偿的适用条件。最后总结指出，360 公司诉每经案中新闻侵权案中禁令制度和惩罚性赔偿的运用，在我国的新闻商业诽谤案的审理中具有一定的开创性，但仍需实践中的进一步摸索和理论上的深入探讨，从而进一步完善这些制度在我国新闻法制建设中的作用。

随着我国社会商业化的发展，新闻商业诽谤案逐渐成为诽谤案中的重要类型，由于此类案件中的赔偿数额较大也更为引人瞩目。历时两年多的奇虎公司、奇智公司（以下简称 360 公司）诉每经公司、经闻公司（以下简称每经）的终审判决于 2015 年 6 月宣判，维持了初审法院的判决。该案大体案情为：2013 年 2 月 26 日被告《每日经济新闻》使用了 5 个版面对原告 360 公司进行了 7 篇批评性调查报道，以《360 黑匣子之谜——奇虎 360 "癌"性基因大揭秘》为主题，包括《360：互联网的癌细胞》、《360 产品内藏黑匣子：工蜂般盗取个人隐私信息》、《360 后门秘道："上帝之手"，抑或"恶魔之

---

* 王锦东，西安外国语大学新闻与传播学院教师，中山大学传播与设计学院博士生。

手"》、《360 生意经：圈地运动与癌性扩张》等篇目，指出 360 公司不仅大规模地粗暴侵犯了用户的基本权益，也对互联网行业及秩序产生了严重的破坏力，更是对整个社会产生"癌性浸润"。文章刊出后，360 公司将每经告上法庭，初审法院判决 360 公司胜诉，终审维持了初审的判决结果，判令每经向360 公司赔偿 150 万元。[①]

本案的核心事实因关涉技术问题，审理过程相对复杂，原、被告双方也做了充分的应诉准备，终审判决书也有洋洋洒洒两万多字，可分析之处颇多。本文关注的是该案审理中对于商业诽谤案中原告一方的救济具有明显的创新之处。一个是本案在审理中，法院首次在该类案件中运用了行为保全制度，即对被告媒体发布禁令，要求其停止对原告企业继续报道。另一创新之处为，法院判处被告对原告的 150 万人民币的赔偿中，"兼有补偿和惩罚"，惩罚性赔偿也是我国新闻侵权纠纷审理中首次运用。其中禁令制度属于事前或事中的救济，惩罚性赔偿直接功能是事后救济，二者出现在同一个案中，表明我国的司法实践中，由于商业诽谤案审理中的复杂性和难度较大的特征，在现有法律基础上就新闻商业诽谤案中的法律救济方式进行了有益的尝试和探索。

一、新闻诽谤案中的禁令制度及其运用

本案在一审中法院向被告每经颁发了禁令，约束其对 360 公司继续报道。禁令的功能主要体现在事先防止侵害行为的继续或者扩大损害后果，以防造成后续的巨大损害。这种制度作为一种民事法律上的救济方法，它有两个方面的目的，一是为了保证后续判决得到执行，二是最大限度地减轻对当事人的损害。禁令（Injunction）制度起源于英国，被告人一旦违反禁令将会以藐视法庭承担法律责任[②]，后来逐渐被其他国家借鉴和运用，如今在英美法系和大陆法系国家都得到了较为广泛的运用。

当新闻媒体由于报道活动被控商业诽谤时，原告经营主体有理由担心被告媒体利用其传播优势继续对其进行不利的报道，从而扩大自身的损害。另一重基于媒体环境的考虑是，在今天发达的网络传播环境下，侵权言论通过重复传播造成的损害比首发媒体的传播范围和带来的影响更大，因而需要考

---

① 上海市第一中级人民法院民事判决书，（2014）沪一中民四（商）终字第 2186 号。
② ［英］萨利·斯皮尔伯利：《媒体法》，周文译，武汉大学出版社 2004 年版，第 128 页。

虑对其进行限制，这时原告可向法院提出申请禁令，实质上是对被告的传播行为保全从而使得自身损害得到救济。法院需要对此申请进行审查，从而判断是否同意该禁令，尤其是在具体案件中是否有充足的理由，这涉及保障媒体报道自由空间的问题，因而需要慎之又慎。我国为了应对实践中可能出现的侵权纠纷案中被告的扩大侵权行为，在 2012 年新修的《民事诉讼法》第100 条做出了相应的规定："人民法院对于可能因当事人一方的行为或者其他原因，使判决难以执行或者造成当事人其他损害的案件，根据对方当事人的申请，可以裁定对其财产进行保全、责令其作出一定行为或者禁止其作出一定行为；当事人没有提出申请的，人民法院在必要时也可以裁定采取保全措施。"本条包括财产保全和行为保全，涵盖面较广。与财产保全着眼于确保财产纠纷中的判决及执行目的不同，行为保全重在制止侵权行为的继续发生，防止损害后果的扩大，因行为保全以法院发布命令的方式出现，因而又被视作禁令。

对新闻媒体的禁令制度在英美国家的诽谤案中的运用是极为谨慎的，理由是担心由此带来对言论的禁锢，而言论自由是一项具有重要公共利益价值的保护对象已为社会共识。在美国由于表达自由受宪法第一修正案的保护，针对媒体的禁令往往获得法院的通过。[①] 而在禁令的原发地英国，禁令出台的条件是，相关出版物的诽谤事实十分清楚，临时禁令还需经过听证的程序，对于争议如果被告能证明其主张的合理性，则可以阻止该禁令的发布，另外，禁令的发布也受到欧洲人权公约的约束。[②]

我国 1988 年的《最高人民法院对民法通则的若干问题的意见》第 162 条规定在诉讼中遇有停止侵害、排除妨害、消除危险的情况时，人民法院可以根据当事人的申请或者依职权先行作出裁定。这一规定是我国较早的具有行为保全性质的法律规定，理论上涵盖了包括新闻商业诽谤在内的新闻侵权行为，但在新闻侵权纠纷案审理实践中鲜少得到运用。在新闻媒体侵权领域之外，我国禁令制度在 2012 年新修的民诉法中正式确立之前已在商标、专利及

---

① ［美］小詹姆斯·A. 亨德森、［美］理查德·N. 皮尔森、［美］道格拉斯·A. 凯萨、［美］约翰·A. 西里西艾诺：《美国侵权法：实体与程序》，王竹、丁海俊、董春华、周玉辉译，王竹审校，北京大学出版社 2014 年版，第 708 页。
② ［英］萨利·斯皮尔伯利：《媒体法》，周文译，武汉大学出版社 2004 年版，第 128 - 129 页。

著作权领域已有一定的规定，并于司法实践中积累了一定的经验，为民诉法中正式列入相应条款奠定了基础，从而也可能在一定程度上为新闻诽谤案中运用该制度提供参考。需要注意的是，运用该规则应满足一定的条件，首先是情况较为紧急，例如本案被告作为一家较有影响力的媒体，其涉案报道在网络上的转载和扩散显著，如不加以限制，极有可能扩大对原告 360 公司造成不可挽回的损害，因而需要法律的及时介入。其次，要有充足的必要性。如同英美国家在诽谤法领域中对禁令的慎重使用的理由一样，对媒体被告的禁令明显是一种对报道限制，有可能损及新闻媒体公器职能的行使，因而只有在法院对媒体被告的侵权事实有充分认定的情况下才可使用禁令，否则极有可能影响到正常的舆论监督的开展。

此外，虽然我国民事诉讼法正式确立了禁令（行为保全）制度，但在具体操作程序上仍需要进一步明确，特别是在新闻商业诽谤领域，禁令在时间上应为立案前、一审过程中、上诉后到二审法院收到案件材料前、二审过程中、审判向执行转换的过程中的哪个阶段进行，对此明确规定将使得在新闻商业诽谤案中运用禁令制度有更明确的依据。

本案中运用了禁令制度对我国新闻商业诽谤案审理的启示意义在于，由于新闻侵权经常是连续性的，为了防止新闻报道进一步扩大对被报道对象的损害，当原告能充分证明媒体被告行为侵权且情势较为急迫而申请禁令时，法院应予一定的考虑以免损害的扩大，以彰显法律的救济功能。

二、新闻商业诽谤中的惩罚性赔偿制度及适用性分析

在本案的终审判决中，另一具有创新意义的是惩罚性赔偿（punitive damages）的运用，体现出对国际上诽谤法规则借鉴意识。在美国的诽谤法中，损害赔偿是诽谤民事法律责任方式，也是对原告的主要救济途径，其主要有四种类型：一是实际损害赔偿（actual damages），这需要由原告证明因诽谤信息的传播使其遭到实际损害；二是特别的损害赔偿（special damages），即对受害人因受诽谤而遭受的实际损失的赔偿；三为推定赔偿（presumed damages），这种赔偿不需原告证明伤害和损失；第四种即为惩罚性赔偿（punitive damages），前三种赔偿的目的是为给原告受到的损害提供补偿救济，而惩罚性赔偿的数额超过了实际的损害数额，目的在于惩罚被告行为人的恶意行为，并

对他人可能的类似行为做出警告。① 其中只有特殊损害赔偿在计算有较为客观数额依据，其它类型的损害赔偿的数额都依赖于法庭（陪审团、法官）的自由裁量或其主观估算，因而在新闻侵权案件中损害赔偿具有相当强的不确定性，其中惩罚性赔偿的主观性、不确定性尤甚。美国法中将新闻媒体对企业或其产品的诽谤称为商业诽谤（trade libel），这类诽谤中的原告很难胜诉，原因在于原告除必须证明被告的虚假陈述和能显示精确数据的经济损失外，还需证明被告是在不良动机或实际恶意的驱使下，这使企业原告获得赔偿的难度较大。而一旦原告胜诉则惩罚性赔偿的数额通常较大，这对新闻媒体造成了明显的压力，因而近年来这类案件中的惩罚性赔偿运用有减少的趋势。②

我国《民法通则》第 120 条对于名誉侵权行为承担民事责任的方式的规定除了赔礼道歉等精神抚慰手段，也规定名誉侵权受害人可要求赔偿损失，具体的赔偿责任在《关于贯彻执行〈民法通则〉若干问题的意见》第 140 条中，规定了法院按照侵权人的"过错程度、侵权行为的具体情节、后果和影响"进行确定。作为企业的经营主体受到诽谤时，并无个人受到诽谤会遭受到精神痛苦，因而不包含精神损害，而只在于直接和间接损失。我国 2001 年的《最高人民法院关于确定民事侵权精神损害赔偿责任若干问题的解释》中只规定了对自然人的精神损害赔偿，而将法人组织排除在外。当新闻媒体传播诽谤性信息使得经营主体受到损害时其主要体现为财产损失，一方面由于法人组织不具有自然人的人格及精神感受，另一方面在于，企业法人的名誉本质上是社会公众对其商业信誉和商品声誉的评价即商誉，这种评价影响着交易条件和交易机会从而带来市场收益而定损失，因而对于商业诽谤案中的受害者来说，主要的救济方式为经济赔偿。在我国 1993 年的《最高人民法院关于审理名誉权案件若干问题的解答》的第 10 条中规定了"公民、法人因名誉权受到侵害要求赔偿的，侵权人应赔偿侵权行为造成的经济损失"，明确了我国法律支持因诽谤法人造成损害进行经济赔偿，在 1998 年的《最高人民法院关于审理名誉权案件若干问题的解释》中规定："因名誉权受到侵害使生产、经营、销售遭受损失予以赔偿的范围和数额，可以按照确因侵权而造成

① ［美］唐·R. 彭伯：《大众传播法》（第 13 版），张金玺、赵刚译，展江校，中国人民大学出版社 2005 年版，第 224 页。

② 见唐·R. 彭伯，前引书，第 152 页。

客户退货、解除合同等损失程度来适当确定。"本条进一步明确了新闻侵害企业名誉权（商业诽谤）进行的赔偿数额依据。

新闻媒体在报道过程中有时发生错误是难以避免的，这一方面因为时效性要求，另一方面在面对较为复杂的报道对象时，记者限于专业背景的隔阂，加之不像公权力部门具有充分调取各种资料的权力，因而有时错误难以避免。例如本案中每经记者在对 360 公司网络技术业务报道中，由于专业门槛所限，难免存在一些不确切内容。按照我国的法律规定应予赔偿，具体到我国的侵权法中奉行的是完全补偿原则，[①] 即以受害者的实际损害数额为赔偿依据。在新闻报道活动中，当不实报道造成经营主体经济损害时，也遵循同样的法律规定，在 360 公司诉每经案的判决中，法院令每经对 360 公司判赔的 150 万元既包括补偿也包括惩罚，其中的正常补偿在我国的《侵权责任法》中的第 20 条中予以了明确规定，该条列明的赔偿依据有：被侵权人因此受到的损失、侵权人因侵权获得利益、赔偿数额协商不一致时由法院确定的三种情形。本案中法院判决认为"原审法院在无法确定奇虎公司、奇智公司所遭受经济损失的具体数额的情况下，酌情确定每经公司、经闻公司应连带赔偿奇虎公司、奇智公司经济损失及合理维权费用 150 万元"[②]。可见 150 万元的判赔主要着眼于惩罚，而惩罚部分乃是出于对故意的惩罚，即法院认定被告媒体以确定性的口吻对 360 公司激烈批判，引导 360 公司用户转变立场的倾向性明显，因而被认定为主观恶意明显。

新闻媒体组织及从业人员相对于普通人来说，通常具有更强的信息收集、审核及判断能力，由于其专业性、权威性和数量较多的受众而具有更强的影响力，因此新闻媒体负有的注意义务理应高于一般公众。按照法学理论通说，恶意与故意的意思基本一致，即行为人明知其不法行为将会引致损害后果而追求或放任这种结果的发生，对于新闻媒体来说，这是一种严重违背其注意义务的行为。具体到本案中，即法院认为每经在新闻报道中追求或放任那些对 360 公司不利的后果，报道中带有明显倾向性、定论性的评述，必然对 360 公司的商业信誉和产品声誉造成不良影响。

---

① 王军：《侵权损害赔偿制度比研究——我国侵权损害赔偿制度的构建》，法律出版社 2011 年版，第 27 页。

② 王军，前引文。

根据我国现行的法律规定，只有在食品安全、商品房买卖及消费者权益保护等少数几个领域规定了惩罚性赔偿制度，在 2010 年施行的《侵权责任法》第 47 条第一次明确使用了"惩罚性赔偿"的表述，但也仅限于产品责任领域。360 公司诉每经商业诽谤案中运用惩罚性赔偿的意义在于，它为我国法院审理新闻商业诽谤案提供了新的思路，一方面表明了我国司法实践中对于媒体恶意或故意的商业诽谤行为的惩戒，另一方面由于商业诽谤损害的是商誉利益，作为一种无形资产对它的计算、核定难度较大，因而在适用惩罚性赔偿制度时，可以在考虑到被告媒体的过错程度（尤其是主观恶意程度）、财务情况等的前提下由法官灵活酌情使用的一种办法，从而起到惩戒新闻媒体恶意侵权的作用。

360 公司诉每经商业诽谤一案的判决，分别运用了禁令和惩罚性赔偿的新办法对原告进行救济，这在我国的新闻商业诽谤案的审理中具有一定的开创性，本文通过对这两种新闻侵权救济方式的简单梳理和适用性分析，认为我国在司法上可进一步对这两种侵权救济方式进行探索，通过不断的经验积累，从而推动我国新闻商业诽谤立法的完善。

对新媒体侵权现象的几点思考

——以微信、微博为例

刘　娜[*]

自 2009 年以来以微博、微信等为代表的新媒体发展日渐成为人们获取和发布信息的主要媒介平台，大多数网民甚至利用微博、微信等新媒体平台客串着不同角色的公民记者及草根评论员，互联网时代的新闻自由因此被赋予了无限光环，然而这种不加节制的新闻自由同时也给人们带来了备受困扰的新媒体侵权问题。如何发挥好新媒体这把双刃剑，使其能健康有序的发展？本文通过对新媒体侵权几种现象的分析与思考以期寻求其健康发展的有效途径。

一、新媒体侵权的表现

从辩证法的角度来看，世界上任何事物都是矛盾的统一体。新媒体的发展亦是如此，新媒体虽为人们带来了种种便利，但由于其准入门槛低、发布信息限制少等因素，近年来有关新媒体侵权现象已非常普遍，笔者将其侵权现象主要归纳为以下几个方面：

（一）对传统媒体的版权侵犯日益常态化

版权又称著作权，是法律赋予创作文学、艺术和科学作品的作者享有的专有权利。新闻作品著作权是著作权利中的一种普通权利，和其他作品的构成要素一样，新闻作品同样是具有独创性并能以某种有形形式复制的智力创

＊　刘娜，西北政法大学新闻传播学院 2014 级硕士研究生。

作成果。① 近年来，随着新媒体技术的飞速发展，新媒体与传统媒体之间的版权博弈也日渐紧张。2014 年 6 月，声称"不做新闻生产者，只做新闻搬运工"的"今日头条"因涉嫌擅自发布《广州日报》的作品，被拥有《广州日报》信息网络传播权的广州市交互信息网络有限公司提起著作权之诉。无独有偶，2015 年 11 月《新京报》就"一点资讯"非法转载的侵权行为向北京市东城区人民法院提起诉讼。除此之外无论是当下热门的 APP 应用，还是微博、微信上信息的大量转发，都鲜有对新闻原创者的付费和尊重。

当前对于传统媒体来说其维权难度相对较大，主要问题在于：一方面，传统媒体在维护其版权时的成本较高，《新京报》的维权官司虽是胜诉，但其代理人年彬质曾向记者道出其维权的艰辛：从 2015 年的 8 月 28 日到 9 月 22 日，其前后跑了 13 次公证处，公证了 50 篇被"一点资讯"侵权的文章，仅公证费用就花费近两万元，而为起诉花费的时间与人力成本更是无法计算。如此高昂的维权成本让许多传统媒体在维权路上望而却步；另一方面，新媒体侵犯传统媒体版权的现象已日趋常态化，特别是在微博、微信的转发功能中，某些用户在传播未经传统媒体授权的原创作品时以拍照、录制视频或是利用其它由运营商所提供的技术手段来进行传播，虽然在其转发之初是以其个人的朋友圈为传播范围，但由于新媒体传播的无限蔓延性，其传播范围将不断扩大，较之前面提到的"今日头条"和"一点资讯"来说对于此种行为所带来的侵权其维权难度之大有过之而无不及，而这种新媒体侵犯传统媒体版权的常态化问题短时间内是难以得到遏制的。

（二）商业化运作模式所导致的侵犯他人名誉权愈演愈烈

名誉权是指公民或法人对自己在社会生活中所获得的名誉享有不可侵犯的权利。② 我国《民法通则》第 101 条规定，侵害名誉权的行为主要有侮辱和诽谤两种形式。相对于传统媒体的事业性质，企业管理的双重属性，新媒体多以纯商业运作模式存在发展，盈利是其主要目的。因此许多新媒体甚至用造谣诽谤的方式诋毁他人、制造噱头、博人眼球以获取高点击量来获取经济利益。据网易科技讯的消息称，2015 年 11 月 25 日阿里巴巴集团已向上海市青浦区人民法院和上海市宝山区人民法院分别提起诉讼，起诉今晚报社、福

---

① 黄瑚主编：《新闻传播法规与职业道德教程》，复旦大学出版社 2011 年版，第 226 页。
② 黄瑚主编：《新闻传播法规与职业道德教程》，复旦大学出版社 2011 年版，第 212 页。

建省益红大白毫茶叶有限公司，针对其在新媒体刊登不实内容的行为，要求对方停止侵权、赔礼道歉，并分别索赔人民币 1000 万元。据悉，法院目前对两案均已立案。事情的起因是源于 2015 年 11 月中旬，福建省益红大白毫茶叶有限公司拥有的微信公众号"福鼎茶农五月"、微博账号"福鼎茶农－五月"发文《一天收了 912 亿，看马云如何吐出 574 亿》，今晚报社旗下微信公众号"今晚报"发文《双 11 猫腻：你辛苦抢的那些大牌，竟然被这样换成假货》。阿里巴巴方面表示，两文大肆贬低阿里巴巴商誉，发表后被多家网站转载并在微信、微博上广泛流传，使公司名誉遭受巨大损害。而在此事件发生不久前，微信公众号"顶尖企业家思维"因冒用万达集团董事长王健林名义发表批评淘宝网及电商的文章已被王健林诉至朝阳法院。由此联系常在我们微信圈或是微博中刷屏的一些现象级文章：《某某专业高校排名榜》、《演艺圈的十大丑女》等，其最后总不忘一句"看完之后记得分享"。这些现象级的文章虽已涉嫌侵犯他人名誉权，却还能在新媒体的平台上公然传播，究其主要原因还是低风险高利润的纯商业化运作模式的存在，而且在未来的新媒体发展中这种状况会有愈演愈烈之势。

（三）恶意侵犯他人隐私权成为新媒体侵权的主要特点

日前笔者在微信朋友圈看到这样一个视频，其题目为《原配带女儿当街暴打小三》，光是这一题目就足够吊人胃口的。该视频的主要内容是这样的：视屏中所谓的原配带着女儿一边暴打一女子，一边脱该名女子的上衣，直至其全身衣服都被脱光，该视频在上传到网上时竟未对被脱光衣服的女子做任何马赛克处理。我们暂且不去讨论视屏中当事人之间谁是谁非的问题，仅从法律角度来看，该视频传播者已侵犯了当事人的隐私权。所谓隐私权，就是法律保护的公民不愿公开的个人生活秘密和个人生活自由的人格权利。[①] 该视频中被扒光衣服的当事人的身体应属于其不愿公开的个人生活秘密，未经其允许而将含有其身体隐秘部位的视频公然以新媒体的方式进行传播已侵犯了其隐私权。从画面所暴露的内容来看该视频的拍摄者是该视频中所谓原配的女儿，目的是要将视频中所谓的"第三者"暴露于众，名声扫地。不可否认的是，在当下的新媒体环境下，这种恶意侵犯他人隐私的传播行为绝不是个

---

① 黄瑚主编：《新闻传播法规与职业道德教程》，复旦大学出版社 2011 年版，第 219 页。

案，更有甚者因其私人恩怨利用新媒体这一便捷的传播工具上传前女友的裸照的方式来报复诋毁对方，由此可见新媒体已成为部分不法分子泄私恨或是报复他人的主要手段。

二、对新媒体侵权的应对措施及规制

基于以上新媒体发展中侵权的几种现象分析，笔者认为应从以下几个方面采取措施来对新媒体的发展加以有效规制：

（一）依靠新媒体的自我净化

所谓的"自净"规则，是中国人民大学杨立新教授提出的观点，他认为，自媒体的自净规则是指基于自媒体的自组织性、交互性、多元性、开放性等特性，而导致网络用户能够平等发表意见，对新闻事件进行充分讨论，并且由于这种充分讨论而使虚假信息被快速揭露和匡正，将事实真相最终呈现出来，从而达到对被侵权人的权利进行保护和救济效果的侵权救济规则。[①] 笔者认为在我国对于新媒体的相关法律尚不完善的当下来说，此方法不失为一良策。从目前新媒体发展中所存在的问题来看，由于网络信息的碎片化传播，我们很难得知某个信息是由何人何时传播的，在这种情况下，广大网民可通过网络平台发布自己的见解主张来进行自我评判，从而使真假信息越辩越明。对于那些想利用新媒体这一方式而获取不当经济利益或是有其他企图的个人或团体，网民们若能够利用理性思维去判断、分析和选择，对于谣言不信、不传，那种侵犯他人名誉权以及隐私权的事件就会相应减少；同时各种新媒体平台及运营商应本着健康的、可持续发展的战略目标，与传统媒体共谋发展，加强双方合作，实现利益的合理分配化，而不是通过非法手段窃取他人劳动成果。因此对于未来具有强将强劲发展势头的新媒体而言，其通过自我净化的方式可促进整个新媒体秩序的良性发展。

（二）完善相关的法律、法规

当前有关新媒体侵犯传统媒体的版权，以及侵犯他人名誉权与隐私权方面主要法律依据以我国现行的《民法通则》为主，其制定的初衷主要是针对于传统传播生态以及传统实体经济模式下所出现的侵权行为的界定，然而新

[①] 杨立新，刘欢："自媒体自净规则保护名誉权的优势与不足"，载《甘肃社会科学》2013 年第 1 版。

的数字技术已打破了传统的传播环境和经济环境，因此对于处于这种剧变模式下的新的媒介环境来说应制定适应互联网思维方式的相关专业法律法规。可喜的是目前我国已初步建立起一整套有关互联网管理的法规、规章，主要有《计算机信息系统安全保护条例》、《关于对于国际互联网的计算机信息系统进行备案工作的通知》、《计算机信息网络国际联网安全保护管理办法》、《计算机信息系统国际互联网保密管理规定》、《互联网出版管理暂行规定》、《互联网文化管理暂行规定》等。但在被新媒体侵权的当事人维权过程中，这些法规还具有相当大的局限性，主要表现为之前提到的传统媒体对于相关新媒体侵犯版权的案件中维权难度大，如《新京报》在诉"一点资讯"侵权时所遭遇的单篇作品被侵权难以立案的尴尬处境；而在维护其名誉权与隐私权方面相比于阿里巴巴以及万达集团董事长王健林这样的身份显赫的被侵权者，普通人的维权之路似乎并不容易。而只有健全相关法律法规，减少维权中的种种障碍才能实现法律的真正意图——保护普通大众的合法权利。因此有关部门应简化相关手续，从而降低被侵权方的维权成本，以此让传统媒体能够更加公平地参与到与新媒体的竞争中来，而不再是为新媒体"做嫁衣"；让广大网民不再困扰于各种新媒体的侵权而能更加方便的运用法律这一工具捍卫自己的名誉权、隐私权的合法权利。

（三）加强对网络传播的"把关"作用

对于传统媒体来说，"把关"是一种组织行为，信息的发布需经过记者、编辑、总编的层层审核以防止信息发布不当所带来的负面影响。由于新媒体的发展目前尚未形成规范的管理体制，网民可通过新媒体的平台随时随地发布信息、评论信息，从而导致把关原则在新媒体传播平台中的严重缺失。针对这种状况，笔者认为应从三个方面加强对新媒体的把关控制：一是网络服务提供商从信息的发布源头来对新媒体进行第一层把关。即网络服务提供商可依据信息发布的相关法律法规，对于凡是触犯法律法规所禁止的信息，如在新媒体上发布涉及他人隐私的文字信息、照片、视频等内容时，其都可在发布源头上通过严格把关将其过滤掉；二是各种新媒体平台的职业新闻人对信息内容进行第二层把关。2015年开始我国将逐步对具有国家一类资质的新闻网站的采编人员颁发记者证，这是我国对于新闻网站等新媒体平台实现规范化管理重要体现，这也预示着职业网络新闻人将成为未来网络新闻的主力军。职业网络新闻人的规范化对于网络言论的把关则更加便于操作和执行，对于不实或有可能侵权的信息其可进行及时删除与把控；三是网络舆论领袖对各种信息鉴别选择的第三层把关。相对于传统的舆论领袖网络舆论领袖是借助于互联网自由、互动、开放等传播特点，将之作为传播观念，表达主张，影响公众的"主阵地"，因此对于信息的评判他们是最具有发言权的，由于网络舆论领袖大都具有较高素质，对于网络信息的真假性、合法性，他们都具有一定的把关原则，从而引导其追随者对信息态度的改变。

新媒体的发展为新时代的信息传播提供了更多人性化与便利化，对于传播方式来说其无疑是人类新闻传播史上一大变革，但同时对于新媒体的种种侵权现象也应得到足够的重视。唯有在相关法律的规制下通过对新媒体把关层面的加强以及新媒体自身的自我净化，新媒体的发展才会逐步走上健康有序的合法轨道。

新闻敲诈的成因及治理对策

——以 21 世纪网新闻敲诈案为例

严向静*

一、新闻敲诈及其表现

新闻敲诈，是马克思在《法国的新闻敲诈——战争的经济后果》一文中最早提出并使用的一个术语①，指法国和英国的一些报刊利用臆造的报道或晚发的新闻来获利。为了更好地理解新闻敲诈的概念，有两点需要强调。首先，新闻敲诈是新闻媒体或者新闻从业者新闻理念失范的职业行为，行为主体是新闻从业者，而不是不法分子假冒记者身份进行的诈骗活动。只有是新闻媒体或者新闻从业者进行敲诈，才可以在新闻领域进行分析或约束治理，是不同于与其他违法犯罪行为的社会失范行为，具有特殊性。其次，新闻敲诈是新闻媒体或者新闻从业者占据主动地位的行为，以不良或者负面报道来威胁当事者，从而获取"保护费"、"封口费"。由于新闻敲诈本身与被敲诈者形成了一种不正常的地下交易，对于社会文明和正常秩序存在着极大的危害。

21 世纪初，媒体林立、媒体间竞争加剧，新闻敲诈则表现为某些记者或者新闻从业者甚至是个别媒体以舆论监督和新闻批评的名义，对一些违背国家政策和社会道德的行为主体进行敲诈勒索的行为和现象。他们只要获悉哪里发生了可以揩油的事件，就闻风而动前去采访，扬言要"网上曝光"或者写"内参"，然后和被"监督批评"的单位讨价还价，或者直接索要巨额钱

* 严向静，西北政法大学新闻传播学院 2015 级硕士研究生。

① 陈力丹，王娟："马克思论'新闻敲诈'"，载《新闻前哨》2014 年第 4 期。

财，或者要求给予"赞助"，或者要求对方做一定数额的广告。

2014 年 9 月 3 日，上海市公安局侦破一起特大新闻敲诈案件，涉案的 21 世纪网先编和相关管理、采编、经营人员及上海润言、深圳鑫麒麟两家公关公司负责人等 8 名犯罪嫌疑人被依法采取刑事强制措施。案件涉及上海、北京、广东等省区市的数十家企业。2014 年 9 月，21 世纪网被吊销所有网站资质，2014 年 10 月，上海市检察院第一分院批准逮捕刘冬、周斌和夏晓柏等 25 人。据警方初步调查，21 世纪网通过两种方式实行新闻敲诈：一是收取企业的"保护费"，联合公关公司，已不在 21 世纪网上发表负面文章和言论为诱饵，招揽一些公司，签订广告合同，以广告费为名，收取"保护费"。另一种是 21 世纪网先发布一些上市公司或者拟上市公司的负面报道，然后等这些公司要求删帖时，索取一定的费用。这是一种典型的新闻寻租现象，21 世纪网身为知名媒体，利用其新闻报道权和舆论监督权为自己谋取利益，造成了不良的影响，重创了传媒的公信力。

二、新闻敲诈的成因

（一）市场价值取向的理念冲击着新闻业，使其不择手段地追求经济效益

我国如今在社会转型时期，处于市场经济的浪潮之中，一些违背传统社会价值规范的价值理念很容易与个体取向中的消极因素结合起来，媒体经营自负盈亏，广告成为其主要收入来源，尤其是在科技高速发展的现代，一些新兴的网络媒体发展迅速，媒介市场竞争激烈，相互争取广告客户，追求经济效益，以期增加收入，实现自身更好的发展。比如欺骗和弄虚作假成为转型时期一些新闻媒体及其从业者生存和竞争的方式，新闻敲诈和其他诈骗敲诈方式一样，都是这种趋势的集中体现。在竞争过程中，会采取一些不正当手段：一是给内部工作人员布置广告任务，就是所谓的"拉广告"，作为一项创收的硬性指标分配到每个记者的头上，利用不正当手段创收，以增加单位的广告收入。通常会在媒体内部达成以曝光当事方丑闻的方式而进行强拉广告，单位上下通力配合，形成一条媒体领导－记者－受要挟单位的"媒体腐败食物链"①；二是一些媒体故意发布上市公司或者拟上市公司的负面新闻和

---

① 郑保卫："论新闻敲诈的表现、危害、成因及治理"，载《新闻研究导刊》2014 年第 5 期。

虚假报道，当这些公司要求删帖时，索取合作费用或者逼迫其签订广告合同。21 世纪网针对多家 IPO 企业上市公司，通过公关公司的运作，每单收取 20 万到 30 万不等的"广告费"，承诺不报道和转载这些企业的负面新闻。同时 21 世纪网每周召开选题会议，选择未与 21 世纪网建立合同关系的拟上市公司和上市公司的负面新闻进行报道，当这些公司要求删帖时，就需要支付 50 万到 100 万不等的"封口费"。

（二）新闻从业者的新闻伦理失范

在社会快速发展的时期，新闻媒体及其从业者会对自己的职业角色的期望出现模糊的思维，这样会使他们以政治或者经济利益片面诉求以及职业利益片面诉求的角色实践，最终形成一些以利益诉求为主的新闻道德失范行为，新闻敲诈就是其中的典型。

一个新闻从业者，要具备严格的新闻伦理约束力和高尚的思想境界，要遵守新闻职业的道德规范。可现在一些新闻从业者自我放逐，失去了对自我的要求和约束，丧失了新闻的理想和良心。新闻从业者要比普通人更多地接触到名利，面对金钱的诱惑、自己现实的经济压力，没有强劲的心理抵抗力，便会屈服在金钱的面前，抛弃自己职业道德和新闻伦理。

21 世纪网新闻敲诈案涉案人员——王卓铭，毕业于名校，曾是活跃在财经新闻报道的前线记者。他说："我一开始，还是抱着很美好的目的去从事这个行业的。"他发现自己的稿件被拿去换钱了，他也曾和主编争吵过，但"近朱者赤，近墨者黑"，让他认为这是个"可复制的行为"。正是因为对自己放松了管理与约束，原本很优秀的新闻记者，用金钱埋葬了他的新闻理想和职业前途。

（三）新闻敲诈对象自身存在的问题

当今真正完成现代企业改制并且符合规范经营标准的企业数量很少，一些企业在管理或者运行中存在问题，企业为了保持良好的形象，正常的运行，不愿意被媒体曝光自身的问题和弊端，以影响企业经济效益和未来发展，他们宁愿多花钱去处理这样的问题，也不愿做出正面回应。21 世纪网主编周斌说："上市公司他去上市的时候，他不一定都有造假，但很多公司在数据上面存在问题，同时呢，要审批，一旦如果报道，审批程序就会停止下来啊，影响他整个上市的进程，所以上市公司从自己的利益考虑，一定不希望媒体报道。"而且，多数企业对于媒体也不了解，在一定程度上十分惧怕任何的负面新闻报道。针对企业这样的心理和态度，一些不法的媒体或记者更是肆无忌惮，正所谓一个巴掌拍不响，新闻媒体和相关企业似乎默契地达成了一致，用金钱与报道的交易满足了双方的需求。于是，新闻敲诈屡见不鲜。

（四）社会监督机制不完善，打击惩处力度不大

新闻媒体作为社会公器，应该对社会上一切有悖于法律和道德的不良行为进行公开批评，以引起公众关注，促使问题解决，推动社会进步。作为维护社会稳定、打击邪恶势力、去除消极因素、推动时代进步的一种强大的舆论力量，理应得到全社会的敬畏和尊重。但少数媒体和记者竟然将舆论监督变成了谋取私利的手段和工具，许多媒体和新闻从业者不但没有很好的相互监督，反而争先效仿，从中谋求丰厚的利益。

那么，在媒体监督社会一切活动的同时，谁又来对媒介监督呢？目前，正是因为社会对媒体的监督没有真正进行，才使得媒体组织或记者个人有恃无恐，大肆进行新闻敲诈。

目前在现行法律上，新闻法律法规不健全，在打击惩处不法的新闻从业者和媒体时，新闻法制建设的依据不充分，对新闻媒体和新闻从业者的腐败现象和敲诈行为打击惩处力度远远不足，这使得有些新闻媒体和新闻从业者抱有侥幸心理，大胆进行新闻敲诈。

三、新闻敲诈的治理对策

（一）制定行业自律规范

要根治新闻敲诈，媒体自律很重要，新闻界应该制定相应的规范，要求新闻从业者提高新闻伦理和职业素养，坚持正确的人生观、价值观，坚持职业理念；坚持客观、真实、全面、准确的新闻价值标准，严守新闻职业的道德，自觉抵制并相互监督新闻敲诈行为；培养法律意识，遵守法律规定，自觉维护法律权威，树立良好的新闻从业者形象，做一个合格自律的新闻人。

从新闻媒体内部的管理上，要执行严格的新闻工作者准入机制，把好用人关，实行岗前的道德素养培训和职业技能培训，遵循新闻活动的正当性和合法性。各个媒体可以建立自己的举报平台，针对公众举报的媒体工作人员违法问题进行受理和处理，并及时反馈处理结果。新闻媒体要时刻谨记自己

手中的权力来源于社会和公众，要积极承担起新闻报道和舆论监督的职责，增强对社会和公众负责的意识。同时建立行业监督，树立自律意识，形成自律模式，注重媒体的形象经营，提高媒体的权威性和公信力，在媒体之间实行相互监督，合理竞争，共同前行。

（二）完善社会监督机制

媒体具有监督社会的权利，可以进行舆论监督，但当媒体自身出现问题时，该如何去监督媒体或者是大众该怎样监督媒体，杜绝"新闻权力寻租"的行为？由于新闻媒体角色的特殊性，很大程度上，这种监督依靠新闻从业者自发地运用职业道德自我约束。但对于当前社会的高速发展和市场经济而言，对传媒和新闻从业者的监督，除去新闻媒体的自律外，还要依靠相关主管部门和公众进行的外部管理和监督。

新闻行政管理部门应该充分发挥主管部门的监管作用，强化日常管理和制度执行力，抓主管主办制度和报刊年检制度，对违规操作的单位进行惩处，整顿经营或者吊销其职业资格；针对新闻从业人员罔顾职业道德、职业素养，进行权钱的非法交易，新闻监管部门要充分发挥其指导规范的作用，使新闻敲诈、有偿新闻等问题，受到法律的处理，严厉打击新闻敲诈行为。公众在遭遇新闻敲诈等行为时，要及时向有关主管部门举报和反馈，树立法律意识，运用法律武器维护自己的合法权益。

（三）加强新闻法制建设

法律是自由和秩序最好的保障。在一个法治国家，"有法可依"是十分必要的。目前在现行法律上，新闻法律法规不健全，针对新闻敲诈这种现象和行为，还没有具体的法律认定，给不法的新闻从业者和媒体以可乘之机，造成了新闻道德与新闻法制建设的依据不足，不能有效防止新闻媒体和新闻从业者的腐败现象和敲诈行为。而一些政策性的法规也只是局限于"新闻工作者不得以任何名义索要、接受或借用采访报道对象的钱、物、有价证券、信用卡等"[①] 等这种层面的规定，缺乏如何有效的法律效力和对此现象的检举、揭发、打击、处罚的可操作性强的措施。至于具体到谁或者哪个单位来主要管理这些事，职责界定不清，就会出现都有管理职责但是最终没有人管理的

---

① 李良荣：《新闻学概论》，复旦大学出版社 2009 年版，第 361 页。

结局，新闻报道行为和社会监督行为缺少必要的法律约束和专门管理。所以，要推进新闻立法进程，以法的形式规范，明确主管部门，这样才更利于操作。

目前，我国缺少一部专门而且切实可行的新闻法，只有一些零碎的法律规范散见于部门法中。另外在实际操作中，对新闻敲诈现象惩罚力度较小。而随着互联网思维的不断应用，越来越多的媒体行为边界显得模糊，需要得到相关法律的正确规范与指导。新闻敲诈作为严重危害市场经济秩序，严重损害新闻界公信力的行为，用专业的法律法规进行治理规范迫在眉睫，只有有法可依，违法必究，才能真正实现新闻自由，才能维护法律正义。新闻法的早日出台会给媒体带来全新的变革，会促进社会的进步。还可以确保媒体在自由传播信息，进行报道的同时时刻保持理智和清醒，避免造成类似新闻敲诈一样严重的违法行为。

"人肉搜索"的演变及发生原因探究

郭　婧[*]

一、"人肉搜索"的演变

截至 2015 年 6 月，我国网民规模达 6.68 亿，互联网普及率为 48.8%，半年共计新增网民 1894 万人[①]。由此数据可以看出，我国成为了世界上网民最多的国家，并且已经步入了全民网络时代。网民通过参与热点事件讨论形成网络舆论，对个人思想、社会风气和国家决策产生巨大影响。自 20 世纪末猫扑、天涯等论坛网站及腾讯 OICQ（QQ）的兴起，再到 2005 年校内网（后更名为人人网）兴起，2009 年微博诞生，都为网民参与舆论发表提供了畅通的渠道。这些社交网络催生出了一种新的搜索方式"人肉搜索"。"人肉搜索"不同于机器引擎搜索，是由社交网络的用户通过自发的、匿名的提供相关信息，或者以人工方式对搜索引擎的结果逐个辨别真伪，是一种以查找人物或还原事实真相为目的的群众运动。"人肉搜索"实质上是现实世界中人们的人际交往关系在网络上的延伸，通过更广泛的散布信息，将搜索扩大到更深远的社会层面。

"人肉搜索"引起巨大轰动的时间为 2001 年，事件为"微软美女陈自瑶"，2001 年某网民在猫扑发布一张美女照片，称图中女子为自己的女朋友，后被指出照片主人公实为微软公司女代言人陈自瑶，并有网友贴出陈自瑶相关资料。从这一典型事件可以看出，"人肉搜索"最初出现是以搜寻"八卦消

＊　郭婧，西北政法大学新闻传播学院 2015 级硕士研究生。

①　CNNIC：第 36 次《中国互联网络发展状况统计报告》，中国互联网络信息中心，2015/7/23，http：//www. cnnic. cn/gywm/xwzx/rdxw/2015/201507/t20150723_ 52626. html.

息"、娱乐大众为目的。而自"虐猫门"事件开始,"人肉搜索"开始发生了
一个转变,从之前的戏谑和娱乐,变成了社会谴责,甚至某种意义上的"通
缉"。最早因为"通缉令"进入大众视野的"人肉搜索"事件是 2006 年在猫
扑论坛上发布的一篇名为《愤怒:半老徐娘血腥虐杀小动物》的帖子,内容
是一位女性用高跟鞋虐杀一只小猫,并发布了大量的事件图片。帖子一经发
布,在猫扑网上引起轩然大波,不仅猫扑网友,包括其他网站的网友都加入
到了谴责当事女性和照片拍摄者的行列。随后,事件主人公被网友"人肉"
出其姓名、籍贯、家庭住址等隐私信息,使两位当事人不得不出面道歉,并
在网上发表了道歉信,呼应此次"通缉令"的网友数量众多。"虐猫门"事
件是我国网络"人肉搜索"的里程碑事件,以此事件为开端,随后又发生了
"铜须门"事件①、"辽宁女子骂人"事件②,再到近两年的"表哥杨达才"
事件③、"丁锦昊到此一游"事件④。从中我们不难发现"人肉搜索"一个很
大的特点就是被"人肉"当事人出现了有违道德或者法律的行为,被发布到
网上以后受到网民的谴责。而后来"表哥杨达才"受到实名举报且被双规又
可以看出,"人肉搜索"已经从之前单纯的"网络通缉"变成了网民对公众
事务的参与。2014 年 12 月报道的"西安某医院医生手术室自拍"新闻中,
舆论方向在短短两天之内经历了两次大的改变,首先由民众的愤怒、对当事
医生的批评乃至人身攻击,在事件真相被还原后变成了对当事医生的同情、

① 2006 年名为"锋刃透骨寒"的网友发帖自曝其妻子与网友"铜须"由于《魔兽世界》产生
婚外情,后经网友"人肉搜索"对"铜须"的个人信息进行了公布,并遭到了线上、线下的
"追杀",不仅对当事男主"铜须"(真实身份郑某,燕山大学继续教育学院学生),更对其所
在学校燕山大学产生了巨大负面影响,后由央视出面,事件才得以平息。
② 汶川大地震发生后,2008 年 5 月 19 日至 21 日为举国哀悼日,21 日在 YouTube 上出现一段 4
分 40 秒的视频,一名女子身处网吧大骂四川地震和灾区难民,字眼肮脏,言辞激烈,后迅速
被广大网友"挖"出个人信息乃至其家人的电话号码,21 日下午 1 时警方由网上提供的信息
资料将该女子抓获并拘留,后该女子公开道歉。
③ 2012 年 8 月 26 日,36 人遇难延安特大交通事故现场,陕西一官员杨达才面带微笑的照片成
为舆论关注焦点,经网友辨别发现杨达才手上戴着不符合其收入的名表及高档眼镜,由此有
人实名申请调查其收入来源,后因其贪污受贿被双规,判处有期徒刑 14 年。
④ 2013 年 5 月 24 日晚网友"空游无一"发表微博,他在埃及卢克索神庙浮雕上看到有中文刻
上的"丁锦昊到此一游"。截至 25 日晚评论一万余条,转发八万三千余次,相关评论达到十
几万条,事件主人公"丁锦昊"也被人肉出是南京某中学初一学生,后由其父母出面代替
道歉。

对爆料者的谴责、质疑处罚过重等，而后又转变为对医患关系的全民思考。在这次的事件中，当事医生首先被网友进行了"人肉搜索"，在其出面澄清后，照片爆料者又被"人肉"出来甚至恶语相向，被迫在微博上发表道歉声明。这一事件表明网民的网络素养开始提高，从原先不理智的"通缉"、"追杀"，到后期舆论翻转、还原事实真相，这些说明"人肉搜索"开始成为一种公众参与公共事务的途径。但不可否认的是，"人肉搜索"在一定程度上是一种以暴制暴的网络集群活动。此外还可以看出"人肉搜索"往往在热点事件后的几个小时至多一到两天的时间内就可以完整的搜索出事件当事人的有效信息，姓名、籍贯、住址乃至血型、身份证号都会被"深挖"。由于网络事件经常会出现反转，所以网络舆论会随着事件的反转而反转，因此"人肉搜索"经常会牵涉到无辜者，甚至出现"父债子还"、"满门抄斩"的情况，不仅是事件当事人的隐私权被侵害，当事人身边或与此事无关的人也会被卷入风波中。

　　2010年前后微博兴起以后，"人肉搜索"也出现了新的特点。虽然由人来提供信息这一基础运作模式没有大的改变，但微博作为自媒体的特点引发了人们在进行"人肉搜索"时不再只追求谴责目的。"人肉搜索"越来越多的作为人们参与公共事务的渠道来发挥作用，尽管"人肉搜索"仍旧带来了网络暴力，但是在一些方面也表现出了良好的作用，如"微博帮助找回被拐儿童"、灾后寻找失踪人员等方面都做出了努力。上文所提到的"表哥杨达才"事件也是由微博网友所发起。

　　总的来说，"人肉搜索"根据其行为的目的可以分为以下三个层面：八卦娱乐、社会谴责、公共事务参与。一开始的"人肉搜索"如"微软陈自瑶"事件就是网民以八卦娱乐的心态对陈自瑶进行搜索挖掘，在这一层面，除少数狂热粉丝外，一般不会对当事人的人格权利造成侵害，"人肉搜索"也仅仅停留在表层，网民只是希望通过"深挖"来满足好奇心。当"人肉搜索"到了社会谴责的层面，网民由于热点事件（往往道德败坏）产生了强烈的谴责心理，但是时间、空间限制无法直接对当事人表达谴责，因此通过发布、转载和当事人有关的信息来发动广大网友对其"人肉搜索"从而实现谴责，"人肉搜索"在此时最容易侵犯当事人隐私权及其他人格权利，上文例举的如"铜须门"、"虐猫门"、"丁锦昊到此一游"等都是发生在这一层面。往往我们探讨的隐私权、人身财产安全受侵害等问题的发生基本也都是在这一层面上产生的。当网民的素质不断提高，人们对媒介的认识逐渐全面，"人肉搜索"也发生了变化，开始成为网民参与公共事件的渠道，"表哥杨达才"就是最为典型的事例，可以说如果没有网民的曝光，杨达才不可能迅速被调查，也不可能在事件发生后不到一年的时间里就被双规；"西安医生手术室自拍"一事中，"人肉搜索"促使事件真相被逐渐还原，舆论也随之翻转，将一件热点事件提升到了对医患关系这一社会问题的思考上；微博上帮助被拐儿童回家、灾后寻找失踪人员也是属于这一层面上的"人肉搜索"。由此也可以看出网络上的"人肉搜索"正在进化。

二、"人肉搜索"频发的原因分析

(一) 网络言论的社会责任承担主体不明

造成"人肉搜索"的一个重要原因是由于网络舆论相较于传统舆论来说社会责任的承担状况有所下降。传统舆论在传播时主体的明确性使其言论自由的权利和其所承担的社会责任相对等；而在网络环境下，网民在发表言论时可以选择匿名方式，就不必承担本来相对应的社会义务或法律责任，言论中带有较多随意性、情绪化的色彩，披露他人信息时也很难受到控制。网民只需要在电脑或者手机的背后，动动键盘就能随意发表意见，不必考虑要对自己的言行承担怎样的责任。在"人肉搜索"事件发生以后，往往道歉的并非泄露他人隐私的网民，而是"人肉"的主角，被害者反而要公开道歉。即便是当事人走了法律程序，需要承担责任的也是发帖网站而并非泄露信息的网民本人，这就更加强了网民认为"人肉"别人不用承担相应责任的心理。

另外，人们在网络上发表意见时，经常将自己放到了裁决者的地位，一味地对他人进行批判、曝光，而忽略了自身，也就是我们常说的"严于律人，宽于律己"。在网络上对他人进行批判的人，现实生活中的行为也许会更加恶劣，只不过由于躲在计算机的背后，隐藏了自己的罪恶。以上都是由于网络具有匿名性，人们之所以做出越轨行动，就是由于没有人知道自己是谁，没有公权力来对自己的行为进行约束，这种"法不责众"的心态支配了人们不理智的"搜索"。

(二) 集群效应的社会心理影响

由于"人肉搜索"是一种集合行为，由刺激性的网帖信息所引发①，在发生"人肉搜索"时的网民是一种非常态的群体，即群集。作为集合行为的"人肉搜索"本身就是一种非常态的群体行为。大多数的"人肉搜索"伴随的是负面的情绪，如谩骂、讽刺、过激言行乃至流言和骚动。"人肉搜索"在大部分情况下是一种道德审判，即通过大众舆论对事件当事人进行"惩罚"，这种"惩罚"将会引起多数人的暴政，这在许多事例上已经有所体现。由于网民的素质参差不齐，整体上文明程度不高，即使"人肉搜索"一开始可能是出自良好的动机，但在一些情况下就会造成对社会正常秩序的干扰破坏。此外，在集合行为中出现了流言、谣言甚至过激行为的时候，人们便会产生"法不责众"的心理，认为没有足够强大的社会约束力来对自己的行为做出裁决。这种心理不仅会促成"人肉搜索"现象的诞生，更会引发种种现实中宣泄原始的本能的冲动行为。

根据塔尔德的观点，模仿是最基本的社会现象，模仿又分为无意识模仿和有意识模仿，前者是个人在不自觉状态下对他人行为的反射性仿效，而后者则是给予一定动机或目的的自觉效仿②。作为集合行为的"人肉搜索"，更多地表现为无意识模仿，即许多人在要求"人肉"当事人私人信息的时候是无意识的，掌握相关信息的人也是因为受到这种无意识模仿的影响进而公开了当事人的私人信息，更多掌握当事人信息的人开始进行模仿，最后完成了整个"人肉搜索"的过程。

(三) 我国法律机制缺失

"人肉搜索"主要侵犯的是公民网络生活中的隐私权。隐私权是现代公民最基本的人格权利之一，第一部提出并予以通过的与隐私权相关的法律是美国在 1974 年颁布的《隐私法案》（Privacy Act），明确提出公民的隐私权受到法律的保护。反观我国的隐私权法还处于蹒跚学步状态，只有在《宪法》、《刑法》、《民法通则》、《侵权责任法》等法律中出现了相关法条来进行有关活动限制，并没有出台系统完整的法律对公民隐私权保护提供理论支持，隐私权也并没有成为我国法律体系中一项独立的人格权，最高法院的司法解释

---

① 郭庆光：《传播学教程》，中国人民大学出版社 2011 年版，第 84 页。

② Gabriel Tarde, *The Laws of Imitation*, 1890.

将隐私权放在了名誉权保护之下。第一次将"人肉搜索"提上司法程序的是"死亡博客"事件。2007 年底女白领姜岩在发现丈夫王菲有外遇后跳楼自杀，并在其博客上披露了丈夫王菲的真实姓名、工作单位、家庭住址以及和外遇对象东方某的照片。2008 年 1 月大旗网刊登了《从 24 楼跳下自杀的 MM 最后的日记》专题，专题中大旗网将王菲的姓名、照片、住址、工作单位等身份信息全部公布，导致许多网民认为王菲的"婚外情"行为是促使姜岩自杀的原因之一。一些网民发起了对王菲的"人肉搜索"，并在网络上对王菲进行指名道姓的谩骂；更有部分网民到王菲和其父母住处进行骚扰，在王家门口墙壁上刷写、张贴"无良王家"、"逼死贤妻"、"血债血偿"等标语。2008 年 3 月 18 日，王菲将大旗网、天涯网、北飞的候鸟三家网站起诉至法院，要求赔偿。2008 年 12 月 18 日上午，北京市朝阳区人民法院一审判决张乐奕（姜岩生前网友）和北京凌云公司（大旗网）构成对王菲隐私权和名誉权的侵犯，判令上述两被告删除相关文章及照片，在网站首页刊登道歉函，并分别赔偿王菲精神损害抚慰金 5000 元和 3000 元，加上公证费，王菲总计获赔 9367 元。海南天涯公司因在合理期限内及时删除了相关内容，被判免责。这是中国国内首次将"人肉搜索"和"网络暴力"推向司法领域，因此被称为我国"人肉搜索第一案"。

根据《中华人民共和国侵权责任法》第 1 章第 2 条规定："本法所称民事权益，包括生命权、健康权、姓名权、名誉权、荣誉权、肖像权、隐私权、婚姻自主权、监护权、所有权、用益物权、担保物权、著作权、专利权、商标专用权、发现权、股权、继承权等人身、财产权益。"并且关于侵犯公民隐私权的刑罚必须建立在构成侮辱罪、诽谤罪的基础上，根据《中华人民共和国刑法修正案（第九次）》第 246 条规定："以暴力或其他方法公然侮辱他人或捏造事实诽谤他人，情节严重的，处三年以下有期徒刑、拘留、管制或者剥夺政治权利。"这些相关法条都没有具体针对"人肉搜索"之类的行为在侵犯了公民隐私权时会受到怎样的责罚，因此推进系统的隐私权法迫在眉睫。

此外，我国大多数网民缺乏隐私权利意识，不仅对自己个人信息保护意识薄弱，更经常无视他人的合法隐私权利。这使得在网络中本就处于弱势的公民更难保护自己的隐私权。"人肉搜索"侵害公民隐私权不仅是对公民人格权利的侵害，严重的还会影响到公民的日常生活甚至健康权，给当事人造成极大的精神损害，保护个人信息就是保护尊严。同样，公民的人身权利受到侵害也是对国家法律意志的践踏。在我国无论是政府还是公民个人，对隐私权的保护意识都十分淡薄，甚至一些人不知道自己都有哪些隐私权利。其实我国大众不仅仅缺少隐私权保护意识，其他方面的法律意识也并不完全，当相应案例出现的时候，事件当事人没有寻求法律援助的意识，更不知道如何才能获得法律援助。因此事件当事人就会求助于舆论大众，希望借大众舆论的道德力量来解决事件。

由于"人肉搜索"事件中，主要通过人传人的方式进行，泄露出当事人信息的源头广，涉及的责任主体很多，一般网民无法准确查询IP地址，即使查询到也难以在第一时间锁定责任主体。这不仅仅是"人肉搜索"难以维权的原因，也是其他网络侵权事件中维权困难的主要问题所在。"人肉搜索"中侵权证据也难以确定，网络上的内容可以随时删除，因此在网络上追溯其本源很困难，难以找到最初的泄漏源头。如上文所说，在大部分网络侵权案件中，推入司法程序后，被告的往往不是泄漏当事人信息的具体网民，而是网民发布隐私信息的网站，所以无法达到良好的规范效果。

"人肉搜索"是网络时代的舆论的必然产物，由于我国现阶段法律还不完善，因此很难正确的引导。但网民在近十年的"人肉搜索"中，思想观念已经开始逐渐进化，对于隐私的保护意识也有所提高。"人肉搜索"本身并不等同于网络暴力，不能和隐私权侵害画上等号。笔者认为"人肉搜索"只能从法律和道德层面来规范它，一味的禁止是不可能的。对"人肉搜索"良好的规范和引导需要建立在公民法律意识的提高和国家法制的完善上，对此我国还有很长的路要走。

微信公众平台版权保护的困境

王静芳[*]

在这个倡导言论自由的时代，微信公众平台的开发正符合了人们"发声"的需求。微信公众号申请过程采用的网页形式，其快捷性和低门槛使得微信公众的数量在两三年内迅速膨胀。自 2012 年 8 月上线以来，15 个月内微信公众号已超过二百万个，信息交互次数高达亿万次。2014 年 7 月 25 日，根据微信官方公开消息显示：公众号总数量超过五百八十万，日均增长数由 2013 年的 8000 个上升至 1.5 万个。微信官方最新披露的数据显示，到 2015 年 8 月微信公众号的数量已经突破 1000 万，每天还在以 1.5 万的速度增加。[①]

在微信公众账号数量如此之大的基础之上，转载微博、微信文章或直接复制粘贴他号文章的现象层出不穷。2015 年 2 月，新华社发表多篇文章批评微信公众账号抄袭之风愈演愈烈，甚至指出：微信平台存在"1 人原创，99人抄袭"的现象。腾讯公司回应称，该公司每周要处理超过二百起抄袭投诉。[②]

一、微信公众平台抄袭现象的表现形式

微信公众平台抄袭现象普遍存在的事实是毋庸置疑的。针对这一现象，以下将通过具体的案例呈现来分析微信公众平台抄袭现象的主要表现形式。

（一）直接复制文章内容、未改标题、未注明原作者

这种完全赤裸裸的抄袭形式，多存在于不知名的企业类或个人类的微信

---

[*] 王静芳，西北政法大学新闻传播学院 2015 级硕士研究生。

[①] "微信公众号的数量已经突破 1000 万，每天还在以 1.5 万的速度增"，载微锋网，http：//www.v11v.net/yejie/dongtai/3108.html，2015 年 8 月 12 日。

[②] 王龙珺："关于微信公众账号版权保护的思考"，载《传媒评论》2015 年第 3 期。

号。例如，2014 年 4 月 15 日，微信号"美味韩城"的一篇原创文章《走，一起吃冒菜去，付记嘴嘴香冒菜免费试吃了》，并在作者一栏写着"八千里"的字样。紧接着 16 日，另一微信号"金马百货韩城店"就转载了这篇文章，其标题、内容完全一样，但在作者一栏写着"金马百货"的字样。该案例中，"金马百货韩城店"直接复制他号的文章，且内容、标题完全一样，作者一栏不但没有注明原作者，甚至改成自己店的名称。

（二）对标题进行了修改，但内容大体一致、未注明原作者

2015 年初，微信号"长安街知事"的一篇原创文章《网络大 V 任职北京文化局长，3 院士同时"入阁"市政府》刚发出不久，就出现在另一个公众号上。

除标题改成《张颐武、施一公将挂职北京任副局长》，内容如出一辙，作者一栏也没有标注原作者的姓名。

2014 年 2 月 20 日，广州本地某摄影微信公众号推送了一则名为《2013每个人身边都有"荷赛"的影子》的文章，涉嫌抄袭广州日报摄影部微信公众平台 GZphotos 在 2014 年 2 月 19 日晚 11 点 30 分推送的《每个人身边都有"荷赛"的影子》。20 号上午 10 点左右，广州日报摄影部关注了该侵权公众号，并且向微信平台举报了两次。经过多次交涉后，微信平台才删除了该侵权文章。

如此案例不胜枚举。转载者为了"洗清自己抄袭的嫌疑"，一般通过修改文章标题来作掩饰，但文中内容的雷同无法掩盖。这也是对受众的一种欺骗。

（三）注明了作者、来源，但未经作者或来源者的授权

此种情况也是微信公众号抄袭严重的现象之一。这种文章通常会在文前加一段小编的话，以证明自己不是抄袭他人的文章；在文章末尾会注明来源和原文章的标题，以证明自己是转载文章。但是通常情况下，出于发文的时间限制，抄袭者一般不会主动联系原作者，即没有经过原作者的授权，便草草发表。

2014 年 9 月，广东首例微信侵权案"最潮中山"被判侵权案一审宣判。广东省中山市第一人民法院开庭审理了一起涉微信公众号知识产权侵权案件。在该案中，原告中山商房网科技公司诉称，被告中山暴风科技公司的微信公众号擅自转载其作品《中山谁最高？利和高度将被刷新解密中山高楼全档

案》、《初八后大幅度降温阴雨天气》、《莫笑老饼为您推介中山四大名饼》的三篇文章。（原文章均注明任何公众号未经许可不得私自转载或抄袭）但是，被告"最潮中山"在 2014 年的 2 月到 3 月间推送了《谁是中山第一高楼？中山高楼全档案！祝全体中山人更上一层楼！与你放眼中山!》、《中山下周大幅降温最低 7 度！你爸妈知道吗？扩散周知!》及《中山四大名饼，你都吃过了吗？中山人转走》三篇文章。其内容大致与原文章一致。故原告请求确认被告中山暴风科技公司侵犯其著作权，并请求赔礼道歉并赔偿 1 元钱。9 月 2 日，案件以广东中山法院判决原告中山商房网科技公司胜诉而结束。

该案中，原告的微信文章后均注明任何公众号未经许可不得私自转载或抄袭。但是被告"最潮中山"仍然未经原作者的授权，就转载了。这种抄袭形式，视为侵权。

二、微信公众平台抄袭现象产生的原因

（一）复制成本低

互联网时代的到来，最大的革新之一就是强大的"复制力量"。网络上除了少数文库里的内容需要付费外，几乎在其他地方都可以免费复制粘贴。当然，也包括微信公众平台。一方面，复制操作相当方便快捷。虽然微信公众平台里的内容是通过手机客户端呈现的，一般的受众不会主动把文章复制到另外一个地方，但对于微信号版主来说就不一样了。他们为了有更多内容来源，通常会关注很多其他优秀的微信号。一旦发现好的文章，通过微信网页版转发到电脑上，只需几秒钟就可以轻松地复制到自己的微信号里。另一方面，复制的成本几乎为零。微信公众帐号的运营者为保证每天发文，但又苦于没有很好的内容来源，出去采访也将付出很多的时间成本和精力成本。那么，零成本的复制就是版主选择内容再好不过的途径了。

（二）传播范围小

由于微信公众平台是依托"微信"这一手机客户端的媒体，面对的受众只能是微信用户，并且只有关注了某微信公众号才可以看到它所发的内容，所以其信息的传播范围只能在"已经关注了我"的微信用户内传播。相较于传统媒体如报刊、电视、广播的大众传播，微信号的传播只能算小众传播。

小众的传播使得微信号版主存在极大的侥幸心理，即使是因抄袭他人的文章被发现，其造成的负面影响也不会很大。长此以往，版主越来越有恃无恐，微信公众平台的抄袭现象也日益严重。

（三）作者的隐蔽性

相比较传统媒体需注明采访者或作者的真实姓名而言，微信公众帐号的发文一般不标注作者的真实姓名，最多有的会注上作者的笔名或化名。抄袭者看到好文章想转发，但是不知道原作者的姓名，又考虑到直接注明转发的原微信号名称会降低自己的受众忠诚度，所以常常没有标注文章的作者和来源。一旦发生微信号抄袭纠纷的事件时，"作品上没有注明作者"也会使得原告因证据不足而被法院作出"不予受理"的回应。

（四）版主不专业

微信平台真正开启了"人人都是自媒体"的时代，只要稍有一些文化知识就可以开通自己的微信平台。因此，大多数微信运营者仅仅是业余的新闻报道者或者只是微信运营的爱好者。他们往往不具备专业媒体人的素养，忽视素材的真实性和文章内容的质量。另外，他们没有采访权，出于每天发文的压力，直接抄袭他号的文章就成为捷径。

三、微信公众平台版权保护面临的困境

（一）微信公众平台侵权行为不好认定

目前，就已经判决的微信号侵权案件和业界对微信公众平台侵权行为认定来看，主要是根据《著作权法》来认定。此外，涉及《知识产权法》和《侵权责任法》。以下主要从《著作权法》的角度分析微信公众平台侵权行为认定的困难之处。

1. 微信公众号文章的独创性不易判定

我国《著作权法实施条例》第 2 条规定："著作权所称作品，指文学、艺术和科学领域内，具有独创性并能以某种有形形式复制的智力创作成果。"可以看到，其一，著作权所称的作品有一个前提，即在文学、艺术、科学领域内。那么新媒体领域内的微信公众平台显然不属于这三个领域。我认为，目前学界和法院以《著作权法》对微信号抄袭现象做侵权认定，有失偏颇。其二，对于"具有独创性的"的认定。目前，关于什么是作品的独创性，学术

界在理解上尚未形成共识，并带有一定程度的随意性。其中一种颇有代表性的观点认为，作品的独创性系指作品创作的独立性，一部作品只要是自己独立完成的，而不是剽窃、抄袭他人的，该作品即具有独创性。另一种观点认为，只要形式安排、材料选择或向公众介绍作品的方式带有作者个人创作特点即可。① 而对于微信公众号，如果适用于第一种观点，那么上述抄袭现象的三种表现形式就被视作侵权，侵权文章的范围相对较大；如果适用于第二种观点，那些转载他号的文章时对标题进行了修改、内容大体一致，但经过了不同样式的排版、未注明原作者的情况，就不被视为侵权。

2. 微信公众号新闻作品的侵权行为难以认定

根据《著作权法》第 5 条规定："本法不适用于时事新闻。"这就涉及对时事新闻的界定。时事新闻是指当前国内外新近或正在发生的新闻事实的报道。通常以事件的时间、地点、人物、过程、结果，来报道新闻。如广东首例微信侵权案原告主张的第三篇文章《初八后大幅度降温阴雨天气（转告朋友们注意添衣保暖哦）》实质上应为一篇介绍天气情况的时事新闻，不属于著作权法所保护的作品的范围。

然而，并不是指所有有关新闻的作品都不可以适用。如对一个新闻事实作出的深度报道和新闻评论，未经授权的转载，就应该被列入侵权行为认定的范围。因为深度报道和新闻评论中掺杂作者的观点和情感，具有独创性，是作者的智力创造活动成果，理应受到版权保护。

3. 微信公众号是否以营利为目的认定困难

对侵犯著作权法中的具体权利的微信公众号应该做一个界定——是否"以营利为目的"？如果一个微信号转载别人文章确实是为了吸引更多的粉丝并且拉广告赚取利益时，那它即可被视为侵权。一些公众号的运营者打着学习或欣赏的旗号，或以"不具有商业性质"为由进行辩解，但这并不能掩盖其行为存在侵权的嫌疑。反之，则不然。例如广东首例微信侵权案一审"最潮中山"被判侵权案例中运营"最潮中山"的中山暴风科技公司是一个商业性的公司，其转载他号文章可以被视为侵犯著作权。

然而，微信公众号数量庞大，侵权行为形式不同，因个案而异。微信官

---

① 冯晓青，冯晔：《试论著作权法中作品独创性之界定及其价值》，中国政法大学出版社 2010 年版。

方最新披露的数据显示，到 2015 年 8 月微信公众号的数量已经突破一千万。其中有很大一部分个人申请的号，也有很多仅仅是为了好玩。并且，微信平台有一定的隐蔽性，其营利的形式可以是口头达成的协议。这样，对于某微信公众号是否营利为目的认定困难。

4. 传统著作权法是否对微信公众平台的具体侵权行为适用没有定论

微信公众平台是伴随着信息技术时代而出现的一个新媒体平台，传统的著作权法是否对微信公众平台的侵权行为适用？这是一个问题。

目前可以被公认的只有著作权法中的信息网络传播权。按照《信息网络传播权保护条例》"明示许可"的规定，未经许可转载都属于侵权行为。本文开篇的所有案例都适用于信息网络传播权但是著作权法中的署名权、修改权、复制权的适用有待考究。

（1）署名权。《著作权法》第 10 条第（2）款规定："署名权，即表明作者身份，在作品上署名的权利。"微信公众号一般不会署上版主的真实姓名。并且，"微信平台并没有强制实名开设微信公众账号，往往很难确认侵权者的身份，即使确认了也极难取得与固定程序法意义上的证据"①。所以，笔者认为，署名权不适用在微信号的侵权行为的认定中。

（2）修改权。《著作权法》第 10 条第（3）款规定："修改权，即修改或者授权他人修改作品的权利。"此修改权主要针对的是文学、艺术和科学领域内的作品，他人未经原作者的同意，不得对原作品进行修改。而微信公众平台是新媒体环境下的产物，是否享有修改权有待立法者的判定。这是一个问题。

（3）复制权。《著作权法》第 10 条第（5）款规定："复制权，即以印刷、复印、拓印、录音、录像、翻录、翻拍等方式将作品制作一份或者多份的权利。"可以看出，复制权的各种方式是在一定实践过程的基础之上的。这与网络上的"复制"是不是同一种概念？换一种说法是，微信公众号里的简单复制是否应该与上述复制权中的"复制"同日而语？这是一个问题。

（二）维权成本太高、侵权成本太低，使版权保护难上加难

一方面，维权成本太高。一旦维权者的权益遭到侵害并需要获得相应的

---

① 王龙珺："关于微信公众账号版权保护的思考"，载《传媒评论》2015 年第 3 期。

赔偿时，往往会诉诸法律。但是诉讼一起案件的举报程序繁琐、举证要求很多、没有时限承诺，还要支付一定诉讼费用和律师费。然而，微信号发文后，受众的关注度只在三天左右，等到维权成功也没意义了。即使对侵权账号封号了，侵权者完全可以再注册一个。

另一方面，侵权成本太低。微信公众平台申请的门槛很低，使得很多人可以轻而易举地申请一个账号，很多人也是随意将其微信号的内容稍加改编后发到自己的平台里。侵权事件发生后，腾讯微信平台通过开通的举报途径获知，处理方式就是封号。这对于有恃无恐地抄袭他人文章的小号而言不是太大的损失。而诉诸法律的处理结果是赔偿，并不承担刑事责任，且赔偿数额一般不大。

最典型的诉讼案件莫过于广东首例微信侵权案一审，即"最潮中山"被判侵权一案（具体案件过程，上文已阐述）。该案是全国第一例因为微信侵权由法院判决的案例。从 2014 年 6 月案件开始审理到 9 月案件的最终判决，经过了三个月的时间，双方为自己的利益也进行了激烈的申辩和举证，且不说诉讼要缴纳诉讼费和律师费，单是这么长时间的诉讼过程也不是很多版主能愿意做的。另外，虽然原告胜诉，但其提出的赔偿金额才 1 元钱。赔偿金额的低廉也是令人哑然。当然，原告承担了相应的维权费用。

中国政法大学教授王涌认为有很多微信公号"是赤裸裸的抄袭和复制"，尚处在"强盗时代"。在王涌看来，在微信时代，侵权者的普遍心态是"只要不陷入刑事责任，就大胆地侵权"。[①] 维权成本太高、侵权成本太低，使诉讼得不偿失，版权保护难上加难。

（三）技术手段使版权保护的路径难以追踪

一方面是，腾讯公司开发的微信公众平台是基于技术手段的，后台的操作简单方便。抄袭者一旦被受众举报或者被原创者发现，其结果是抄袭者立马会将抄袭文章进行删除。"删除"这一步骤很简单：微信后台——左列"群发消息"——点击"已发送"——选择要删除的文章——点击"删除"即可。简单的操作使得被侵权者对抄袭者提出诉讼时，抄袭文章已经无迹可寻。只要抄袭者矢口否认，被侵权者也没有更多的证据。除非一经发现被抄袭，

---

① "微信公众账号抄袭现象频发：维权困难"，载《广州日报》2015 年 2 月。

截屏下来，但是比较麻烦。

另外一方面是，在当前新媒体蓬勃发展的大环境下，传统版权法律制度面临的一大挑战就是"私人复制"的问题。"在私人复制领域，版权法从来就不是一个有效的工具，而互联网的逻辑就是让每一个复制都可能成为私人所为。"① 由于微信公众帐号申请的主体多是个人或企业类，只要有一个号的作品发表出去，就会被他号疯狂转载，复制的成本几乎为零，且复制件与原件没有多大区别，大量的未经授权的"私人复制"行为对版权保护形成了极大的阻碍。

（四）"谁主张谁举证"、"民不举而官不究"的民事诉讼法则，使主张版权保护者趋于选择沉默

根据《最高人民法院关于民事诉讼证据若干问题的规定》第2条的规定："当事人对自己提出的诉讼请求所依据的事实或者反驳对方诉讼请求所依据的事实有责任提供证据加以证明。"此规定给维权者造成困难。2014年11月底，就职于北京一家都市报的李泽伟和同事运营的微信公众号"老北京新生活"发表了一篇原创文章《北京那些不挂牌的神秘单位，你知道几个？》。但没过半天，他们在其他微信号上发现了相同的文章，便向法院进行投诉。12月14日，法院以"证据不足，未通过审核"作为回应。像这样的案例，就是因为其举证不足，被法院以"证据不足，未通过审核"而不予受理。

此外，网络时代下新闻侵权案例的某种表征是，绝大部分侵权事件民不举官不究，侵权者或理直气壮或心存侥幸，主张版权保护者在权衡利弊之后大多选择沉默，或仅仅选择公开谴责。

以上内容就是从对微信公众平台普遍存在的抄袭现象及原因的分析，探索出的关于微信号版权保护所面临的困境。至于如何使微信公众平台走出困境，将是下一步的研究课题，也是对我国当前新媒体环境下的媒介规范和法制建设提出的重要课题。

---

① ［美］保罗·戈斯汀：《著作权之道》，金海军译，北京大学出版社2008年版，第164页。

"媒介审判"的演进探析

王 苹[*]

传媒适当合理充分全面的报道信息，可以极大地提高司法活动的公开性和透明度，有利于让更多的人了解案件的信息，满足民众的知情权，帮助公众切实感受到司法公正的存在。当媒介不恰当的积极介入、"深度介入"导致舆论监督权异化，由防卫性的权利变为进攻性的权利时，会形成非正常的形态——"媒介审判"。[①]"媒介审判"（新闻审判、舆论审判）是源于西方传播法的概念，指新闻媒介利用其公开传播的新闻报道或评论，干预影响司法独立和司法公正的现象。

一、媒介审判的出现

"有这么一个案例，一个老人来法院起诉，有人骗他钱，但拿不出证据，被法院驳回，而新闻记者则以'天下没有讲理的地方'为主题大做文章。公民有诉权，但打官司，要胜诉就得拿出证据。记者不具备这些普通的法律知识，却凭感情驱使，大做文章，要法院承担解决一切社会不公的重担，显然是对司法机关的不公。"[②] 可以看出媒介审判的表现形式主要是媒体超越司法程序对正在审理的案件的案情的分析、案件定性、涉案人员定罪量刑等一系列问题作出公开的判断和结论，以及明显的倾向性引导受众，形成一种足以

---

[*] 王苹，西北政法大学新闻传播学院 2015 级硕士研究生。

[①] 庹继光：《公正审判权视阈下的传媒介入监督研究》，中国社会科学出版社 2011 年版，第 118 页。

[②] 孙旭培、刘洁："传媒与司法统一于社会公正——论舆论监督与司法独立的关系"，载《国际新闻界》2003 年第 2 期。

影响司法独立审判的舆论氛围，从而使审判在不同程度上失去其公正性。

徐迅认为，"媒体审判"指新闻媒体为影响司法审判的结果而发表的各类文图信息。要点有：主体是新闻媒体，不是个人，也不是在学术性讨论中的媒介审判；目的是影响审判结果，而不是讨论一个法律问题；内容这一点最重要，是给案件定性，给嫌疑人定罪；时间是在诉讼程序中间，也就是立案以后、结案以前才可能存在"媒体审判"。

"媒介审判"究其是舆论审判，在通过媒介集纳汇合放大的舆论潮流的裹挟下，司法机关在案件审理中偏离法律的轨道做出了畸轻畸重的判决。它的实质是以新闻自由干预司法，以道德评判取消司法审判，以媒介的"话语强权"代替舆论监督。①

二、传统媒体时代的"媒介审判"

传统"媒介审判"的主体为大众传播媒介，例如报纸、电视、广播、杂志等。在传统媒体的时代，大众传播媒介拥有选择信息和解释信息的权利，具有"话语权"的绝对优势。这和司法机关因其封闭性和独立性，和社会信息交流相对较少，形成鲜明的对比。在这种对比之中，会造成信息的不对称。

（一）传统媒介时代"媒介审判"的三个阶段

在新媒体出现之前，受众主要是通过大众传媒了解社会，获取信息的。大众传媒是信息环境的主要营造者。受众只能根据新闻媒体所提供的信息对案件审判的公正性做出判断和理解。一旦媒体提供的信息是不完整、不全面、不充分、不客观的，就有可能会误导受众，使受众的舆论偏向一边倒的情况，因此会形成"报纸审判"、"媒体审判"。

第一阶段："媒体审判"出现期。在四川夹江打假案和张金柱案件中，"媒介审判"处于"小荷才露尖尖角"的状态，媒体在报道案件时有明显的倾向性，最终张金柱以交通肇事罪和故意伤害罪被判死刑。

第二阶段："媒体审判"盛行期。这个时期的媒体大规模的介入司法活动，使本身具有新闻价值的案件在受众之间迅速传播，引发公众的广泛讨论。在这个阶段典型案例有钟志斌案、张二江案、尹冬桂案、刘涌案、宝马撞人

---

① 慕明春："'媒介审判'的机理与对策"，载《现代传播》2005年第1期。

案、马加爵案、王斌余案、黄静案、尚军案、邱兴华案等。

第三阶段："媒体审判"和"网络审判"并存期。随着互联网的普及使用，在社会热点问题上能迅速形成强大舆论，加之门户网站和自媒体等日益膨胀的话语权，使互联网时代的"媒介审判"开始更加强烈地冲击着司法机关的权威。网络媒体开始介入对案件和庭审活动的报道和评论，并形成网络舆论。这一时期的典型案例有彭宇案、许霆案。

（二）传统媒体时代"媒介审判"的特点

第一，媒体的报道缺乏客观真实性。在"张金柱案件"中，媒体主观色彩明显且具有煽情性质的报道具有明显的倾向性，先入为主的报道基调为后来事件的发展轨迹确定了路线，也为后来法院认定张金柱"故意伤害罪"埋下了伏笔。

第二，媒体的道德化立场。在传统媒体的报道中大多数是以道德化的视角而非法律化的视角来报道甚至是评判案件。如果用道德批评来代替法治思维，媒介话语对社会正义的解释有了明显的主观色彩，好人坏人的道德两分法使得新闻人的思维变得狭隘。重感情和感觉的报道模式，很难有法治思维所要求的超越好人、坏人的证据意识，使得报道容易偏离法律的轨道。

第三，媒体的角色扮演。在千百年来的人治情节中，新闻媒体被看作有着"衙门"背景的官方信息色彩，信息来源广，联系渠道多，社会影响力大，媒体充当"现代的包青天"。媒体是公众的意见领袖，媒体报道的每一个判断都有可能影响公众，为公众认知事件确立观测点和价值坐标体系。因此，媒体传播的信息很容易为受众所接受，在受众间形成广泛的讨论，形成民意审判。当民意审判引起社会的躁动和不安时，最终演化为一种事关政治稳定及社会情绪的政治事件，当权力介入司法的时候形成政治审判，从而最终影响司法审判。

三、新媒体时代的"网络媒介审判"

在网络时代，尤其是以微博、微信为代表的新媒体，由于自身互动性强、及时传播、波及范围广等特点，在热点事件中能发挥强大的信息传播和舆论功能，使得传统媒体的"媒介审判"在网络环境中不可避免地有了新的特点，也就衍生出了"网络媒介审判"。微博中的大 V、各种专家、律师、学者也纷纷发表自己的看法，他们对舆论引导也起了很大的作用，使"媒介审判"变为"网络媒介审判"的"全民审判"。

（一）"网络媒介审判"的演进轨迹

2008 年被称为我国的"网络监督元年"，网络监督在很大的程度上影响着司法。庞大网民的存在对传统舆论形成方式来说是革命性的，给司法带来的影响也是空前的。由于网络媒介的特殊性，每个人都可以成为信息的发布者。因此"媒介审判"也发生变化，媒介不仅是审判行为的发出者，也是审判行为的载体。

第一，"网络媒介审判"的出现。微博等自媒体的诞生让每个人都可以参与到公共事件中，话语权从传统媒体分散到每一个网民的手中。刘涌案、"躲猫猫"案、杭州飙车案、邓玉娇案等，使网民们开始通过网络对社会现象公开表达具有影响力的评论和意见。

第二，"网络媒介审判"高潮期。"药家鑫"案件是"网络媒介审判"发展的开始和高潮。"药家鑫"案件出现时网络上群情激奋，很多网友纷纷担心审判不公，量刑从轻，甚至极力主张一定要判处药家鑫死刑。在这样的舆论氛围之中，微博上出现了先于司法审判的"媒介审判"，这个时期的案例还有陈永洲案、李双江之子案、李昌奎案等。

第三，"网络媒介审判"现状。掏鸟窝案件，再一次引起广网民的讨论和质疑。有网友在微博指出，此案明显的是借助舆论绑架司法。2015 年 12 月 11 日，在复旦大学医学院学生宿舍投毒的犯罪嫌疑人林森浩，被依法处以死刑。在历时两年的校园悲剧终于落下帷幕的同时，网上也出现"林森浩又是被舆论杀死"的声音。随着两个年轻生命的逝去，让我们不得不重新开始考虑"司法是否需要以及多达程度上需要舆论作为法律的补充"① 例如，现在还被广泛讨论的有南京虐童案、聂树斌案、刘伟案等。

（二）"网络媒介审判"形成的原因

"网络媒介审判"的形成是现代法治社会里由新闻界、政府和网络环境各方合力的结果。

---

① 慕明春：《法制新闻研究 2012》，人民出版社 2012 年版，第 1 页。

第一，新媒体技术的发展，公众对新媒体产生过分依赖性。新媒体的发展使得网络成为社会最便捷的交流工具，对公民生活的影响很大，不断地形成并改变人们的思维角度、心理素质与行为方式。网络舆论的交互性和平等性使得公众容易制造社会性案件，形成网络民意。

第二，社会大环境的影响。一方面在社会转型期贫富差距拉大，贪污腐败的现象层出不穷，社会不公平现象涌现。另一方面，极少数司法人员职业道德缺失，业务素质低下，使得错案和人情案时常发生。这时网络舆论环境的出现成为新的社会控制机制。

第三，强化的"议程设置"和弱化的"沉默的螺旋"。美国传播学家麦库姆斯和 D. L 肖认为大众传播具有一种为公众设置"议程设置"的功能。在网络传播中，具有制造和传播信息能力的受众完全有可能将事件演变为"议题"提到公众的"议程设置"上去。"沉默的螺旋"理论认为，个人意见的表明是一个社会心理过程。个人在表明自己的观点时，会对周围的环境进行观察，当发现自己的观点属于"多数"或"优势"意见时，他们便倾向于积极大胆地表明自己的观点，反之则趋于环境压力而转向"沉默"。网络传播的匿名性、开放性等特点，使得个人的个性变的趋于大胆和积极，使得"沉默的螺旋"理论被弱化。[1]

第四，网络监督机制的缺失和网民法律意识的淡薄。李普曼在《公众舆论》中提出，人们对事物会有简单化、固定化的印象和观念，形成自己的刻板成见。再加上网民往往喜欢用自己的价值观去进行评判，当涉及"X 二代"的时候，会出现愤义。法律意识的缺失和监督机制的缺乏会让民意形成不可控制的局面。

（三）"网络媒介审判"的特点

自发式的网络舆论往往会对传统媒体中主流媒体的导向性舆论产生干扰，形成"网络媒介审判"和传统媒体"媒介审判"紧密互动的局面。传统媒体二元对立的叙事结构，在海量的网络信息中更容易引发网民的讨论，使得"网路媒介审判"有着不同于以往的特点。

---

[1] 郭卫华：《网络舆论与法院审判》，法律出版社 2010 年版，第 296 页。

第一，主体参与性强，人人都是法官。在新媒体时代，民众从单纯的受众变成传播者，"网络媒介审判"的主体多元化，民众参与程度高，很多网民都通过网络对发生的重大社会事件发表自己的看法，对案件进行分析和评判，形成巨大的舆论压力。任何组织、个人都可以在网络上自由地传播信息，网络的交互性带来了受众的主动性。

第二，网民随意性强，言论缺乏理性。由于网络匿名性的特点让网民不必为自己的言论承担责任和后果，所以在案件讨论时，他们暗中随意地发表自己的评论和对案件的判断。由于网络把关人的缺失，任何人的言论都可以在网上发表，导致并且加剧了网络审判的随意性。广大网民的知识文化水平高低不同，法律素养参差不齐，很多人在网上就案件发表言论的时候只是为了宣泄自己的情绪，表达自己的不满，可能没有进行充分的思考。网络的强感染性，人云亦云，若缺少对事件的独立判断思考能力，当一个敏感的观点出现时，会在网络上迅速传播开来。

第三，舆论情绪性强，道德色彩严重。在社会矛盾凸显的社会转型期，很多民众都有"仇官"、"仇富"的心理。当媒体和网络上出现官二代、富二代等"X二代"的字眼时，如在"李双江之子"案、"我爸是李刚"、"药家鑫"案件中，人们更愿意站在道德的制高点上去谴责和抨击。在"邓玉娇案件"中，舆论更是呈一边倒的趋势，《烈女邓玉娇传》、《生女当如邓玉娇》等赞美之文纷纷在网上出现。对权势阶层的警惕和仗势欺人的痛恨，建立在对好人坏人区分上的朴素的道德情感以及对特定身份的特殊关怀是公众意见及情绪聚集的重要主导因素。

"网络媒介审判"可能会对司法产生一定的影响从而影响司法的公正性，造成公众对司法的疏远和不信任。由于网络的公开性和匿名性，人们在网络上对案件进行审判时，会泄露大量的隐私，使原本的舆论监督发生扭曲，可能会侵害当事人的隐私权，如在"郭美美案件"中，郭美美的家人多次受到网友攻击。大量虚假信息的存在也会影响网络健康的发展。

因此我们应该建立合理的机制来防止"网络媒介审判"的产生，例如网民提高自身的素质；加强网络舆论的引导，形成网上正面舆论的强势；增强网民的责任意识，设立网络舆论监督机制；网络舆论与司法各尽其职，形成双向交流等。

　　"媒介审判"是传媒和司法关系的一个缩影，两者是保障社会稳定的两大支柱。随着依法治国的推进和司法体制的改革，媒体和司法的关系已经取得一定的改善和缓解，但是"媒介审判"的现象却仍然存在。"媒体审判"在法律界和法学界看来是对新闻媒体不当干预以致阻碍司法公正行为的一种讥讽和批判。美国学者李本指出"中国媒体影响司法的基本模式是：媒体影响领导，领导影响法院"，司法制度在某些方面上的确存在缺位，但媒体报道时的客观公正是司法公正的重要一环。

国家安全与网络治理探析

"互联网+"与国家治理

——中国公共政策的选择

黄　璜[*]

　　各位老师，非常高兴能到西北政法大学来向大家做一个汇报。我是研究公共管理、公共政策的，新闻传播研究是门外汉，但是我可能跟这块还是有一点关联，因为我原来机缘巧合地在新闻出版总署挂过一年职。虽然就一年，但是对这个行业也有了一点点了解，这是第一点。第二点，据我所知，公共政策的研究与传播学研究有共同的渊源，这个里面也有很多东西是相通的。第三，尤其是刚才听到彭老师的发言以后，我感受到其实我们也有很多可以共同交流的话题，有很多研究对象、研究术语和概念、观察的一些东西都是相通的。

　　我比较关注的一个方向就是电子政务与电子治理。政府提出所谓"互联网+"计划之后，对"互联网+"政策、"互联网+"与国家治理有了比较多的关注。从实践角度来看，我们分为两个方面。一个是国家和社会互动的层面，可以看到从政府网站到新媒体、政务微博、政务微信和政务 APP 以及各类的舆情系统、视频监测等，形成了一个政府治理的网络化方阵。第二个方面是在整个国家系统运转的内部，信息化的建设也如火如荼。从内外网到各个领域的业务系统，现在已经基本上成为大多数政府部门的常规设置。尤其是一些和重大国计民生相关的部门，信息化系统可以说已经进入了一个很

---

　　* 黄璜，北京大学政府管理学院副教授，《中国行政管理》杂志特约研究员。本文是 2015 年 11 月 21 日在西安参加西北政法大学新闻传播学院举办的"新媒体信息传播与法制建设高峰论坛"上的会议发言。

好状态。刚才彭老师也提到，基于计算机的决策、数据分析也已经开始我们的政治决策，虽然它的进度进展要比我们企业慢，但是也已经开始了。但是在这种看上去很美的情况下，我们会发现，在中国甚至全世界都有这样的问题：无论从实践还是理论的层面，我们的国家治理也好，我们的公共政策也好，都面临着挑战。

从公共政策的实践角度来讲，我想至少有三个方面。其一，我们一系列重大政策的出台，包括所谓云计算、智慧城市、物联网、移动互联网，包括现在开放数据等，紧跟着全世界的信息化以及全球公共管理的发展潮流。它们代表新的技术，代表新的理念，但是如果我们仔细地去梳理一些真正的实践应用，就会发现：像过去的很多政策一样，常常出现的是决策部门一事一策，统筹协调不足。不少执行部门疲于应付，在真正的实施过程中是新瓶装旧酒。虽然先进理念在这个地方，但是在实践层面还是老的一套东西，问题并没有真正得到解决。其二，虽然业界很早就认识到国家治理也好，国家治理的信息化也好，都需要所谓的顶层设计，但是我们的顶层设计往往会成为各种信息化工程和项目发展的一个合集，或者大型技术平台的综合设计。在这些技术的工程里主要遵循的还是工程技术的模块化思维，缺乏人文思想的指引。其三，一方面，我们刚才讲的各种新的技术、理念，在很多商业上被包装成无所不能、无所不包的神话。就比如说智慧城市，它被打造成一个什么都能解决的神话般的东西。但是我们发现在这样一些神话里面，技术导向实际上仍然是公共政策设计尤其是微观治理创新潜在的逻辑。尤其技术的商业化对于我们政策实践，对理论的发展都有很大的影响。有一个国外的学者曾经总结说信息技术界有喜欢贴标签的习惯，不管是什么技术，我们都会去贴一个很漂亮的标签。至于这个技术与过去到底有多大差别？它们相互之间怎么接近？他们是不关心的。但另外一方面，我们说政府官员往往对这些标签也是漫不经心的。为什么用漫不经心这样一个词，因为政府官员不需要去了解我们这些技术本质上到底是什么，他们喜欢这些标签是出于他们的需要。所以在我个人看来，尤其在电子政务电子治理和信息化这个行当里面，技术市场、政治市场、政策市场、资本市场和商业市场等其实是融合在一起的，很难分清楚。包括我们学术市场也是一样，有高度的关联性，很难去区分里面的价值，至少现在很少有人去讨论这里面各种价值的适当性。

　　这是刚才的实践层面，做学术研究还是要回到理论的层面。电子政务、电子治理在理论上都源起与二十世纪九十年代初提出的电子政务。这些所谓的理论也好，框架也好，它都脱胎于新公共管理。新公共管理从二十世纪七十年代开始成为一个席卷全球主要国家在公共管理领域的新的基本理论。它的主要的思想就是要借鉴企业的方法、技术来改造传统的政府管理的方法，希望提高政府运作的效率，在这样一个背景下出现了所谓电子政务、电子治理。所以在讲电子政务、电子治理的时候，往往很多的概念都是从新公共管理理论里面复制过来的。最早提出来的电子政务，其实是关于政府和信息技术的分析框架，它主要是围绕利用技术为社会公众、企业或其他部门提供服务来展开的。到了九十年代末的时候，出现了电子治理这样一个新的词，它说技术在治理中的应用不能仅仅是公共服务，公共服务只是其中一方面，技术还应该支持民主，支持政策的制定，所以又有很多人提出来电子参与、电子民主、电子规制、电子决策、电子服务等这样一些概念。

　　因为电子政务、电子治理深受新公共管理的影响，所以它就形成了两条研究的路径。一种我们称之为规范的路径，这种规范的路径通常是把技术的应用和新公共管理运动以来政府管理、政府改革和治理变革所提倡的各种理念、观点连接到一起。比如说像以公众为中心，扁平化管理，网络化治理等理念，其实都是从这些大的理论里面借鉴过来的。试图对技术进步所带来的经济发展、政治进步和社会和谐做出宏观的描述。所以智慧城市也好，新媒体发展也好，我们总是给这些概念赋予了非常多的价值，它的背后都是在讨论一个国家、一个社会、一个城市它们应该怎么发展，什么是善治，什么才是好的治理方式。但是这样的研究它有一种明显的缺陷：这种规范研究里面明显的政治主张与政策倡导，使这样一些观点往往缺少有力的理论支撑；同时围绕信息技术运用提出的各种概念、各种观点也缺少清晰的边界。

　　另一种是实证的路径，主要是以具体问题的研究为导向，它的目的是为了帮助政府部门在微观层面的治理中采用新的技术。它主要关注的是执行这个层面的个案的总结、政策的指导。所以它往往采用的方法就是最佳实践，或者某些类似于市场营销的研究，实际上它是把前面讲的规范研究里的政策倡导拿过来，去讨论它的消费者——政府官员或者社会公众，对这样的一些规范研究提出来的这种倡导的认知与满意度，把这些联系起来做研究。那么还有就是在方法上做一些研究即做一些方法论的研究。它可能源于计算机领域软件工程的一些理论。但我想这样的一些实证研究，往往比较过于强调公共管理操作里面的服务（当然这个方面也非常重要），但重视这个服务往往会比较容易忽视在战略层面的讨论，会导致这些理论缺乏社会理论的想象力和对整个社会的反思。

还有一条基于新制度主义实证的路径，这条路径主要的研究思路是围绕各种利益、各种组织、各种权力、制度变迁等一些变量，来研究他们对信息系统的采纳和应用会有什么样的影响。我认为它可以提供一定的理论空间，但是它也没有能够对信息系统在治理中的演化本身提供一种可分析的框架。在我看来，对信息系统的研究，既不是一种自然现象，也不是纯粹的技术研究，也并不主要指向社会成员的态度、行为和关系。换句话说，他也不是纯粹的社会科学研究。我个人认为对于信息系统这种应用性的研究，试图重构这种技术和人的关系，然后提供各种信息技术来优化和替代人类行为和社会组织的方案及背后的原理。它可以看作是自然科学、工程技术学科和社会科学的一个交集，但是它又可能超越这种学科的传统的边界。

所以在我看来从电子治理的角度来讲有进一步讨论的意义：以互联网为代表的信息技术和国家治理的关系，其实包含了所有和国家治理以及政治发展相关的信息化的应用和探索。无论就技术的复杂性、技术的应用范围、技术的服务渠道、技术的成本规模种种方面，都远远超过了我们过去的想象，也超过了传统的一些理论框架所讨论的范围。这是在一个更加基础的国家治理或者地区治理这样一个框架下来讨论，在我看来，电子政务也好，电子治理也好，如果停留在传统的新公共管理研究的范式里面，除了在操作层面提供经验和态度之外，很难提供关于信息化、现代化和国家治理之间更多的一些内容。我进一步认为对信息技术的讨论也应该放在一个历史发展的背景下，才能够真正地去理解技术创新对社会产生的实际意义，和我们究竟在什么地方取得了进步。

虽然国家治理尤其是这种微观的治理应该跟上技术发展的潮流才能面对由技术快速进步而引发的社会变革的挑战，但是国家治理的核心命题不会由此而发生改变。提高国家治理的能力、维持政治的稳定、经济的发展和社会的和谐，我想是任何时代任何国家都必须去完成的治理的任务。所以首先要从理论上去讨论国家治理和"互联网＋"之间的关系，然后分为三个层面。第一个层面是对"互联网＋"的治理，这里面实际上是把"互联网＋"视为公共政策的一个对象。第二个层面是基于"互联网＋"的治理，这里面是利用互联网的工具去实现更有效的治理。第三个层面是"互联网＋"下的治理，也就是将互联网视为公共政策发展和创新的一种新的环境。

首先我想讨论一下国家治理与"互联网＋"之间的关系，我想在中央提出国家治理之后，治理这个词已经被大家所广泛的熟知了，各个行业各个学科都在讨论这个问题。现在讲的治理，在 1989 年世界银行提出治理危机以后就出现了。经过发展，治理成为后来的政府分权和社会自治的代名词。在中央提出国家治理以后，学界对治理这个问题也重新做了非常广泛的讨论：它和西方国家讨论的网络治理有共通的地方，有共通的基础。但是国内的学者在讨论治理的时候，它的特点虽然也包含了所谓多元的行动力对社会公共事务的合作管理，但是我们这里更多关注于维护国家治理的领导权威和它的公共秩序。就比如说徐湘林教授在定义国家治理的时候说国家治理就是国家最高权威通过行政、立法和司法机关以及国家和地方之间的分权，对社会实施控制和管理的过程。它的目标就是去保证政府能够持续地对社会价值进行权威性的分配。他的这个观点来源于他的导师，它的导师是政治系统论的创始人。戴维·伊斯顿在讲政治系统的时候就提出来说：政治系统的本质是对社会价值的权威性分配。那么怎么来分配呢？公共政策是它进行权威性分配的一个基本工具。

大家可能都是研究信息的，不管是研究传统媒体、新媒体，或者研究互联网也好都和信息相关。控制论告诉我们：信息、物质、能量是组成世界的三大基本资源。如果说这三大基本资源组成了这个世界，那么我们要对全社会的价值进行权威性的分配，换句话说，我们就要对社会上有价值的资源，也就是信息的资源、物质的资源、能量和能源进行权威性的分配。那国家治理也就包含了对有价值社会信息资源的一种权威性的分配。这里讲的分配不是一个狭义的概念，是一个广义的概念，它包含了国家系统在维持自身的运转和它与社会系统互动的这样一个过程里面对信息资源的汲取、应用和传播等各方面的行动。曾经有一个和伊斯顿同代的美国政治学家卡尔·多伊奇，他有一本书叫《政府的神经》，这本书当时非常有名，但是没有流传过来，到现在我在国内还没有看到中译本，但它在当时影响很大。什么是政府的神经？他说这是所有政治系统信息沟通机制。也就是说能否快速准确的完成信息沟通是实现有效决策和控制的前提，从而才能实现政治系统对社会系统的有效治理。它的这个政治系统，和我们后来传播学里面政治传播是有差异的，也有很多学者做了分析：虽然多伊奇的政治沟通他也用的是"communication"这个词，但他整本书里面主要讲的是政治系统里面的信息的输送、信息的存储、信息的应用、信息的反馈这样一个输入输出的全过程。但是多伊奇的书为什么没能流传过来呢？我也问过这个问题。有人说，在 20 世纪五六十年代的时候，这属于一个跨学科的研究，所以没有能够被很好地展开。而在我个人看来，这与当时的信息技术没有像现在这么发达有密切的关系。但是当信息技术发展到今天，我们有了非常强大的数据计算和传播能力的时候，我们发现这种现代信息技术在政治系统中的应用为我们政治的沟通和控制实现了当代的再技术化。技术完成了信息系统和物质系统的一种剥离，这种剥离就导致了我们整个的沟通效率得到了全面的提升。

所以在这样一种前提下我们说互联网可能不仅仅是一种传播的工具，围绕这个大家可以形成一个共识，它颠覆了我们传统的经济关系、政治关系和社会关系。我个人认为现在我们提出的"互联网＋"会进一步的深化这种新型的关系，所以我们仅仅把互联网理解成为改善或者变革的工具或者手段的话，肯定很难去深刻地刻画巨大的社会变革其真正的含义。从经济学含义上来说，互联网创新的本质实际上是对全球信息资源的一种全新的配置。如果从进化的意义上，回到多伊奇讲的政府神经的系统，互联网实际上是把全世界所有的设备以及这些设备背后的人有形地连接在一起。

在我个人看来，媒介是一直就存在的，人和人之间本来就会沟通，只不过传统的媒介是通过人们口口相传的模式，技术的发展实际上是让原来在我们社会中存在的虚拟的网络（人和人之间没有连接才是一种虚拟的网络）变化为一种实实在在的网络，因为我们所有的设备以及设备背后的人被一条条线、媒介给连接起来了。这种联系发展起来后，我们人类不再处于一种初级的神经元阶段。在互联网之前，人类社会的信息技术的发展是简单神经元时代；当互联网出现以后，简单的神经元就被突破了，因为我们这些神经元被联系起来了，形成了牵一发动全身的高级神经系统。生物的神经系统就是这么进化的，由最简单的神经元发展到神经系统。尤其到了物联网，移动网的兴起，这种互联网的神经系统就可以无孔不入地触及人类社会的全部的角落。而现在正在互联网上孕育的大数据，实际上代表了社会神经系统发展的最高级的阶段，我不能说它是最终极的，但至少目前来说它是一个最高级的进化产物，它相当于我们生物神经系统发展到最后的一个产物——我们的大脑，而大数据正是为我们起到了这样的辅助和支持的角色。

从互联网的整个发展史来看，互联网的发展正如当年人类发现新大陆一样，其实也是开创了一片新的世界，为人类提供了无比丰富的资源和财富。我们可以联想一下当时人类发现美洲大陆的场景，在互联网世界里面，最初登陆的企业和网民在淘金梦的指引下在互联网上跑马圈地，寻找自己的最佳立足点。里面既有勇敢的开拓者，也有大量投机的行为，充斥着各种英雄的神话和流氓的传说。所谓英雄神话也好，流氓传说也好，实际上它都是对资源（这里主要指信息资源）产权的各种申诉和各种破坏。到了现在，不同的人对"互联网＋"有不同的解释。我个人认为所谓的"互联网＋"，是说到了这个时候，新世界原来只是一片蛮荒之地，但是随着人们的建设，新世界里发展起来了，并取得了巨大的成功，就像美洲大陆一样，这种新世界迫使我们实体的旧世界也必须要纳入这个新的世界体系。

一方面，实体世界的社会内容和社会关系被映射到新的互联网世界里面，互联网由早期的一个独立王国变得越来越实体化了。而另外一方面，人们又在实体世界中探索新的生产法来适应实体世界日益的互联网化。所以我们认为在业界宣称的传统产业经济如何在互联网下转型升级的这些表面问题之下，实质上的"互联网＋"，应该是互联网世界如何与实体世界接轨、融合和进化的问题，其实是一种新的互联网文明在全球兴起和全面升级的问题。整个的人类社会基本的内容，基本的社会关系正在两个世界的融合进化之下发生质变。而且其中伴随着的，也是最为关键的是我们整个社会利益结构的重大调整。

政治学里面有两个基本命题：合作与冲突。合作与冲突作为两大主题始终贯穿于这两个世界合而为一的过程中。我们的实体世界在享受了互联网盛宴之后，发现自己的生存已经面临着威胁。无论是我们大家都熟悉的日益萧瑟的图书零售业、音像出版业，还是说现在出于激烈争论甚至在世界各地都出现抗争的出租车行业，我们发现都是在这种社会转型里面发生的质的改变。在这个过程里，围绕互联网而产生的，包含着各种理想的、鼓动的、投机的或者说不切实际的各种社会思潮也应运而生。我们看到互联网现在有各种各样的思潮，什么样的思想观点都有。我们说在各种拥护者的褒扬，怀疑者的质疑以及正在出现的抗议者的破坏背后是互联网作为一种重新分配社会利益和资源的不可抗拒的力量所引发的狂欢、畏惧和不满。实际上在历史中已经反复地出现，它是一种新的文明诞生所经历的一种必然的阶段。那我们讲公共政策如果作为一种社会利益的权威性的分配工具，这个时候就必然在两种世界的融合和进化里面临重大的挑战。

从研究的角度，从政府的角度我们研究公共政策的目的是为了什么？从互联网里面，是为了实现互联网有效的治理，它的实质上是划定网上各种权和利的界限的问题；是要建立和维护互联网条件下的经济的发展，政治的稳定和社会的和谐。最初的蛮荒的时代，对权力的界定还缺少实际的需求，因为一片蛮荒你随便圈地，没有对产权规则的明确的要求。但是在现在的"互联网＋"时代，互联网已经迫切地需要解决一个问题：就是要去界定它的权和利，我想这是政府或者公共机构的一个基本的责任。

所以在这样一个理论的探讨下，我们刚才分成了三个框架，这三个框架还处在我个人的思索研究之中，还没有非常深入的展开。我简要向大家汇报一下。

第一个框架是对"互联网＋"治理的框架，这个治理是指对以"互联网＋"为核心特征的互联网产业的治理，这个时候"互联网＋"本身是一种治理的对象。互联网发展到今天这个阶段，正在通过整合产业资源形成一整个的产业链，无论从电器的运营商、设备的提供商、终端的提供商、服务的提供商、内容的提供商以及我们广大的互联网消费者都是整个互联网产业的组成部分。现在互联网产业正在不断地向商务、金融、物流、教育、医疗和公共服务的所有的行业开始延伸。当然我们国家从公共政策的角度来讲，在互联网治理方面已经有了大量的政策实践。我把它分成两个维度，第一个维度是按照相关产业的属性，我把它分成对内容的治理和对渠道的治理两个方面。第二个维度按照我们公共政策里罗威的分类，把"互联网＋"治理分为规制型和分配型。按照这两个维度分为四个象限，第一个象限是从规制和内容的角度，这里面讨论的是信息安全和市场秩序的问题，所以从这里面就可能涉及内容的监管、信用的机制、身份的认证、信息的安全、产权和版权保护等。第二个象限从规制和渠道的两个维度上，得到的是国家安全和市场公平的一些政策问题，包括数据的安全、技术的风险。数据安全也包括国家的安全、个人的安全、企业的安全；技术风险包括通信的安全，还有反垄断等都是在信息政策里面讨论地问题。第三个象限是从分配的维度和内容的维度，这个里面我们的政策主要是与经济增长、公共服务相关。主要的政策包括数据开放、信息公开中的一部分，包括各种各样的智慧城市、智慧医疗，还包括互联网径流，电子社区，跨区域和跨境的电子商务等都是在这个象限。最后一个象限是从分配和渠道的维度，这个讨论的是技术创新和普遍服务。这里面涉及我们传统的像村村通，像宽带中国，像物联网，像云计算，像3S，像3G、4G这些技术性的、发展性的政策。这是我们中国对互联网或者说信息治理的一个基本的框架。

然后我需要说的一点是，一方面，在所有的四个象限里面，它们都有一个共同的基础就是所谓的大数据。我认为大数据就处在这四个象限的交汇处，所以与大数据相关的技术也在不断地演化。大数据的应用被认为是提高经济增长和公共服务的集约化和经济化的一个重要的工具。而在另一方面，我们讲大数据涉及的个人的隐私、国家的安全问题现在正在成为公共政策研究的一个非常热的一个话题。

第二个框架就是基于互联网治理的框架，我想这是从政策工具的视角。基于互联网，就是要利用以互联网为代表的工具来改进国家治理的手段，提高治理的能力，这个时候"互联网＋"是治理工具，它包含了传统的电子政务和电子治理所讨论的范畴。这个时候我们讲传统工具的应用是为了对资源进行重新的配置，互联网对社会信息资源在更加广阔的范围中得以分配，并因而产生了生产工具的革命。我们前面讲到国家治理的目标，是保证政府能够持续地对社会价值进行权威性地分配。但我们从本质上来讲，政府要应用这些工具，是为了能够权威性地分配社会的信息资源来为国家治理服务。我们把国家配置信息资源的治理能力称作是国家治理中的信息能力。

我们要做一个框架性的讨论，同样用了两个维度。第一个维度我把它叫做流向的维度，这是从信息资源与管理学科里借鉴来的，就是说信息资源的输入、处理和输出。在国家系统的内部，信息处理是国家系统维持自身运转的信息能力。按照我们行政学的一般理论，可以把它分为支持公共决策分析的信息能力和支持行政体系沟通的信息能力。信息资源的输入和输出是国家系统和社会自然系统之间一种互动的信息能力。刚才讲的是系统内部的，而系统和外部环境是通过输入和输出来完成互动，这种输入和输出，是互动中的信息能力。输入是国家从自然信息系统中汲取信息资源的能力，也可以看作是社会系统和自然系统对国家信息的刺激或者影响。输出可以看作是国家系统对这种刺激的反应。

第二个维度叫作功能的维度。这个又要回到政治系统理论的探讨里去。刚才讲的伊斯顿把政治系统的输入划分为满足要求和获取支持这两个基本的输入。他认为，对于任何一个政治系统，都有两个基本的输入资源。第一个是来自于自然系统和社会系统对政治系统的要求；第二个是社会系统对政治系统的支持。他讲输出的时候说政治系统的输出就是公共政策，就是决策和行动。在我们看来，如果从系统对环境的适用性角度，输出可以看作对系统输入的一种系统性的反馈，或者说是环境中所提出要求的满足，或者说政治系统希望从环境中来争取新的支持。

所以在这两个维度的条件下，我们去可以构建一个基于信息工具的电子治理的模型。中间的圆代表的是国家的系统。国家内部的运转，包括电子决策和电子行政两种基本的信息能力。而从输入的角度，我们讲一个是支持，一个是要求，我们把它划分为电子参与和电子监测。电子参与主要对应的是社会参与的能力；而电子监测主要对应的包括对自然的监测和对社会的监测。而我们把输出划分为两种信息能力，电子动员的信息能力和电子服务的信息能力。电子动员对应的是政治传播的能力，电子服务主要代表的是政治机构如何用信息技术信息化或者说信息资源为社会提供服务。

在这里就有六种所谓的信息能力。电子决策是利用技术来提高公共政策分析和决策的协调的能力；电子行政是支持对行政流程的优化和执行技术的改善的能力；电子动员就是提高国家机构的政治传播，引导社会成员采取某种行动的或者持有某种价值观的能力；电子服务是为了满足社会发展的要求，由国家利用技术平台，用公开或者半公开的方式向社会提供信息或者数据服务或者信息技术设施等能力；电子参与是支持国家为社会公众在政治参与和提供电子化的通道来获取政治的支持；电子监测是国家建设的各种对自然的和对社会的监控系统，它包括对自然和社会的动态的实时监测，就比如说物联网可以对自然的，比如说我们现在很多专业部门包括水利、地震和农业等进行监测。但我们注意到这种监测实际上不仅仅发生在自然世界，在社会世界里面也有很多的监测。现在很多地方把行政审批界定为一种服务，但在我们看来，它不是一种服务。行政审批实际上是对社会的一种监管，是对社会行为的一种监测，当然可以通过不同的方式来完成这种监测。服务实际上是为了增进对方的价值。这种审批是管制而不是一种服务。同样，在所有的能力里面，我们注意到数据实际上基于一个中心的位置。所以我们可以想象，在不久的将来，所有的信息能力都会围绕数据的大集中而展开。

我重点来讨论一下关于"互联网＋"下的治理这个框架，我想这主要是从政策环境的一个视角来讨论。大家都知道，以互联网为特征的新的社会环境带来了整个的治理变革。我在这里用"下"这个字，想表达的意思是"互联网＋"是我们治理的一种环境。这种环境的变化，不仅仅是技术的变化，说到根本上实际上是一种文化的变化。许嘉璐先生，他是研究汉学的。他在讲文化的时候，把文化分成了三个层次：第一个是物质的文化，第二个是制度的文化，第三个是价值的文化。在这三个层次中，越是底层的文化会决定上一层的文化。对应着我们可以发现，首先从技术的角度给我们带来的是日常的行为模式的改变，这种改变我们可以对应到物质文化的改变。我们讲，人类的社会行为在不断的互联网化的同时，不断演化出新的互联网行为。研究媒体的老师和同学在这方面可能会有比较深刻的研究。这种互联网的工具，尤其是移动网的工具包括新媒体、社会媒体，原来它是利用我们的碎片化时间，但我越来越感觉到它们在某种程度上碎片化了我们的时间，比如我们很多人原来是上班途中看微博，而现在变成了上班的时间看微博、刷微信，它已经把我们整个的时间碎片化了。这带来我们行为模式的巨大变化，但我们很难去评价这是是还是非，好还是坏。从桌面的互联网到移动的互联网再到现在说的智能互联网，到彭老师刚才讲到的可穿戴设备，这样的一种变化先是实现了人的外部世界的一种泛在的连接。而到现在，尤其是可穿戴设备出现以后，我们说人的内部世界和外部世界的界限也被打通了。比如手环之类的可穿戴设备，能够把你体内的监测传到网上去，它把内部世界和外部世界连接在一起了，我想这可能是未来的一个非常深刻的变化，一种普遍的泛在的连接。

但我想在这样一种物质层面的行为模式的变化，它的背后可能更深刻的是整个社会的行为规范的变化。我们也注意到，实体社会的传统的法律法规包括我们的传统习俗，在互联网上也面临着非常大的挑战。比如在双 11 购物节，它已经深刻的改变了我们购物的模式，在这个背后，它的制度的规则一定要发生变化。现在很多部门也在讨论，对于这样的商业怎样去收税？怎么去监管？用传统的思维去解决可能是很困难的，所以我们就必须要适应这种新的变化。原来有一个观点是讨论智慧城市的时候就始终在讨论城市与虚拟城市。我想走的远一点，我们在讨论城市与虚拟城市的时候，总是希望把我们现有的城市对应到网上去。但我们说实际情况不是这样的，到了互联网时代，城市的形态都会发生变化。城市有很多的起源，如果研究城市管理的话，有一个起源是说：城市，城是为安全形成的；市是为市场形成的。用一个城把市场包围起来，人们就能放心地去交易了。从这个角度出发的话，互联网时代什么是城市？淘宝就是城市，阿里巴巴就是城市，它们不是传统的城市，传统城市完全是物理世界的，是实体文明的城市，互联网城市是那样的城市，它有它的边界，有无数人在上面交易，它有安全的基础，这就是城市。所以在这个时候，这样的城市给我们带来的是非常深刻的规则上的变化。传统的治理城市，治理国家的政策，到了这样的城市里面一定会发生变化。它需要去发生改变，否则无法去适应这种新的形态。

大家可能也都知道，淘宝在经济危机来临之前，马云对他所有的企业讲，冬天就要来了，也就是说危机马上要到了，那个时候我们传统的国家政府部门是根本没有办法意识到的。因为马云从他的大数据里面很早就已经能够意识到我们供求关系的趋势的一种变化。这种大数据对市场的敏感度已经不是我们传统政府可以想象的，这里面一定会发生变化。但我想这种制度规范的变化到更深的一个层次可能是一种新的社会价值观的产生。这种新的价值观可能是人们对新的制度规则达到共识的一种基础，当然这种新的价值观可能还需要进一地去讨论。比如说，在一个朋友圈里面分享美食的人和在书评上去分享读书心得的人可能原来没有任何的交集，但是这种类似的互联网行为背后，可能是同样的价值观。而正是这样的价值观，我们所谓分享经济也好，共享经济也好支撑了互联网的繁荣。

那这个时候从治理的角度来讲，传统的治理认为要维持一个国家治理的基本秩序，就要实现政治的稳定、经济的发展、社会的和谐。这里面有三个基本的主体：政府、市场和社群。以前人们认为市场万能，但后来发现市场是有缺陷的，市场会失灵。然后讲政府要互补，完善市场机制。但后来发现，其实市场和政府并不一定是完全互补的，政府也会失灵，不是说市场失灵的地方政府就一定能解决。然后就有人提出来社群和社会资本。为什么社群也能治理？是因为它有非常雄厚的社会资本，社会资本让整个社会互相信任，带来互惠的行为，从而让我们在市场和政府之外走出一条新的道路。但是社群也会失灵，他们各有优势，也各有缺陷。所以实际上市场、政府和社群，它们是在维持一种动态的均衡，从而互相补充。从人类历史来看，这三种机制是人类治理的最基本的形式。

这里面对应的也有很多来自社会学、政治学和经济学的各种理论。如果这是关于社会的基本框架的话，那我们就要去分析我们刚才讲是"互联网＋"下的治理。也就意味着互联网作为一种新的基础框架，一种基础的设施，在这样的框架、环境下会出现什么样的变化，政府、市场和社群它们会出现什么样的新的变化，需要做出什么样的新的调整。那我想，在互联网的发展下，首先出现的是社群组织模式的重构。从最初的电子公告栏 BBS，到后来出现的网络社区，再到现在出现的各种社交媒体，微博、微信、朋友圈，我们知道它重构了我们传统的社群的组织模式。网络论坛代替了传统媒体成为人群的公共集散地，社会网络服务可以形成覆盖全球的社交渠道，人们根据自己的兴趣和需求去形成自己的组织网络，分享互助也可以在更大的社会范围内去展开。但是谣言的传播也找到了快速的通道，所以导致了我们的社会世界，在某种意义上变得越来越不确定。信息论讲信息是消除不确定性的东西，但是我们发现互联网带来的会让我们的社会世界变得越来越不确定。我想这是所谓的社群重构。

其次市场组织模式的重构。我们从最初的 B2B，B2C，C2C 到现在的跨境的电子贸易，互联网金融，到工业 4.0，再到现在所谓的众筹、众包等营销手段。我们说全新的市场组织模式在不断的重构世界的经济版图，比如现在出现的很多新的企业，可能十年前都是不存在的；过去我们非常熟悉的巨头们，他们已经存在了几十年甚至上百年，但是现在可能一夜间就不行了，整个的世界经济版图在发生改变。所以电子商务企业他们的数据库可以支持对整个市场的监控，这个本来是由政府提供的，但是我们注意到，在电子商务这个市场上，欺诈、假货、逃税和对隐私的侵犯这种各种实体市场中存在的问题，同样也在互联网市场存在而且它还具有新的特征，传统的治理手段已经不足以应对这种新的现象。

刚才我们讲，政府市场和社群它们需要处在一个动态的平衡，如果现在讲社群和市场已经发生了重构，这种重构也就意味着原来动态的关系也需要发生变化，而一旦这种动态的关系不稳定之后，那么政府也就必须要做出调整才能去适应这样一种变化，让这样的动态平衡重新建立起来。政府也在做出改变，既然我们讲公共政策，我想同样用罗威政策分类的框架，它把政策分为分配型的政策、管制型的政策、再分配型的政策和构成型政策。时间关系，这里只提一下构成型的政策。构成型的政策主要讲的是国家机构的设计的问题。举个例子，今年国家搞政府网站普查，发现全国有八万多个政府网站，每一级部门都有。现在国家提出来集约化，要整合，在整合过程里面出现了一个非常突出的问题，就是我们传统的政府治理里面条和块的问题，在互联网时代变得更加显著了。对政府网站的集约平台是放在条里面，还是放在块里面？比如说一个环保部门网站，如果环保部和各地的环保网站全都集中到一起，因为技术可以支持，它就变成了一个条上的集约。而在块的方面，对于地方政府来说，它也想去管理，它也可以说都集中到地方政府网站上来。这样条和块就面临着冲突，这是我们需要去解决的。

还有就是关于微政务，我们要讨论新媒体与政府的关系，因为我们对于政务微博、政务微信有很多这样的讨论。但我想这样的讨论还只是停留在一个操作层面或者一个具体的工具层面，我们从政治学上还需要进行进一步的讨论。王丽萍教授提出来一个微政治的概念使我受到很多的启发。一方面，我认为，所谓微政务就是在互联网条件下政府职能在社会和市场过程中的一种嵌入式应用。为什么是嵌入？因为我们发现传统政府部门就是政府部门，市场就是市场，但是在微博、微信里面，政务微博和政务微信发生了什么变化？它不是一个独立的政府网站，而是嵌入在各种各样的市场信息和社会信息里的。浏览一下微博、微信，一下子可以看几百条各种各样的信息，这些信息里面包含着我们政府的信息，所以这是微治理一种典型的特征，它在过去的政府治理里是完全不存在的，这种嵌入是几乎无缝地嵌入在不停流动的社会和市场信息里的副产品，这种副产品的背后其实恰恰是我们刚才讲的这种治理理念的新的变化。也就是说，这个社会的治理，它需要的是政府、市场和社区的一种共同的治理，它们治理以后是相互融合的。另外一方面我们也要看到，政务微博、政务微信这样一些媒体当政府运用的时候实际上它仍然是一种微观的工具，没有改变这种背后重大价值的制度问题，在某种意义上它可能只是说政府在安抚社会情绪的一种技巧。无论中外的政府机构，它都要去安抚社会情绪，都需要有政治技巧。现在来看，微博也好，微信也好它们仍然停留在这样的层面上。但我们可能更进一步地去讨论微博和微信如何和背后整个的政府治理变革结合起来。这个背后很重要的一点，还是要回到大数据的应用，政府背后的信息资源的整合组合起来可能是未来的一种方向。所以关于政府和市场的讨论无非就是在讨论两者谁更擅长和不擅长去做什么。与"互联网 +"下的市场模式在某些方面相比政府更擅长于治理市场，那么政府应当为这些平台建立一些合作规制的关系，也就是对市场的直接规制变成对市场组织、自我规制的再规制。也就是说发挥市场组织，尤其是超级的市场平台它自我规制的功能，而政府是要对这种自我规制形成再规制，从而才能发挥政府和市场各自新的优势。

因为时间关系，就汇报到这里，谢谢！

反腐数据新闻呈现：方式、价值、问题

孙晓红　赵霄宇[*]

2014 年，最热门的话题之一莫过于反腐。随着中纪委反腐力度的不断加大，大量腐败案件通过各级各类媒体被披露出来。公众不仅看到了中纪委打虎的决心和力度，而且看到了腐败的高发与严重性。在报道反腐案件中，新闻媒体采用消息、评论、深度报道等多种方式对腐败案件进行了全方位、多角度的报道。其中，数据新闻成为各类报道中值得研究与关注的报道类型之一。这类新闻以其翔实、典型、丰富的数据，以及表达方式上形象化、视觉冲击力强等特点，让公众能够对事件的来龙去脉、发展走势等有更为详尽的了解，对反腐的价值、意义有更深入的解读。但是，纵观包括人民网、新华网、财新网、网易、搜狐、新浪等多个网站的数据新闻报道，发现反腐报道中的数据新闻除了财新网之外，其他的反腐数据新闻还存在一些问题，需要进一步努力完善。

一、数据新闻概说

数据新闻是基于大数据收集、整理、分析，进而挖掘数据背后的关联和意义而形成的一种新的新闻报道。[①] 2010 年 8 月，首届国际数据新闻会议是这样界定数据新闻的："通过反复抓取、筛选和重组来深度挖掘数据，聚焦专

---

[*] 孙晓红，西北政法大学新闻传播学院新闻系主任、副教授。赵霄宇，西北政法大学新闻传播学院硕士研究生。本文系西北政法大学新闻传播学院院级课题。

[①] 宋素红："数据新闻：对传统新闻的完胜？"，载《中国记者》2014 年第 8 期。

门信息以过滤数据，可视化的呈现数据并合成新闻故事。"① 近年来，该类新闻被《纽约时报》、《经济学人》、《卫报》、英国广播公司等多个国际知名媒体使用，引发了业界的效仿、学界的关注。2012 年数据新闻奖（Date Journalism Awards，DJA）设立，这是国际上第一个表彰数据新闻优秀工作者的专业奖项。② 当年 5 月，全球数据新闻奖首次颁发，大奖设有数据驱动的调查性新闻、数据驱动的叙事性故事、数据驱动的应用、数据新闻网站或专栏四大奖项。③ 这一奖项的设立，首肯并褒奖了数据新闻这一新的新闻样态。在我国，常做数据新闻除了三大门户网站搜狐的"数字之道"、新浪的"图解新闻"以及网易的"数读"之外，还有财新网的"数字说"。两会期间央视的"数字两会"等。

反腐报道中的数据新闻是指在进行反腐报道中媒体使用已经公开的相关信息，对反腐对象进行数据收集、整理、分析之后，挖掘数据背后的关联和意义形成的报道。

二、反腐数据新闻分析

在本文中，所指的反腐数据新闻的样本是从人民网、新华网、财新网、搜狐网、新浪网、网易、凤凰网等网站搜集的。研究发现，除了个别反腐数据新闻出自传统媒体外，其余均来自于网站。其中尤以搜狐新闻·数字之道和财新网·数字说最多。以下对搜集到的部分资料从报道内容与报道形式两方面进行分析：

（一）报道内容

1. 要案报道

（1）关于个人的报道，集中在几位大老虎，如周永康案、谷俊山案、薄熙来案等。下面以周永康案和谷俊山案做简要说明：

---

① 王维明、张娜娜、张晓频："数据新闻的理念、实践和挑战"，http：//www. mediacircle. cn/? p = 17303.

② 王斌："大数据与新闻理念创新——以全球首届'数据新闻奖'为例"，载《编辑之友》2013 年第 6 期。

③ 王维明、张娜娜、张晓频："数据新闻的理念、实践和挑战"，http：//www. mediacircle. cn/? p = 17303.

题 目	内 容	网 站
大老虎周永康	周永康关系图、周永康朋友圈、周永康案时间表	凤凰网
周永康关系谱	家人圈、秘书帮、朋友圈	百度百科
大树底下难再乘凉	用周氏根深一网尽，倾巢元知万事空将其亲友、政法系、石油系、四川系尽数展示	搜狐网
周永康的人与财	与周永康有关的人、财关系图	财新网
周永康落马记	以时间序列，列出了周案中的多个关键人物及被处置情况	新浪网
数说周永康	用诸多数据说明了周永康执政、财产、关系等	搜狐网

题 目	内 容	网 站
谷俊山案时间表	从 2011 年底到 2014 年谷俊山被调查的时间及相关人员被查情况	凤凰网
图解谷俊山如何从农家子弟到总后副部长	以重要年份为线分析了谷俊山的成长过程	财新网
从"将军府"到"兵工厂"——濮阳的谷家产业	用数据地图展示了濮阳谷家的产业	财新网

（2）关于窝案的报道，如中石油反腐系列、山西官场地震、四川官场地震等。以下以中石油反腐系列做简要说明：

题 目	内 容	网 站
反腐剑指石油帮	图解中石油腐败窝案、石油系统反腐重点胜利系	凤凰网
油老虎一窝端：揭开开中石油系的权利贪腐体系	包括落马油老虎、中石油腐败重灾区、中石油腐败案特点	搜狐网
与中石油反腐案有关的那些人和事	系统梳理了相关人物、事件以及两个附件：中石油系统被查人员一览以及中石油案牵涉官员与商人一览	网易

2. 盘点总结类：包括落马官员状况分析、中纪委工作情况等多个方面。

题　目	内　容	网　站
盘点十八大后落马高官	统计截至 2014 年 7 月，落马高管的所属省份、职位、违纪违法等情况，2014 年 22 人，2013 年 16 人，2012 年 1 人	凤凰网
军中老虎何处多	总后勤部和军校落马官员最多；什么滋生了军校招生腐败；国外整治军队腐败有高招	搜狐网
"老虎们"上市公司朋友圈：合作背后利益均沾	用图文分析了周永康、刘铁男、令计划、苏荣等高官的朋友圈	新京报
图解 2014 反腐数据：中纪委也是蛮拼的	用数据分析了推进纪律检查体制改革；严明党纪纠正"四风"、巡视强度力度提升；加大纪律审查力度；以铁纪建设过硬队伍	人民网
从中纪委"每周通报"数据看哪些"四风"问题仍禁而不绝	将中纪委通报的 620 起案件分为违规发放津贴补贴和福利、违规配备和使用公车、收受礼金礼品和购物卡等 9 个方面	人民网
"老虎""苍蝇"在哪儿?看"反腐"大数据	从打虎拍蝇的力度、打虎拍蝇的节奏、"老虎""苍蝇"的地域分布、"老虎""苍蝇"的危险年龄段等 6 个方面分析	新华网

（二）报道形式

作为反腐新闻报道的新形态，结合多家网站以及传统新闻媒体的报道进行归纳，主要有如下四类：

1. 数据地图

以财新网的《从"将军府"到"兵工厂"——濮阳的谷家产业》最有代表性。该新闻将濮阳地图与谷家产业联系起来，在地图上凡是与谷家产业有关联的地方均用一个像水滴的红色符号标注。全图的 31 个小水滴对应的是谷家的产业，具体形象，使谷家产业的地理空间分布状况一目了然。任意点开一个小水滴都会出现一张财新记者实拍的照片以及相关的文字说明。做得很专业，很细致，是我国非常出色的数据新闻样本。

2. 时间轴

适用于一个较长时间段被公众所关注的事件进行到一定节点时的信息呈

现。如搜狐网的薄熙来案党纪、司法调查大事记：将薄案分为党内调查阶段（2012 年 2 月 - 9 月的重大事件的梳理）、薄熙来被移送司法机关（2012 年 9 月 - 10 月，2013 年 8 月 14 日）、五天庭审跌宕起伏（2013 年 8 月 22 日 - 25 日）。凤凰网盘点十八大后落马高官，以 2014 年 7 月 29 日周永康被立案审查为节点，采用追溯的方式梳理了 39 位老虎的情况，包括照片、职位、违纪情况等。

3. 社会关系网络图：呈现方式有树图、社会关系网络图等方式

（1）树图：将相关的人物放置在树的不同位置，让人比较明晰地看出关键人物与其他人之间的关系。如搜狐网的《大树底下难再乘凉》，作者指出，由于周永康案件根深蒂固，错综复杂，因此用树状图展示周氏家族政商关系清晰脉络和株连权力生态。

（2）社会关系网：适用于对于相关利益群体的分析中，如凤凰网的《周永康关系网》，财新网的《周永康的人与财》，新京报的《"老虎们"上市公司朋友圈：合作背后利益均沾》等。

4. 表格、柱状图、饼状图等传统图表

传统的统计图，如表格、柱状图、饼状图等在反腐数据新闻中也有运用。以财新网的"数字说"为例，在数字新闻报道初期，2011 - 2012 年关于贪官的报道有 18 篇，其中报道形式大多以表格统计加文字报道为主。而柱状图、饼状图则多用于显示不同组成部分所占比例情况，如搜狐新闻的"数字之道"栏目中一篇《官方反腐 vs 民间反腐：谁拉下的贪官多？》中以饼状图来反映腐败官员在政府各级中的分布情况，以柱状图的形式来统计公众对于反腐的一些看法。

通过对上述数据新闻进行分析，有两点发现：

第一，从时间上看，反腐数据报道的早期，主要以相关事件表格梳理加文字报道的形式，对案情进行全方位、多侧面的报道。随着时间的推移数据新闻的报道涉及面更宽，使用更为科学的社会关系网络图、时间线、数据地图等多种形式来报道腐败事件。

第二，各类网站中，关于反腐新闻的数据新闻，做得最出色的是财新网的数字说。尤其是《周永康的人与财》以及《从"将军府"到"兵工厂"——濮阳的谷家产业》两篇报道。《周永康的人与财》采用关系图的方

式，用黑色做背景，人名用白色，企业或者公司用白色或者蓝色表示，图中涉案人员 31 人，其中周家亲属 15 人，石油系 7 人，四川政商 9 人；涉案企业 57 家，其中周氏家族下属企业就多达 44 家。阅读时，点击其中任何一个人或者公司，不同、变动、闪亮的色彩会将错综复杂的人、财关系呈现出来；同时，鼠标放在任意一个公司上，相关信息理解就能呈现出来。互动性很强，信息量很大。

三、反腐数据新闻的价值

作为反腐新闻报道的一种新样态，数据新闻的出现，具有如下价值：

（一）调动传播者的创新意识

创新型国家的建设，需要各行业的创新。2009 年的《中国新闻工作者职业道德准则》明确提出新闻工作者要坚持改革创新。要遵循新闻传播规律，提高舆论引导能力，创新观念、创新内容、创新形式、创新方法、创新手段。从反腐数据新闻的发展来看，能够清晰地看出传播者在传播中的主动性与创造性。

（二）丰富反腐新闻报道的样式

数据新闻以其简明、形象、可视化、海量的信息等鲜明的风格和特点，将其与其他样态的新闻区别开来。使受众能够通过一篇数据新闻对于相关事件或任务有更好的了解和认知。

（三）吸引受众的好方法

在当今传播形态多样、传播介质多元的背景下，受众的注意力越来越分化。对于媒体来说，如何吸引受众的注意力非常重要。反腐新闻以其开阔的视野，大量的数据，简明扼要的分析与陈述，有力地拓宽了新闻的深度、广度。这些适应速读时代受众的需求，因此能够较好的吸引受众的注意力，提升传播效果。

四、当前反腐数据新闻存在的问题以及对策

尽管反腐数据新闻在我国整个的数据新闻报道中基本没有落伍，但是总体来看，与国外出色的数据新闻以及国内其他领域的数据新闻比较还存在一定程度的差距，主要表现在：

（一）数据新闻表现方式单一，互动性差

从当前反腐数据新闻来看，绝大多数数据新闻属于静态的信息图，包括图表、层级图、时间线等多种方式均存在这样的问题，甚至"某些信息图仅为图表的简单堆砌和一味追求视觉化效果带来的色彩混搭"。"信息图的目的在于将包含数据的单维文本变成多维图像，舒缓文本阅读造成的视觉疲劳，其本质还是要回归新闻的内在价值和固有逻辑。"[①] 反观以数据新闻出名的《卫报》，通过数据地图所做的关于伊拉克战争所有伤亡人员情况的数据新闻中，最为出色之处在于地图上的每个小红点（代表一次伤亡事件）鼠标点出后就会弹出详细的说明：伤亡人数、时间、造成伤亡的原因。受众可以随机点击获取翔实的信息。

（二）数据样本总体偏少，信息量有限

从目前来看，反腐数据新闻中数据的来源有：政府部门公开的信息，如大量盘点总结类的数据新闻中的数据来源于中纪委的网站信息；其他新闻媒体公开的相关信息，如搜狐网的"军中老虎何处多"的资料来源有澎湃新闻、北京晚报、南方周末、新华网等。通过这些公开资料提供的信息，样本数显示为五十多个，三十多个、二十多个的比较常见。然而，通过这些样本数能否反映更为深刻的社会本质？实际上，现在更有价值的信息来自于受众通过社交媒体所传递的大量信息。如《卫报》关于伦敦骚乱的信息，分析团队通过与学术团队研究了 260 万条关于骚乱的推特信息，得出了强有力的结论。伊拉克战争中伤亡情况的数据新闻，总共搜集了 39.1 万条数据。反观现有的数据新闻报道，明显存在数据来源较为单一，信息量有限的问题。

（三）有些反腐数据新闻未能反映事件本质

反腐数据新闻需要从若干现象、数据中归纳出最具新闻价值观点。但是有的数据新闻将受众的注意力引向女性、小三、性交易等常见的被人诟病的偏颇。《新华每日电讯》在分析了一家媒体从性别特征对女性贪官的数据新闻之后认为这类新闻本身的价值与意义并不大，指出"真正值得挖掘的贪官数据是什么呢？立足于制度反腐，或更应该去挖掘权力出轨的共性，以及权力滥用多发的情境和土壤。比如哪些领域腐败集中，是否应该对这些领域的权

---

① 罗晨："我国数据新闻的发展韬略"，载《新闻前哨》2014 年第 6 期。

力有更加严密的监管；比如腐败生发多由什么因素所决定，这些因素的消除是否需要更加透明的监督环境……通过腐败行为的共性分析，无论是反腐利剑的指向还是制度笼子的编织，才能具有针对性"。①

如何解决反腐数据新闻中存在的这些问题，笔者认为：

第一，提高传播者的素质。无论何种数据新闻都是人做出的，数据新闻水平的高低，与传播者具备的信息搜集、整合、表述等能力大小密切相关。著名学者洛伦兹认为数据新闻的生产流程是：数据——过滤——视觉化——故事。② 作为数据新闻的传播者不仅需要提高对数据的搜集能力，更要在表达的视觉化上下功夫。

第二，新闻机构需要与其他部门联合，使数据新闻具有更大的意义与价值。上文中提到英国《卫报》做出的可供全球媒体效仿的关于伦敦骚乱的分析，与他们敞开大门走出去密切相关，他们的数据新闻有的是与学术团队合作完成。因此反腐数据新闻也可以借鉴其模式，寻找与专业机构合作，做出更有价值和意义的数据新闻。

反腐数据新闻以其特有的方式以及价值成为学界与业界关注、研究、传播的焦点之一。当前，大数据技术为反腐数据新闻提供了强有力的支撑，中央反腐力度的不断加大、信息前所未有的公开、公众强烈的表达意识与参与能力为数据新闻提供了素材，相信反腐数据新闻在媒体以及相关机构的努力下，会做出出色的、值得研究与效仿的数据新闻。

① 时言平："'大数据反腐'不能牵强附会"，载《新华每日电讯》2014 年 6 月 19 日。
② 罗晨："我国数据新闻的发展韬略"，载《新闻前哨》2014 年第 6 期。

政法网络舆情应对难点辨析

符万年[*]

在依法治国的进程中，网络媒体上传播的政法舆情已成为我国司法部门当前必须重视和有效应对的重大课题。本文总结了政法网络舆情的自身特点，分析了其多发的原因，进而着重剖析了政法网络舆情应对的难点，并提出了一些司法部门正确应对的有效策略。

随着我国法制化进程的加快和网络的快速发展及手机上网的迅速普及，司法部门越来越频繁地进入公众的视野。当前，公众了解政法事件除了传统的新闻媒体报道、人际传播等方式外，网络正日益成为主要的载体并迅速发展。时下，网络上汹涌的民意对现实社会生活正产生着越来越大的影响。网络凭借其快速、实时、互动的优势，在公布事实真相、引导社会舆论方面发挥着越来越大的作用，其影响力已逐渐超越传统媒体。网络舆情已经成为表达民意、维护民众权益、鞭挞官员腐败的便捷手段。

一、网络舆情的特征及形成原因

网络舆情是指多数网民对于社会上发生的各种现象、问题、事件所表达的态度、意见和观点的总和。网络舆情的特征如下：①网络舆情形成过程中往往存在激烈的论辩，而且最终论辩的结果往往非常接近真相、真理。为何经由网友曝光的事件最后结果大抵都是网友正确？最重要的原因是从事件最初在网上曝光至最后形成较为一致的舆论的过程中，大都经过了众多网民之间激烈的辩论，这一较长的辩论的过程能在最大程度上去除单个网民的偏激

* 符万年，西北政法大学新闻传播学院副教授，新闻学博士。本文为陕西省社科基金项目"陕西省网络舆情预警机制构建研究"（立项号 2014k12）的阶段性成果。

和偏见，而且随着事件在网络上的发酵不断有人补充内容、纠正错误和虚假信息，因而最终形成的一致的网络舆论已经离真相、真理非常接近。例如：在前些年陕西"表哥"杨达才网络舆情事件中，正是由于众多网民的不断热议、争论和爆料，最终使其贪腐真相一一曝光。②网络舆情形成舆情事件后常常会产生巨大的社会影响。由于互联网具有覆盖范围广、传播速度快、更新及时、参与性强的特点，一旦一个网络热点形成，各种舆论就会在网络上交织在一起，排山倒海而来。③网络舆情处置不当很容易演变为网络舆情事件，并由网络向现实社会蔓延。网络虽然是虚拟的，却有着巨大的社会动员能力，网络舆情一旦处置不好很容易演变为群体性事件，并由网上向现实社会蔓延，如内蒙古阿荣旗女检察长"豪车门"事件在网上引发热议的原因并不仅仅是豪车，更重要的是当事人和相关部门粗暴的处置态度激怒了民众。从一开始简单粗暴的"车是借朋友的，牌照是临时的，帖子是诽谤我的"回应，到后来有领导面对记者采访时"不知情"、"想想再说"的回答，一步步使这一事件在网上迅速引发众怒，并最终演变为影响恶劣的负面舆情事件。

当今我国网络舆情事件多发的主要原因：一是由于现今我国处于社会转型期，各种社会矛盾集中凸显和爆发。中国当下处在高风险社会环境中，主要是各种自然灾害对人们的威胁和现代社会产生的新的风险，如环境污染、气候变化、食品安全问题频发、官员贪腐以及种种社会矛盾、冲突带来的影响集聚在一起，形成共生高发期，有学者称之为"时空压缩"。西方发达国家现代化过程中的历时态矛盾在当代中国被共时态化，在很短的一二十年内迅速展开，而且表现得更加尖锐、复杂和激烈。社会转型期、经济高速发展期和改革深化期三期合一，使得当前我国人民贫富差距拉到最大，各项社会管理制度、法规、政策从无到有，从不合理到日趋合理，从模仿学习外国到根据实际情况不断修改完善。这是一个由乱到治的过程，也是一个舆情事件多发的时期。二是由于现今"哑铃式"的社会财富分配格局，造成贫富两极分化。贪腐官员、国企高管、民企老板、垄断行业职工收入远超普通民众，导致群众普遍心理不平衡，形成很强的仇富心理、仇官心理、同情弱者心理、对社会不满心理、对腐败强烈反感心理等情绪积累，形成当前改革发展的危险期。社会上频频发生的众多极端事件和网络舆情事件都是这种心理和情绪的反映。三是当前多数政法部门矛盾化解能力、社会管理创新能力、公正廉洁执法能力、舆情应对能力明显不足，公检法司领域依然存在着执法不公、服务意识不强、不能取信于民等问题。普通民众遇到不平事大多对公检法部门并不太信任，多数人更愿意相信和借助新闻媒体和网络来寻求帮助和倾诉。

二、司法部门政法网络舆情应对难点辨析

本课题组在多地司法部门调研时发现，各级司法部门在应对网络舆情中普遍面临一个难点：正在侦查、尚未审结的政法案件，按照相关法规无论是经办的公安机关，还是法院、检察院以及司法局、政法委都不能对外公开案情；此外，在法院判决之前司法部门掌握的所有事实都不能认定为法律事实。但往往在此期间网络上已经将案情炒得沸沸扬扬，并形成强大的舆论压力，由于司法部门不能公开案情一般都处于被质疑、被谴责的极为不利的地位。这是司法部门网络舆情应对最大的难点。下面试着对此难点依据我国相关法规加以辨析。

（一）关于公安部门侦查不公开

当今许多国家的法律都规定了侦查不公开原则。我国法律虽然并未明确规定，但却明文规定涉及国家秘密、个人隐私等内容时侦查不公开。检察机关对不公开审理的案件也都加以保密，起诉书原则上也不公开。侦查不公开并非完全的保密，而是有选择性的不公开。可以公开的侦查信息主要是法律所不禁止的程序性事项。

在我国，侦查以不公开为基本原则，公开为例外。警察行使侦查权，在侦查阶段形成的法律事实，如：对嫌疑人通缉、羁押、刑拘、逮捕等，非但可以公开，而且不许保密，即必须通知家属。侦查不公开是指除法律规定必须公开或不许保密的案情以外，其他侦查情况都不能公开，特别是侦查过程中获知的案件事实，也就是可以称之为证据的事实，不能公开。我国把"追查刑事犯罪中的秘密事项"列为国家秘密，可以认为是侦查不公开的法律依据。

（二）关于法院审判不公开的法规

按照我国现行法律，有一些审判是不公开的，但对程序性事项法律并不禁止，例如可以发布宣判公告。宣判虽然一律公开进行，但公开范围是有限度的，其针对的范围限于当事人而不是面向整个社会。是否向新闻媒体和整

个社会公开则由主审法官根据案情决定。同时，法官面向公众的言论也受到一定的限制，一般不得发表可能影响未决案件公正审判的言论，其余法院工作人员也要履行言论不得影响公正审判的义务。

（三）关于检务不公开

2014年6月20日最高人民检察院颁布的《人民检察院案件信息公开工作规定（试行）》规定：人民检察院对正在办理的案件，不得向社会发布有关案件事实和证据认定的信息。其第12条规定：人民检察院可以通过新闻发言人、召开新闻发布会、提供新闻稿等方式对外发布重要案件信息，并且应当同时在人民检察院案件信息公开系统上发布该信息。第13条规定：重要案件信息由办理该案件的人民检察院负责发布。对于重大、敏感案件以及上级人民检察院交办、督办的案件，在发布信息前应当报上级人民检察院批准；对于在全国范围内有重大影响的案件，在发布信息前应当层报最高人民检察院批准。

从相关规定来看，检察院正在办理的案件和法院未判决的案件我国法律规定是一样的，只能公开司法部门正在做什么的程序性信息，但不能公开有关案件事实和证据认定的信息。

三、应对措施建议

（一）要冷静、理性地面对网络舆情

最高人民法院前院长王胜俊在与珠海中院法官会谈时称，"要以社会和人民群众的感觉为依据"作为该不该判决死刑的衡量条件之一。而"群众感觉"与网络舆情基本是一致的。因此，作为了解社情民意的重要途径，作为接受社会监督的有效措施，司法部门应该以开放的心态面对网络舆情。实际上政法网络舆情中的许多还是合理的，很大程度上代表了民众的合理诉求，但其中负面舆情的也远多于传统媒体。对此，司法机关应该冷静地对待，要努力与网民良性互动，最大限度地公开可以公开的司法信息。重视舆情并不意味着要一味迎合，网络舆情往往带有浓厚的个人感情色彩，多表现出两极化。在网上积极发言的网民也不能代表全体民众，我们既要认真听取网民的意见，也要理性冷静地对待这些意见。

（二）要正确地应对网络舆情

传闻止于信息公开。司法部门不能再墨守老规矩，应及时准确地发布允许公开的热点案件信息，尽量满足公众对司法信息的需求，做到信息发布与案件处理同步。如果司法部门不能在第一时间发布案件相关信息，当真理还在找鞋子的时候，谣言已经走在世界的各个角落。司法部门应尽量及时、准确地发布案件信息，即使在案件受到热议初期不能全面地掌握情况，也应及时发布已知案情信息，从而减少流言和谣言产生的可能性。但在发布时也要注意范围和分寸，对那些按照规定不能发布的案情也要注意保密，并做好解释和沟通工作。要积极运用网络、微博、微信等新媒体发布案情信息并与公众沟通、交流。建立新闻发言人制度，通过新闻发言人统一专业的发布信息也是一个有效举措。通过新闻发言人，既向公众传递了权威信息，又将信息内容归口到"新闻发言人"这一权威信息源，从而在处理舆情危机时掌握主动、稳定民心。

（三）要学会正面引导舆情、严格控制、善于沟通

正面引导政法网络舆情的关键在于主动、及时地发布信息。发布信息时必须要讲真话，如果有坏消息，应该一次性说完，不要藏着掖着。要学会主动真诚道歉，降低公众的舆论期待。在政法网络舆情引导中，可以借鉴一些法院较为成功的法官调解工作室、网络工作室等方法对影响力较大的案件提供法律问题解答，引导公众舆论。可以由法官（警官/检察官）个人或是部门指定专人开通微博对热点事件进行以案说法、网上解答。此外，还可以积极鼓励各级政府官员、管理工作者、法学专家等利用其社会威望和社会地位，在网上引导大多数人跟随他们的言论和态度，发挥正面引导作用。

网络舆情传播速度快、范围广，汇聚起来的能量不容忽视，负面的政法网络舆情会对司法权威形成较大威胁。在引导无效的情况下，则必须严格控制。一旦发现了可能带来危机的负面政法网络舆情，要在第一时间、以最快的速度封堵，以防止其他网站转载。还要找到舆情的源头，即首发媒体，及时地与其进行沟通给予封堵，这是最有效的封堵办法。要与网站诚意沟通，尽量不要强行施压。要发挥沟通的智慧，尽量将舆情危机降低。

（四）必要时还可以运用法规和科技手段应对网络舆情

目前，我国实施的管制网络传播的法规有《关于维护互联网安全的决定》、《信息网络传播权保护条例》、《互联网新闻信息服务管理规定》等。最

新的法规是最高人民法院在 2013 年 9 月规定六种传谣情形可以入罪的司法解释《最高人民法院关于审理编造、故意传播虚假恐怖信息刑事案件适用法律若干问题的解释》。但总的来看，目前我国对网络传播的管理依然存在着多头管理、职责区分不明和法规建设滞后等问题。我们还需要进一步完善、清理已有法规，以建成系统、有序的法规体系。

此外，使用网络技术手段也是实现网络舆情有效管理的方法。目前广泛使用的技术手段主要有：对 IP 地址的监测、跟踪、封杀；网管全天候监测网页，对负面消息及时物理清除；运用专业软件对敏感词组自动进行过滤；对网上论坛发帖进行延时审查、发布；对国外反动非法网站进行浏览限制；对重要论坛强制要求实名认证等。尽管这些做法常常会引发抗议，但依然是对网络舆情加以控制的有效手段。

网络强国战略的中国式创新思考

伍　刚[*]

　　非常感谢西北政法大学给我这个机会向各位大师、各位同学请教一个当前最热门的议题。十八届五中全会刚闭幕，通过了未来五年十三五规划建议，其中有 14 项战略性的议题。包括网络强国战略、大数据战略、国家安全战略、军民融合战略、食品安全战略等一系列涉及未来的国家战略的走向。

　　中国作为四大文明古国中唯一没有中断的文明古国，在过去的五千年可记载的文明当中，有 1500 年处在世界文明的鼎盛时期，从 15 世纪到现在这五百年的时间段内在全球的航海大发现到发现了新人类的第五空间虚拟网络空间大发现，审视一下国家的未来战略有深远的意义！

　　大家知道，在长达 1500 年历史中，中国物质生产量 GDP 位居世界第一，175 年前发生的鸦片战争，使中国文明从巅峰跌荡到低谷，沦为半封建半殖民社会，从民族的救亡到民族的独立这一个过程中我们经历了太多坎坷。我们从半殖民半封建社会到农业文明工业化，现在又是工业化，新兴工业化，信息化。在这个历程中，从新中国的成立到改革开放解决了 6 亿人口的贫困问题。现在我们又从世界的谷底，到国际货币基金组织统计中国 PPP 世界第一，中国 GDP 于 2010 年超过日本成为世界第二，中国进出口贸易总额一下跃到世界第一，我们对外的进口额在过去的 37 年一直都是吸收外资，2014 年一下成为净对外投资国。2013 年我们的习总书记提出了"一带一路"战略，中国正走向全球化成为一个外向型的国家。

　　放眼过去 500 年历史，正是新大陆地理大发现后的工业革命诞生的全球

---

　　*　伍刚，中央人民广播电台央广网副总编辑。本文是 2015 年 11 月 21 日在西安参加西北政法大学新闻传播学院举办的"新媒体信息传播与法制建设高峰论坛"上的会议发言。

化史。近一百年来，尤其是近五十年来出现了海洋、大陆、天空、太空之外的第五空间——虚拟网络空间，在这个互联网时代，中国共产党人作为执政党，能否赢得互联网时代领导力？能否在这个全球化的信息浪潮中做好中国顶层设计、底层结构重组，打开信息化的大门、拥抱信息化的文明，把我们五千年积淀的深厚的中华文明与全球化和工业化的成果再加上信息化的文明的成果融合，能够依然屹立在世界民族之林？这是对于我们比较紧迫的一个课题。

我们中国未来能否构建信息时代全球化的领导力？为什么我要讲全球领导力？有一部好莱坞的大片曾经所说的：当你权力越大的时候，你的责任就越大。因为中国作为世界上最大的发展中国家，现在要面临的是跨越中等国家的陷阱，能否跨得过去？能否像拉美国家或者东亚在人民币时代走出了民族独立却长期没有跨过中等收入国家陷阱的焦虑困境（包括东亚、西亚、北非及整个中东地区非常贫穷的地区）？我们中国作为发展中国家能否构建通过中国式的创新带来一种既不是美国道路，也不是苏联道路，而是走出中国式的一种创新的道路？

在中共十七大、十八大报告中，包括中央政治局的会议中多次提到要提高中华民族文化软实力。中国在 1978 年改革开放后，中共十二大、十三大、十四大、十五大都提到中国的三大任务：其一，以经济建设为中心，发展是硬道理。其二，致力于世界和平。其三，国家的统一。我们现在是世界上五个常任理事国中唯一没有实现国家统一的国家。我们是世界第二大经济体，但是我们还有一个软肋就是我们国家的软实力核心价值体系和凝聚力处于西强我弱的赤字状态。

如何在全球化与信息化的浪潮中形成坚如磐石的定力引领中国面向未来转型变革？世界的软实力之父、美国克林顿政府国防部助理部长、哈佛大学肯尼迪政府学院前院长约瑟夫奈先生说，美国的硬实力可以一小时以内形成全球军事打击，美国引领信息化信息战在全球形成垄断地位。他在反思 9·11 后美国主导的伊拉克、阿富汗战争及随后金融危机时，他认为美国应该要补齐国家软实力的短板。他提出美国在信息时代要平衡发挥硬实力、软实力和巧实力作用。

约瑟夫·奈引用新加坡前总统李光耀的话说，美国是一个开放的面向全球化的一个移民国家，建国两百多年来，可以充分运用来自全球的 70 亿人力资源，而中国作为一个 13 亿人口的大国，大部分是依赖本国 13 亿人力资源。中国首先要解决自己的温饱问题，解决自己的发展问题，中国还需要补齐自己过去 300 年来工业文明过程中的课程，中国没有抓住工业文明机遇。

鸦片战争以来，中国陷入八国联军、军阀混战、日本帝国主义外侮等一系列灾难，国家处于一片散沙的状态，缺少一种核心凝聚力。

英国通过工业革命铸就的船坚炮利武器和鸦片贸易打败了处于农业文明顶峰的中国，一位英国官员这样写道："我们给中国人带去了毫无价值的东西鸦片，鸦片像黄金一样畅销，不仅意味着中国人民的生命的中止，而且意味着国家灵魂的沦陷。"

处在农业文明巅峰的中国封闭了全球化的大门，没有拥抱先进的工业文明，当然也错过了制度的革新，也错过了一个时代，付出了八国联军割裂中国长达 175 年仍未完成国家统一的惨重代价。

与此同时，中国东邻日本面临美国军舰兵临城下、强迫他们开放门户的时候，他们说你们等我们一年，我们考虑好，他们就通过精神上的准备，同意打开了对美贸易的大门，走上了脱亚入欧的现代化之路，同时派出了大量的考察团，对欧洲进行详尽的考察，进行了完备的制度革新。明治维新完成了一个封闭落后的农业文明岛国面向全球开放、拥抱工业文明的转型。

地理航海大发现的新大陆美国抓住了新一轮工业革命的机遇，将从蒸汽机时代创新的中心转移到新大陆，诞生了世界第一台商业无线电台、第一台电视机、第一个电报公司、第一台飞机等一系列的新技术发明，同时设计一整套保护创新知识产权的整个法制体系，走出了一条美国式的创新式的工业道路。

透过与时俱进的美国式创新文明进程，美国标准化食品麦当劳薯片形成一个全球化的新兴的工业生产线，实现全球化资源配送。美国大众媒介好莱坞的电影工业模式和硅谷技术服务模式，有机结合形成技术与艺术融合，形成全球化覆盖，非常便捷将美国价值观在全球传播。

从全球的航海大发现如何跨越到第五次疆域的大发现，人类使用媒介经历了六个里程碑阶段：

第一个里程碑是 1439 年古登堡印刷术促进了《圣经》向欧洲普通百姓的

普及，马丁·路德发起的宗教革命引发了整个新教伦理和资本主义思潮的武装，新教思想通过印刷革命带来了全球化知识分享、知识大规模普及。现代意义上的大众传播借助于古登堡印刷术普及，从欧洲又到了北美大陆，经历了知识从过去少数的垄断向大规模的平民传播的过程。

第二个里程碑是1838年摩尔斯发明的由点和划组成的摩尔斯电码，摩尔斯电码在美国南北战争中发挥关键作用，北方工业资本主义用最先进的传播技术，帮助美国总统林肯赢得了战争，非常敏锐把握这种新技术对国家的现代化进程中发挥的关键作用。

第三个里程碑是1895年意大利人马可尼发明的无线电，标志人类迈入无线广播时代。马可尼的专利在欧洲没有得到充分的利用，很快找到了非常重视创新应用美国的新大陆市场。1910年纽约首次尝试商业无线广播直播受到欢迎，1929年美国大萧条金融危机期间，当年罗斯福新政在推行过程中遭到了很多保守的报界批评，罗斯福总统就充分的利用广播谈话，走进广大美国普通民众家庭，给经济大萧条中绝望无助的美国人民巨大的精神心灵慰藉。广播作为国家意识形态最主流的平台和阵地，在第二次世界大战、重建国际新秩序期间，发挥了非常重要的作用。

第四个里程碑是1924年英国人贝尔德发明的电视机，标志人类迈入电视时代。1960年肯尼迪首次用电视的手段展示了既见其人、又闻其声的全新形象，战胜了竞选对手、当时的副总统尼克松，从此进入了电视传播塑造领导人形象的新时代。

第五个里程碑是1957年苏联人首次发射的第一颗卫星，标志人类进入第一宇宙速度的地空传播时代。1960年，美国发射了回声一号卫星。1970年4月24号，中国紧追其后发射了第一颗人造地球卫星。人造卫星使人类传播首次进入第一宇宙速度。3颗同步卫星就可以保证全球信息同步传播，把时空压缩到每秒30万公里的传播速度，以美国代表的CNN模式、英国BBC模式、中国CCTV模式形成了风格各异的全球化地空传播模式。

第六个里程碑是1969年阿帕网ARPAnet诞生，经历了军用、科研应用、商业应用，20世纪80年代PC电脑、90年代万维网问世，迎来全球互联网全方位商业化时代，到1994年4月20日，中国首次以64K的带宽接入全球互联网，作为世界第77个互联网的成员国，短短21年，中国成为世界第一大互联网用户国，全球互联网的十大公司，有 4 个来自中国，另外 6 个来自互联网强国美国。中国现在是互联网大国，但不是互联网强国。

回到人类航海大发现的源头，必须记住中国首位跨洋航海人郑和，1405 年开始郑和七下西洋，先后有 318 个国家使者、4 个国家元首来到中国。2002 年英国退役海军军官孟席斯发表《1421，中国发现世界》指出，中国人首先实现环球航海，比哥伦布早了好几十年。

追溯中国式创新源头，世界软实力之父约瑟夫·奈罗列了过去两千年各大国崛起的轨迹。

从公元 5 世纪到 15 世纪，中国凭借经济和科技雄居世界强国长达 1500 年。

公元 16 世纪，哥伦布启动地理航海大发现，凭借海上贸易、广袤的殖民地及强大的王朝军队将西班牙打造成海洋强国。

公元 17 世纪，荷兰创新贸易、资本市场、海军成为海洋强国。

公元 18 世纪，法国凭借巨大的人口、农业产业化、公共管理、军队、启蒙运动文化成为西方强国。

公元 19 世纪，英国启动第一次工业革命，凭借其法治宪章形成强大政治凝聚力、财政和金融信用体系、海军、自由规范法制化、岛国易守难攻的地缘优势，成为世界首个日不落帝国。

公元 20 世纪，美国引领第二次工业革命，经济覆盖全球、科学与技术领先全球，拥有周边无强敌的地缘优势、在全球部署军事力量、与战后欧洲、日本缔结军事同盟、为全球提供有世界影响力的软实力文化、主导战后国际新秩序制订，尤其是苏联解体后，美国成为世界工业文明独一无二强国。

公元 21 世纪，美国引领信息革命技术浪潮，在军事与经济继续保持全球领导地位，国家软实力不断强化、成为跨国物流、人才流、信息流传输枢纽，美国继续从工业文明强国转型为信息文明强国。

从郑和、哥伦布启动的航海大发现以来，人类的活动时空内涵与外延不断扩大，从古老的马车、到蒸汽机、汽车、飞机、航母、人造卫星、宇宙飞船、航天飞机、虚拟空间，人类探索的时空无穷无尽。从传统的海、陆、空、天治理到万物相联的网络空间治理，网络、深海、极地、空天等新领域国际规则制订考验人类智慧。

十八届五中全会公报 37 次提到创新，整个规划的全文把创新列为五大发展之首，创新是党和国家工作所有的核心。创新是一个民族的灵魂，拥抱创新就是真正的崛起。只有不断与时俱进，才能实现中华民族的伟大复兴，重新回到世界强国历史地位。

西班牙、荷兰等海洋强国短暂崛起、匆匆从世界历史舞台中心退场。拥有人类第一部成文宪法 800 年历史的海洋强国、工业文明起源国英国进入 21 世纪大力发展创意创新产业、数字经济，一直保持世界强国悠久活力。

现存历史最悠久的宪政立宪共和国美国，1789 年生效的世界上最早并仍在运作的成文宪法，世界上第一部作为独立、统一国家的成文宪法运行治理美国 226 年，进行了一波又一波与时俱进的创新，作为世界第一经济强国、世界上第一大进口国和第三大出口国，20 世纪 90 年代，以信息、生物技术产业为代表的新经济蓬勃发展，美国经济经历了长达 10 年的增长期。2013 年，美国国内生产总值达到 16.8 万亿美元，居世界国家和地区第 1 名。美国的文化产业非常发达，产值占 GDP 的 20% 左右，其总体竞争力位居世界首位。有人戏称美国式创新是"三片"（信息电子芯片、麦当劳薯片、好莱坞大片）引领全球创新。

中华民族在全球化文明历程中，拥有一种强大的包容融合力量，无论是秦汉唐宋条条大路通长安，还是定都北京的元朝横跨欧亚大陆马可·波罗时代，从张骞出使西域的丝绸之路到郑和七下西洋，中华文明一直活跃参与全球化文明对话交流创新。

中国人在对无穷极限的五大时空的探索中，不管是世界太空俱乐部还是网络空间大国成员，不仅有中国开放海纳百川的积极参与，而且有中华民族自主创新的积极奉献。

最新统计，全球网络人口达到 30 亿，世界链接网络设备达 87 亿件，人类每天新生网页 300 亿个。中国网民达 6.68 亿。

2008 年全球金融危机，有一个危机中寻找机遇的黑人，在芝加哥社区里做义工，他参与了网络时代的竞选，他不要全国任何地方的捐款就靠自己小额捐赠，他当时雇用了 50 名专家进行选举精准大数据分析，经过艰难的长跑，他赢得了这个世界上最有权力的位置之一——美国总统。

在这个信息爆炸的时代，谁拥抱了万物互联的互联网，谁就拥有了信息分享的赋权。互联网正在改变传统物质世界一切，日新月异的革命性信息技术产品，按照摩尔定律每 18 个月成本要降一半，而性能却要提升一倍。摩尔定律刚刚度过 50 岁生日，仍然有强大的生命力。

早在 20 世纪 50 年代，美国的白领人口首次多于蓝领人口，美国率先进入信息化，未来学家托夫勒将农业革命、工业革命之后信息革命命名为第三次浪潮，他在书中模拟二十一世纪的人类给美国宪法起草者写了一封信，他在信中说，美国国父们起草的宪法需要信息时代进行修改，需要新的治理理念，需要重新定义信息时代的人们责权利边界。

在这股全球化信息浪潮中，中国处于一个工业化和信息化融合的关键时期。在过去我们经过了高速的增长，变成一个中高速的增长，现在进入一个新常态，我们在这个信息经济的时代里，我们的物质生产的总量应该说是成功的，中国的经济的表现尤其是在拯救了 2008 年的美国的金融危机后，美国《时代》周刊把中国工人评了时代周刊的封面人物，因为中国工人拯救了美国的金融危机。中国人自信站在《时代》周刊的封面，中国式创新举世瞩目。

哈佛大学校长在会见习近平总书记时说，中国解决了 6 亿人口的温饱问题就是伟大的奇迹！

中国在信息化大浪潮中如何实现信息化现代化、建设网络安全强国是当前最紧迫的问题。前不久，习近平主席成功访美，成功进行硅谷外交、与美国总统奥巴马夯实了信息时代中美新型大国关系的基础。

2014 年 7 月 25 号，麦肯锡公司发布报告，中国互联网经济占 GDP 比重已经超过了美国。

十八届五中全会与时俱进发布了网络强国战略、大数据战略。中国应该找准创新的路径。回到我们过去的优秀的文化原点，同时开放集成全球化、信息化创新，中国式创新充满弯道超车的契机，网络强国战略的中国式创新未来无限美好！

对网络虚假信息传播监管的
中英对比研究

申 楠[*]

随着信息社会的步伐加快，网络已深入到日常生活的方方面面，承载着联络沟通、信息查询等任务，同时也作为传统社交方式的补充，成为了人们建立社交关系网的重要渠道。网络的出现降低了原本高不可攀的信息传播门槛，公民借助自媒体充分行使着话语权。但借助网络传播的信息，具有内容覆盖面广、分列式传播以及信息碎片化等特点；在人们享受高速信息社会带来的好处时，监管的缺失、公民自律的缺乏以及信息发布者身份的不确定性，使得网络虚假信息的问题也日益严重。涉及人民生活生产等众多领域的杂音纷至沓来，随着网络高速传播，混淆视听、导致民心动荡、干扰社会正常秩序、更有甚者借此试图达到更为险恶的政治目的。

一、我国现有网络信息监管法律法规的漏洞与不足

为保护网络空间的秩序，打击虚假信息的传播，我国多次出台相关法律法规，如《全国人民代表大会常务委员会关于维护互联网安全的决定》、《中华人民共和国电信条例》、《中华人民共和国计算机信息系统安全保护条例》、《计算机信息网络国际联网管理暂行规定》、《互联网信息服务管理办法》、《计算机软件保护条例》、《互联网上网服务营业场所管理条例》等，但在收效方面却令人不甚满意。为给网络信息正本清源以达正视听的目的，在《中华人民共和国刑法修正案（九）》第 291 条中增加一款："编造虚假的险情、

---

* 申楠，西安交通大学人文社会科学学院博士研究生。

疫情、灾情、警情，在信息网络或者其他媒体上传播，或者明知是上述虚假信息，故意在信息网络或者其他媒体上传播，严重扰乱社会秩序的，处三年以下有期徒刑、拘役或者管制；造成严重后果的，处三年以上七年以下有期徒刑。"①

　　该条款的出台旨在重点打击扰乱社会公共秩序、危害国家安全的虚假网络信息，并不是将所有发布和传播可能造成一定社会影响的虚假信息行为全部纳入刑法范畴内中；即编造传播的虚假网络信息不涉及险情、疫情、灾情、警情的四类消息，不论是否造成恶劣后果，除被害人追究民事责任外，虚假信息发布、传播者不承担相应的刑事处罚。然而，现今网络虚假信息涉及面极广，不仅存在于在扰乱公共秩序方面，还涉及人身攻击、诽谤等情况。虽然该项刑法新条款的出台对于网络虚假信息的编造与传播有一定的约束作用，但出于其对虚假信息范围的划分的局限性，仍难以从根本上杜绝网络传播虚假信息可能带来的不良社会影响。

　　此外，本次刑法修正案虽对虚假信息的编造和传播量刑做出相关规定，但是从立法技术上讲仍有瑕疵，主要表现在未对虚假信息这一概念做出阐释。笔者查阅了多部法律规范，未发现对于虚假信息有具有排他性的准确法律解释。按照词语构成，"虚假信息"可拆分为"虚假"和"信息"二词，《汉语大辞典》中"虚假"的解释为"假的、不真实"②，"信息"则是指"事物发出的消息、指令、数据、符号等所包含的内容"③。由此可见，"虚假信息"可以被理解为"虚假不真实的消息"，其核心便是消息缺乏具体完整的事实支撑，并且是能够证伪的。然而，缺乏具体完整事实支撑的消息未必全部能够证伪。比如，不是所有新闻事件的真相都会在第一时间浮出水面，而是需要一个披露真相的过程，在此过程中，即使以理性、审慎的态度进行调查并对发掘出的事实进行判断，但仍存在搜集到新的证据、推翻之前判断的可能。再比如，在新闻事件（尤其是一些关乎公众利益的重大新闻事件）发生伊始，仅有部分的事实被披露出来，其他相关细节仍在调查，但因其涉及公众利益，

①　中华人民共和国中央人民政府，《中华人民共和国刑法修正案（九）》，http：//www.gov.cn/xinwen/2015－08/30/content_ 2922112. htm，2015 年 11 月 1 日。

②　罗竹风等：《汉语大辞典》，上海辞书出版社 1986 年版，第 5074 页。

③　罗竹风等：《汉语大辞典》，上海辞书出版社 1986 年版，第 601 页。

关注度很高，民众依据披露出来的部分事实根据常识、常理做出一些合理的推测和判断；这些判断是基于已知事实和常理的推测，也许和最后的调查结果相去甚远，但是在做出判断的时刻，却是依据已知事实进行符合常识常理的推测。

信息作为一个集合，从最终形态看，可能是证实的，可能是证伪的，也可能是因为一定外部条件暂时既无法证实又无法证伪的。虚假信息是信息大集合里的一个子集，是对一切缺乏具体完整事实支撑的并且能够证伪的信息的概括。因为时间、空间局限性的存在，有许多在特定时间点上既无法证实又无法证伪的信息，可能与最终的结论存在差异，但在当时并不具备也不可能具备完整的条件做出与最后结果完全一致的判断。如果仅仅依据信息内容最终的真伪形态这一事实判断作为判断有失偏颇，这既忽视了新闻事件真相调查需要时间的基本常识，又否认了在事物动态发展过程中新信息取代旧判断的可能。这种对虚假信息概念的扩大化，无疑会对公众话语权的行使及其对公共事务的热情都会产生一定负面影响。

制定法律规范应当具有准确性与排他性，而上述这些例外，使得新刑法第291条第2款的刑事处罚对象的确定性遭到了破坏。针对这一立法技术瑕疵，笔者认为对虚假信息在法律上做出具有准确的定义，对与网络环境的治理具有极其重大的现实意义。

二、"虚假信息"与"流言"

笔者梳理了近年来网络上产生过的有较大的有社会影响的虚假信息，将这些信息按照涉及领域划分，包括国防类、医学类、危机事件类等；按照传播形式，又可划分为文字类、图片类以及视频类。内容涵盖广、传播速度快、信息发布者众多加之监管难度大是互联网时代网络信息的主要特点。日益加大的对网络虚假信息的打击力度，也使得网络虚假信息日渐呈现出隐蔽性的特点，例如以"真相"、"内幕"等标题掩盖虚假信息的事实。真相浮出水面的速度赶不上迅猛的网络传播速度，这使得人们甄别信息真伪的难度增大。如果仅仅以"不和最终结果相一致"作为是否成为刑法处罚对象的判断标准，那么"在特定时间内无法证实，无法证伪"的信息难免遭受池鱼之殃，那么势必会造成人人自危，闭口不言的"寒蝉效应"，公民正当的话语权势必难以得到应有的保护。如何在甄别打击虚假信息和保护公民话语权及其对公共事物热情间寻找平衡点？是制定旨在治理网络环境、打击虚假网络信息的法律法规的重要立法原则和最终归宿。

在我国学术研究中常被使用的"谣言"一词，多来自对国外文献中"Rumor"的翻译。为"Rumor"找到一个符合中国文化习惯的准确的翻译，是我国网络信息研究和立法方面一个重要理论基础。"Rumor"在《韦氏高阶英语词典》中被解释为"通过人际传播的、尚未证实的消息"（Information or a story that is passed from person to person, but has not been proven to be true）①。强调信息的传播途径和无法证实性，是中性词。而在《汉语大辞典》中，"谣言"被定义为"没有事实根据的传言"②，强调缺乏依据，凭空捏造，属于贬义词，具有明显的态度指向性。美国学者奥尔波特和波斯特曼认为，"Rumor"是一个"与当时事件相关联的命题，是为了使人相信，一般以口传媒介的方式在人们之间流传，但是却缺乏具体的资料以证实其确切性"③。纳普认为，"Rumor"是一种"旨在使人相信的宣言，它与当前时事有关，在未经官方证实的情况下广泛流传"④。法国学者让 – 诺埃尔·卡普费雷也下了定义："在社会中出现并流传的未经官方公开证实，或者已经被官方所辟谣的信息。"⑤ 美国学者彼得森和吉斯特在 1951 年也在《谣言与舆论》（*RumorandPublicOpinion*）一文中对"Rumor"下了定义："是人们之间私下流传的，关于公众感兴趣的事物、事件或问题的未经（官方）证实的阐述。"⑥（In general usage, refers to an unverified account of explanation of events, circulating from person to person and pertaining to an object, event, or issue of public concern）美国社会学家希布塔尼

---

① 《韦氏高阶英语词典》，梅里亚姆 – 韦伯斯特公司，中国大百科全书出版社 2009 年版，第 1426 页。

② 罗竹风等：《汉语大辞典》，上海辞书出版社 1986 年版，第 6668 页。

③ Gordon Willard Allport. , Leo Joseph Postman, *The Psychology of Rumor*, New York：Holt, Rinehart & Winston, 1948, p. 33.

④ Robert H. Knapp, A Psychology of Rumor, Public Opinion Quarterly, *Oxford University Press on behalf of the American Association for Public Opinion Research*, Vol. 8, Issue. 1 (Spring, 1944), pp. 22 – 37.

⑤ ［法］让·诺埃尔·卡普费雷：《谣言：世界最古老的传媒》，郑若麟译，上海人民出版社 2008 年版，第 15 页。

⑥ Warren A. Peterson & Noel P. Gist. , " Rumor and Public Opinion", in *American Journal of Sociology*, Vol. 57, Sep. 1951, p. 159.

认为，"Rumor"是一种"人们在非正式交往中集中智慧为对共同关心的问题构建有意义解释而进行的交流"①。（A form of communication through which men caught together in an ambiguous situation attempt to construct a meaningful interpretation of it by pooling their intellectual resources. ）是人们在议论过程中产生的"即兴新闻"（Improvised News）。以上关于"Rumor"的定义可以总结为是"人类非正式交流中、基于公众感兴趣话题而产生的、未经证实也无法证伪的消息"，其具有一项重要特性：在传播的当下无法证实，但也无法证伪；最终形态的真伪是人们（至少是大多数人）在发布和传播时刻无法判断的。由此可见，西方学者更倾向于将"Rumor"作为中性词对待。笔者认为引入"流言"这一概念能够更为准确合适。"流言"在《汉语大辞典》中的解释为：散布没有根据的话②。"流言"的重点在于"流"——即"散布和传播"。事实上，流言中可能包括一些真实成分，是在公民就感兴趣的话题在无法得到官方确认的"大道消息"时所散布传播的"小道消息"。

我国宪法保护公民的话语权，任何普通法都不能与宪法相抵触。在信息社会，公民话语权的一个重要表现就是通过网络传播信息。由于每个公民个体的知识储备、信息获取途径以及地理空间等限制，使得其无法也绝不可能对所有自己感兴趣的话题（尤其是在涉及公共利益的事件上）提前做出绝对符合完整事实真相的判断。不顾客观条件限制要求公民具有高瞻远瞩、在事件开始阶段就能提前获知事件真相的能力，将有可能造成公众因为担心获罪而不敢言的"寒蝉效应"，对人们关于公共事务的热情以及话语权的行使都是一个不小的打击，并且从根本上违背了宪法精神。

笔者认为，在制定网络管制相关条款时，引入"流言"这一概念代替"虚假信息"，不以信息最终的真伪形态作为唯一判断标准，能够更为全面、精准的描述传播中信息的状态，既肯定事物是变化发展的这一哲学原理，又弱化产生于事物发展变化过程中具体信息的真伪最终形态的判断。但是，这种弱化作用并不意味着任何人都有权在网络上打着"不知者不怪"的幌子发布和传播任何（包括可能威胁国家安全、破坏社会秩序、侵犯他人权利、引

---

① Shibutani J. , *Improvised News*: *A Sociological Study of Rumor*, Indianapolis: Bobbs Merrill, 1966, p. 17.

② 罗竹风等：《汉语大辞典》，上海辞书出版社 1986 年版，第 3268 页。

发社会问题）的消息。《宪法》规定公民不得损害国家的、社会的、集体的利益和其他公民的合法的自由和权利①，有维护祖国安全和利益②，维护国家统一和团结③，保守国家秘密以及遵守公共秩序，尊重社会公德的义务；同时也规定了公民人格尊严不受侵犯，任何人不得以任何方法对他人进行侮辱诽谤和陷害④。公民行为言论的各项权利义务都受宪法约束，不能超越宪法框架，更不能以损害国家社会或他人利益来达成自己所谓的"权利与自由"。

笔者认为，在实际操作层面，将公民发布传播信息的主观意图和目的、发布传播信息时是否对内容真实性做出符合现有事实及常理的审视和判断，以及信息发布后实际引发的结果三方面同时纳入考量体系，作为对公民利用网络发布和传播信息行为是否触犯法律法规的判断标准，在法律实践中会有更好的实际操作性。目的、动机和意图作为刑法犯罪主观构成要件之一，是犯罪构成的重要要素，以公民利用网络发布言论的主观意图和目的作为主要考量，不论从法理依据的正义性还是具体法律事务中的可操作性上都更具优势。同时，公民利用网络发布传播信息的内容是否符合事实（或者说是否符合公民应当知道的事实）以及常识常理也应作为一个重要考量标准，公民作为社会人，后天的教育赋予其一定判断事物真伪的知识和能力，虽然受限于知识量、空间、时间等要素使得公民的判断力受限，但是对于明显能够判断出是不符合事实（虚构、编造或者歪曲事实）及常理的信息依然进行发布和传播，那么就可以推定为存在主观恶意，以损害社会或他人的方式达成自我满足（金钱、地位、名誉或者发泄目的）；结合信息传播结果的恶劣程度，对信息发布、传播者违法行为理当依据法律进行规范和惩处。但是，对于甄别信息内容真伪超出公民判断能力的情况，因为不存在明显的主观故意，出于保护公民权利的倾向，最好以批评教育为主。使监管和处罚行为更为合情合

---

① 《中华人民共和国宪法》第 51 条，http://www.gov.cn/gongbao/content/2004/content_62714.htm，2015 年 11 月 1 日。

② 《中华人民共和国宪法》第 54 条，http://www.gov.cn/gongbao/content/2004/content_62714.htm，2015 年 11 月 1 日。

③ 《中华人民共和国宪法》第 52 条，http://www.gov.cn/gongbao/content/2004/content_62714.htm，2015 年 11 月 1 日。

④ 《中华人民共和国宪法》第 53 条，http://www.gov.cn/gongbao/content/2004/content_62714.htm，2015 年 11 月 1 日。

理合法，对保证公众正常话语权的行使也有着现实意义。

三、英国监管网络信息的相关经验

面对被法国学者让－诺埃尔·卡普费雷称为"世界最古老的传媒"的"谣言"（笔者认为此处翻译以"流言"代替"谣言"更为准确更符合汉语习惯，但仍尊重成书时的翻译）[①]，作为世界上最古老的将诽谤侵权作为侵权方式之一予以法律规范的国家——英国，在对于网络流言的管制和处罚方面积累了一定的经验。虽然截至目前，英国并没有专门的法律用以针对网络流言引发的侵权，但其对网络信息内容进行详细分类、实行严格的分级和信息过滤制度、设立专门的机构对互联网进行监管、拥有大批成文法和判例对网络流言引发的侵权进行审判和处罚。这一整套对于网络监管及网络流言侵权处置办法，对于我国的法律实践有着一定借鉴意义。

（一）对于他人名誉的保护

所谓"诽谤"，就是"以不实之词毁人"[②]。英国法律使用"Defamation"、"Libel"以及"slander"来界定"诽谤"。英国关于"诽谤行为"的规制历史悠久，举世闻名。阿特金勋爵士早在1936年就对"诽谤"做出过这样的定义："造成被社会轻视或低估的任何出版物都属诽谤。"[③] 由此可见历史上流言就和媒体有着密不可分的关系。《英国1952年诽谤法案》将"诽谤"定义为"公开发表虚假内容，这些内容涉及某人的名誉，并造成他被社会正常思维人群轻视或被孤立的后果"[④]。《英国1996年诽谤法案》认为"诽谤"是"令原告被憎恨，嘲笑或被轻视；被避而远之；被社会正义的想法降低地位，在贸易、商业、职业上被毁誉"[⑤]。几个世纪以来，关于诽谤，英国法律（成文法和普通法）都对被告适用严格责任原则：即原告不需要证明被告有破坏

---

① ［法］让·诺埃尔·卡普费雷：《谣言：世界最古老的传媒》，郑若麟译，上海人民出版社2008年版。

② 罗竹风等：《汉语大辞典》，上海辞书出版社1986年版，第6622页。

③ Robertson, Geoffrey, *Freedom, the Individual and the Law*, London, Penguin, 1993, p. 37。

④ 《英国1952年诽谤法案》（The Defamation Act 1952），http：//www. legislation. gov. uk/ukpga/1996/31/contents，2015年11月1日。

⑤ 《英国1996年诽谤法案》（The Defamation Act 1996），http：//www. legislation. gov. uk/ukpga/1996/31/contents，2015年11月1日。

原告名誉的意图，只需证明被告：①发布了有损原告名誉的内容，②这些内容指向原告，③这些有损原告名誉的内容已经公开发表和传播。对被告适用的严格责任原则几个世纪以来都未曾改变，直至"雷诺兹诉泰晤士报"这一判例的出现，使得在英国普通法中，对于"诽谤罪"的被告开始适用"过失责任"原则代替存续了几个世纪的"严格责任"原则。在《英国 2009 年审判和验尸法案》中①，废除了在英国存续了几个世纪的"煽动和煽动诽谤罪"（an offense of sedition and seditious libel）、"侮辱性诽谤罪"（an offense of defamatory libel）以及"淫秽诽谤罪"（an offense of obscene libel）三项罪名，是对公民自由表达权利保护的巨大进步。

与此同时，英国出现大量针对诽谤侵权行为的判例，并以《人权法案》、《欧洲人权公约》和《英国 1996 年诽谤法案》等成文法作为补充，来限制公民自由表达有可能带来的诽谤行为。例如，在《欧洲人权公约》中，虽然规定了"每个人都享有不受公共机关干预、不分国界的传播消息和思想的自由"②。但是也规定这些自由并非绝对的自由，而是伴随着相应的责任和义务，这些自由必须符合法律规定，以"为国家安全、领土完整或公共安全的利益，为防止混乱或犯罪，保护健康或道德，为维护他人的名誉或权利，为防止秘密收到的情报的泄漏，或者为维护司法官的权威与公正性所需要"为底线③。

在"保护人的名誉"和"保护言论自由"方面更倾向于前者的英国，一直以来只需证明被告发布的具有针对原告的诽谤性内容存在，除非被告提出其他抗辩事由，那么这个"诽谤罪"就能够证据确凿。然而在《英国 1996 年诽谤法案》没有明确规定"诽谤罪"的构成要件却强调了多种特权，比如减轻被告非恶意诽谤（unintentional defamation）和无心传播（innocent dissemination）的举证责任以及扩大特权场合的范围等，用以平衡自由表达和诽谤侵权行为间可能发生的冲突。信息技术的飞速发展，使得网络传播不同于传统的出版传播方式，具有传播内容多、传播范围不受时空地理限制、传播次数呈

---

① 《英国 2009 年审判和验尸法案》（Coroners and Justice Act 2009），http：//www. legislation. gov. uk/ukpga/2009/25/contents，2015 年 11 月 1 日。

② 《欧洲人权公约》（European Convention on Human Rights）第 10 条，http：//www. hrol. org/Documents/RegionalDocs/2012 – 11/67. html，2009 年 5 月 13 日。

③ 《欧洲人权公约》（European Convention on Human Rights）第 10 条，http：//www. hrol. org/Documents/RegionalDocs/2012 – 11/67. html，2009 年 5 月 13 日。

几何增长等新特点。已有的诽谤法案不足以应对网络上涉嫌诽谤侵权的行为，于是出台了《英国 2013 年诽谤法案》，增添、明细了相关条款使之符合社会发展现状，比如：诽谤行为的认定必须基于被告发布全部或者部分内容是否对原告的名誉已经或者可能引起实质性的伤害作为要件；对于全部或者部分涉及公共利益事件的言论，发布者必须在发表言论时尽到相关责任；对于互联网服务供应商（Internet Service Provider，以下简称 ISP）在侵权行为中责任的划分和认定，对作为信息发布平台提供者的 ISP 采用事前不限制和事后审查制度，更倾向于保护作为第三方的 ISP 权利；以及一次出版标准等①。

英国几个世纪以来的成文法和普通法对于诽谤的规制以及保护人的名誉做出了巨大贡献，在面临网络社会带来的变革时也适时做出了调整和改变，通过判例的形成和成文法的制定规范公民行为，对于平衡诽谤侵权的规制以及自由表达二者间的矛盾提出了有实际意义的审视原则以及具有可操作性的规范，这为我国互联网信息监管的立法提供了不错的范本和借鉴经验。

（二）对国家安全和公共秩序的保护

英国也和世界其他各国一样，在这个交流方式发生天翻地覆变革的时代，既享受着网络高速信息传播带来的好处，也面临无处不在的可能对国家安全和社会秩序造成严重后果的网络言论。2011 年经过网络煽动和扩大进而造成秩序混乱损失巨大的伦敦骚乱、2012 年英国广播公司（BBC）"新闻之夜"多次暗示麦尔卡平爵士娈童的诽谤性言论在 Facebook 和 Twitter 等社交平台引发民众大范围的抗议和攻击。这些网络流言不仅对公民人格、同时也对社会秩序造成了极大损害。

英国成文法和普通法在对人的名誉进行保护的同时，有诸多法令和判例用于维护国家安全以及维持公共秩序。比如《英国 2003 年通信法案》第 127条规定"凡是公民利用网络发布或者在明知内容虚假的情况下依旧发布意图制造他人烦恼、不便和不必要焦虑的信息，如果该信息具有虚假性、侵犯性、侮辱性或者恐吓性，那么一经发布即视为违法"②；第 98 条规定英国国家通讯

---

① 《英国 2013 诽谤法案》（Defamation Act 2013），英国国家档案馆，http：//www. legislation. gov. uk/ukpga/2013/26/contents，2015 年 11 月 1 日。

② 《英国 2003 年信息法案》（Communication Act 2003）第 127 条，英国国家档案馆，http：//www. legislation. gov. uk/ukpga/2003/21/section/127，2015 年 11 月 1 日。

管理局 Ofcom[1] 有权对引起公共安全、公共健康和国家安全损害的以及对互联网用户和运营商经济和运作构成威胁的网络违法行为发布警告或者要求暂停业务[2]；并且有权将其认定的"紧急情况"（Urgent Case）报告给相关机构进一步处理，比如英国国家通讯总局 GCHQ（Government Communications Headquarters，是英国国家情报安全部门）就有权依法对违法者进行监听和监管。同时，《法院报道制度》、《公共秩序法》、《反恐怖法》、《藐视法院法》、《国家密保法》《恶意沟通法》、《反骚扰法》等法律都有具体条款针对网络信息威胁国家安全和公共秩序的违法行为进行规范和处罚，处罚方式涵盖罚款、强制社区劳动以及入狱等手段。

在依照成文法和判例对网络信息进行规范的同时，许多政府机构以及半政府半民间组织也通过对网络信息的监管起到重要作用，比如网络观察基金会（Internet Watch Foundation，简称 IWF）、英国国家通讯管理局（Office of Communication）以及英国国家通讯总局（Government Communications Headquarters）等。这些机构通过信息过滤、内容分级、信息内容合法性评估等方式作为法律手段的补充，对网络信息进行监管，为公民权利、社会秩序以及国家安全的保护起到了积极作用。

四、我国可以学习的经验

笔者通过对英国处理可能对公民权利、社会秩序及国家安全造成威胁的网络信息的相关法律、原则及机构设置进行梳理和介绍，得到一些经验可以为我国网络信息监管提供借鉴。

（一）我国法律对于"虚假信息"的定义尚有缺失

目前新刑法修正案新增了打击网络"虚假信息"的条款，但是对"虚假信息"这一概念尚缺乏一个准确的法律定义。单纯以信息的最终真伪形态进行区分，缺乏对"真"与"假"的相对性的认知，否定了随着事物发展变化，"真"与"假"的判断发生改变的可能，也否定了从不同角度观察事物产生"真"与"假"的相对论。因此不妨借鉴英国的经验，引入"流言"这

---

[1] Office of Communication，是英国政府授权的广播、电视以及通讯产业监管机构。

[2] 《英国 2003 年信息法案》（Communication Act 2003）第 127 条，英国国家档案馆，http://www.legislation.gov.uk/ukpga/2003/21/section/127，2015 年 11 月 1 日，第 98 条。

个相对中性的概念来描述动态变化中的信息，以信息发布者制造和传播信息时的主观意图、是否在信息传播时尽到应尽的责任（即是否对信息真伪和潜在后果做出了符合其认知水平的判断）以及信息传播引发的实际后果作为综合判断标准。既是对公民话语权的尊重，也能够打击网络上存在的对国家安全、社会秩序以及公民权利存在威胁的信息，在法律实践中具有较高可操作性。

（二）法律的时代性

法律是社会发展的产物，既是社会秩序的维护者，又是社会发展的体现者和推动者。

社会是发展的社会，法律也应该随着社会发展而不断自我完善。目前我国法律法规在针对危害国家安全、公共秩序以及公民权利的网络信息方面，尚未制定专门的法律规范。信息社会网络技术的高速发展，使得现有的法律规范在应对网络信息威胁方面存在灰色地带；缺乏具体、有针对性和明确的可操作性的法律条款进行约束。英国多次修改已有法律规范和不断形成新的判例使之适应社会发展。我国不妨借鉴此经验，紧跟社会发展动态，结合实际制定和修改法律，将法理、原则应用于实际生活中，抓住变化预测方向，制定既符合眼下社会发展水平又能够体现社会发展方向的具有可操作性的法律规范。

（三）合理的机构设置

我国目前对于互联网有影响的国家级监管机构，仅有"中国互联网络信息中心"一家，"作为中国信息社会重要的基础设施建设者、运行者和管理者，行使国家互联网络信息中心的职责"①。该机构主要承担着我国网络基础资源研究开发和运行管理、网络发展咨询和网络技术交流平台的责任。但从实际上和法律上都没有承担起对网络信息的监管职责，将发现的具有潜在社会危害的信息提供给职能部门进行联合打击更无从提起。因此，借鉴英国设置专门机构监管网络信息这一经验在中国有着迫切需要，设置专门的互联网信息监管机构，对网络信息内容进行过滤和分级；及时发现危害国家安全、社会秩序以及公民权利的网络信息，并将其交由职能部门进行规范和打击；

---

① 中国互联网络信息中心："中国互联网络信息中心简介"，http：//www.cnnic.cn/gywm/CNNICjs/jj/，2015 年 11 月 1 日。

从源头上治理网络环境并对网络信息发布传播过程加以规范，具有重要的社会现实价值。

目前我国网络信息处于一个监管方不明确、相关法律法规尚不健全的阶段，从制度上和法律上制定一整套针对网络信息监管及处罚的完整体系，还有很长的路要走。对于信息的监管，既不能打着维护国家安全和社会秩序的旗帜打击有益的谏言，伤害公民参与公共事务的积极性、损害其本应享有的话语权，又不能够放任互联网信息良莠不齐真假难辨，导致人们思想和社会秩序陷入混乱。如何找到二者的平衡点，制定准确且具有可操作性的具体法律规范？设置专门的监管机构，将各个职能部门联合起来治理网络信息环境，是我国所面临的重要问题。笔者就英国关于互联网信息监管与治理的相关原则、法规和机构做一介绍，就是希望这些经验能够对中国网络建设与管理方面起到借鉴作用。

新媒体语境下"舆情搭车"现象探析

杨 晓[*]

近年来，随着新媒体的快速发展，公众对信息的获取变得便捷，公共突发事件一旦发生，便会病毒式传播被公众广泛关注，形成网络舆情。从"庆安枪击事件"到引发当地官场强震，从"微笑局长杨达才"到"表叔杨达才"，从"我爸是李刚"到涉事校长抄袭丑闻，与该事件相关的其他问题借公众对事件本身的关注热度而趁机浮出水面，引发舆情变异，导致"舆情搭车"。

一、"舆情搭车"现象的定义

在网络新媒体的广泛应用下，社会上出现公共突发事件，网民的声音会迅速集聚，形成强大的舆论场，若事件没有及时解决，网民的知情欲得不到满足，不满的声音会导致舆情发生转向，与该事件有关的一系列问题会得到迅速扩散，借高涨的舆情之势，以引起社会的广泛关注。这种由一事件引发的系列蝴蝶效应，导致舆情不断升级、发生转向的现象称之为"舆情搭车"。

对定义的界定，有的学者称为"新闻搭车"，有的学者称为"舆情搭车"，其性质不会因其定义的不同而发生变化。笔者倾向于"舆情"搭车这一说法，其表达更为贴切，新闻只是一个事件，只有事件进入网民视野成为焦点问题才会产生舆情。"搭车"现象的事件产生了舆情，舆情诉求得不到广大网民的满足，促使过往的相关事件浮出水面，共同发力来得到诉求满足。可见"搭车"现象的产生由突发公共事件舆情相关事件新舆情，透过"搭车"

　＊　杨晓，西北政法大学新闻传播学院讲师。

现象产生的过程不难发现用"舆情"搭车来形容更为确切。

不管何种说法,其主体都是网民,客体是公共突发事件,舆情的形成首先是网民对事件产生强烈反应,网民的激烈与政府的回应衍生出更强烈的舆情反应,于是相关事件不断揭发。"庆安枪击事件"是引发网民反应的源头,广大网民企图得到事情的原委,政府却迟迟没有公布相关监控录像,引起了网民的质疑,从而使舆情得到升级,事态一步步扩大,引发一系列原来存在问题的暴露,造成塌方式的官场地震。

二、"舆情搭车"现象的原因分析

(一) 舆情应对未顺应民意

由于公共突发事件的敏感性和刺激性,很容易引发网民的兴趣,成为街谈巷议的话题。在事件传递过程中,传递的是一种情绪的表达。这种情绪在传播过程中不断地交流、碰撞,从而形成网络舆情。所形成的舆情代表一个群体的意见,这个群体期待事件的真相,由于政府相关部门的不作为或引导舆情的方式不恰当,使广大网民的舆情诉求得不到满足,从而进一步激发网民情绪,使舆情出现转向。有些网民会趁机发布与此地域相关、与涉事官员相关的爆料信息,希望引起社会的关注。

在"庆安枪击案"中,网民的焦点是警察为何开枪,亟需官方给出合理的说法,可是官方没有回应,广大网民要求的公开监控录像也迟迟未满足,在获取事发真相信息未果的情况下引发了网民猜疑,有网民甚至质疑此次开枪事件是围截上访者造成的。在网民情绪激化的情境下副县长董国生前去慰问干警,这一行为更加激起民愤,使舆情瞬间升级成一系列举报事件曝光的导火索。由此不难看出正是官方应对舆情声音上的缺位才使舆情不断增长,牵连出原本并无关联性的过往事件。正如喻国明教授所说:"类似案例如果发生在其他地区,一旦深究细查,很可能具有潜在普遍性,这是官员的监察管理体制疏漏所导致的传播现象。"

(二) 新媒体对舆情的助推

与传统媒体相比,新媒体语境下的受众不再是被动的信息接收者,而是兼有信息的发布者、转发者和评论者。加之新媒体信息来源广泛、传播速度快和互动性强的优势,使敏感事件迅速传播,形成强有力的舆论场。这归功于新媒体的广泛应用,人人都是传话筒的现象已成现实。2012 年 8 月,陕西省安监局原局长杨达才因在延安特大交通事故的现场露出不合时宜的"微笑"被网友人肉搜索,随之网友发布其所戴的各种价格不菲的手表,并被网民戏称为"表叔",舆论狂潮下引起政府关注导致杨达才的腐败问题被进一步调查,最终被绳之以法。

三、"舆情搭车"现象的启示

由公共突发事件引发舆情,再由舆情引发出"搭车"事件,其根本原因在于舆情的需求未能满足网民意愿,反而使舆情得以反弹,此现象的产生凸显出政府危机管理措施的不及时、不到位。

"庆安枪击案"、"微笑局长杨达才"、"我爸是李刚"等事件"搭车"出的系列舆情事件,借当前事件的空前关注"搭车"形成合力,达到拔出萝卜带出泥的反腐效果。虽然是"搭车"但却是一种后补的舆论监督手段,不但能反映社会中的不良现象,还能解决一定的社会问题,从这一点审视"舆情"搭车现象是有利于和谐社会构建的。可是,由公共突发事件引发"舆情"搭车现象纯属偶然性事件,靠"搭车"去揭发问题治标不治本。

以网络为代表的新媒体使公众话语权得到最大释放,网络空间人人可以发声,但如果处理不当则容易失控。回顾"我爸是李刚"事件,这一交通肇事案被自媒体定性为富二代的狂妄之举,将李启铭放在舆论的对立面,紧接着校方的沉默、反常使该事件更加扑朔迷离,而此时网友搜索出该校校长学术不端的证据,使社会一片哗然,最终导致二级舆情事件的发生。李启铭是事件的开端,从"我爸是李刚"发酵为"富二代的狂妄",失控的舆论不仅对其行为进行指责、谩骂,还引发了对富二代群体的诋毁,激化社会矛盾。由此可见如果"舆情搭车"事件得不到及时有效的控制,会引发网络暴力和社会动荡等不确定因素。

四、"舆情搭车"现象的引导策略

"舆情搭车"是一种事后舆论监督手段,能解一时之急,却不是长久之计。舆情一旦激化,会陷入"舆情搭车"的漩涡,造成政府公信力大打折扣,舆论引导和社会管理难度也逐步加大。针对舆情事件笔者认为应做到以下几点:

（一）提升政府危机应对能力

政府是公共危机事件的引导者，在应对公共危机事件中，政府的话语权具有权威性。如政府在公共危机事件中不作为，网民的舆情诉求得不到解决则会引发二者矛盾，这不仅扩大舆情事态，还有损于政府以人为本、执政为民的公仆形象。因此在处理舆情事件时政府要提高回应能力，不断畅通公众利益表达渠道，把握好舆情的导向。

（二）加强社会法制建设

在法治理念下，政府的权力要在阳光下运行，接受舆论的监督，尽量减少引发舆情的不良事件。倘若公共突发事件发生，政府相关部门要遵循法治思维和坚持法治精神，公平公正的处理好公共危机事件，给公众满意的答复，同时引导公众树立法治理念。遇到敏感事件，用法律的眼光理性对待，而不是借手中的新媒体利器，在舆论高涨的情况下加入舆情助燃的行列扩大舆情。在法治理念下营造健康文明的舆论空间，使舆情事件无车可搭。

"舆情"搭车现象虽然有一定益处但毕竟不是常规的舆论监督手段，和谐社会的建设应倡导法制思维，应密切关注各种舆情，重视民意，而不是舆情诉求被扼杀时须靠"搭车"才能解决。

新媒体暴力与应对策略探析

杨文慧*

一、网络环境下新媒体暴力表现

随着网络覆盖率提高和移动客户端的日渐普及，人们在享受媒介进步带来的一系列社会变革与自身愉悦的同时，新媒体暴力正携带着更崭新的特质侵入个人与公共领域，其特点包括：多元性、隐蔽性、荒谬性、持久性和强破坏性等。

（一）以微博为代表的网络暴力

网络暴力为新媒体暴力下的最直观表现，其形式通常是网民对未经证实或已经证实的网络事件在网上发表具有攻击性、煽动性和侮辱性的言论；在网上公开当事人的个人隐私，侵犯当事人隐私权，对当事人及其亲友的正常生活进行言论和行动侵扰，致使当事人人身权利受损。

案例代表为微博热门话题"袁姗姗滚出娱乐圈"，由于娱乐业竞争的白炽化，网络暴力开始从原来的网民自发向利益集团操控的方向转化，即利益团体策划进行话题议程设置——营销号、段子手抱团炒作——网民跟风。整个事件的发生过程具有很强的操纵意味，污名化痕迹明显，网民在铺天盖地的信息冲击中失去自我独立判断的能力，跟风谩骂。起初有望担任公共领域的微博议题，已经被无休止的娱乐头条占据，炒作化、无营养、虚假性、谄媚趋向逐渐培养了一堆沙发土豆，以此产生了对网民精神的强制暴力污染。

（二）以微信为代表的信息污染

网络数据表明，近几年以弱关系为社交基础的微博呈现势微趋势，无论

---

* 杨文慧，西北政法大学新闻传播学院 2015 级硕士研究生。

从关注度的增长还是转发数量。与此同时，作为以强关系为社交基础的微信却正值使用高峰。如同微信宣传文案，"微信，一种生活方式"，微信作为一个社交类 APP 的确已经用它惊人的爆发力改变了人们的现存生活方式，短信的几近消亡，互晒朋友圈的点赞之交、微信计步运动、微信红包等无一不在印证着麦克卢汉"媒介即讯息"的观点。这一观点在效果方面强调，一种新的媒介一旦出现，无论它传递的是什么样的讯息内容，单单是媒介本身就会引起人类社会生活的变化，以及社会结构的变化。

在我们感叹"人分两地，而情发一心"的微信情谊便捷化时，由微信引发的信息污染也成为新媒体暴力中的一大问题。例如朋友圈虚假养生类信息的传播，其传播主体通常为新媒体使用的滞后者——长辈一族，他们渴望融入新生事物圈，对信息内容的传播过程充满好奇，信息批判性较弱；微商、代购的持续性刷屏是微信信息污染的重灾区，从剥离道德的层面来看，这类信息是对受众注意力的浪费，它挤压了人们在个人领域表达情感的空间；无关微信群信息爆炸问题呈凸显性，因为现实中人际及工作关系可能无法退出相关群，由此带来的微信无意义群聊占用流量、时间资源现象被现代人所诟病。

（三）无处设防下的信息泄露

技术改变世界，我们却不能得出技术使世界更美好这个绝对化结论。因为伴随着移动终端智能化昂扬高歌的今天，相对于以往较为单一的电脑终端搜索记录的历史痕迹收集，如今由各类 APP 定位服务引起的信息泄漏问题浮出水面。与其说科技带来人类个人表达领域的扩大化，不如说也是由于科技使得我们的信息，在一个无处设防的环境中公开裸奔。

首先，在网购等要求填写真实信息的活动中，传播作为一个不得不进行的过程，将个人信息暴露在陌生人或群体面前；其次，由于手机定位功能的存在，甚至强制配对技术的发明，使得我们每个人处于位置的监视中，结果便是我们在进入某一特定区域时，会收到各类保健、娱乐等垃圾短信；最后，网络系统会综合大数据分析受众的喜好，将其潜在的消费、搜索、行程进行预测，在节省大众时间方面，这也许不是坏事，但对于注重隐私的人群来说，这却是建立在信息不对称下的消费欺诈。

二、新媒体暴力生成的社会心理基础及原因

正如我们无法抛开本质看其表面，新媒体暴力表现形式的多样性恰好说明暴力生成原因的复杂性。其生成并得到分化的缘由，可追溯到以个人为单位、以群体为单位以及媒体等方面的多重心理因素，并结合社会、技术原因分析如下：

第一，网民的情绪宣泄与身份认同。网络扮演着"排气阀"的作用，由于网民非理性、匿名性、虚拟性、群体性等的存在，部分网民会借助网络平台宣泄情绪，而且不排除存在娱乐化诉求的网民，即只出于"好玩"的心理，这与心理学家威廉·史蒂芬森提出的"游戏理论"有契合之处。例如网络语言的层出不穷，"我也是醉了"、"我不会轻易狗带"等戏谑用词，反映了大众对权威的反抗和对严肃权力的解构。而在对待网络事件，尤其是娱乐明星绯闻事件上的语言攻击，更是凸显了情绪宣泄这一功能，因为与其说网民针对的是这件事，倒不如说他们在意的是这件事情背后隐含的价值判断。

移情与认同是新媒体暴力生成过程中的另一大心理因素。正如宗教的存在是给予人心以抚慰，偶像乃至其他理想事物的存在也是人生追求中的乌托邦式寄托，因为寄托的存在，在自身能力范围内现实中无法实现的目标，或者喜爱、憎恨的情感转移到相关事物之上，便是移情，移情概念是弗洛伊德理论机制的一个重要部分。而认同，弗洛伊德将其看作是持续长久的心理感情，并认为模仿是一种短暂的认同。[①] 究其案例，可参考原出柜民谣歌手陈粒，作为女同圈标杆性的公众人物，原始歌迷相当一部分为女同性恋群体，在她们对偶像进行移情并将美好期望寄托于她身上后，强烈的身份认同借此形成。而一旦偶像分手继而相恋男友，成为她们身份认同体的反叛，愤怒攻击谩骂便成为网络暴力的表征体现。

第二，网路环境中乌合之众的众声喧哗。人是理性的存在，本能是趋利避害、教育习得辨别是非善恶，当个人以独立意志存在之时，通常表现为理智、宽容。而当个人并入群体时，个人意识逐渐丧失，并表现出冲动、易变、急躁和易受暗示与轻信的特性。由于群体中传染、暗示机制的作用，非理性

---

① E. M. 罗杰斯：《传播学史：一种传记式的方法》，上海译文出版社 2012 年版，第 76 页。

力量占据主导地位，发生群体性催眠，进而出现群体极化现象。

纵观网络暴力事件，在匿名机制下，由舆论领袖潜在引导，网民表现出的非理性攻击、谩骂甚至延伸到现实中的打击报复，均能看到群体心理的影子。"处于群体中的个人会感受到一种强烈的'正义'力量，对他们来说群体就是正义，数量就是道义；即或不然，群体中的人也会有一种'法不责众'的想法，因而在他们的行为时就表现得理直气壮"，① 勒庞在《乌合之众》中对集体心理做出了写实描述。也正是以这种心理为基础，网络成为了一个众声喧哗的地方，所有的人都在说，而没有人有耐心去听。

第三，文化工业下的媒介失范。阿多诺在与霍克海默合著的《启蒙辩证法》一书中主张用"文化工业"代替"大众文化"来表示现代大众传媒及其传播的流行文化。② 文化工业这个概念存在两层批判性含义，一是文化工业以艺术为名义，兜售的其实是可以获取利润的文化商品，使大众的闲暇时间变为另一种被剥削的劳动；二是文化工业具有浓厚而隐蔽的资产阶级意识形态，在人们忘乎所以地享受文化快感时，隐蔽地操纵了人们的身心乃至潜意识活动。阿多诺对于文化工业的无情批判在今天看来也恰如其分，不宽容地说，正是在文化工业的腐蚀下，媒介失去了最初的舆论导向责任感，一步步失去客观真实独立的底线，潜在性的引发了新媒体暴力。

这是一个物欲纵横的时代，这是一个商品拜物教盛行的时代，这是一个不怎么好的时代。正因如此，媒体作为社会公器才更应坚守职业操守，坚定价值底线，做好舆论思想引导工作。而非像斯麦兹提出的"受众商品论"中，一味追求点击量与收视率，在注意力经济的驱使下丢盔弃甲。例如为博取眼球哗众取宠的标题党、为满足受众猎奇心理的犯罪变态案件细节暴露文、为获取关注度制造明星"伪事件"等，因为这些牵扯纯感性领域的内容，因受众理解能力的不同和偏差，最易引起所谓的"撕"战。甚至有些媒体为保持自身被关注黏度，刻意制造话题冲突，制造网络暴力空间，这些都是违背职业道德及媒介失范的突出表现。

第四，转型期间的社会失范与技术本身的特质也为新媒体暴力提供了客

---

① 古斯塔夫·勒庞：《乌合之众》，新世界出版社 2011 年版，第 123 页。
② 马克斯·霍克海默、西奥多·阿道尔诺：《启蒙辩证法》，上海人民出版社 2006 年版，第197 页。

观发生条件。我国正处于社会转型期，传统的价值观念发生断裂，新旧价值观相互冲突，"失范"现象不断出现，引发了众多社会问题。在法律无法企及之处，网民群体试图通过放大道德威慑力，通过对失范者的自发惩罚来呼唤理想的社会秩序，使法律的空白部分得到补偿。因此，以"人肉搜索"为代表的网络暴力深层的社会原因是中国社会转型导致的传统道德弱化和社会秩序的破坏。

而近几年技术发展带来的自身特质，社会化媒介如微信、微博的蓬勃发展，使得传播成本普遍降低，人人皆可为传播主体，从而为新媒体暴力表达提供了技术上的支持。

三、新媒体暴力引发的后果

网络暴力、信息污染、信息泄漏等内容构成的新媒体暴力，在多元环境下产生了广泛影响，加快了对过去价值观的解构和重建，并由此引发了一系列后果。

个人层面。其一，个人本身更大可能的遭受新媒体暴力，并受到情感伤害；其二，微博等弱关系社交媒体中，个体逐渐将"本我"释放，而微信等强关系社交媒体中，又表现出极为刻意的"超我"，从而导致了类似人格分裂趋向。由于惧怕新媒体暴力发生在自身，从而在陌生人领域阐释弗洛伊德在《释梦》中所说的"快乐原则"，在"首属群体"面前践行"现实原则"；[1]其三，促使虚拟现实的建构，由库利的"镜中我"理论[2]可知，人们通过他人心目中对自己的印象及态度，来获取认知并改变自己的行为方式，新媒体暴力的泛滥也促使个人通过察言观色，来修正自我的行为，这个过程在一定程度上违背本意，是对虚拟现实的建构。

媒体层面。其一，媒体制造噱头，未客观真实报道的行为损害了自身公信力，而公信力是任何企业的无形财产，一旦破坏需要漫长的修复过程；其二，过于注重短期利益及经济效益，过多利用粉丝经济博取关注，不利于严肃话题议程设置的进行，造成版面的不平衡发展，对以后发展埋下后患；其三，新闻媒体作为政府的喉舌，对政策类新闻报道的缺失或报道方式不完善，

---

[1]　E. M. 罗杰斯：《传播学史：一种传记式的方法》，上海译文出版社 2012 年版，第 154 页。

[2]　弗洛伊德：《释梦》，商务印书馆 1996 年版，第 399 页。

不利于提高公民参政议政的热情，不能对我国依法治国战略的实施进行有效宣传推进。

社会层面。其一，意义发生后现代主义的"内爆"。[①] 波德里亚的"内爆理论"首先是指真实与虚构之间界限的内爆，即意义的内爆，媒介真实与客观现实之间存在差异，而在媒介传播过程中，媒介不仅吞噬意义，而且拼接意义、制造意义，不自觉中将非真实的事件呈现在人们面前。在信息推送泛滥、信息爆炸、网络暴力的生态环境下，整个社会对意义的界限产生了质疑。其二，由于对社会意义产生的质疑，进一步导致了焦虑社会的到来，历史虚无主义、享乐主义皆与此有关。其三，社会风气加剧恶化，道德伦理感丧失，容易形成充满恶意的世界。

四、应对机制建立的可能性与必要性及策略方法

如同新闻报道"易疏不易堵"，对于不良的新媒体暴力现象，应对机制需要适时引导、适度引导。在言论自由与应对管理中间寻求平衡点，这不是最好这样做，是只能这样做也必须这样做。

应对机制建立的可能性在于，由分析得知群体心理是诱发新媒体暴力的极大因素，正因为我们深知这一因素的形成过程，进而在发生暴力事件时，应从受众心理分析，将损害降到最低；受众也非完全无理性之人，对其进行思想引导、信息公开透明、举报机制建立完善等措施有助于提高媒体、政府公信力。而应对机制建立的必要性在于，一个社会想要稳定健康的发展，社会风气，思想信仰，集体的价值观、道德观是组成文化软实力的必要成分，因此媒体的社会公器作用必须得到正确有效的发挥；世界文化碰撞的今天，意识形态已经成为各国激烈争夺的制高点，维护我国优秀文化，依赖于文化产业，尤其媒体方面的协作努力。

在个人层面，首先，应注重网民媒介素养的提高，从在校学生开始增加媒介批判课程，使其了解媒体报道的只是事实的一方面，提升其辨别报道隐含价值观及偏见的能力；其次，扩大法制教育的范围，认真落实依法治国理念的推广，促使公民自觉知法、懂法、守法，网络管理也是法制管理的一部

---

① 让·波德里亚：《符号交换与死亡》，译林出版社 2006 年版，第 163 页。

分，并不是无法之地，在网络环境中犯罪同样应受到法律制裁；最后，通过知识讲座、竞赛论坛等形式实践教育广大公民，提高其对新媒体的正确、合法、有效使用能力。

在媒体层面，首先，要纠正新媒体的自我定位。相对以前的纸媒，新媒体由于其信息碎片化、快餐化特性，谣言肆虐等不负责现象屡禁不止，例如有关老艺术家阎肃死亡假讯息的报道，以及关于歌手姚贝娜病房外的"等待死亡"。此类职业道德缺失、人性沦丧的行为，并非新媒体特性所致，根本原因是媒体职业伦理的缺席，新媒体虽在深度报道方面存在缺憾，但这并不是降低自我要求的理由。其次，建立法律问责机制。有法可依是有法必依、执法必严、违法必究的先决基础，建立真实、有效、执行性强的法规条例，是杜绝因谣言、恶意中伤、信息剽窃等新媒体暴力的根本保障，媒体若因不实报道对公民造成人身伤害，应由媒体机构承担相应责任。

应对机制建立的过程中，应注意绝不可侵犯言论自由。明确区分个人领域与公共领域的界限，不可越界执法，在公共事件的讨论中，对言论的限制应尽量遵循最小化原则，不可扩大范围因言治罪。若批评不自由，则赞美无意义，结尾引用《批评官员的尺度》一书中汉德大法官判词：正确结论来自多元化的声音，而不是权威的选择。对于许多人来说，这一看法现在和将来都是无稽之谈，然而，我们却把它当作决定命运的赌注。①

---

① 安东尼·刘易斯：《批评官员的尺度》，北京大学出版社 2011 年版，第 319 页。

"媒体权利"的宪法学表述

——以合众国诉纽约时报案为视角再思考"媒体权利"

慕夏溪[*]

前　言

"国会不得制定关于下列事项的法律：确立国教或禁止信教自由；剥夺言论或出版自由；剥夺人民和平集会和向政府请愿诉冤的权利。"

——《权利法案》第一条

在美国宪法第一条修正案的表述中，可以发现，言论自由和出版自由是分开表述的。从词语的外延上看，很明显的是，"言论"作为一个更为抽象和涵盖范围更广的词语，可以说包含了一切无论口头、书面、视觉或听觉等传播方式，当然也包含了出版在其中。随着近年来新媒体的发展，利用电脑（计算及信息处理）及网络（传播及交换）等新科技对传统媒体形式的改造，更多种形式的出版概念出现在不同的领域。

无论探究多媒体作为言论自由该如何表述，追根溯源，新媒体仍然属于言论自由的范畴。考察美国宪法第一修正案，我们可以看到言论自由在美国宪政体系之中的地位。

媒体自由在近代政治哲学中的表达可以追溯到十七世纪英国著名的自由主义者约翰·密尔，在其1644年的专著《论出版自由》中，提出的出版自由观念，以及从中引导出的"观念的自由市场"、"自我修正过程"等概念，后

* 慕夏溪，西北政法大学新闻传播学院广播电视编导系讲师。

来在美国发展成为报刊自由主义理论，而这个理论，正是近代资产阶级新闻传播的思想基础、西方文明的指导原则。① 而在美国，出版自由的核心意旨便聚焦到了新闻自由上，尤其是在现代美国宪政体系中，出现了媒体"第四权"的说法。在 1971 年合众国诉纽约时报案中，新闻媒体的自由更是得到前所未有的张目，联邦法院作出 6∶3 的多数判决站在了新闻媒体这边。

本文将合众国诉纽约时报案入手，分析媒体所主张的权利的基础是一种制度性权利还是自然权利；探讨新闻媒体权中蕴含的以媒体界为代表的公民社会对于国家政治参与的价值。

一、合众国诉纽约时报案

1971 年，尼克松政府的一名官员向纽约时报透露了五角大楼文件，也就是美国国防部对有关美国在越南军事活动日益加强的机密研究文件。6 月 13 号，纽约时报开始根据这份文件发表一系列报导。6 月 14 号，当时的司法部长米切尔打电话警告纽约时报不要再继续刊登这些报导。6 月 15 号，尼克松政府得到法庭对纽约时报的临时禁止令。

在向法庭提出的申诉中，政府声称，它是美国国家安全利益的唯一代表，因此应该得到法庭的指令实现这一目的。但是，纽约时报反驳说，这样做违反了美国宪法第一修正案有关言论和出版自由的规定。6 月 30 号，这个案子上诉到美国联邦最高法院。最高法院最后做出有利于纽约时报的判决。判决说美国法律和宪法第一修正案的导向很明确，它保护人们言论自由的权利，因此政府一方败诉。②

经过六比三的多数决定，法庭站在了纽约时报这边。在判决中，法院引用了一个著名先例，并指出："任何对出版事先审查的限制到了法庭，都要承担一种沉重地与宪法效力相对的预设。"换句话说，法院不会根据政府的指示去窒息新闻自由。大法官雨果·布莱克和威廉·哈布斯·伦奎斯特，多数派中的成员，认为第一修正案具有绝对性。虽然法官认为纽约时报在报道五角大楼文件中也许走得过远，但他们也没有找到任何法律去禁止报纸这样做。

---

① 吴飞：《平衡与妥协——西方传媒法研究》，中国传媒大学出版社 2006 年版，第 84 页。

② http：//bbs. sjtu. edu. cn/bbsgcon? board = ProAndCon&file = G. 1189222348. A，访问日期：2016 年 12 月 7 日。

大致总结的看，可以发现，美国一部分大法官对宪法第一修正案采取一种绝对主义的态度；而一部分大法官对第一修正案是一种相对主义的态度，认为并不是所有情况下第一修正案都能被适用。但是在该案中，政府却不能举证证明逾越出了第一修正案的适用范围，并且对政府行政权的范围提出了质疑，他们认为政府可以通过提起刑事诉讼程序起诉泄密者；仍有一部分大法官持反对意见，他们提出的反对意见中主要是认为国家安全在这种情况下应该比出版自由更为紧要，第一修正案并非绝对。

二、权利还是权力

根据人们传统的对言论自由的理解，新闻媒体只能作为言论表达的载体或工具，其本身并没有特殊地位；但是当宪法第一修正案赋予"出版自由"这样的字眼出现，新闻媒体的位置无疑就具有了特殊性。

（一）新闻自由的宪法价值

现代政治意义上的新闻媒体的功能莫不在于监督政府权力，限制政府权力从而保证政府在最大程度上为公民的利益而为。这样一种功能指向又赋予了新闻媒体在一国政治体制内怎样的价值？联邦法院大法官斯图尔特曾说过："宪法保障新闻自由的最初目的是……要在政府之外建立第四部门，以监督官方的三个部门。"这种权利如约翰·斯图尔特·密尔所言，"是人与生俱来的权利"，是一种自然权利。

在逻辑上，新闻自由属于言论自由的外延，那么言论自由在美国宪法中已与生命财产权一般受到宪法保护（十四修正案正当程序对生命财产权的保护），是否就可以推导出新闻自由也同样受到宪法保障。新闻自由与言论自由之间不仅有归属的关系，也是一种特殊与一般的关系。新闻自由作为言论自由的一种已经得到联邦法院在各类案件中的司法确认。尤其是，本文提及的1971 年纽约时报诉美国一案中，新闻自由的宪法价值不应再被任何具有中等理性的人们所怀疑。

（二）权利还是权力

事实上在美国，除了宪法，几乎没有任何法律来管制新闻媒体，但是，新闻记者和任何公民一样受法律约束：普通公民须遵循的法律新闻记者必须遵守；那么任何公民所具有的权利，新闻记者作为一个普通公民也具有。① 在合众国的起诉书中，合众国认为新闻记者作为普通公民应该将失窃的文件交还与国家，这是任何一个普通公民的义务，新闻记者也应该遵守。很明显的是，在这里，新闻媒体自身的职责与其作为公民的职责发生了冲突。但事实上，当我们将视线投向言论自由指向的监督政府的价值上便会发现这之间并不具有根本性的冲突。新闻媒体的职责在于监督政府，保障公民知情权。那么新闻记者自己作为公民便当然的具有对政府决策知情的权利（在国家无法举证这种决策属于绝密到应该对媒体报道进行事前审查的情况下），这是新闻记者作为公民意义上的权利；而当作为特殊的公民即作为新闻记者的前设下，新闻记者因前文中所论述的宪法所提供的新闻自由（出版自由、言论自由）的保障下，因其自身职责所系，对这些文件进行报道——这是新闻媒体在行使自己的权利。

然而，新闻自由除了属于宪法所保障的权利之外，是否还具有权力的性质？这种权力与政府体制的关系如何？可以说，由于西方开明的宪政，完善的民主体系和对言论自由以一贯制的保障，新闻媒体在西方对于公民们来说，属于一个高度信任的群体，被赋予"无冕之王"的美誉。那么，这种信任在一定程度上构成了新闻媒体在行动上的正当性，即不只是来自国家的承认和法律的保障，亦来自公民的信任。可以说，公民的高度信任是新闻媒体赖以存在的软性基础，是新闻媒体具有"第四权"的前设。1791 年通过的《权利法案》尤其是第一修正案在过往宪法判例中所树立的新闻自由的宪法保障使得新闻媒体发展成为一支在美国宪政体系内的坚强力量。

三、透过该案看新闻媒体自由在国家政治与社会治理中的价值

在公民权利理论中，可以划分出四类权利：法律权利，包括人身安全和司法程序性权利；政治权利，包含个人政治权利、组织权利和成员资格权利；社会权利，即促进能力的权利、机会权利和再分配和补偿的权利；参与权利，包括劳动力市场干预权利、建议决定权利和资本监控权利。而知情权也就是

---

① 但是，需要界分的是，即便当新闻记者被认作与任何一个公民一般享有公民权利，也不等同于在新闻自由与言论自由这一点上，新闻自由就理所当然地获得了宪法的保障，因其所具有的言论自由这个权利概念表达上的特殊性所致。因此，笔者在前文中依然对此作出论证。

公民对政府政策的信息自由权包括政治查询等概属于政治权利中的个人政治权利中。政治权利指的是对于公共领域的参与。这样的一种积极参与更是具有特殊的政治哲学上的意义。美国宪法作为美国建国以来最宝贵的财富，警觉地、自觉地把言论与新闻自由纳入第一修正案，尤其明智。因为，没有明智和自由的新闻出版业，就不会有开明的人民。① 公民不仅仅是有资格参与公共事务，更是被要求参与公共事务。公民的政治参与在共和主义的场域里更是一种自我治理。因为事实上，现代西方世界，人们就算不直接地投入到政治生活中去，也存在各种各样的类似米歇尔曼的理想中的政治小团体的社群的存在。很多时候，这些社群（不同于社群主义者语境中的社群概念）构成了联系公民和国家或政府之间的中介或者桥梁，公民在这些社群中表达自己的政治意见或以某种方式参与政治，可能只是了解政府信息，可能只是对政治事件的查询，都构成了一种参与。而新闻媒体与这种中介模式的社群无疑就具有了极大的妥适性。

四、新媒体的挑战

新的、现代化的传播技术正在逐渐取代传统的信息传递方式。几乎每一种传统媒体和信息传播方式都开始采用更加先进的科技，使得新闻从业人员能够更加高效的从事采访和传播工作，捍卫"新闻自由"。比如对贪污腐化官员的曝光，对许多富可敌国的大企业的不利报道。西方甚至有进一步开放媒体的改革趋势，将媒体作为连接政府和公民之间的桥梁，一方面能够将政府的信息透露给急需政治参与的民众，完成公民知情权的完满；另一方面，又能以公民参与政治、行使言论自由的方式监督政府，防止出现滥用权力与不法行为。但新闻媒体自由不应该转化为，鼓动破坏性的违法行为，这样的行为应受法律的限制和制裁。每个人拥有的自由和权利，理应受到个人理性认识的节制。

---

① 原文为："In the absence of the governmental checks and balances present in other areas of our national life, the only effective restraint upon executive policy and power in the areas of national defense and international affairs may lie in an enlightened citizenry—in an informed and critical public opinion which alone can here protect the values of democratic government. For this reason, it is perhaps here that a press that is alert, aware, and free most vitally serves the basic purpose of the First Amendment. For, without an informed and free press, there cannot be an enlightened people."

论新媒体背景下高校突发事件
管理中的媒体运用

许新芝 黄 冠[*]

当今社会的信息传播已进入数字化和网络化的自媒体时代，借助互联网络和信息技术，以计算机和手机为代表的自媒体开始在人们生活中发挥着日益重要的作用。随着社会背景和经济结构的变迁，我国开始步入社会发展的转型期，多元化思想和理念开始明显作用于在校大学生的思维方式和日常行为，由此带来的一系列潜在不稳定因素被触发，各类突发事件产生的可能性陡增，高校学生工作开始由原先的非常态应对向着常态化管理转变，高校传统教育模式和管理模式正在并将继续发生深刻变化。

新媒体作为高校学生工作的重要途径和得力助手，在高校学生突发事件的应对工作中具有重要作用和影响。如何把握新时期高校学生工作的变化、准确定位管理者和自媒体在高校突发事件管理中的角色和作用，如何在新媒体背景下有效运用新媒体应对高校突发事件，如何化解和降低突发事件中自媒体不良效应的产生，已成为高校学生工作所面临的重要课题。本文基于近两年校园突发事件实例，从新媒体自身的优劣势出发，针对自媒体背景下高校学生工作中突发事件的媒体运用问题，托管理学、传播学、新闻学知识进行研究阐述。

一、相关背景

在全球化和信息化的背景下，学生、学校甚至地区间的联系日益紧密，

---

* 许新芝，西北政法大学新闻传播学院副教授。黄冠，西安工程大学研究生部教师。

资源和信息交流日益频繁，相互影响和相互依赖性增强。社会经济的发展，网络以及移动通讯设备在高校的普及，使校园（危机性）突发事件形成并跨地域迅速传播扩散，演化成大规模社会不稳定因素的概率大大增加。回顾近年来的新闻报道就会发现，校园突发公共危机事件开始日渐增多，从流行性疾病到安全责任事故；从学生自杀到群体性事件，一次次的校园危机事件不断威胁着我们的生活和生存。作为学校管理者，在面对危机时，如果理念不清、处理不当，个体性事件就很可能升级为群体性事件。

通过对世界其他国家的历史总结发现，每当重要的社会历史变革时期，也正是社会各种公共危机的多发期。高校作为人才培养、科学研究、社会服务、文化传承的重要主体，也进入了转型期。面对突发危机事件，能否正确应对，能否妥善处理危机中诸多方面的关系，如何借助危机中的各种角色来抵御危机、化解危机，已成为衡量一所高校管理水平和一级政府治理水平和管理能力的重要标准。

新闻媒体是公共危机管理工作的重要合作对象，其信息传播、舆情勘察、舆论引导等功能的有效发挥能够帮助管理者推进公共危机管理活动的进行。但如果对其使用不当，则会加速危机的传播速率、扩大危机的影响范围，阻碍危机化解。近年来在传统媒体稳步发展的基础上，自由度和交互性更强的新媒体，凭借其迅速、便捷、自由等特点已迅速占领受众群体，成为一股强大的社会力量。2014 年 10 月陕西省高教工委在陕西省高校宣传思想工作会议上明确提出，要求各高校充分利用新媒体，关注热点问题，善于发声、巧于发声，主动回应师生关切，把握好时、效、度，在改进创新中增强吸引力和感染力。当前高校突发事件应对和管理实践中，对媒体的有效运用已经成为积极开展危机管理工作和有效实现预期工作目标的必要条件。而新媒体在发挥其优势效应的同时所引发的负面效应也开始引起公众、学校和政府的关注。高校管理者想要更为有效开展突发事件应对和管理工作，就需要从危机事件实际出发，树立正确的媒体意识，善用媒体，有目的、有策略地使用和控制信息来源和传播渠道，借助新闻媒体的力量来一同抵御和化解危机事件。

二、基本概念

（一）突发事件

根据中国 2007 年 11 月 1 日起施行的《中华人民共和国突发事件应对法》

的规定，突发事件，是指突然发生，造成或者可能造成严重社会危害，需要采取应急处置措施予以应对的自然灾害、事故灾难、公共卫生事件和社会安全事件。突发事件也被称为危机事件。

目前学术界关于突发事件的概念界定并不一致，本文通过对国内外学者观点的总结归纳得出：突发事件是一种非常态化的，借助常规方法手段无法解决的危机事件。此类事件的持续和发展将会对其作用下的人和物产生巨大作用，有效处理将会带来积极的效应，反之会造成更为严重的后果。

（二）校园突发事件

校园突发事件本意为发生在校园内的突发事件，狭义上指学生和教师及高校工作人员遭遇突发紧急事件，其实质是危及个人和公共生产生活安全，对社会带来巨大影响和破坏，需要以高校管理者为主体的相关部门介入，运用制度规范、公共政策、公共资源甚至是公共权力紧急应对和处理的危机境况和非常事态。主要包括自然灾害、公共卫生危机、事故灾害、不良群体行为等。

（三）高校突发事件管理

高校突发事件管理可以从广义和狭义两个层面定义，广义指高校管理及工作人员在危机理念和危机意识指引下，以突发事件管理理论和计划为依据，针对可能或已经发生的突发事件进行预测、控制、协调、处理和总结的整体过程。狭义的高校突发事件管理常被认为是危机处理，指对已发生危机事件的处理过程，包括应急处理、损失评估、后期恢复等措施。

综合国内外关于相关概念的界定，本文所涉及的高校突发事件管理是指高校及其二级部门针对即将或已经发生的突发事件，为维护多数学生、学校、社会的利益，以减少和降低突发事件已经或即将带来的损失及不良影响为目的而采取的一系列有计划、有组织的动态控制活动和公关行为。

（四）新媒体

1967 年美国 CBS 技术研究所所长 P. 格尔丹马克在一份关于电子录像产品开发的策划书中首次提出"新媒体"一词。1969 年美国广播政策总统特别委员会主席 E·罗斯托在给时任美国总统尼克松的报告中多次使用"新媒体"一词，由此"新媒体"这一概念开始广泛流行。

目前学术界对新媒体的概念大多从产生时间、物理特性、传播效果等角度进行界定，但尚未有一致观点。诺曼维奇认为："新媒体是一种与传统媒体形式毫无相关的数字信息，这些信息以其需要的相应媒体形式展现出来。"清华大学熊澄宇认为："新媒体是不断变化的概念，是在网络基础和无线应用技术上有所延伸的媒体形态，跟计算机相关的，都可以称之为新媒体。"也有学者认为只有媒体构成的基本要素有别于传统媒体才能称之为新媒体。

综上观点，本文所涉及的新媒体概念指 20 世纪末在科学技术和信息网络巨大进步的背景下，出现的依托网络和数字通信技术，使信息传播速度加快、范围扩大、交互性增强、传播方式不断更新的新型媒体。主要包括计算机通信网络、电脑数据库平台、手机、掌上电脑、互联网等。

三、新媒体在学校突发事件管理中的作用与影响

传播学者李普曼说："传播是一种把分散的人捆绑在一起的力量，这种力量不论好坏，都具有造就或摧毁政治的能量。"作为信息传播载体的媒体具有"双刃剑"效应，随着新媒体日益被公众和社会广泛认可，新媒体也开始广泛渗透到高校的各项工作中。学校在日常管理中依托新媒体优势开展意见征集、信息发布、远程教育、科学决策等，都表明新媒体的发展有助于学校决策科学化和管理民主化程度的提升。同时新媒体的蓬勃发展也弱化了管理者对于受众信息特别是在突发事件管理过程中的信息传播和舆论引导的控制力，对学校管理的冲击和制约也越来越大。如何趋利避害的用好新媒体这把"双刃剑"，已成为学校和政府实现突发事件管理中对媒体有效运用的关键议题。

（一）新媒体为学校突发事件管理提供有利条件

1. 互动性强，加速资源共享

互联网、手机等新媒体以及在此基础上衍生出的论坛、微博、微信等新媒体形态，借助其异常迅速的传播速率，有效实现了信息传递的即时性和同步性。新媒体更为开放互动的特点为受众提供了顺畅、便捷的信息获取途径，拓展了受众在公共危机中的信息获取渠道，在实现信息瞬间生成、瞬间传播的同时实现即时开放互动，让信息传受双方的交流互动和信息共享真正成为现实，这是新媒体区别于传统媒体的最大优势之一。

依托新媒体优势，海量的资源被共享。基于这一特点，突发事件暴发时，学校通过对新媒体的有效利用可以第一时间发布突发事件信息，及时满足受

众信息需求，迅速广泛地行使新闻话语权，降低谣言传播的效率，有效开展突发事件管理工作。通过借助新媒体搜集和反馈的信息，学校可以有针对性地进行决策制定，有目的地采取具体措施，有助于在把握受众舆论的前提下实现危机管理目标。

2. 时效性强，有助于及时发布信息

突发事件极度危险且动荡不定，往往一个关键瞬间就会对后期整体的工作和事件处理的最终结果产生决定影响，因此对突发事件的有效应对需要政府做出迅速反应，而这种快速反应首先要注重信息发布的时效性，正所谓"时不我待，事不我待"，对信息发布时效性的把握很大程度决定着学校突发事件管理的成败，而新媒体则将信息传播的时效性发挥到了极致。

新媒体信息传播不仅时效性强，同时能够有效打破信息传播的空间限制。以手机媒体为例，依托手机进行的信息收发具备超时空特性。在空间上，信息无处不在，通过短信和即时通讯软件完全可以实现信息的跨地域传播；在时间上，借助手机传递的信息经由传者到受者，能够借助文字、图片、视频等多种形式在数秒钟之内实现，并且可以迅速扩散，信息收受之间的时间差几乎可以被忽略。手机的广泛普及，还让借助手机传播的信息打破了终端设备的局限，增强了信息传播的针对性，能够及时准确地传递给需要的受众。

对关系整个学校乃至社会正常运转的校园突发事件，学校可以借助手机APP 和微信公众号等平台传播和发布各种危机信息、做好灾害预警预报，有效保证信息传达的针对性和准确性，有效降低危机负面影响，保障社会系统正常运行。手机 APP 具有便捷、迅速、准确、覆盖面广等特点，开始成为学校进行突发事件管理的强有力手段，也正在成为突发事件预警救援体系的重要构成要素。

在其他国家的突发事件管理实践中，新媒体在及时发布信息方面的优势也在被集中发挥，SOFTBANK、KDDI 等国外电信运营商都曾推出手机"自然灾害揭示板"等相关服务，当突发自然灾害导致电信信号不畅时，学校也借助 KIK、WHATAPP 等软件来通过数据服务向学生发送危机信息、发布相关图片，帮助学生在遭遇突发事件时发布灾情、求救和寻人。新媒体的特点决定了其在突发事件信息发布中发挥着传统媒体无法比拟的作用，新媒体在这一领域的优势已经广泛受到关注。

3. 有助于实现媒体的舆论监督作用

曾有人提出，新闻媒体对管理者处理突发事件的行政行为监督作用的实现取决于社会民主的发展和信息传播技术的发展程度。随着新媒体的广泛普及，全世界的人们几乎可以在最短的时间内分享世界各地的信息。新媒体也正在凭借自身在信息传递上的优势对学校和政府等管理者的行为进行更强大的监督。新媒体形成的信息传播网络具有强大的聚合功能，新媒体的受众面广、覆盖面大，经由其传播和发布的信息的人就多、信息量就大，在短时间内往往会有众多的信息关注点和民意热点汇聚，学校通过新媒体作用的发挥，一方面能够高效汇集受众，为进一步形成强大舆论监督力量创造基本条件；另一方面也能够找到更多的"旁观者"来评判学校工作的优劣，促进学校决策的科学化和管理的民主化水平提升。最后，新媒体能够进行有效的信息整合，新媒体信息传播自由开放，受众间的交流频繁快捷，借助新媒体平台能够有效实现"众声喧哗"的效果。对学校管理者而言，这个"众声喧哗"过程本身就是一个观点碰撞和相互博弈的过程，经过这个论战过程，所反馈出的信息会在一定程度代表大多数受众对于事件的观点和态度，具有一定的指向性和典型性。经由"众声喧哗"实现的信息有效整合，可以让作为突发事件管理主导者的学校管理者迅速直观掌握受众态度和舆论走向，并在此基础上制定出合乎民意的决策和措施，降低学校在突发事件管理中决策失误和管理不当的可能性，有效提升突发事件管理工作的科学化和有效化程度。

（二）新媒体使高校突发事件管理面临挑战

1. 信息高效传播，加速危机扩散速度和范围

新媒体超凡的信息整合与传播能力能够加剧突发事件负面效应的传播。随着新媒体的普及，其自身具备的高效传播、广泛覆盖、方式多样、交互性强等特点几乎颠覆了以往突发事件管理中管理者信息操控的全部理念与措施。新媒体去中心化的特点整合了信息采集、上传、发布、接收的功能，能在极短的时间内将信息以类似于核裂变的方式传播出去，其效率是传统媒体无法比拟的。新媒体的高效信息传递会加速突发事件恶性扩散的进程，加剧矛盾的激化甚至引发危机的叠加爆发，成为突发事件进一步加剧的导火索。突发事件初始阶段，如果对新媒体及其传播报道的信息内容管控不得力、不及时，就有可能会导致突发事件扩大化、夸张化、焦点化。由于新媒体信息的高效

传播使政府对于信息传播的控制力大大下降，造成学校在面对突发事件发生时无法在短时间内找到有效的处理方式。如果学校采取诸如沉默、打压、隐瞒等理念不科学、方法不恰当的应对措施更会激发学生和社会的质疑，让小问题变成大问题。

2. "把关人"作用的弱化容易导致信息失真

"把关人"这一概念，最早由传播学奠基人之一、美国社会心理学家库尔特·卢因提出，他认为群体传播过程中存在着"把关人"，对传播信息进行着"把关"，通过其"把关"作用的实现，让只有符合群体规范或把关人价值标准的信息内容才能进入传播的渠道。一直以来，我国政府和官方都对媒体行为进行着严格的"把关"，尤其是在校园突发事件管理过程中，政府和学校始终占领着舆论宣传制高点，媒体说不说、说什么、何时说、怎么说都由掌控大众传媒的管理者把关。而新媒体的发展和普及则打破了这种线性传播方式，依托新媒体信息传播的交互性，信息可以在更多的人群中共享，民众都可以自由获取和发布信息，真正拥有信息交流过程中的控制权，彻底颠覆了传统传播模式。而自由的言论环境如果得到正确利用就更容易成为酝酿危机的温床①。

以互联网为例，它的出现使公众表达和传播个人意见更加自由便捷，而网络舆论的自由性、交互性、隐匿性特点所导致的把关人作用的弱化，容易造成受众个体的舆情表达发生异化甚至扭曲。网络的匿名功能使公众在表达个人意见时不必有所顾忌，实现畅所欲言，这种自由会在一定程度上使经由新媒体传播的信息缺乏公信力。由此产生的信息夸大、流言滋生、谣言散布、非理性推测、社会心理随意放大等现象都会让学校的突发事件管理工作雪上加霜，增加了突发事件中的不稳定因素，增加突发事件管理的难度。

网络空间的话题往往聚焦社会热点，而校园突发事件往往涉及学生、教育、青少年等社会关注度较高的对象。由于一些人受不当价值观驱使，加之"把关人"作用的弱化，使得新媒体上往往会存在大量不实信息。近几年，国内外的每一起校园突发事件，网络媒体都会爆发热议和争论，互联网成为突发事件中各方利益角力的工具，甚至成为政治攻击和意识形态的战场。因此在新媒体环境下，现代传播的群体规范和整体价值观应该如何来把握、对传

---

① 林坚：《论科技传播中的信息选择》，中国人民大学出版社 2000 年版。

播内容真实性和可靠性的考量都是作为管理者的学校和政府所必须正视和重视的问题。

3. 传播的去中心化特点弱化了学校控制舆论的力度

信息社会往往不存在秘密,新媒体的出现使信息传播在方法、范围、速度和深度上发生着根本改变,公众获取信息和发布信息的方式越来越多元化。依托网络平台,在一定技术支持下,个人很容易实现信息的发布、获取、评论和再传播。

当突发事件发生时,学校不仅需要及时有效传播危机信息,还需要进行有效的信息沟通和交流。媒体作为学校进行突发事件管理的公关平台担负着化解危机、转危为机的社会责任。传统媒体时代,信息传播是线性的;新媒体时代,信息传播呈现明显的交互性。新媒体给予了受众更高的自主性,受众不再只是被动地接受学校借由其官方口径传递出的信息和观念,而是有机会根据自己的需求和目的进行自主选择,甚至实现从信息接收者到信息发布者的角色转变,参与到舆论的生产创造过程中。新媒体的信息传播具有去中心化特征,一个受众扮演着信息接收者、信息加工者和信息发布者的多重角色,一条信息经由一个人的理解和加工会产生一条新的信息,这条新的信息被无数人接收后又会经过他们的理解加工而产生无数新的信息;一种观点会迅速形成一个社会舆论场,而短时间内就又会出现多个社会舆论场,其中孰是孰非、孰真孰假不仅难以判断,即使能够判断也难以进行有效控制。

总之,新媒体对学校突发事件管理提供帮助的同时也形成了挑战。学校应在充分认识和有效把握的基础上,扬长避短,对新媒体进行有效运用;发挥主动性,抢占信息制高点,积极引导舆论向有利于学校突发事件处理的方面转变。新媒体和其受众也应主动与管理者形成参与、互动、合作的关系,严于律己,共同应对校园突发事件。

四、我国校园突发事件管理中媒体运用的理念优化与方法改良

传统校园突发事件管理中,学校相关部门的指令就可以有效封锁消息、控制危机传播,便于开展进一步工作。进入新媒体时代后,人们可以通过网络大范围地传递信息。管理者已无法按照自己的意愿完全控制信息传播,网络信息发布也无法进行严格的审查和把关,信息传播的及时性和自由性都对

学校应对校园突发事件提出了新的挑战。面对新的变化，需要学校在结合新的时代背景和媒介背景的前提下，做出工作理念和工作方法的改变。必须树立正确的媒体观念，做出恰当的媒体政策选择，采取有效的媒体应对方法，积极寻求与媒体的合作，并在实践中逐步建构和完善校园突发事件管理中学校与媒体的关系，这样才能进一步实现两者在危机管理中的良性互动，推进危机事件的化解。

（一）树立合理管控意识

2008年胡锦涛在视察人民网时曾指出："互联网已经成为思想文化信息的集散地和社会舆论的放大器，要充分认识以互联网为代表的新媒体的社会影响力，国家和政府部门必须高度重视其建设、运用、管理。"

校园突发事件事关重大，学校在进行校园突发事件管理时需要遵循公共管理原则，依法对媒体、媒体行为进行有效引导和规范，突发事件中学校对媒体及其行为的有效引导主要依托公共权力的行使实现，这种公共权力的行使，常常是刚柔并济，强制性和非强制性并行。

校园突发事件中媒体是学校同公众沟通的媒介，媒体的首要功能是传播信息，是公众获取消息的主要途径，是连接管理者和公众的纽带和桥梁。媒体一方面代表公众，时刻关注、监视突发事件处理的进展；另一方面又作为信息传播和舆论获取的媒介，传达声音，获取信息。从突发事件发生前的预警和监督到发生时的舆论引导、信息发布，再到危机最终解决后秩序的重建和经验教训的总结，媒体始终发挥着不可替代的作用。学校想要实现校园突发事件管理中媒体的有效运用，首先需要明确自身在校园突发事件管理中的主体地位，树立科学的媒体意识；其次要充分把握媒体在突发事件中扮演的角色，了解其发挥的作用，处理好自身同媒体间的关系；最后在工作中给予媒体充分的自由空间，鼓励其参与危机治理，并主动接受媒体监督。这样才能及时有效应对校园突发事件，维护社会稳定，推动校园突发事件的解决。

新闻媒体的公共性特征表明其有权代表公众，公众有权通过媒体获得事关公众切身利益和事件的真相，但我们也应看到由于目前媒体的双轨制运行现状和从业人员素质的差异在校园突发事件中不可避免地会存在一些负面效应，因此在校园突发事件管理中对媒体的管控和引导是完全必要的。在对校园突发事件媒体的引导中，学校首先需要以真诚、坦率、勇于负责的态度来面对媒体，一方面规范校园突发事件状态下新闻报道的具体工作，另一方面遵循"有限报道、合理报道"原则，准确把握危机信息传播的质和度，对媒体报道的内容和程度进行把关，针对突发事件中的具体细节制定详细规定，使危机情况下的媒体活动有章可循，减少校园突发事件中媒体不良影响发生的可能性。对事件中未经核实的不实报道和虚假新闻及谣言散布等行为进行举报，寻求政府和相关部门予以支持和帮助，保证媒体报道的真实性与合理性，进一步实现危机管理决策的执行。

校园突发事件中对信息搜索引擎的优化被越来越多的使用。当校园突发事件爆发时，借助主流搜索引擎所提供的网页搜索和获取相关信息已经成为人们获取公共信息、发表个人观点和实现信息的再传播的主要途径。一般情况下搜索引擎提供搜索结果的第一页往往会成为公众优先选择获取危机信息的主要目标，针对这一现象学校可以借助第三方软件和互联通信技术针对校园突发事件实际情况与主流搜索引擎实现技术合作，让校园突发事件中官方发布的信息和观点可以被公众优先获取，有效实现首因效应，增强学校信息发布的针对性和有效性。而针对不利于危机化解和社会稳定的信息，可以同样利用该技术方法达到屏蔽流言和谣言的效果。但这一技术积极作用的发挥必须建立在学校客观公正对待校园突发事件和公众利益的基础上，进行善用而非滥用，需要把握限度，尽量避免负面效应的显现和积极性的挫伤。

学校管理部门要在突发事件管理中对媒体做到用管结合，将管理运用到服务之中，在积极向媒体提供事件信息的同时运用行政和技术手段规避不良信息；在最大限度保障媒体新闻自由的基础上对其进行有效控制；在鼓励媒体参与突发事件管理工作的同时主动接受媒体监督，实现二者间的相互促进和相互监督才能够趋利避害，规避媒体可能带来的不良影响，实现突发事件管理的最终目标。

(二) 充分利用新媒体

今天的受众对突发事件的了解已不再满足于仅停留在信息表层，而是渴望了解和分析现象背后的深层原因。面对公众需求的变化，突发事件管理中学校在对媒体运用上需要做的不再仅仅是借助媒体提供信息和新闻，更重要的是怎样借助媒体让公众更明确和客观地认识这些现象、怎样通过媒体和公众展开互动性的讨论让公众认识到现象背后的本质、怎样引导公众在对整个突发事件准确认知的基础上展开进一步的有效应对。新媒体具有广泛的受众群体，尤其受到广大学生的推崇，在新媒体平台上进行的对突发事件讨论能够起到释疑解惑、引导舆论的社会认识和社会思辨作用，帮助学生在复杂的危机现象中判断、选择、认识，并建构自己的价值观和理念①。

突发事件管理实践证明，突发事件发生后学校对舆论的引导是控制危机势头和进一步工作开展的有效手段。一旦舆论引导不当，就可能造成叠加的舆论危机，并在其作用下引发更大的社会危机。因此新媒体环境下学校在危机管理工作中要注重新媒体的时效性、互动性和公开性。有效发挥新媒体信息更新、速度快的特点，把握住对于突发事件的权威信息源的掌控；借助网络、论坛、微博等新媒体对事件发展进程进行实时发布，及时把握舆论走向；借助新媒体交互性对危机爆发的真相和成因进行剖析，表明态度和立场，并依据突发事件下一步走势制定出科学决策和有效措施。由此将突发事件管理的被动性转化为主动性，减小学校在危机管理中的舆论压力，以便腾出更多的精力去面对危机带来的其他困难。

危机蔓延势头得到遏制后，学校可以利用不同的媒体发布信息，将受众分类，借助新媒体，将不同的信息传达给关注点不同的受众。将利用新媒体与传统媒体结合使用，与受众取得及时的沟通与交流，传递危机处理的信息，重新建立公众的信任。突发事件发生过后，学校能够借助新媒体有效、及时地进行宣传，达到重塑形象的目的。运用网络技术来获取民众对于此次危机事件发生、发展及最终解决的整个过程中学校工作的态度，在民主意见汇集的前提下，把握突发事件管理工作中的不足与进步，通过分析和整合，有效总结此次突发事件管理中的经验和教训，推进学校管理能力和应对突发事件水平提升。

突发事件管理中对新媒体的有效运用是时代赋予我们的课题。新媒体力量的有效发挥，能够在极大程度上发挥学校、媒体、社会公众的合力，推动突发事件的最终解决。通过对新媒体的特点和学校突发事件管理工作实际情况的把握，本文尝试从以下三个方面具体论述校园突发事件管理中对新媒体的运用方法：

1. 利用新媒体及时发布危机预警。正如美国当代公共行政学家奥斯本所

---

① 姜曼："新媒体环境下政府危机管理的变化及对策"，载《内蒙古民族大学学报》2010 年第 1 期，第 78－81 页。

指出的:"一个有预见力的管理者应该着眼于预防为主,而不是事后的挽回和治疗。"由于突发事件的发生、发展往往具有突发和不确定性,因此在思考如何应对和总结突发事件的同时,如何做到防患于未然,即建立迅速、周密的突发事件预警机制也是我们所应关注的重点之一。

信息对学校应对突发事件能力的提升至关重要,信息是否充分、是否及时、是否对称都很大程度决定着各级管理者是否能做出正确的决策,决定着各执行部门是否能充分利用各方面的资源,决定着学校突发事件管理预案制定的水平,最终影响着突发事件管理的整体效果。新媒体能够打破信息传播的时间和空间制约,及时有效地将信息进行传递,并能够在第一时间向管理者反馈民众在接收到信息后的反应和态度。因此在新媒体时代学校应当善于借助新媒体手段进行突发事件预警机制的构建,把握有利时机,有效应对突发事件。除此之外,学校也可以通过突发事件管理专题网站的建设,保持学校与媒体、受众的及时沟通和有效联系,通过新媒体运用最大程度保证突发事件信息的及时发布,确保在第一时间将突发性事件的真实情况迅速、准确地传递给公众。

2. 利用新媒体进行舆情收集和监测。了解公众对校园突发事件的态度和看法,捕捉新闻舆论,掌握舆情动向,是学校在突发事件管理中建立与新闻媒体合作共赢的前提与保证。借助新媒体交互性强、信息来源广的特点通过搜集其对突发事件的报道,能够有效掌握新闻媒体对事实的了解程度、对学校工作的立场与态度、对突发事件的关注点,以便有针对性地做好媒体工作,如果报道不实,就要加以澄清;如果报道不友善,就要做转化工作。舆情反映民情、民意与民声,也是民心的体现,舆情收集还可以掌握社会舆论的动态,了解群众关心的、关注的热点、焦点问题,掌握民心所向,民意所指。

利用新媒体开展的舆情监测能够在掌握第一手信息和民众心态的基础上对新闻舆论进行跟踪、分析和引导。利用新媒体实现的舆情监测能够及时了解民众的观点取向,特别在网络媒体中,可以通过论坛跟帖、博客留言、借助 QQ 等社交软件平台实时沟通等途径有效掌握网民的情绪意见,准确把握舆情脉搏。学校主管部门通过经由对新媒体反映出的公众关注的问题、众人的评价、社会的反响以及舆论的走势的有效把握,用科学的方法进行理论上的归纳与总结,可以得到一个关于突发事件在民众间危害程度的准确判断。就如同给了突发事件处理的相关部门和人员增加了"眼睛"与"耳朵",为针对突发事件的科学决策和具体工作实施提供了有力保障。

3. 进行有效的"议程设置",发挥网络意见领袖作用。美国传播学研究者麦库姆斯认为,大众传媒具有一种为公众设置"议事日程"功能。简言之就是一种通过不断反复播出某类新闻报道,强化核心议题在公众心目中的重要程度的能力。危机发生时任何一种危机传播都会形成一定的舆论焦点,学校因其在突发事件管理中的主导地位往往会成为舆论焦点的主体,对于媒体"议程设置"这一功能的有效发挥,学校很大程度上能够成功引导舆论,确立其应有的权威地位。

虽然新媒体背景下网络分散化和去中心化的特点降低了传统媒体议程设置的有效性,强化了受众个体的话语权,但是这种"强化"并不绝对,只是加大了议程设置实现的难度。通过有效手段,政府仍然可以在舆论引导上取得优势。突发事件管理中学校相关部门充分利用大众传媒"议程设置"、"意见领袖"等作用,借助学校与媒体工作合力的发挥,在新闻报道的版面设置、顺序编排、传播技巧等方面有所侧重,将会有效引导公众对危机事件的认知和态度,使舆论向着有利于危机化解的方向发展。

第一,学校可以运用网站上的新闻排序,合理利用新闻标题,有效实现舆论引导。网络借助其时效性优势,可以在第一事件连续滚动传递突发事件信息,并且实时更新。突发事件发生后网站往往会在最主要的位置以醒目的字体和布局来发布消息,并且不断滚动更新。突发事件中信息往往会按照重要程度高低被置于首页、二级链接、次级页面,大部分受众首先看到主页的新闻标题,被吸引后才会进入二级页面了解细节。突发事件一旦发生,醒目的新闻标题、字号、颜色都会极大吸引受众,受众无形中就进入到了网站设置的信息传播议程中。另外,媒体的专题设置和深度报道,会显著影响受众。网络媒体发挥其"议程设置"功能的重要途径就是借助专题新闻,将相关信息进行整合,满足受众深度了解的需求。通过对公众关注点的引导,逐步实现对公众认知的导向和社会舆论的控制,为突发事件管理工作的进一步开展提供了宝贵的舆论环境。

网络庞大的信息容量能够无限性满足大众关于突发事件信息的需求,因此学校在突发事件管理中可以借助新媒体,设置链接,一步步延伸向相关信息，介绍有关突发事件的情况，阐明官方的态度，解释突发事件处理的措施，借助深度报道来渗透和表露校方观点，引导舆论。

第二，善于发现和培养网络意见领袖。突发事件发生后，受众心态和思想往往会产生混乱和失落感，当突发事件中各类信息糅合在一起，各种观点言论涌现时，普通受众常处于无所适从的状态，由于个体在知识、能力、性格等方面的差异，少数知识渊博、信息掌握相对充分、见解深刻独到的人就会脱颖而出，其所持意见和观点往往就被大部分人认可和接受，网络舆论中发挥着巨大作用的"意见领袖"应运而生。

想要在突发事件管理中营造良好的舆论环境，就要求学校在处理同媒体的关系时不仅需要赢得意见领袖的支持，并且还要善于发现和培养网络意见领袖。需要在突发事件管理时同媒体积极合作，安排知名教师、部门负责人、学生干部等在网络上具有号召力和影响力的个人和组织同受众进行交流，利用这些"意见领袖"来引导舆论，强化主流言论，促使受众在同"意见领袖"的交流和讨论中接受校方观点，形成主流价值观；此外在因学校工作不当和失职所产生的危机事态下，公众往往会在短时间内对学校产生一定的不信任，不愿向学校表露其观点，会造成舆论走向朝着不利于突发事件管理的方向转化，这时学校需要借助"意见领袖"及时收集公众态度，并借助其进行不良情绪的疏导和消解，为突发事件的处理提供良好的舆论环境。

（三）提升学校工作人员的媒介素养

拥有先进媒体理念、掌握新媒体专门技术的专业型人才是新媒体时代学校有效进行突发事件管理的必备"硬件"。我国的高校管理干部队伍结构有待优化，他们当中大多有较丰富的行政工作经验，但缺乏有着媒体工作经历的人员，真正具备公共关系知识、掌握新媒体技术的人员并不多，导致高校管理部门从业人员缺乏危机洞察能力、分辨思考能力和新媒体技术知识，无法在第一时间对突发的危机事件进行准确判断并制定具体工作方案，实际工作中缺乏针对性。我国高校管理体制长期采用行政"任务"—"执行"的工作方法。随着高校工作方式的不断民主化，新闻发布开始成为学校工作的重要组成部分，提升工作人员的媒介素养成为提升高校管理能力的重要途径。

突发事件态势下高校工作人员在媒体工作中不仅要具备扎实的工作技能，还需要能够抓住媒体工作的要点，知道他们需要什么、想要什么，也需要结合危机事件的严重程度和下一步工作计划的基础上来考量对他们说什么、怎么说、说多少等问题。以新闻发布会为例，其主要目的在于立足官方话语的基础上在第一时间告知公众和媒体，将突发事件处理中的具体工作和掌握情况进行信息公开。在运用官方话语权进行信息发布时，需要我们的从业人员端正态度、慎重措辞、谨慎回答，要求从业人员掌握并能有效利用公关辞令，用客观、真实、全面的语言表述来对所要发布的信息进行概括和总结，要在让民众和媒体了解突发事件和学校工作的同时达到既不过度恐慌，也不放松警惕的效果。就因学校失误而引发的突发事件，学校需要秉持坦诚和开放的态度，承认突发事件造成的不良影响，不讳言事件处理的难度，并明确表明学校对突发事件发生的责任。在涉及重大问题的语言表述上，在严格要求自身工作人员的同时，还需要对媒体的报道进行严格把关，防止舆论引导中的表达过度，减少"媒体恐慌"的发生概率。

诚然，突发事件的有效化解需要以学校为主导来完成，但突发事件管理中媒体效用的最大发挥必须通过媒体和学校双方的共同努力。突发事件发生时，媒体有权利也有义务积极主动掌握情况，客观有序的引导舆论，表明官方立场，为突发事件的化解提供必要保证；突发事件报道中媒体也有义务坚持底线原则，恪守职业操守，做到真实、客观、适度报道，力求在校园突发事件管理中发挥自身积极作用。

五、结论与展望

社会和国家的发展难免会遇到突发事件和危机境遇，可能是致命的危险，也可能是潜在的机遇，而危险和机遇的界限就在于我们能否实现危急事态下的科学决策和有效管理。高校突发事件应对管理是一项系统工程，需要学校的有效领导和统筹，需要媒体搭建的沟通桥梁和信息平台，更需要整个社会齐心协力的共同面对。媒体作为当前高校管理工作的重要参与者，其影响力已植根于校园之中，对学校和师生的学习、生活产生着重要影响。在频繁发生的突发事件中，媒体已经扮演并将继续扮演着重要角色。因此，在当今新媒体大发展的背景下，结合新时期高校突发事件管理的新特点，高校应该和新闻媒体进行更广泛、更深入的沟通与交流，以寻求高校突发事件管理中媒体运用及舆论引导的最佳途径和效果。

新媒体背景下高校辅导员
媒介素养培育研究

徐　鹏[*]

近年来，以微信为代表的新媒体在高校全面普及，使高校思想政治教育工作遭遇了新的危机与挑战。新媒体中多元化的价值观、文化观、道德观交融碰撞，也使得涉世不深的青年大学生的思想意识、伦理道德、心理特征、生活习惯都深受其影响。高校辅导员作为大学生思想政治教育工作的直接参与者和骨干力量，与时俱进地适应新形势，不断通过新媒体提高管理、服务水平，切实增强大学生思想政治教育的实效性和针对性，应当成为当前辅导员必备的能力和素质。

一、新媒体语境下高校辅导员媒介素养教育的社会意义

从概念上讲，新媒体是相对于报刊、电视、电话、广播等传统四大媒体而言的，也被形象地称作"第五媒体"。作为一种新兴的传媒，它依托互联网络、数字技术和现代移动通讯技术等技术手段向广大受众提供海量信息与服务的新兴媒体形态。它具有信息量大、传播方式多样、传播要素多元化、传播速度快等特点，极大地满足了人们不受时空限制、互动性地进行沟通交流、个性化信息娱乐等需求。

素养，指人们从事某项实际工作或实践活动应该具备的素质和修养。它

---

* 徐鹏，西北政法大学新闻传播学院教师。本文是 2015 年陕西省普通高等学校辅导员工作研究
　课题"大学生隐性思想政治教育之新媒体路径研究"、2014 年西北政法大学辅导员工作精品
　项目"新闻传播学院思想政治教育网络平台——新闻之家的创建和维护"阶段性成果。

是个人在思想品德、专业知识、才能和体格等方面先天生理条件和后天学习与锻炼的综合结果。一般来讲，素养是人在特定阶段的一切内部能力和外在社会关系的外部表现。媒介素养是指"对媒介本身的认识和了解、对媒介的经常性关注、对各种媒介信息的及时掌握和充分利用、对媒介存在弊端和传播不良及错误信息的批判与抵御、对媒介的支持和帮助、充分运用媒介为自己和社会服务。"[1] 新媒体素养是针对新媒体技术在社会发展中对作为主体的人的要求而提出，它是一个综合性的复杂概念，包含多方面的具体内容。网络等所有新媒体是通过对社会关系产生影响和对人本质的发展和延伸，从而对高校辅导员的素养提出了新的、更高的要求。随着知识经济和信息爆炸时代的到来，新媒体技术已经在很多领域改变着人类社会，促使人的社会存在方式发生了巨大变化。

高校辅导员作为新媒体的受众以及广大青年大学生的直接管理者和教育者，不论其自身还是其对象性活动都普遍受到了新媒体发展的深刻影响，辅导员的传统媒体素养已无法适应辅导员主体在社会互动与发展中的迫切需要。所以，在新媒体环境下，高校辅导员必须要积极主动地适应新媒体环境并把握其发展规律，形成并不断提升符合辅导员主体发展需要的新素养。这不但是信息化社会发展的内在需要，更是辅导员培养信息化的现代人才、实现高校信息化教育、提高学生新媒体素质能力的必然要求。因此，在新媒体环境下，辅导员素养不但要具备"辅导员"这一本质特性，而且还要反映"新媒体"这一外部环境的特性。在大力持续推进高等教育改革发展的过程中，必须高度重视高等学校思想政治教育工作的骨干力量——辅导员新媒体素养的培育，不断加强校园各类新媒体的资源整合能力建设，着力提高新媒体的实际操作技术与运用能力，深入开展关于新媒体的相关道德伦理教育。在大数据时代，辅导员对新媒体的认识态度及运用能力，对新媒体的接触与判断以及对新媒体传播内容的甄别与选择，直接关系到大学生综合素质的全面发展，进而深远地影响大学生的健康成长。所以说，加强高校辅导员新媒体素养的培育是当前高校思想政治教育工作中不容忽视的重要环节。

---

① 邱沛篁："论媒介素养教育"，载《西南民族大学学报》2004 年第 10 期。

二、新媒体语境下影响高校辅导员媒介素养的动因

人的基本素质，是自身的内部因素以及外部因素相互作用的综合产物。辅导员新媒体素养是辅导员依据自己的工作内容和工作性质，对新媒体技术不断提高认识，同时根据新媒体的社会影响进行自我教育和学习后不断形成和发展完善的，这是一个动态和非恒定的实践过程。它影响因素包括三个方面内容，即宏观层面因素包括国家的管理体制、社会环境以及新媒体技术的发展程度；中观层面因素包括学校的机制体制、院系制度、所带学生专业知识特色等；微观层面因素包括辅导员自身的兴趣爱好、知识背景以及对新媒体技术接收认可的能力等诸多因素。下面从这三个方面逐一进行简要分析。

宏观影响因素，指高校辅导员在新媒体素养形成过程中所受到的来自国家、社会、行业领域等宏观层面的影响因子。进入新世纪以来，党和政府高度重视加强和改进新形势下大学生思想政治教育工作。2015 年初，中共中央办公厅和国务院办公厅联合印发的《关于进一步加强和改进新形势下高校宣传思想工作的意见》中旗帜鲜明地要求："要创新网络思想政治教育，建设一支由学生和青年教师骨干组成的网络宣传员队伍，打造示范性思想理论教育资源网站、学生主题教育网站和网络互动社区，推进辅导员博客、思想政治理论课教师博客、校务微博、校园微信公众账号等网络新媒体建设。"[①] 在当今新媒体技术日新月异的网络化时代，这不仅为高校辅导员利用新媒体大力加强网络思想政治教育工作提供了政策支持和理论依据，也为高校学生工作指明了方向和道路。

中观影响因素，指在辅导员新媒体素养形成过程中所受到的来自学校、院系、所带年级学生特点等层面营造和反馈信息所造成的影响。高校校园的新媒体环境是营造高校网络思想政治教育环境的重要保障，其发展质量直接决定了辅导员新媒体素养的程度，因此说，校园的新媒体环境对辅导员的新媒体素养提升至关重要。

---

① 中共中央办公厅·国务院办公厅印发《关于进一步加强和改进新形势下高校宣传思想工作的意见》。新华网，http://news.xinhuanet.con/2015 – 01/19/c __1114051345. htm.

高校辅导员作为自身新媒体素养形成的最主要载体，其本身已具备的各方面素质在很大程度上也影响了微观层面新媒体素养的形成。辅导员新媒体素养的形成主要取决于其自身素质和条件，如政治理论修养、人格、道德、知识背景能力以及信息等各方面的综合素质。一言以蔽之，辅导员自身素质越高，自我教育能力也就越强，相应的领悟、吸收能力就越强，这样就更容易培养出自身较高的信息素养，反之亦然。

三、新媒体时代高校辅导员媒介素养教育的可行性路径

综上所述，高校辅导员新媒体素养的培育和加强需要多方面条件的保障，从实际操作层面来讲，高校辅导员新媒体素养培育的可行性路径不外乎两个方面，即加强外部条件保障和重视内在修养的提升。

（一）加强外部条件的保障

第一，学校要加大专项培训，着力提高辅导员群体对新媒体的认识能力和运用能力。在目前中国高等教育的体制内，学校主要领导对新媒体应用的重视程度直接关系着辅导员的新媒体素养的高低，所以要定期组织具有专业性、针对性的专题讲座、课程培训等学习交流活动，同时注重实际操作技术的提高，如新媒体技术、相关法律知识、新媒体突发事件处理办法、网络舆情引导与处置等，促使辅导员意识到新媒体的重要性，掌握新媒体的应用技能，使本职工作能够更加便捷、有效。

第二，高校要创建相关的交互平台、思想政治专题网站等。加大校园时事热点新闻的信息化宣传力度，将报纸、发文等需要通过纸质媒介来开展的日常工作渠道转移到网络和手机中，这样既能搭建起数字化的工作环境，提升辅导员的新媒体素养，提高工作效率，又能节省行政成本，营造智能化的新媒体氛围。

第三，完善机制，创造必要条件保障辅导员新媒体素养的提高。这需要学校提供良好的工作环境、必要的硬件设备和制度保障。其一，硬件设施是前提。高校要给辅导员配备电脑，校园内装设无线网络、数字电视、触摸媒体等，为辅导员创新工作方式、方法、手段提供硬件支撑。其二，建章立制是关键。丰富辅导员职责内容，出台考核奖励机制，将新媒体应用技术能力纳入到辅导员的业绩考核或年度考核中，激励他们提高认识，主动学习，促

进成长。其三，经费配套是保障。要进一步增强和提高辅导员工作的实效性，使其尽快适应信息时代新媒体的高速发展，为高校校园的和谐稳定和全面、健康、持续发展提供坚强有力的保障，就必须持续加大对辅导员工作的经费投入，例如培训费用、手机流量补贴、科研经费、考核奖金等，切实保证新形势下辅导员素质能力的不断提高。

（二）重视内在修养的提升

第一，主动学习，不断增强自我创新意识。微信、微博已成为时下大学生最受欢迎的交流方式。作为思想政治教育工作主力军的辅导员，也必须具有快速接受新鲜事物的能力，开通微博、微信，充分发表自己的观点和看法，做学生网络环境中的"精神领袖"，进行正确的思想引领，密切关注学生的思想动态，切实解决学生的困难与问题，使之成为思想政治教育工作的"隐形"工具。在做好日常思想政治教育和学生事务管理服务工作的基础上，辅导员不仅要有主动学习的意识，从战略上认识到新媒体对于高校学生工作的重要性，深入虚拟的新媒体环境，及时更新教育理念，还需不断提高创新意识，利用大学生喜闻乐见的方式、方法与之沟通、交流和互动，成为他们的良师益友，潜移默化之中开展思想政治工作，从而达到春风化雨的效果。

第二，守住底线，提高与新媒体相关的伦理道德与政治敏感性。新媒体技术的发展无疑是把"双刃剑"，快捷、多元的信息中蕴藏了许多虚假和低俗化的内容，甚至还有泄露隐私、侵权等网络违法犯罪行为。对于处在学生工作第一线的辅导员来说，如何利用好这把"剑"，首要前提就是必须要有过硬的伦理道德素质，在丰富多彩的新媒体世界中把握好道德底线，自省自律，用严格的道德标准要求自己，并能持之以恒，抵住诱惑。此外，高校辅导员作为思想政治教育工作者，还须具备较高的政治敏感性，坚持用社会主义核心价值观的科学理论武装自己，弘扬主旋律，传播正能量，具有正确、崇高的人生观、价值观以及世界观，坚持正确的舆论导向，并能及时发现学生的思想问题，正确处理和引导。

第三，高校辅导员需要提升对新媒体的识别理解、判断质疑、参与使用和传播的能力。辅导员面对纷繁复杂、种类众多的新媒体信息，要善于明辨是非，区分和辨别新媒体中所呈现的真假、好坏等不同的内容，要学会有效筛选有利于学生健康成长的信息，把学生们关心的焦点、热点、难点问题整合起来，并进行有效的教育和引导。在正确理解的基础上，辅导员要学会正确地参与和使用新媒体，知晓新媒体上所出现的新名词、新用语，避免与学生交流时出现尴尬和障碍，要利用新媒体的交互性与即时性、海量性与共享性、个性化与社群化的特征，通过微信、微博等具体新媒体形式，策划和组织学生喜闻乐见的信息参与活动。

附　录

新媒体信息传播与法制建设
高峰论坛会议综述

王　洋　韩　璐*

2015 年 11 月 21 至 22 日，"新媒体信息传播与法制建设高峰论坛"在西北政法大学隆重举行。本次论坛由西北政法大学、《中国行政管理》杂志社、《新闻战线》杂志社共同主办。与会的专家、学者围绕传媒法律制度建设、新媒体侵权、政府信息安全与公民隐私权保护、社交媒体媒介规范及媒介自律等问题进行了深入研讨。论坛旨在共同探讨新媒体信息传播与法治建设的相关问题和发展路径，为建立更为科学、健全的新媒体传播管理制度与法治体系建言献策。

一、跨学科交流：信息传播与法制建设的良性互动

网络与新媒体的崛起，颠覆了媒介格局，改变了传媒生态，给新闻传播学和传媒法领域带来了诸多值得探索和研究的课题，也给适应新媒体环境的媒介法规与制度的调整和制定带了颇多难题。西北政法大学校党委书记宋觉研究员认为，此次论坛将对未来的信息传播和法制建设研究产生积极的影响，也将为新型媒体人才培养带来新理念，打开新思路，注入新动力。

《中国行政管理》杂志社社长、总编辑鲍静女士在讲话中提出，构建新媒体信息传播新秩序，我们的挑战不仅来自境内，还来自境外、来自整个互联网世界，不仅来自人类创造的文明世界，还来自人类正在创造的虚拟世界。新媒体信息传播的特点，不可避免的涉及国家的法制建设，政府管理和公共

---

* 王洋，西北政法大学新闻传播学院教师。韩璐，兰州文理学院新闻传播学院教师。

政策等诸多学科和领域，跨学科、跨组织、跨地域的融合和合作日益凸显重要性。

人民日报《新闻战线》万仕同总编辑就此次论坛提出了三个议题，即全面依法治国背景下的新闻法制建设问题，新媒介格局和传媒生态下的媒体权益保护问题，以及在新传媒经济效益挤压下传统媒体和媒体人如何发展的问题，他希望在座学者、专家能够就相关问题积极畅谈。

中国高等教育学会新闻学与传播学专业委员会秘书长、中国人民大学新闻传播学院副院长周勇教授认为，在当前的环境下，传媒学界与业界要建立命运共同体的意识，学界需要在与业界的交流中探索学科未来建设的方向，学科建设在新媒体的冲击下更要彰显特色，要在涉及新闻传播业未来发展的关键时刻留下我们的声音，共同为全面依法治国背景下的新闻媒体发展做出更大贡献。

西北政法大学新闻传播学院院长孙江教授表示，"互联网＋"的战略已被列入国家战略，网络渗透性更加明显，新媒体也依托网络崛起，但其管理与法治建设还存在很多盲点。希望本次论坛能够聚集各种学术资源，为新媒体法制建设提供思路，推动相关实践的发展。

二、新闻法制建设：理论要坚定，实践要渐进

香港树仁大学魏永征教授以《打击网络造谣犯罪点评》为题做论坛的开幕演讲，结合网络上的造谣、诽谤等言论失范行为，对现行的法律适用规范进行了解读分析，并指出现行的法律适用规范存在着易被网络舆论误导、立法缺失以及司法解释扩权等问题，导致司法适用存在疑难。新媒体不是法外地带，它要受到法律体系的规范。魏永征教授认为，应该严格按照宪法，进一步区分立法机关和司法机关的法律权限，通过增加相关条款、严格适用司法规则来完善网络失范言论法律规制。

"理论要坚定，实践要渐进"，中国社会科学院新闻与传播研究所原所长孙旭培教授介绍了建国以来我国新闻立法的进程，并指出应当加强对新闻自由度的研究，使得新闻立法更加具体化；应当加强对各国新闻法、尤其是发展中国家新闻法的比较研究，进而总结经验，创造出理性、适度、科学而具有中国特色的新闻自由；应当加强新闻自由与法治的宣传教育，坚持信息的

公开性，维护人民的知情权。

三、新媒体信息传播不可挑战法律伦理底线

"在新闻领域里，伦理问题与法律问题是相辅相生的概念"，中国人民大学新闻传播学院教授周勇认为，如今，图像承载更多文化、道德与想象的重负，探索图像世界中各种力量的博弈需要以影像文本为核心，从三个环节考量视觉传播对于真实性的影响：文本与生产者；文本与观看者；文本与使用者。在视觉文化转向时代，在中国文化处于现代性和后现代性交叠的特殊时期，从视觉传播的角度探讨新闻伦理问题，探讨图像对于新闻真实性的影响具有重要意义。

从 2008 年陈冠希"艳照门"到今年的优衣库"视频门"，形形色色的门事件已成为网络文化的独特景观，西北政法大学新闻传播学院教授慕明春认为，门事件在反映社会现实、揭露社会丑恶现象的同时，也带来了诸多如过度介入私人空间、纵容网络暴力、宣扬低俗文化甚至践踏公民人格尊严的隐忧。此外，"门"事件已经成为新闻侵权的一个多发地，涉及如"偷拍违反当事人拥有的民事权利自治原则、门事件中的一些照片和视频有可能演变为法律严禁传播的淫秽色情作品"等法律问题。

中国政法大学光明新闻传播学院刘斌教授就《图片的十个法律问题》为题，从新闻图片可能涉及的侵犯名誉权、隐私权、肖像权、著作权等微观的侵权问题入手，结合图片案例，提出了"使用新闻图片不以营利为目的是不是就不构成侵权；刊载偷拍的不道德不文明或轻微违法行为照片是否也会侵权；集体照片中是否存在个人肖像侵权的问题；新闻图片使用了马赛克是不是就不构成侵权；在照片上注上图文无关是不是就真的与侵权无关了；正面的摄影报道是不是也会发生侵权；犯罪嫌疑人的肖像是不是就可以随便刊播；新闻照片里面的插图和配图照片是不是也可能造成侵权；随意使用公众人物的照片是不是也可能会构成侵权；使用著名的景物和摄影作品是不是也会构成侵权"这十个法律问题，希望学者们能够深入探讨。

中央人民广播电台法律顾问徐迅认为，《电影产业促进法》作为文化领域的首部人大立法，将深刻影响其他传播法定标准的设立。在主题为《网络视频传播法律底线的若干问题——兼议〈电影产业促进法〉（草案）中的电影

审查标准》的讲座中其首先确立了探讨此问题需坚守的三个基本原则，即"法治对表达自由持最小限制原则，是底线标准；法律面前人人平等，网络没有第二套标准；政府依法行政，法无授权不可为，政府的管理不可能无处不在"。此外，徐迅认为现公布草案的禁载规范第五项与现行人大立法相关规定不一致，建议将五、六项合并，表述为：为保护未成年人，对有关色情、暴力、赌博、恐怖的电影内容实行按照年龄分级的制度。具体标准由行业协会制定，接受公众投诉，政府实施监管与处罚。

四、新媒体时代网络强国战略的中国式路径

在十八届五中全会提出的五大发展理念中，"创新"被置于首位。在创新发展的表述之下，制造强国、网络强国两大战略或将成为重要支撑。"中国已成为全球赛博空间最大的租赁客，但从移动领域来看，三大操作系统平台都来自美国"，中央人民广播电台央广网副总编辑伍刚认为，中国仍然面临文化软实力与世界发达国家文化软实力的巨大赤字，中国数字化鸿沟、网络普及率同经济地位不相匹配，数字化文化软实力是未来需要重点提升的领域。此外，中国网络安全立法还存在明显的不足，尚未构成信息安全法律体系。新媒体时代需要有万物相联促进全球分享的领导力，伍刚表示，随着网络信息技术的日益发达，不同文明之间的交往日趋紧密，中华民族伟大复兴需要与世界开放融合，需要拥抱世界孕育巨大机遇和无限动力。

国家信息中心信息化研究部电子政务研究室副处长张勇进博士以突发事件报道和工作部署为例，提出政务新媒体的发展方向应该是让数据转起来。张勇进认为，可以将数据分析应用在调整信息采集发布方向、科学安排编排位置和发布时间、调整专栏专题和内容聚焦点、判断已有信息的发布实效、打通用户信息获取断头路、知晓潜在活跃用户群体等方面，以解决订户用户流失、用户黏度剧降、经营收入递减、信息采集无所适从、内容编排缺乏信息、转型效果难以预判等问题。通过让数据转起来，进而让传播力壮起来。

在各种新技术和新应用百花齐放的同时，无论就实践还是理论而言，国家治理和公共政策的选择都面临挑战。北京大学政府管理学院副教授黄璜认为，"互联网＋"的实质是实体世界与互联网世界如何接轨、融合和进化，并由此产生新的"互联网文明"。公共政策的目的是实现"互联网"的有效治

理，包括对"互联网＋"的治理、基于"互联网＋"的治理、"互联网＋"下的治理这三个层面，而国家数据战略应成为其中的核心任务，在数据效益、数据安全和数据公平的动态平衡中寻求价值定位。

五、新媒体未来发展趋势：从众媒到泛媒

西北政法大学新闻传播学院副教授申玲玲认为，在网络媒介时代，普通个体不再与媒介技术呈现疏离关系，而是可以掌控、利用媒介技术为生活带来便利，媒介的服务性、工具性越来越强。而技术触发的机器人写作、无人机新闻、大数据新闻、传感器新闻、VR新闻等新形态正在改变内容生产的模式。申玲玲表示，复制难度降低、传递速度加快、信息密度增加、数据来源多元、用户连接便捷等一系列变化促使互联网与人类的关系更加紧密，但还有问题需要各个领域的学者进行探索。

"媒体是不断进化的"，清华大学新闻传播学院教授、新媒体研究所所长彭兰在讲座中指出，当下我们所处的众媒时代，主要有五个方面的特征：一是表现形态丰富，不再受传统表现形式的限制，文化更加多样；二是生产者众，人人皆可为媒体；三是传播结构众，与以前相比传播结构更为复杂；四是平台众多；五是终端多样化。而对于未来新媒体的发展趋势，彭兰认为将是一个"万物皆媒"的泛媒时代，虚拟现实、传感器、增强现实等技术，以及定制化生产、个人云、平台、人和物的协同，都会成为未来新媒体的发展方向。新媒体在发展的进程中，会不可避免的触及一些法律问题，彭兰指出，采用法律规范的手段来治理新媒体发展中出现的问题，是十分紧迫和必要的。

后　记

2015 年 11 月，"新媒体信息传播与法制建设高峰论坛"在西北政法大学成功举行。本次论坛由西北政法大学、《中国行政管理》杂志社、《新闻战线》杂志社共同主办，西北政法大学新闻传播学院承办，知识产权学院协办。论坛充分发挥了交流互动的平台作用，结合建设法治国家的时代背景，顺应媒介融合趋势，与会嘉宾共同探讨、交流新媒体信息传播与法制建设的特征、问题和发展路径，汇聚观点推进实践，为国家相关领域建设建言献策。

正是在本届高峰论坛的启发和影响下，更多的有关新媒体和法制建设的问题进入了深层次的思考。为了推进这些有学术意义的思考，《法制新闻研究 2015 年卷》应时出版。2015 年恰逢《法制新闻研究》创刊五周年，在此我们有幸辑录了诸多与会专家学者的发言稿和论文，并围绕"新媒体信息传播与法制建设"这一主题进行组稿，汇成此期具有高学术价值的特别纪念集刊。

五年来，《法制新闻研究》逐步成长，从西北政法大学新闻传播学院教师的科学研究平台正在迈向更广阔的发展空间。在此，谨以本书的出版感谢高峰论坛的组委会成员以及所有与会嘉宾；感谢西北政法大学的宋觉书记、贾宇校长等领导对学院发展的扶持和关爱；同时，更要感谢为了《法制新闻研究》能如期出版默默奉献的诸多教师和编辑们，正是在大家的共同努力下，才形成了今天新闻传播学院团结奋进的力量。

  "不积跬步，无以至千里"，祝愿未来的《法制新闻研究》能吸引更多同仁的关注，大家一起坚持把法制与新闻的紧密结合作为特色的研究方法和思路，不断推出更多、更新、更有影响力的研究硕果。

孙 江

2015 年 12 月 12 日